創造

現代世界的四大觀念

THE SHAPE OF THE NEW

FOUR BIG IDEAS AND HOW THEY MADE THE MODERN WORLD

五位思想巨人，用自由、平等、演化、民主改變人類世界

史考特·蒙哥馬利、丹尼爾·希羅——著
傅揚——譯

獻給彼得・多格蒂（Peter Dougherty）

他為提倡和擴大學術出版貢獻極多

我們之中的許許多多人都對他心存感激

譯序
觀念的力量

東吳大學歷史系助理教授　**傅揚**

觀念如何產生力量？特定觀念如何形塑現代世界的面貌？我們應如何恰當理解這些觀念和它們的前世今生？這些是好學深思者可能感興趣的問題，也可謂《創造現代世界的四大觀念》一書的核心關懷。《創造現代世界的四大觀念》的二位作者並非嚴格意義上的歷史學者，但透過明確的問題意識、兼容並收的綜合能力，以及舉重若輕的敘事技巧，本書相當適合對思想史、近現代史和當代社會文化課題有興趣的讀者。

本書除導論和結論外，計有二部分共七章。導論說明著書旨趣，尤其強調啟蒙運動（Enlightenment）的角色。第一部分含四章（一—四），分別從幾位重要人物出發，闡釋作者認為極其重要、根源自啟蒙運動的四個宏大觀念（big ideas）。第二部分共三章（五—七），討論反啟蒙（counter-enlightenment）的三個指標性思潮。結論則重申前述觀念的重要性，呼籲讀者正視人文學與觀念史的價值。

聯經出版本書，欲為讀者提供一份閱讀指引。我忝為譯者，雖然專業能力未必夠格，仍願盡綿薄之力，透過介紹全書要旨以權充導讀。

啟蒙運動與現代世界

如同一開始說明的，本書意欲探究「特定觀念如何形塑現代世界的面貌」，而作者認定的現代世界，其實便是西方（特別是西歐和北美）啟蒙運動後產生的世界。作者強調，現代性（modernity）的諸多根本觀念，源自十七世紀末至十九世紀初的一、兩百年間，也就是一般認知的啟蒙運動時期。應強調的是，近數十年的歐洲史研究，對啟蒙運動的理解已經相當細緻、複雜。但若稍加檢視《創造現代世界的四大觀念》的參考書目，這些較「新」的成果卻並不多見。

換言之，本書對啟蒙運動，採取了一種經典、強而有力但可能流於簡單的理解，即啟蒙催生的種種觀念、價值和（廣義的）制度，是現代世界的根基。二位作者雖明白各種當代或後現代思潮對啟蒙的批判，仍強調啟蒙運動確實帶來進步。而促成此結果的，正是啟蒙最核心的訴求：自由。因為自由，人得以發揮理性，探詢、闡釋以至實踐種種觀念。形塑現代世界的四個宏大觀念，正是此一過程的產物。

四個宏大觀念

作者承認，造就現代世界的觀念非常多，所謂「四個宏大觀念」，其實只代表他們的觀點。不過，二位作者也強調，他們挑選「宏大觀念」，重點不僅是抽象的理念或學說本身，還包括它們是否有力量影響不同層次的思想和社會現實（包括政策、制度）。根據以上標準，書中的四個宏大觀念是自由（freedom）、平等（equality）、演化（evolution）和民主（democracy），分別對應亞當・

斯密（Adam Smith）、馬克思（Karl Marx）、達爾文（Charles Darwin），和美國開國元勳傑佛遜（Thomas Jefferson）與漢彌爾頓（Alexander Hamilton）。

本書第一章探究亞當・斯密著述體現的自由觀念，和其學說的後續衍變。本章先整理亞當・斯密的成長背景與時代問題，再結合《道德情感論》（*The Theory of Moral Sentiments*）和《國富論》（*Wealth of Nations*），說明他理想中的社會與經濟關係，再透過這些討論，提醒讀者不要太過狹隘地理解亞當・斯密，特別不能只從倡議自由貿易的角度加以觀察。本章後半介紹了《國富論》之後的經濟理論變遷，尤其是不同學派如何考慮國家與市場的關係，並呼籲從這些辯論中正視亞當・斯密的洞見。

第二章的主題是馬克思主義及其衝擊。本章認為馬克思主義的力量，首先來自其歷史理論，即「辯證唯物主義」（"dialectical materialism"），強調經濟現實和由之而生的階級關係，是歷史發展的主要動力，其關懷則是十九世紀所見的社會問題，亦即來自工業革命和資本主義的不平等。馬克思服膺啟蒙運動的信念，在《資本論》（*Das Kapital*）中「科學地」分析社會問題，對西方和非西方世界都有強烈吸引力。本章後半把焦點轉移至十九世紀末以降的世界史，描繪全球馬克思主義政黨和政權的發展，特別是「第三世界主義」（"Third Worldism"）興衰和共產政權之悲劇。作者最後強調，只要不平等問題存在，馬克思主義仍將有其支持者。

第三章環繞達爾文的演化理論，凸顯現代世界生命觀的一個重要典範。本章先介紹英國維多利亞時期的科學文化，尤其是各種關於生命和演化的學說，再把重心放在《物種起源》（*Origins of Species*），闡述達爾文的洞見。作者認為《物種起源》的最大貢獻，是建立以天擇（natural selection）為核心的演化理論，並說明該書何以風靡。本章後半則呈現達爾文學說在諸多方面的迴響，敘述它們如何影響世界各地的科學與政治社會思潮，以至催生出達爾文本人恐不樂見的「社會達爾文主義」（"Social Darwinism"）和優生學（Eugenics）。即便到了二十一世紀，達爾文的思想遺產，依舊在橫跨科學與人文的眾多領域中激起辯論。

第四章將美國創建視為民主的重大成就，並聚焦開國元勳中的傑佛遜與漢彌爾頓，討論他們代表的兩種民主觀念。作者強調，美國開國元勳多受啟蒙運動洗禮，即便傑佛遜與漢彌爾頓在年齡和出身上有差異，卻都認可民主的價值。不同的是他們理想中的民主制度。漢彌爾頓主張中央政府必須強大，透過《聯邦黨人文集》（*The Federalist*）和政治實踐，最終奠立美國的聯邦體制和財政基礎。有別於此，傑佛遜擁護小政府和州的權利，並對美國政治和教育的世俗化做出極大貢獻；當選總統後，則在施政上多少結合了漢彌爾頓的民主觀點。本章最後強調，這二位開國元勳的觀念差距，反映了對自由的不同理解；而整部美國歷史，可說是他們思想遺產的反覆交鋒，至今依然。

反啟蒙的挑戰

啟蒙運動除了孵育自由、平等、演化、民主等觀念，也催生挑戰這些觀念以至啟蒙本身的反啟蒙思潮，同樣是現代世界，尤其是二十世紀歷史不容迴避的一章。第二部分的三章即以反啟蒙為主題，分別討論法西斯主義（Fascism）、基督教基本教義派（Christian Fundamentalism）和伊斯蘭教的極端主義。

第五章聚焦法西斯主義的起源及影響。本章先描繪反動政治和民族主義對自由主義的回應，再定調法西斯主義的特質：讚揚暴力、謳歌民族起源和種族純粹性、對領袖的英雄崇拜，以及唾棄民主和資本主義；其知識根源多元複雜，包括反猶主義（Anti-Semitism）、帝國主義、菁英理論

（Elitist Theories）等。本章後半則考察法西斯主義在義大利和德國興起的背景與表現，討論其惡果和失敗緣故，並說明它何以能擴散至東亞、拉丁美洲和中東等地，展現多樣面貌。本章最後強調，法西斯主義得到許多學者與思想家支持，說明它反映了啟蒙運動理想的（部分）破滅，未來仍有捲土重來的可能。

第六章檢視美國的基督教基本教義派。作者澄清，福音主義（evangelicalism）與基本教義派不可簡單畫上等號：前者在十九世紀是信仰觀念的革新者，對政治和社會產生重大影響。科學與世俗化則讓此後的福音派分成不同傳統，自由派致力於「社會福音」（"social gospel"）、推動進步，至今猶然；保守者則流於好戰、激進的基本教義派。作者歸納基本教義派的眾多元素，特別是《聖經》無誤論（Biblical inerrancy）、前千禧年主義（Premillennialism），和《基本信條：真理的見證》（*The Fundamentals: A Testimony to the Truth*）一書。本章後半則描繪基本教義派如何經過一九四〇至七〇年代的復興，又得到一九八〇年代以來的新憑藉，在教育、科學、政治、法律、種族、人權、醫療等問題上，挑戰許多啟蒙觀念。

第七章分析伊斯蘭極端主義的根源及表現。宗教極端主義的特徵，包括堅持唯有自己掌握宗教真理、排他，也不容許群體成員質疑其宗教真理。伊斯蘭歷史曾經輝煌；過去的輝煌，在十九世紀遭遇進步的西方文明時，則刺激知識分子思考如何現代化，如阿富汗尼（Jamal al-Din al-Afghani）代表的世俗路線。作者考察中東歷史與政治，說明世俗路線何以失敗，和極端的「薩拉菲主義」（Salafism）如何興起。「薩拉菲主義」欲以《古蘭經》為據，回歸最純粹、純潔的伊斯蘭信仰，甚至不惜使用暴力以達成目標。其表現形態不一，沙烏地阿拉伯的瓦哈比派（Wahhabism）、啟發基地組織（al-Qaeda）創立的薩義德・庫特卜（Sayyid Qutb）及其學說、何梅尼（Ruholla Khomeini）與伊朗的什葉派（Shi'a）等，皆為著例。本章最後強調，雖然多數穆斯林不會走向暴力，但由於伊斯蘭世界缺乏穩固的制度憑藉，宗教極端主義仍有可能取得偌大影響。

思潮與社會

由以上簡述可知，《創造現代世界的四大觀念》是一部「非典型」的觀念史或思想史著作。它不僅關注個別觀念的內涵，也考察觀念的異變和各種層面之影響。更精確地說，這是部視野開闊，聚焦十八、十九和二十世紀思潮與社會的著作。

這呼應一開始說明的全書關懷：觀念如何產生力量？特定觀念如何形塑現代世界的面貌？作者利用許多實例，說明啟蒙與反啟蒙觀念的內涵；結合觀念的延展性與不同歷史情境，分析觀念帶動思潮與社會影響的過程；尤其重要的是，透過思潮與社會互動的歷史，作者也不斷提醒我們，這些觀念依舊有生命力，隨時有可能燃起燎原大火。無論是否欣賞本書對啟蒙運動的論斷，讀者應該都會同意，書中呈現的觀念和思潮，確實是形塑現代世界面貌的重要動力。

欲處理如此複雜、多面向的歷史進程，勢必得借重大量研究成果。但在此之外，本書也花費相當篇幅徵引經典，討論重要觀念見諸文字的最初樣態。這提醒了我們全書的另一核心關懷：應如何恰當理解這些觀念和它們的前世今生？作者的立場非常清楚——既要考慮觀念在不同時空情境如何為歷史當事人所發揮、挪用；也要一再回到源頭，咀嚼這些觀念在思想家著述中粉墨登場時，究竟意欲傳達什麼，其中又可找到哪些思辨軌跡，與面對各種問題時的激情。

人文學的角色

《創造現代世界的四大觀念》雖無法全面分析十九、二十世紀的重要思潮（任何單一著作恐怕都做不到），但其包羅之廣，已經令人印象深刻。全書涉及的主題，跨足經濟學、社會學、法學、科學、宗教、當代政治、文化研究等諸多領域。即便僅就這個角度看，本書試圖綜合各種討論，提供一個考察思潮與社會互動的觀念史敘事，本身便值得重視。對二位作者而言，此乃人文學（humanities）的首要任務及價值所在。

本書在結論重申此點，應該頗具說服力。經過七章的分析與討論，我們已清楚發現，觀念確實有其力量，觀念及其歷史和現代世界各種事件、態度、趨勢等息息相關。因此，我們必須深刻理解思想家、經典、他們的觀念，以至承載和推動觀念的知識分子，人文學則是欲竟其功的不二法門。人文學的內涵，當然比作者所強調者複雜得多；但在全球人文學科普遍處於不利位置（相對於科學和實用性學科）的今天，這種積極又不失憑據的陳述確實挺鼓舞人心。書中大量的例子表明，人文學和觀念史不只是學院內研究者的技藝，也是所有關心人類問題和社會現象的我們都應該重視的：以認識今天的世界從何而來，又可能走向何方。

對台灣的讀者來說，本書部分內容或許顯得熟悉，若干主題也許看來陌生。但無論熟悉或陌生，這些觀念和現象，毫無疑問是理解現代世界所不可或缺的。啟蒙運動雖源於西方，其衍生的許多觀念、價值和現代性課題，卻不受時空和文化差異限制。身處台灣的我們一樣接受這些觀念洗禮，同樣希望打造更理想的世界，也同樣面對諸多反啟蒙思潮的挑戰。自由真諦是什麼？怎樣確保合理的經濟生活？如何實踐社會公平正義？如何認識「人」之為物？台灣民主如何走向成熟？什麼是右派？民粹的表現和危機是什麼？宗教信仰在公眾生活中應扮演什麼角色？凡此種種，都是本書可能帶來的啟發。這些問題也應該刺激我們，進一步考察台灣與周邊世界的歷史和情勢，以找出自己版本的宏大觀念，持續塑造我們理想的現代世界。

目次

前言

理解本書旨趣和我們的書寫策略有其重要性。簡言之，本書是關於造就現代世界的幾個關鍵概念。受限於篇幅和能力，我們討論的當然不是所有觀念，而是現代世界如何理解人類社會的本質和運作，以及它可能怎麼變化，一直且仍舊是最為核心的那些觀念。我們從政治、經濟、科學和宗教等領域，挑選出這些觀念，呈現它們劃時代影響力的歷史。這看上去可能不特別具有原創性或開路之功。誠然，我們意不在此。過去已有人透過不同形式，陳述我們的首要主題，即無論好壞，觀念造就了我們身處的世界，且仍然引導我們關於世界的概念甚至想像。我們的主要努力，是透過考察特定思想家及其思想體系，闡明和澄清此主題。至為清楚的是，這些思想家和他們的觀念，已在各種不同時間點，經由形形色色的方式，影響了從十八世紀晚期迄今的絕大多數人，在未來相當長一段時間內，也將持續發揮影響力。由此帶出我們的第二個，但同樣重要的主題：此時此刻，我們亟需閱讀和討論這些特別的知識分子。我們甚至認為，要真切地理解現代性和當代的全球社會，這些知識分子是不可或缺的。

因此，本書的策略是教育性（instructional）而非理論性的。就本書所檢視的人物而言，我們無法宣稱發現了任何新事實或迄今不為人知的洞見。我們當然查閱了這些人的著述（必要時仰賴翻譯），但這不是一部主要以原始文獻為基礎的書。本書每一章都綜合與特定思想家或思想群體有關的研究，包括他們的著述，並利用此知識去彰顯、分析和評估他們在過去所具備，且持續保有的影響形式。

我們的預設讀者不須具備多少背景知識。所以對相關學科的學者來說，本書關於亞當・斯密（Adam Smith）、馬克思（Karl Marx）、達爾文（Charles Darwin）等人的討論，很可能像是入門性質。我們不把它看成職業危害（occupational hazard），而視其為無可避免之事。我們希望將這些關鍵人物和他們無可估量的重要性，介紹給更廣大和形形色色的讀者。我們也想為其辯護，必要時可以使盡力量：無論什麼型態的高等教育，學習這些人物和著述非常重要，對人文學科而言尤其如此。

我們在結論中主張，世界走到今天這地步，如果想理解其複雜性，我們必須閱讀這些和其他形塑我們世界的主要思想家的著作。思想史和針對這些最重要著述的分析，是人文學科的重要內容，因為它們強調了思想和表述的力量。人文學科以其特有的方式，在必需性上（compulsory）不該遜於社會科學和自然科學。拋棄人文學科（如今日許多人所為），會減損我們去認識和理解某些觀念的能力——這些觀念影響我們的思考方式，形塑我們所相信的事物。

導論

作為歷史動力的觀念

On résiste à l'invasion des armées; on ne résiste pas à l'invasion des idées.

軍隊來犯尚可對抗，觀念來襲萬難抵擋。

———雨果（Victor Hugo），《一項罪行的歷史》（*Histoire d'un crime,* 1877），
論拿破崙三世1851年政變。

亞當・斯密（Adam Smith）、馬克思（Karl Marx）和達爾文（Charles Darwin）可能是二十世紀最有影響力的三個人，但終其一生，他們都未能見證觀念來襲的力量。這三位思想家恐怕沒料想到以他們之名，在一九〇〇年以降數十年出現的各種財富、革命和科學型態，或是醜陋的教條主義、偽科學和令人瞠目結舌的野蠻行徑。同樣會令他們吃驚的是，在這數十億人口的世界裡，受過良好教育的人皆聞其名。若能多活幾十年，他們應該會發現風向變化的蛛絲馬跡。亞當・斯密、馬克思和達爾文無法想見的是，就形塑現代歷史的面貌而言，他們的重要性與日俱增。

亞當・斯密、馬克思和達爾文並非王者或軍事統帥，亦非政治領袖或宗教先知，而是知識分子。他們的貢獻及遺產，主要體現在觀念的世界（realm of ideas）。在追隨者、誹謗者以至其他人手中，他們的觀念可謂一種放射性物質，促成世界轉型。談論現代經濟學的興起和資本主義體系（它深遠地改變世界的本質並充分全球化）不可能不提到亞當・斯密。人們試圖透過其鬆通的觀念摧毀這個體系的同時，馬克思也啟發了許多橫掃整個社會的革命和戰爭，改變以至摧殘了數以百萬計的生靈。那達爾文呢？達爾文的思想重新定義了生物宇宙和生物與人類的關係，從根本上削弱宗教解釋萬事萬物的力量，也讓宗教對現代性的反動更加激進。

不消說，這些並非什麼可有可無的發展；無論怎麼定義，他們都是「現代」的必要基礎。尤有甚者，導致這些發展的衝突、辯論以至鬥爭，還如火如荼地進行中。我們從過去兩百年的歷史中了解一點，即根本（fundamental）觀念（它們是許多面向的基本要素，包括建立體制、政府和社會組織變革、個人主義和人權等概念）仍與現代世界纏結難分，這種互動以至緊張並未遠去，也看不到終結的前景。舉例來說，自由市場和政府權力的對峙尚未解決；蘇聯解體並未讓國家控制銷聲匿跡，也沒有讓世界自動地走向民主；現代生物學沒有摧毀基本教義派宗教（fundamentalist religion）。這些根本性的交鋒，有一段綿延不絕、依然生機勃勃的歷史，其中有極端也有溫和的表現；就重要性而言，現在和一百年前並無二致。鑒古識今，沒有任何團體、國家或黨派徹底打贏了觀念之戰。

簡言之，當代社會是在時間遞移中，由思想素材打造而成。我們的制度和政治體系，是由各種觀念所創造、形塑，觀念則經常源於大思想家們的想像力。一開始見諸於世時，許多觀念極富原創性甚或大膽，以致被時代貶抑為難以置信甚至具危險性。與此同時，大多數人很容易假定我們的社會長久以來便是如此，基礎穩固。我們往往沒準備好接受一件事：本質有異、觀看世界的種種新方式，可能會重塑我們置身其中的現實；但事實確實如此。在很大程度上，它們確實是吾人社會存在（social existence）的根源，甚至是社會存在信念的應有之義。這意味的不僅是涉及經濟、歷史、人生的宏大理論，還包括關於自由、個人、宗教的角色、教育，以至涉及民族國家的種種觀念。相關概念經常被冠上其他名目，如政策、原則、方案、計畫，但都回歸與社會本質及社會如何運作有關的基礎和根本性哲學。因此，觀念絕非僅是心靈素材。透過領袖、公眾、利益團體和芸芸眾生，觀念是創造社會現實過程中的一個決定性要素。

我們絕非首倡此議者。二十世紀最偉大經濟學家之一的凱因斯（John Maynard Keynes, 1883-1946），即透過敏銳文字，為其最富野心的《就業、利息與貨幣的一般理論》（*The General Theory of Employment, Interest and Money*）作結：

> 經濟學家和政治哲學家的種種觀念，無論對錯，都比一般所理解的更有影響力。誠然，統治世界的其他東西少之又少。務實的人相信自己不受任何思想影響，卻經常是某些已逝經濟學家

> 的奴隸。掌握權勢的狂人憑空聽音，卻從若干年前三流學術角色那裡汲取狂熱。我確信的是，相較於觀念的蠶食鯨吞，既得利益的力量被過分高估了……或遲或早，無論好壞，危險的是觀念而非既得利益。[1]

在絕大多數方面，我們都同意凱因斯。但因為置身其後又得見更大量的歷史發展，我們要對凱因斯的結論做出重要修正。本書強調，即便經濟學家和政治哲學家有其重要性（如凱因斯所言），他們無法代表所有引領我們走到今天境地的思想家。舉例來說，我們不可忽略如科學和宗教等核心領域的觀念。本書不會如此，也不會忽視凱因斯提及的，對關鍵觀念進行極端且往往具暴力性詮釋的危險。

本書標題說「四個宏大觀念」（four big ideas）形塑了現代世界。冒著過度簡化的風險，我們想強調，本書是從開闊、無所不包的角度立論。迄今為止的討論應可清楚顯示，我們將處理的，不僅是單一的概念和信念，還包括觸及所有層次社會經驗的整個思想體系。合而觀之，它們可以如下面歸納的，分成包羅甚廣的四個主題。

來自亞當・斯密的觀念是，個人應擁有自由，可以去做所有影響物質和道德生活的必要決定。如果人們都得以如此行事，因之而生的社會將會是最有效率、繁榮且自由的。這是一個非常宏大的觀念，反對共有傳統（communal tradition）和盛行於其時代的權威型態。

遠在馬克思之前，人類便醉夢於普世平等（universal equality）。但馬克思所做的，是表明烏托邦美夢並不足以促成其事。一個平等主義（egalitarian）的世界，將會隨統治歷史的「科學法則」（scientific laws）到來；但為了實現它，必須先以受壓迫的多數人之堅實物質利益為基礎，組織革命政黨。唯有如此，才能永久消除世界的不平等和不公義。

達爾文將演化觀念轉化為一個實實在在的科學理論。這個理論為所有生命，賦予一種世俗化的發展過程，並經由天擇（natural selection）的必要機制，被其他人應用至社會的諸多面向，也在晚近被用以解釋人類的行為與文化。這個理論在達爾文的時代便極富爭議性，至今猶然，因為它提出了關於我們生在地球上有何目的（purpose）的種種難題。不同於其時和當下許多敵人的宣稱，達爾文並沒有否定或逃避，而是堅持須透過開放探索來面對這些議題。

那第四個「宏大觀念」呢？現代民主始自美國創建者的努力，我們選擇討論的是傑佛遜（Thomas Jefferson）和漢彌爾頓（Alexander Hamilton）。相較於其他人，正是這兩位卓越但不無瑕疵的人物，透過其激烈辯論，立下了如何想像、實現、制度化這個新政治體系的榜樣。這個新政治體系將以各種形貌，在後來對世界產生偌大影響。

這定義了本書所謂的四個「宏大」主題觀念：自由（freedom）、平等（equality）、演化（evolution）、民主（democracy）。我們不僅考慮這些觀念本身，也關注因排斥它們而產生的種種回應。我們當然了解這幾位思想家並非這些主題觀念的唯一創發者；在他們之外，也有其他人曾就這些觀念撰寫過重要著作。但如之後將解釋的，這些人毫無疑問是最具影響力的。本書將盡力彰顯其思想的複雜和多面，它們如何孵育許多追隨者，以及為何自昔至今屢屢遭受抵斥和對抗。

我們的目的，是追求一種不同類型的思想史。簡言之，我們希望展現的是，在過去三個世紀，

1. Keynes, 1936/2009, 383.

觀念也是現代歷史背後的一個主要動力。也就是說，觀念不僅有所謂，還極為重要，是構築現代世界種種決定和行動的根源。因此，本書是由此前提出發的一個歷史詮釋。我們認為，今昔領袖們的選擇和動機已能傳達此點；追蹤觀念自身的獨特影響，以及觀念作為歷史事件動因的種種特定方式，則讓它更加顯豁。不計其數的生命，已經因為各種政治哲學、歷史理論、國族認同概念或其他觀點，或是得到改善、拯救，或是遭陷牢籠、抹煞湮滅。這讓我們確信，吾人需要一種取徑，以俾更直接理解觀念的力量。以下幾章討論一些最有影響力的思想家和概念，他們形塑了二十世紀的面貌，也正在形塑二十一世紀。本書的目標，是根據相關研究成果，對這些思想家及其概念，和他們形形色色的長程影響，提出一個綜合性的融貫討論。

「觀念論」（idealist）和「唯物論」（materialist）的歷史解釋是個讓人肅然起敬的辯論。新觀念會引發社會、政治、經濟變遷嗎？還是與之相反，觀念是時代的產物呢？博學、有意避開粗糙概括的哲學家們，已就此議題展開超過一個世紀的辯論。我們不擬加入辯論。本書的立場毋寧是，觀念經常走在物質變遷前面，隨即在解釋和推動這些變遷上推了一把。亞當・斯密的經濟學終歸推進、解釋了資本主義發展的大業，即便他並未察覺工業革命行將造就世界轉型；馬克思希冀帶來改變，其觀念也確實達成此目標；達爾文更加謹慎，害怕其觀念會引發巨大變化，事後證明他是對的。本書不會以這些例子為證據，提出某個單一、教條主義的歷史詮釋。與此同時，我們也無法抗拒這個想法：某些觀念確實在過去幾個世紀裡，展現出推動轉型的力量。當然，這一觀點並非孤明先發，幾位重要的社會科學和哲學學者亦有此論。[2]

我們選擇的第一組觀念，誕生、萌芽於十七和十八世紀的歐洲啟蒙運動，進入十九世紀後進一步擴張。這是無可避免的選擇，因為啟蒙運動對現代性的誕生至為關鍵。這是一個與過去事物產生深刻離異的時代，充滿巨大的創造性與破壞，且絕大多數見於思想領域。如以瑟列（Jonathan Israel）所言（他是研究啟蒙運動最博識的學者之一），正是在這個時期，所有已知事物均可被質問、懷疑，在很多時候甚而被拒斥和取代。[3]並非所有的既有觀念都遭到攻擊，也不是所有形式的權威和特權皆受到挑戰。但許多關於人類和社會本質的最根本概念，確實引起爭辯、遭到質疑，並在時間遞移中被取而代之。如果在此之前的社會秩序動盪希冀從神學、法律和傳統中尋求合法性，十八世紀以降諸般變遷的動力則是來自觀念：這些觀念是世俗的，期待在據信是定錨於以證據為憑、由理性引導，對人和宇宙的「科學」理解的概念之上，建立社會及制度。

直截了當地說，絕大多數現代性的根本觀念，誕生於十七世紀晚期、十八世紀和十九世紀初。到了十九世紀末和二十世紀，這些觀念得以被測試、擴大和制度化，但也遭到野蠻地拒斥。可以記上一筆的觀念，包括民主自由、經濟自決、個體自由與平等、宗教寬容，共產主義、國族主義、種族「科學」（racial "science"）、暴力革命等。也就是說，啟蒙運動催生出反啟蒙（Counter-Enlightenment），它既代表啟蒙的成就，又指向其毀滅。反啟蒙在二十世紀以令人戰慄的幾步之遙，幾乎就要摧毀啟蒙。在二十一世紀，它也透過不同型態復甦。若自由主義民主（liberal democracy）可視為啟蒙思想的產物，最終走向其反面的許多潮流，如極權共產主義和法西斯主義，以及晚近植根於宗教信仰的回應，也可謂啟蒙的產物。

換句話說，本書不會將觀念的發展描繪為逕自走向文明進步的長征。這種做法已不像一九三〇

2. Nisbet 1980; Hirschman 1977; Berlin 2013.
3. Israel 2001, 2006, 2011.

年代或一八九〇年代那樣流行。我們也不會忽略那些批判啟蒙運動的要素：包括啟蒙與殖民主義的關係、誤導人的烏托邦主義、自然世界的機械化（mechanization）和除魅（disenchantment）、對抽象和工具理性（abstract and instrumental reason）的強調，以及理應鬆緩、實則強化透過理性和官僚對人類的控制。

我們同意某些對啟蒙運動的批判，但不照單全收，讀者可透過閱讀本書明白其理由。我們強烈支持一個結論，即的確發生了實在、具體的進步。在多數民主國家，十八、十九世紀時對自由和生命帶來的許多限制已銷聲匿跡，如奴隸制、剝奪女性權利、宗教不寬容、無法隨心所欲自由表述、當局可以任憑喜好隨時侵門踏戶為所欲為等。許多曾是常態、慘無人道的做法也被遺棄，包括溺刑、肢解刑、因小罪被公開吊死和其他種種。啟蒙運動也創造了可以評估其遺產的標準。例如美國一開始的時候，在其宣稱的自由理想「我們人民」（"we the people"）和採行憲法後對該自由造成的實際侷限間，有一巨大鴻溝。憲法接受了奴隸制，許多州也立法否決無財產者的投票權，例如黑人、美洲土著和女性。但隨著時間推移，經過不斷訴諸啟蒙運動原初理想的偉大抗爭，這些限制已不復存在。若沒有這些觀念的原初動力，尋求改善的抗爭會更舉步維艱，甚至無以為之。我們仍可發現，世界上某些地方還是排拒啟蒙觀念，民主國家習以為常的種種自由與權利，在那些地方遠未落實。

我們也不能忽視啟蒙的另一遺產：賴於新的思想自由而生的巨大科學進展和科技革新。這在今日是如此的理所當然，以致我們很容易忘記，在十八世紀以前，諸如此類的進展何其緩慢，甚至時常遭到排拒。

但在所有這些最終的進步之外，在世界的許多角落，啟蒙和反啟蒙的競爭也為二十世紀帶來歷時甚長、所涉甚廣的革命、戰爭、種族滅絕和極大規模的苦難。這樣看待事物可能有些粗魯和帶神話色彩：就好比是兩個巨神兵（colossus）為了爭奪人類靈魂而廝殺對抗。在歷史學者筆下，這些事件以至整個二十世紀，經常被描述為一個「絕大的意識形態鬥爭」（"great ideological struggle"）。本書同意這個論述，但也會表明現實極其複雜，催生這一切的思想曠野尤其如此。我們也抱持一個觀點，即多數衝突從未真正終結；相信這些鬥爭已經結束，是愚不可及的。儘管其確切形式和主要行為者已經不同，但新世紀仍將持續見證觀念領域中的大規模鬥爭。這是我們為何仍亟需理解和分析觀念的又一迫切理由——因為和過去一樣，觀念與現在和未來依舊息息相關。

關於本書

本書的核心主題是，某些特定觀念是現代史上種種事件背後的關鍵動力。以下各章分別處理觀念生成的一個關鍵領域，並追溯其起源、發明、修辭、邏輯，以及與當下各種辯論的關聯性。對此，我們汲取了各領域許多傑出學者專家的成果。我們無意撰作原創性研究，而是嘗試從主題出發進行綜合。

本書的結構很清楚。第一部分含四章，檢視亞當•斯密、馬克思和達爾文的思想，以及傑佛遜與漢彌爾頓的思想如何發明現代民主，還有他們之間時常激烈地進行關於如何建設新聯邦國家的辯論。傑佛遜與漢彌爾頓的觀點，對創造世界第一個以啟蒙思維為據的大型民主共和國是不可或缺的。然而，研究他們也彰顯了啟蒙思想內部的深層衝突。這些衝突懸而未決，是美國和世界其他地方不穩定情勢的根源。

第二部分不以個別作者為主軸，而是轉向那些因對抗啟蒙運動而興起的關鍵觀念：它們拒斥啟蒙運動核心的自由主義和自由思想，以及絕大部分的科學成就。我們會在第五章遭遇反啟蒙運動。反啟蒙的回應形式有其特殊性和多變性，它於十九世紀和二十世紀初成長茁壯，至法西斯主義而攀上頂點。

第六、七章的主題是基督教和伊斯蘭教的基本教義派（fundamentalism）。在二十世紀晚期和二十一世紀初全球的許多地方，他們的影響力與日俱增。本書特別聚焦此二者，因為以信徒來說，他們是最大、在國際上最廣泛傳布的兩個宗教。這兩個信仰也催生所謂「基本教義派」的最深遠版本：我們用這個詞指稱一套特質，包括嚴格且遵照字面的經典詮釋、宣稱有一個純潔且正確的信仰、否定任何其他信仰的價值與正當性等。此時此刻顯而易見的是，宗教「轉向」，尤其是基本教義派的諸般形式，已針對自由主義的現代化催生出深層的反動回應，其終極政治衝擊和帶來暴力的可能性仍亟待釐清。

最後，結論總結本書的主要發現並討論其意涵。可以想見的是，本書的首要主題，即將觀念視為主要歷史動力，對學術研究和教學有重要意義，適用於人文學科和社會科學。我們關於其意涵的討論簡要、直接，但措辭很強烈，因為有太多東西岌岌可危，吾人不能緩慢行事。

讀者將無可避免地問道，為何本書用的術語是「觀念」而非「意識形態」（ideologies）？這主要是考慮到聚焦的問題和明確性。「意識形態」一開始是個啟蒙運動的詞彙，由德崔希伯爵（Count Destutt de Tracy）在其政治經濟學著作（一八一七）中陶鑄而成，指的是「觀念的科學」（"science of ideas"）。但其意義在後來經過許多調整和變化。如我們將看到的，對馬克思來說，意識形態反映闡述者的階級立場，故意識形態並非直接影響社會的獨立觀念，而是各式各樣彼此交鋒的經濟階級的副產品。這頗為諷刺，因為馬克思開創了一種全新的社會觀念，其過程和他所指陳者恰恰相反：觀念先出現，接著是隨之而生的政治綱領，其後才開創一個全新的社會型態。曼海姆（Karl Manheim）的《意識形態與烏托邦》（*Ideology and Utopia*）嘗試克服馬克思主義的偏見，但在本質上是失敗的。他也認為觀念是社會處境的產物，因而是意識形態，無法作為動力帶來改變。在二十世紀中晚期，丹尼爾・貝爾（Daniel Bell）和法蘭西斯・福山（Francis Fukuyama）定義「意識形態」，則說它是已經過時的政治觀念與政策，特別是居於政治光譜左側者。[4]

這些涉及觀念的理解方式，我們一概不接受。首先，本書堅持這些觀念自身便是主要影響，而且是最重要的影響。它們顯然多多少少是其時代的產物，但最重要的那些觀念極富原創性，並生成許多成套的信仰體系與綱領，最終促成社會轉型。「意識形態」指稱一種自我參照（self-referential）甚而無法避免的固定（fixed）世界觀，一種信仰者無從存在的心靈牢籠；本書所研究的觀念則絕非如此。尤有甚者，在我們看來，將「意識形態」應用於諸如自由民主、自由貿易、宗教基本教義派或生物演化等概念，並沒有什麼助益或啟迪人心之功。懷抱上述種種訴求的「意識形態」，讓我們更難清晰和有條理地討論問題。

本書也拒斥這樣的想法：我們所關注的觀念業已過時或失去力量。我們不否認這些觀念帶來了詮釋互異、相互齟齬的學派，同時遭遇接納與抵抗；相反的，這正是重點。辯論和爭議在今天仍持續不斷。看看達爾文進化論和環繞它所持續展開的戰爭吧，這些戰爭的激烈程度和複雜性絲毫未見

4: Bell 1960; Fukuyama 1992.

減損。這些觀念持續影響當代，又是社會政治現實的重要組成，我們因而相信，形形色色的人都應探究和理解這些觀念。為此，本書必須吸收許多學者的珍貴研究成果，將其置於更通觀的脈絡，展示觀念的超越性力量（transcendent power）如何傳布，且至今依然無孔不入。認為那些力量強大的觀念已不再強烈影響現在，或是未來不復如此的想法，犯了很危險的錯誤。在二十一世紀，與啟蒙運動相悖的諸般觀念會再次壯大。儘管它們可能不像自由民主那樣具內在融貫性和說服力，它們還是製造了自己的政治實體。為理解此發展，即便無法同情或認同這些觀念，吾人仍必須考察其源頭並嚴肅以對。

因此，「觀念」一詞提醒我們特定概念及其創造者的重要性。這些概念絕非靜滯不變，而是在時間洪流中，被宣稱有著共同起源的各種代言人和思想學派屢屢更動。以馬克思主義為例，它最初被構想成一種「科學」模範，可以解放人類，但後來反而否定這種自由的可能性，其運作也全然違背了啟蒙運動的自由主義。而馬克思自身的分析與生涯，卻有賴啟蒙運動的自由主義方得以實現。也就是說，相較於「意識形態」，觀念提示的是一個更動態的思想宇宙，個人可以在當中成為思想信條的領袖或追隨者，甚至在某種意義上成為「受害者」（“victims”），但也可以在重要的歷史關頭對其原則進行調整，改易觀念創造者的意圖。

我們也有必要談談「責任」（“responsibility”）的問題，儘管這涉及了許多無從逃避的複雜要素。舉例而言，儘管說馬克思是史達林主義（Stalinism）、毛澤東思想（Maoism）和紅色高棉（Khmer Rouge）種種暴行唯一的黑暗之父並不正確，但很明顯的是，就啟發共產主義及其弊端而言，馬克思的著述確實發揮作用。亞當・斯密不是唯一一位頌讚市場和正當化資本主義的啟蒙哲學家，但他關於「自利」（“self-interest”）和「看不見的手」（“invisible hand”）等觀念，卻被那些鍾情於僵固自由市場體系的人所利用，致使一八四〇和五〇年代愛爾蘭大饑荒的悲劇如斯慘烈，也讓一九三〇年代經濟大恐慌（Great Depression）的悲歌如斯漫長。至於達爾文，我們很難把那些因選擇性應用其主要理論，極大量或正反面的創造都歸咎於他。透過「不適」（unfitness）和「劣等種族」（inferior races）云云，把達爾文演化論直接連結到種族滅絕，或將經濟大恐慌歸咎於亞當・斯密，都沒什麼道理。但在這兩個例子中，也確實有種無法迴避的關聯性。

讀者閱讀本書將反覆看到，富影響力的概念如「生產模式」（mode of production）、「看不見的手」、「天擇」、「真正的宗教」（true religion）等，已被許許多多人挪用，被賦予巨大力量和實效。後來的思想家往往延展、讓這些觀念變形，使其成為特定形式的政治或經濟行動、政府政策、種族法令、教育體系和其他事物的理論基礎。這些衝擊有的極為有益，有的則反其道而行。簡言之，吾人可以也必須認可亞當・斯密、馬克思、達爾文以及其他我們所檢視的人筆下那些生成秩序的深刻力量、強烈情緒感染和不無疑義的思想普世性。

要言之，本書同意導論一開始引用的雨果名言。我們將要研究各種饒富影響力的觀念，它們可能遭遇抵抗、經受扭曲、遭到壓抑，但到了最後，它們仍留存下來並持續影響世界。

啟蒙運動

本書不擬對啟蒙運動提出任何新見解。在超過兩個世紀中，關於這個主題的研究和辯論已非常豐富，近期更可見以瑟列（Jonathan Israel）的深邃反思。我們添加的任何東西只會流於淺薄。但既然啟蒙運動是本書各章所參照的中心點，我們至少有義務清楚地歸納自己的理解，並追問它何以催生出從敬慕到惡意憎恨的多變回應。

康德（Immanuel Kant）於一七八四年寫就那篇知名短文〈答「何謂啟蒙?」〉（Beantwortung der Frage: Was ist Aufklärung?），直接地回應普魯士牧師、官員策爾納（Friedrich Zöllner）的提問。策爾納在一篇論文的注腳中寫道：「何謂啟蒙?這個問題好比『何謂真理』一樣重要，應該在開始從事啟蒙前加以回答。」康德則不僅提供答覆，還如此號召：「啟蒙運動是人類擺脫自我招致的不成熟。這種不成熟，是少了其他人的指引便無法運用自己的理智。……『敢知』（Sapere aude）……『有勇氣運用自己的理智』，是啟蒙運動的箴言」。[5]與其仰賴既有傳統和官方文書，自由思想是理解自然與社會世界的更好嚮導。這個理解可以讓人類從過去加諸於進步的眾多限制中解放，並讓他們成為更好的人，更有創造力和道德。康德旨在讓人類免於宗教信條的束縛，並說服他的讀者，他所擁護的新科學和道德哲學，可望帶來一個啟蒙、理性的社會。

從政治上說，後來稱作古典自由主義（classical liberalism）的東西是啟蒙運動希冀達成的結果。當代美國政治論述讓這個詞變得非常晦澀費解。在當代美國政治論述中，「自由主義」（"liberalism"）的意思接近歐洲人所說的社會民主（social democracy），相信政府應該為了更大的平等，積極尋求政治和社會變遷，但又不能過度控制經濟，因為開放和自由的市場力量對經濟最為有益。從經濟上說，它指的是直接涉入市場活動和限制私人財富。但話說從頭，十八世紀晚期和十九世紀欣欣向榮的啟蒙運動自由主義和前述意圖實在沾不上什麼邊，而是對自由、寬容和民主的呼籲。到了十九世紀，在亞當・斯密的觀念取得影響力後，這個自由主義也被賦予一層經濟意涵：自由的核心概念得到擴充，指政府對自由市場的最小限度控制。真正的啟蒙運動自由主義，在《美國憲法》（一七八七）、美國《權利法案》（Bill of Rights）（一七九一）和法國《人權宣言》（一七八九）中得到很好的表述。《美國憲法》賦予奴隸制正當性，以及法國大革命時的恐怖統治，則玷汙了那些觀念。但它們仍完整無缺，見諸於美國和歐洲越來越多地方，最終指引了世界各處民主國家的多數政治和法律行動。確實，到了二十世紀晚期，它們以觀念且往往是制度化事實（institutionalized facts）的面貌流通於全世界，對宣揚個人自由和人權極為重要。

思想與表述的自由，包含宗教實踐的自由，是古典自由主義思想與生俱來之物。洛克（John Locke）所定義的個人自由亦然，即可以挑選何處生活、如何謀生、與誰過從的自由。政府的任務，是保障安全和財產權，並盡可能不要加以干涉。法律的不偏不倚、政府的公開透明，以及所有公民得以選擇執政者和立法者的權利，能確保維護公正、自由的秩序。[6]史蒂芬・荷姆斯（Stephen Holmes）針對啟蒙運動的諸般反動回應，有一精彩的歷史論述。他也這麼說：

> 考慮到平等，自由主義的態度是對傳統主義（traditionalism）的大翻轉。自由主義者所理解的傳統社會接受與生俱來的不平等，但不歡迎新型態的經濟不平等（特別是那些讓成功的常民企業家致富的要素）。自由主義者希望倒轉這個模式，他們否定貴族制，認為新的財富不平等完全有其正當性。[7]

5. Kant 1784/2006, 17.
6. Locke 1690/1980.
7. Holmes 1993, 3-4.

就經濟來說，自由市場和免於獨斷徵收的財產安全都是自由主義的。不正當的稅賦，後來的壟斷行為，或來自傳統特權的限制都應被革除；貿易壁壘應減至最低限度，且只能在高度選擇性的基礎上為之。換言之，自由主義經濟正如亞當•斯密所建議的那般。

啟蒙運動自由主義也擁抱了自然科學為人類知識帶來的巨大轉型。它接受了許多關鍵原則：首先是自然世界的機械化，揭露自然世界的真理靠的不是宗教文獻，而是仔細的觀察、實驗和數學解釋。其次，一般性的人類經驗不是理解自然的恰當指引，所以科學家可以自由地檢測、接受可能與「常識」和既有解釋牴觸的種種發現。第三，要盡可能地將科學思想從情緒或意識形態熱情中隔離出來。最後是接受一個觀念，即科學應該作為一種公正無私的力量，追求人類的利益和進步，即便它會牴觸某些傳統觀念。[8]

對十八世紀絕大多數的歐洲人來說，這是一帖強而有力的藥方。關於自然和世界確鑿而堅實的真理，不再出自既有和較老舊的來源，而必須加以建立和證明。包括神聖的教義在內，所有早先的理解都可供檢驗和證偽。宇宙確實有一終極秩序，但這是人類可以探測並發現的秩序。[9]尤有甚者，發現（discovery）意味著科學知識會一直進展，也因此永遠是有限、部分的（partial）。一個時代的「真理」，在後來的時代很可能會被修正、增益甚至取代。因此，科學帶來了承諾和威脅，重塑人類關於宇宙的知識，挑戰宗教神授的確定性，並將人類置於真理的中心。以發現代替啟示是極為深刻的轉型，充分增進了社會和政治領域的世俗化（desacralization）進程。[10]它持續在世界許多地方製造敵人（包括美國），則可作為一個指標，衡量這個轉型何其深刻擾攘。

換句話說，這個延續不絕的對立，本身就是啟蒙運動思想遺產的一個元素。它在世界某些角落已銷聲匿跡；但在反自由主義（antiliberalism）有漫長和成功歷史的地方，甚至在現代科學誕生的若干國家內（我們應感到驚訝嗎？），它卻得以擴張並依然極富活力。如後續關於達爾文、法西斯主義和宗教基本教義派等章節所見，每當政治的反自由主義和科學碰撞，科學本身及其對自由思想的承諾和對質疑既有觀念的堅持，都會遭受攻擊。尤有甚者，這種攻擊的來源並不僅限於宗教狂熱或崇信靈性真理的人。

誠然，知識分子闡發的並不僅限於啟蒙觀念。在這條路上的每一步，針對這些觀念的反對意見，也同樣仰賴思想家透過書籍、論文、言論和近期各種現代媒體表明立場。這個主題也將在本書中反覆出現：無論反啟蒙還是啟蒙運動，知識分子一向都是創發者和關鍵動因。事實上，本書的觀點是，康德對理性、自由得以風靡盛行的想望，仍舊充滿爭論和不確定性。就如十八世紀晚期以降的情況，這些觀念有支持者和敵人，其衝突是一重要的奮鬥過程，無論在現在還是未來，此過程都將持續存在。

8. Shapin 1996.
9. Baker 1975.
10. Gellner 1992, 80–84.

第一部分

現代性的發明者和歸諸他們的種種觀念

第一章

亞當・斯密：關於人、道德和貨幣的科學

因此，國王和大臣最傲慢和自以為是的，是假裝照看私人的經濟……讓他們（國王和大臣）好好照料自己的花費，他們可能就會有把握地信任私人能好好照料其花費。

———亞當・斯密，《國富論》（*An Inquiry into the Nature and Causes of the Wealth of Nations*）

人不是僅靠國民生產毛額（GNP）而活。

———保羅・薩謬森（Paul Samuelson），《經濟學》（*Economics*）

亞當・斯密以現代經濟學創始人之姿聞名於世界。然而，他雖然嫻熟法文，卻似乎從未說過或寫過「自由放任」（"laissez-faire"）一詞。如同「自由企業」（"free enterprise"）、「企業家」（"entrepreneur"）甚至「資本主義」，「自由放任」一詞並未出現在亞當・斯密共計上百萬字的著作中。斯密生於一七二三年，卒於一七九〇年七月，離博爾頓和瓦特公司（Boulton & Watt）生產進階蒸汽機還有四年之久。也就是說，斯密是在工業革命完全降臨前的世界思考、講學和著述，他沒聽過工業革命也不知道那是什麼。儘管有其重要性，但這件事從未有損亞當・斯密的聲名。這位十八世紀的蘇格蘭人博學、特異、慷慨但極重隱私，生活在木材和動物仍是全球動力來源的時代，卻寫出了注定將解釋現代世界的一部書。這是一個充斥機械、公司和全球市場，透過石油和電力運行，驅動無法想像的工業、軍事和金融力量，永遠改變人類願景的世界。

斯密本人並不富裕，也不為富人辯護。他平靜地住在寇卡地（Kirkcaldy）小鎮，在那裡寫下了《國富論》（*Wealth of Nations*），吐納來自福斯灣（Firth of Forth）的海風，並經常在霧氣氤氳的海岸邊心不在焉地漫步。這樣的斯密成為蘇格蘭啟蒙運動關鍵甚而激進的人物；他同時為工人階級勞動者和製造商、自由貿易發聲。亞當・斯密確實寫道，每個國家的經濟目標，是增益該國的財富和力量。他也同樣宣稱，在遵守法治的國家，尋求最大化自身所得的人，「由一隻看不見的手所帶領，推動不在他意圖內的一個目標」，有助於實現所有人的利益。[1] 經濟學者經常說，這就是真實的亞當・斯密。但「看不見的手」一詞在一部超過八百頁的書中僅出現一次，在亞當・斯密所有著述中也不過出現三次，這讓至少一位學者認為，這個詞只不過是個諷刺之語。[2] 對那些把這個詞當作斯密思想核心的經濟學者來說，這確實是個問題。說到底，正是同一位亞當・斯密，而非一般以為的敵人馬克思，寫下了「管制（regulation）是為了支援工人，它總是公平公正」云云。[3] 也正是斯密，遭馬爾薩斯（Thomas Malthus）指控他混淆了國家財富和下層階級的幸福。

這位複雜的思想家不是許多人後來所信奉的亞當・斯密。確實，任何知曉斯密聲譽，頭腦清楚地閱讀了《國富論》的人，都會因為其思想的精細，以及傳聞和他實際所言之間的落差而受到衝擊。人們可能也會驚訝地發現，斯密有種和琴酒（gin）一樣乾烈的幽默感。他告訴我們，「本質上來說，哲學家的天賦和氣質，和街上的搬運工（street porter）並無太大不同，就像獒犬（mastiff）和格雷伊獵犬（greyhound）的差別一樣。」[4]時至今日，研究斯密思想的文獻，可以填滿一座資金充裕的公共圖書館，還包含以這些研究為主題進行探究、批評和修正的許多傑出史學著述。[5]

本書感興趣的是這個真實的亞當・斯密。仔細研究過斯密的經濟學者都知道，即使到了今天，斯密思想的各種線索仍是經濟學大多數學派的基礎，即使那些看來彼此扞格者亦不外如是。

斯密只寫過兩部書，但都展現其寬廣的心靈幅員、廣泛的興趣和多層次的思想。這尤其有助於解釋《國富論》何以如此複雜。和所有其他偉大著作一樣，《國富論》有許多層次，比任何一組特定觀念更廣泛、多樣和令人困惑。除了勞動分工和貿易，這本書也處理諸如教育、殖民主義、主權本質、市民社會、自然資源，以至大量的其他主題。它為特定的貿易限制和運輸稅背書，支持窮人的普及教育（universal schooling），並始終對商人有種健康的不信任感。但《國富論》也是一個訴

1. Smith 1776 in Cohen and Fermon 1996, 326.
2. Rothschild 2001, 117.
3. Smith 1776, 143.
4. Smith 1776, 18.
5. Winch 1978; Jones and Skinner 1992; Rothschild 2001; Milgate and Stinson 2009.

求，主張個人有權自己決定如何生活，並支持消除當時流行於英國甚且歐洲大陸的許多貿易限制。讓市場自由運作是其中、若非唯一一環。換句話說，唯有片面地看待其著述，並忽略其他許多斯密擁護的事物，我們才能如某些經濟學家偏愛的那樣，把十八世紀蘇格蘭啟蒙運動的亞當・斯密詮釋為宣揚完全自由市場思想的熱情使徒。我們也許可以如此斷言：作為一個對自己的未來遺產感到焦慮，在臨終床榻前要密友焚燒尚存手稿的人，斯密也許會因一些人如何理解他而感到痛苦，但可能也會因自己依然重要並成為研究泉源而感到欣喜萬分。

還有其他足堪深思的諷刺之事。斯密的真正目標是詳細標記人性，但他自己的一生卻只有個大致梗概。對立傳者來說，斯密「缺乏可見度」；他沒有留下日記、自傳或其他關於自己的詳細紀錄。[6]我們相當確定他曾造訪過許多工作場所和市場，討論其見聞，並寫下學到的東西；但紀錄有缺漏。對那些想追問更多的人，斯密只給了個負面建議：「人的特質從來就不出眾醒目……而是件沉悶和沒有生氣的東西，僅由自身買單。」[7]雖然斯密講授貿易和雇傭勞動，講授法律和政治，也講授軍事議題和工業生產，他本人卻極少親身參與上述任何領域。他勤勉認真，在格拉斯哥大學教書時承擔了許多行政工作，擔任海關稅務專員時也一樣投入。但他不是公眾人物，甚至逃避關於其著作的辯論。斯密極重隱私，小個頭又沒什麼吸引力，是內向省察型的人。他終身未婚，似乎也從未有過任何形式的長期情愛經驗。亞當・斯密是個教師，在他出生的二千三百人的海邊小鎮，和母親同住了許多年。

某種角度來說，斯密的一生缺乏戲劇性可謂恰如其分。幾乎所有斯密要說的話，都繫上了他的敏銳觀察和出色、強烈的演繹能力，這些條件得到關於希臘羅馬古典文明的深沉學養和共鳴所磨利。他似乎有超卓的記憶力，反覆從事無止境的研究，主題和深度無所設限。包含許多學問領域的智識交流，毫無疑問為其揭露人性原則的畢生野心補充了燃料。但在追尋此目標時，斯密最重要的仍是智力（cerebral）的一面。他偏好觀察多過參與、沉思多過實績、學術多過領導。我們認為，亞當・斯密的一生，大體上即是其思想的載體。

亞當・斯密的世界

亞當・斯密生於一七二三年六月五日，距他父親逝世不過幾個月光景。斯密小時候體弱多病，如他的第一位傳記作家鐸加・史都華（Dugald Stewart）所言，他「需要尚在世的母親所有的溫柔關懷」。[8]但斯密從未被這種照料寵壞，也沒有因身體虛弱就不參與活潑男孩們的一般活動；「因為他的脾性溫暖卻又有著不常見的友善和慷慨」，同學都很喜歡他。[9]他花很多時間獨處，時常自言自語，培養了日後讓他出名的心不在焉狀態。鐸加・史都華說了一個故事：斯密還在襁褓中時，有一晚被一群羅姆人（Roma）偷走，一位叔叔則漏夜追趕把他帶回。無論是真是假，這都讓我們饒富興味地想像，這位經濟學鼻祖若變成吉普賽人，是否也會貧窮困頓？

斯密的雙親是寬裕的中產階級。他的母親瑪格麗特・道格拉斯（Margaret Douglas）來自一個地

6. Philipson 2010.
7. Smith 1976-87, vol. 4, 132.
8. Stewart 1858, 5.
9. Stewart 1800, 6.

主家庭，其父亞當（Adam）則是位與蘇格蘭政治圈有關係的律師。父親亞當在蘇格蘭的紛擾時期茁壯成年；其時蘇格蘭作為一個國家的命運尚未拍板定案，直到一七〇七年《合併法案》（Treaty of Union）建立大不列顛王國後才塵埃落定。然而，老斯密在新時代的獲益極為可觀，在行政體系中得到重要職位，最終成了寇卡地的海關查驗官。老斯密在妻子懷有三個月身孕時逝世，死因不明，妻子則將遺腹子命名為亞當。父親的成功讓家庭富裕無缺，瑪格麗特可以鄰近朋友與親戚，長年寬裕地住在寇卡地，極其縱容天賦異稟的兒子，並發展出一種勝過（實則取代）所有其他女性情誼關係的特別紐帶。

亞當・斯密生涯發展的輪廓為何？他十四歲時離家前往格拉斯哥大學，但無論是學生時代或後來當了教授，假期時都會返家。他在格拉斯哥和牛津大學學習，閱讀廣博、深入且從不間斷。之後他以企業家的方式讓自己登上檯面，就修辭學、文學和法學，在愛丁堡大學發表一系列公開演講。這使他有了仰慕者，並讓他在母校格拉斯哥大學獲得一個教職。斯密在那兒待了十三年，講授道德理論、歷史、希臘和拉丁作家、政治經濟學等主題。接著他離開大學，先是擔任一名年輕貴族布克琉公爵（Duke of Buccleuch）的私人教師，陪同他進行歐洲壯遊；返鄉與母親居住並出版《國富論》後，他接受了海關稅務專員的職位，直至離世。

從人文學教授到有錢人的私人教師，再到徵收稅金的人，這就是亞當・斯密邊角分明的職業生活軌跡。他確實對拔擢的機會持開放態度，但似乎不特別在意取得財富。要到生涯晚期，在《國富論》出版好一陣子後，他才進入商業世界。

指導年輕公爵給了亞當・斯密機會，讓他造訪法國，和當時最重要的一些思想家討論經濟事務，並與他的知識偶像伏爾泰（Voltaire）在瑞士有一短暫、令人失望的會面。以格拉斯哥大學的講座為基礎，他的第一本書《道德情感論》（*The Theory of Moral Sentiments*）出版於一七五九年；這本書讓他成名，但之後超過二十五年都沒有後繼的作品。《國富論》則在一七七六年問世，讓斯密今日在世界上得享大名，但他還在世時卻僅略見端倪。還有其他一些關於科學史和法學的論文，外加少量信件，此外便沒有太多別的東西。亞當・斯密在他的時代以道德哲學家之姿廣為人知，而非科學家或經濟學家，且很難說是多產。今日的大學終生教職聘任委員會，可能會用懷疑或不友善的眼光來檢視他。

事實上，斯密不是以一個英雄人物或悲劇角色打動我們。他的生命中沒有多少明顯的刺激事，其結局也僅讓人輕微地感傷。他在寇卡地的家中完成了《國富論》的主要部分，和年邁的母親作伴，過早地衰老，並被長時間工作而虛弱的身體和臆恐病（hypochondria）所消耗。其母於九十歲時逝世，讓他心力交瘁。確實，這標誌了斯密真的喪失了活力，和他自己生命盡頭的開端。僅僅六年後，他便死於長時間的病弱。六十七歲時，這位用觀念改變現代世界如何理解貿易和經濟福祉的男人，業已精疲力竭。在知識上，斯密致力於一個宏大計畫，但他生前完成的還不到一半。因為斯密從未結婚也沒有子女，他的著述是其唯一遺產。他的一生似乎總讓旁人好奇，據說他會在散步時同自己說話，在向朋友滔滔不絕講演時跌入皮革匠的陷阱。保守的蘇格蘭教會領袖亞歷山大・卡萊爾（Alexander Carlyle）曾如此描述斯密的聲音：

> 刺耳、口音很重，接近結巴。他的對話不似口語，而像在演講……在我交遊的人裡面，他是最心不在焉的，會移動他的唇、自言自語和微笑……你若將他從白日夢中喚醒，要他注意對話主題，他會立刻開始高談闊論，直到把他知道的所有東西都告訴你方休，並帶有極致的哲學創

造力。[10]

如果我們相信卡萊爾，亞當・斯密可能會覺得社會是個難以應付的東西，儘管社會也是斯密知識與趣所寄的無邊主題。這讓我們回到了他的宏大計畫。這個野心如此巨大的計畫究竟是什麼？這是個完整且「立基於觀察人性和人類歷史，真正的人的科學（Science of Man）；這個科學可以解釋社會與政治組織的原則……和開明統治者理應遵循的政府和立法〔原則〕」。[11]因此，這個計畫甚至超越偉大的法國《百科全書》（*Encyclopédie*）的目標；《百科全書》旨在蒐羅所有科學、藝術以及各門行當的知識，以作為啟蒙運動進步的基礎。[12]斯密追求的更甚於此：他追求的是人類行為與社會存在的基本自然法則。

亞當・斯密所認識的世界

斯密是一個小型但特別的思想家群體的一員，他們都生於十七世紀最後幾十年以至十八世紀的前二十五年。蘇格蘭在當時還是西歐最貧窮、經濟發展最滯後的國家之一。但這片土地孕育了哈奇森（Francis Hutcheson）、詹姆士・史都華（James Steuart）、休謨（David Hume）、亞當・弗格森（Adam Ferguson）、詹姆士・瓦特（James Watt）、詹姆士・赫頓（James Hutton）、約瑟夫・布萊克（Joseph Black）和亞當・斯密等人。從政治學、經濟學到科學和文學，這個群體幾乎在所有主要的知識領域都增益了西方思想。他們各自以不同的方式，追求擁抱理性和個人自主意志。他們都相信心智的科學框架，可以洞悉物質和心靈世界。[13]這些蘇格蘭思想家的見解多半同時具備知識性和實踐性。他們謀求描繪應當知悉的重要事物，以及如何將其應用於日常生活。這種見解從一七〇七年通過的《合併法案》中汲取動力，法案則讓蘇格蘭到了十八世紀中，從充斥田地與氏族的農業世界，轉變為一個貿易與商旅的中心。在這一背景下，進步也意味著購買和銷售，其角色不亞於學習和發現。這個由知識分子、發明家和科學家組成的群體所孜孜矻矻的，正是為這個新的蘇格蘭定義一個指引政治、道德和社會的典範。[14]

與此同時，前一個世紀的英格蘭出現了巨大動盪，始於內戰（Civil War）（一六四二－一六五一），終於一六八八年的光榮革命（Glorious Revolution）。作為歐洲最強大的國家，路易十四（Louis XIV）及其後繼者治下的天主教法國，則為新教國家帶來極大威脅。法國與不列顛的交鋒，最終成為一些史學家視為第一起真正世界衝突的事件，也就是七年戰爭（Seven Years' War）。這場戰爭的火線蔓延全球，特別是新世界——在那裡被稱作法印戰爭（French and Indian War）——和印度。儘管在後來的美國革命（一七七六－一七八一）中失利，英國在與法國的大型鬥爭中取勝，仍保障其優勢。印度成為英格蘭帝國版圖的關鍵屬地，皇家海軍則確保了其海上統治權，直至二十世紀中葉。

政治事件並沒有讓衝擊所有西歐國家的市場轉型姍姍來遲。這個商業革命涉及由殖民主義驅動的擴張，有哈德遜灣（Hudson's Bay）和東印度公司（East India Companies）這類貿易帝國的茁壯，

10. Carlyle 1860, 279.
11. Philipson 2010, 2.
12. *Des sciences, des arts et des métiers*, 1751-72.
13. Oz-Salzberger 2003.
14. Merikoski 2002; Berry 1997; Haakonssen 1996.

見證師法荷蘭人首創之合股企業（joint stock enterprises）的成長，開闢許多新的海上探險，讓歐洲充溢新貨物和原料。若說在莎士比亞（Shakespeare）的時代，不列顛人的必需品和奢侈品仰賴地方農場和工匠，一個半世紀後，他們則從美洲購買菸草、從德國買釘子（nails）、從法國買酒、從貝爾法斯特買亞麻布、從印度買香料和絲綢，並從西印度群島買糖。英國也成為一個主要出口國，從殖民地取得原料，將其變成昂貴的加工商品。商人和零售商、店主和公司經理，成了步步高升的社會成員。到了一七四〇至一七八〇年間，當亞當・斯密如日中天時，這個轉型已相當明顯。[15]

也正是在這個時候，啟蒙運動達到知識活動及產出的高峰，尤其是在蘇格蘭。[16]「財富」（"wealth"）的觀念及其意義，正要發生深刻變化。從古典時代以來，追求財富本身一直被視為低賤的活動，尤其跟榮譽、榮耀和德行等高貴目標相比。然而，如赫胥曼（Albert Hirschman）所論，到了十八世紀，越來越多人開始質疑這個觀點。人們重新思考，將商業與溫和的利益追求看作解藥，可以緩解以榮譽和宗教之名，以及因赤裸的權力欲而生的無止境戰爭。[17]

在倡議此觀點的人之中，法國的孟德斯鳩（Charles Louis de Secondat, Baron de Montesquieu）是最具影響力和受人尊敬的一員。他一七四八年的著作《論法的精神》（*Spirit of the Laws*）被廣泛閱讀，極有影響力。該書冷靜、優雅地認為，商業所創造的財富是貨真價實的，以其自身的方式對自由有所要求，並對國家產生衝擊。他寫道，「和平是商業的自然結果」、「兩個相互貿易的國家會互惠互賴；若其中一個國家對購買有興趣，另一個會對銷售有興趣，所有聯合都建立在相互需求的基礎上」。[18]孟德斯鳩也討論了個人。他認為財富欲若過度發展，會讓人的所有行為都唯利是圖。但「商業的精神」，即對等兩造的交換，可以「為人帶來一種確切正義（和公平）的感受」。它推動「那些成其如此的道德，讓人不僅討論自身利益，〔還〕可以為了他人的利益忽略己利」。[19]

這是亞當・斯密之後出於自身考慮而改造的重要概念。事實上，如赫胥曼所示，其他許多不同類型的作家也懷抱此觀點，認為個人私利可以帶來更大更廣的利益。[20] 一七二五年時，維柯（Giambattista Vico）便在《新科學》（*New Science*）中說「完全被追求私人功利想法占據的熱情，轉化成了公民秩序（civil order）」。[21] 休謨和詹姆士・史都華也分別在一七五二和一七六七年表達了相似看法，認為自利（self-interest）和求富的熱情，是整體社會繁榮的動力。[22] 這些著述都早於斯密的《國富論》。

但此概念最廣為人知的一種版本，卻以非常不同的形式出現。居於倫敦的荷蘭醫生曼德維爾（Bernard Mandeville, 1670-1733）透過其諷刺詩作掀起旋風，也就是一七一四年出版之《蜜蜂的寓言：私人的惡德，公眾的利益》（*The Fable of the Bees: or, Private Vices, Publick Benefits*）。曼德維爾帶著挑釁意味，全然否定基督教德行對社會進步有任何積極貢獻。他說所有的公益都來自自私和貪婪，而這也適用於經濟事務：「奢侈讓無數窮人有以為業，可憎的傲慢讓更多人得以謀生；忌妒與

---

15. Mokyr 2010.
16. Broadie 2001.
17. Hirschman 1977, 9–66.
18. Montesquieu 1989, 338.
19. Montesquieu 1989, 339.
20. Hirschman 1977.
21. Hirschman 1977, 17.
22. Hirschman 1977.
23. Mandeville 1924, vol. 1, 25.

虛榮本身，是工業的主導者。」[23]這個諷喻不是譏嘲或笑話。曼德維爾取笑迂腐的道德，但對自己的主張非常認真。他主張貪欲和自尊，及其促動的無盡野心，是人們成功的驅動力：「徒有德行不足以讓國家富麗堂皇。」[24]遊手好閒的富人即便對其他人不聞不問，仍會花費在服飾、飲食、藝術和旅行上，因而讓裁縫、廚子、畫家和車夫有事做。曼德維爾認為這就是人性。若詳加檢視，人類就像蜜蜂，最初以為是原罪的東西，會帶出豐饒的生產力。只要貌似邪惡的熱情能有出口，進步便會到來；這是政府最能有所貢獻的目標。如果說孟德斯鳩視商業為一個孕育化成的力量，曼德維爾則把它想成一種矛盾悖論——不文明的動力和文明化目的彼此束縛纏結。

另一個斯密必須與之交手的十八世紀觀點，是名為重農主義（Physiocracy）的法國經濟學派。此學派的領袖是魁奈（François Quesnay, 1694-1774），他是在路易十五時代受勛的宮廷醫師，也為偉大的法國《百科全書》貢獻條目。魁奈於一七五九年私下出版了《經濟表》（*Tableau Économique*），一份時髦的流程表，秀出法國經濟中的貨幣流動，被視為重農主義體系的基礎。這是一張平衡、數學式的圖表，有許多交點和對角線，看起來就像關於天空構成、生命層次、人類身體和其他科學形象的圖解說明。魁奈認為農民、地主和製造業者是主要的經濟行為者。農民有「生產力」，而地主握有現款。但製造業者是「貧瘠」的，因為他們利用別人生產的原料，不會帶來盈餘，又靠農民為生。這反映了法國的某些處境，亦即和英格蘭相比，法國仍以農業為主，商業程度較低。不過魁奈圖表真正新穎之處，在於主張經濟各層次都互相依賴，貨幣僅不過是資產的一種形式。穀物之於農民、土地之於地主以及貨物之於製造業者都是資本。唯有讓交換行為自然地發生、運作，得到「完全的自由」，這種種資本（貨幣則是經濟價值的承載）才能有效流動。如重農學派一位主要成員米拉波侯爵（Marquis de Mirabeau）所言，個人也應享有這種自由，因為「一個秩序井然社會的神奇之處，是每個人都為他人而工作，而相信這是為了自己而工作」。[25]

因此，重農學派對法國政府試圖操控資本流通之舉，表達了強烈批判。他們責難高稅金、國內稅、進口關稅，以及限制貧窮下層階級交易活動的其他阻礙。魁奈知道他的圖表是抽象觀念、是個模型，但仍認為它確實發現了自然秩序，展現君主的干預政策只會造成傷害和不景氣。對衝擊到農民的政策來說尤其如此，如進口機械裝置的高關稅（這讓法國製造業者得以維持高價）。國家經濟目的在於成長，但自然過程若受阻礙，此目的將無法達成。魁奈顯然在與其他人討論時說了「放任作為，放任通行」（Laissez faire, laissez passer）云云，我們不清楚這句話究竟源自何處，但因為魁奈，它變得非常重要。

重農學派所反對，之後亞當・斯密會加以破壞的，是對重商主義（mercantilism）的見解。魁奈說重商主義是「柯貝爾主義」（"Colbertism"），因為他認為其最有力支持者是路易十四時代的法國前財政部長柯貝爾（Jean-Baptiste Colbert）。這種經濟哲學和政策源自競爭性保護主義，在此環境中，歐洲強權主要透過控制政治和經濟活動，尋求高度的自給自足。君王認為貿易是種零和博弈，國家唯有犧牲其他國家的利益，才能最好地改善自己的處境。為此，國家要積貯最主要的經濟資產黃金和白銀；出售給其他國家的貨物要比進口者多；要將殖民地當成私有市場，從中取得自然資源並將製成品賣回那裡，這種過程是單向的，故殖民地自身無法自給自足地發展。貨幣就是資本，所

24. Mandeville 1924, vol. 1, 35.
25. Mirabeau, 1764, vol. 1, 117.
26. Milgate and Stimson 2009.

有政府都得採取保護主義；財政援助應用以鼓勵國內生產，並透過關稅來減少進口。[26]

這是個拼湊而成的體系；當斯密受魁奈以至其他人更多影響，於一七六〇年代著手撰寫《國富論》時，此體系已存在接近兩個世紀。對斯密來說，英國最熱烈支持重商主義且最具影響力的人是湯瑪斯・孟（Thomas Mun）。他是十七世紀早期的商人，當過東印度公司的董事。其死後於一六六四年出版的《英國得自對外貿易的財富》（*England's Treasure by Forraign Trade*）講得非常清楚：「增益我們財富和珍寶的一般方法……是透過對外貿易，其間我們必須遵照此規則：每年出售給陌生人的獲利，要比我們在他們那邊的消費來得多。」[27]湯瑪斯・孟進而提議讓英格蘭所有休耕地復作，以減少甚至消除糧食的進口。人們應該「清醒地自我克制，不要過度消費在外國商品上」，以減少對「陌生人」的依賴。[28]另一方面，任何英格蘭商人都應好好地記下「我們鄰居的需求」，尤其是那些短缺的東西，這樣便能找到機會「以好價錢賣給他們」。運輸英格蘭貨物的得是英格蘭船艦；在「國王陛下的海」上捕魚的只能是英格蘭漁夫；外國貨物「可課以更多稅，這將會……讓王國在『貿易差額』（balance of the trade）上得利」。[29]

重商主義表現出一種幾近好戰、嚇人的民族主義（nationalism）。真正的重點不是「讓你的鄰居變窮」，而是湯瑪斯・孟自己說的「以好價錢賣給他們」。但他在很重要的一點上領先其時代，斯密對此也表達嘉許之意。斯密說，湯瑪斯・孟理解「輸出金、銀以購買外國貨物，並不必然會減損王國內這些金屬的量；相反的，這經常有可能增益其量」。[30]理由何在？因為這些貨物，如印度來的香料和皮毯，可以用更高利潤轉售給其他國家。因此，貿易可如湯瑪斯・孟類推的那樣，與農業的播種和收穫相比擬。斯密很喜歡這個意象並加以徵引。

亞當・斯密的老師

偉大思想家的構想都不是憑空而生的。先前已說過，亞當・斯密有其先行者和知識意義上的雙親，最重要的是哈奇森和休謨。他也不是全然活在經濟學出現以前的時代。我們知道斯密曾於一七六〇年代拜訪魁奈（當時他在法國），並和許多重農主義者關係不錯，包括杜爾戈（Anne Robert Jasques Turgot）和米拉波侯爵。我們也知道，這是第一個自我標榜為「經濟學家」（économistes）的群體。斯密說魁奈是個「非常聰明和有深度的作家」；至於拒斥重商主義的重農主義體系，斯密雖然認為它有許多不完美之處，但「也許是現已發表與政治經濟學（political economy）主題相關最接近真理者」。不過，斯密雖因經濟學（或說政治經濟學）而為人緬懷，這卻不是其主要考慮。經濟學只是一個更偉大的夢的入口（儘管是個重要的入口）。

無論考慮其工作或知名度，亞當・斯密的職業都是道德哲學家，如同其導師哈奇森。但就志向和成就來說，他就是一名所涉廣泛的哲學家，和其好友休謨一樣。哈奇森和休謨都撰寫了富影響力的著作，對倫理學、社會關係、商業社會等議題多有討論，讓較年輕的斯密印象深刻，使他體察透過哲學尋求新轉向的必要性。他們說，這個可敬的領域不應僅就其主題進行理論化或裁斷，也不該把時間浪費在強渡形上學（metaphysics）的迷濛熱流。哲學應該潛得更深，搜尋引導其餘事物的底

27. McCulloch 1856, 125.
28. McCulloch 1856, 127.
29. McCulloch 1856, 133.
30. Smith 1904, 398.

層人性原則（principia，牛頓用以指稱自然法則的詞彙）。真正的哲學應該以行動為目標——運用從科學學到的東西及其觀察和演繹工具，以發現人類行動、思考、愛戀、發動戰爭、建立國家的種種理由，和這般發現如何用以決定一個民族在繁榮、自由和幸福中成長茁壯的最佳方式。簡言之，其意圖不僅是知識性或學術性的，哲學家必須志在建立一個更美好的英國、更好的歐洲，以至最終建立一個更美好的世界。

亞當・斯密非常幸運，可以直接親身受到這兩位蘇格蘭啟蒙運動偉人的影響。斯密在格拉斯哥大學念書的時候，哈奇森是該校的道德哲學講座教授，並於一七三〇年代在歐洲享有極高聲望。這是因為他關於人作為一種積極道德存在（moral being，如全能的神所設計）的著述，和他前無古人的演說風格。哈奇森是第一位在這個講座上用英文而非拉丁文演講的人，而且其演說充滿熱情，雜糅戲劇成分和笑點，足以令學生心醉神迷。他如是這般地講述人類行動，並非如霍布斯（Thomas Hobbes）所言，植根於原始的自私自愛（self-love），也不像曼德維爾所說，來自惡德叢林，而是源於趨向仁愛（benevolence）的自然傾向。人類有一種由神給予、內在的「道德情感」（"moral sense"），可藉由理性進一步擴充。就此而論，哈奇森是受到安東尼・庫珀（Anthony Ashley Cooper）——即沙夫茨伯里勛爵（Lord Shaftesbury, 1671-1713）的影響。沙夫茨伯里勛爵是一位博學的貴族，主張人會趨向德行，天生具有良知和分辨對錯的理性能力。沙夫茨伯里認為這種自然神學（natural theology）可以增進人生許多面向的社會和諧；因此，他的論文處理了藝術、政治、文化、禮儀等主題。哈奇森本人也就許多主題進行寫作和演講，包括倫理學、美學、邏輯、婚姻、法律、宗教、文學、社會史、政府、貿易等。這就是當時道德哲學的跨度。其觸角之所以如是擴展，很大程度上是因為上個世紀連綿不絕的宗教戰爭（一六一八—一六四八的三十年戰爭）及其帶來的極度殘忍和不穩定。格勞秀斯（Hugo Grotius）和普芬多夫（Samuel von Pufendorf）等人的倫理學著述強調了自然法（natural law）概念：這是個很複雜的觀念，有時和神聖力量（divine power）綁在一起，但人們已越來越常從世俗的角度看待它，視之為一種深嵌於人性及其理性面向的事物。這些面向直接連結到公平、信任、法律體系等觀念。商業作為公平交換行為的表現，和社會團結的動因，亦有一席之地。受到科學革命衝擊，道德哲學也要從自然的目的性（finality of nature）中尋其根柢。[31]

哈奇森將這些趨勢，與他終身追求並傳授學生的兩個強力信念相混合。首先，和基督教義長期以來教育的不同，人性內在並非腐敗墮落，而是擁有「崇高莊嚴」（"high dignity"）和「極大的為善能力」（"great capacity for good"）；其次，最有力量和實用的知識形式，是使用科學和證據以達致某種可驗證的真理。因此，我們在他的演講、即死後出版的《道德哲學體系》（*A System of Moral Philosophy*, 1755）中，不僅能看到關於人類知覺（perception）和幸福本質的講述，還可見與財產權和財產自由、商務企業管理，以及不同的政府型態和角色相關的討論。這絕非偶然。說哈奇森的哲學「包羅全面」（"inclusive"）還有點輕描淡寫了。

亞當・斯密進入大學時只是個十四歲的年輕人，哈奇森的動人風格給他很深的印象。斯密似乎把老師的演講及其結合表演與學識的風格當做模範，打造了自己成功的職業生涯。哈奇森對古典作家的廣博知識（他可以隨興之所至徵引長篇大論，並得到恰當效果）、從日常生活取譬的能力、強調公民與宗教自由與社會進步的關係，以及認為知識要有價值和實用以促進一些具體改善，都對斯

31. Broadie 2001.

密產生深刻的影響。

但如果哈奇森對斯密的觀點而言起了關鍵作用，休謨的角色更是不可或缺。在當時，除了盧梭（Jean-Jacques Rousseau）和康德（Immanuel Kant）外，休謨巨大、無止歇的才智是無與倫比的。在所有英格蘭和蘇格蘭哲學中，休謨對後世思想家的影響，可能僅次於亞當・斯密。然而，在他的時代，休謨激起了易變的混合反應；有人仰慕其原創性，也有人因他質疑既有規範和宗教虔敬而加以指責。事實上，休謨把想像力和熱情置諸理性之上，又否認神學在道德概念中扮演了任何角色，都足以讓他成為哈奇森的永恆宿敵。斯密在牛津時，被人發現房裡有一本休謨的《人性論》（*Treatise of Human Nature*, 1739），因而招來強烈責難。牛津大學禁絕該書，並沒收斯密手上那本《人性論》；終其一生，斯密都沒有忘懷或原諒這種侵犯行徑。

和斯密一樣，休謨年輕時花了很多時間進行嚴厲、自我要求很高的閱讀與反思，專注在古典作家上。他自己的早期著述，特別是《人性論》，讓他成了一位知名的懷疑論和無神論者（至少對某些人來說）。他很想得到兩個職位，但都遭到拒絕：愛丁堡大學的心智哲學（Pneumatics）和道德哲學講座，以及格拉斯哥大學的道德哲學講座（給了亞當・斯密）。他一直受到蘇格蘭教會的抨擊，甚至被指控為異端。這樣看來，蘇格蘭可以催生各式各樣的偉大心靈，但仍舊無法欣賞他們。[32]

但休謨喜好交遊，也在歐洲大陸到處旅行，和許多傑出思想家關係良好。休謨溫暖、外向，對他人有興趣，在有生之年極受人尊敬。斯密似乎也最珍視與休謨的友誼。他們在一七五〇年於愛丁堡會面，這可能是在斯密的某場公開演講之後。他們兩人旋即成為朋友，即便休謨年長他十二歲，斯密又得到休謨渴望的格拉斯哥大學職位。這段關係與時俱深。但早在他們初次握手之前，斯密已經相當熟悉休謨的著作，並在自己的思想中加以徵引取益。[33] 休謨很可能從斯密的講座中注意到這點，並感到榮幸和欣喜：這兒有一個人散播他的觀念並得到薪酬！休謨不會忌妒另一個才智之士使用自己的作品，特別是像斯密這樣讓他感興趣的人。尤有甚者，休謨已經出版了許多著作，也還會繼續生產數量相當的作品。除了《人性論》，他已在一七四一至一七四二年出版《道德與政治論文集》（*Essays, Moral and Political*）、一七四八年出版《哲學論文集》（*Philosophical Essays*），並即將在一七五二年帶來《政治論集》（*Political Discourses*）。最後這本書，將對斯密關於商業的思考產生關鍵影響。

休謨說心智是一系列鬥爭，一場感覺印象（impressions）與情緒的無休止擾動。我們真正僅有的東西是經驗（experience）：「讓我們追索想像力直達蒼穹或宇宙的最邊緣；我們一步也沒踏出去。」[34]道德也不外如是，沒有神聖的基礎或來自理性思想的根源。人類確實有趨向許多熱情的自然傾向，如愛、自尊、希望、恐懼、自私，但沒有神奇地植根於內在的「道德情感」。人們觀察自己的行為如何為他人帶來愉快、有益的結果，以及他人行為之於自己的結果，以此學習怎樣做個有道德的人。這個經驗過程也表現在《人性論》的副書名上：「用理性實驗方法研究道德主題的嘗試。」（Being an Attempt to Introduce the Experimental Method of Reasoning into Moral Subjects）因此，這個理論很明顯是世俗性的，也極為含糊不明。對當時蘇格蘭以至英格蘭的情緒感受來說，休謨的理論太過嚴格、冰冷；但對亞當・斯密而言，這溫暖又不沉重。哈奇森和休謨都為斯密提供了「人

32. Mossner 2001.
33. Phillipson 2010.
34. Hume 1826, vol. 1, 97.

的科學」的目標，但只有休謨提出了方法。

《人性論》讓斯密相信，他需要對人心和心智進行仔細、無可妥協的檢查，略同於我們今天說的心理學。這將提供一個根本基礎，可以從中得出社會的恆久原則（principia）以及如何指導社會。在愛丁堡的講座中，斯密宣告要討論的是「修辭」（"rhetoric"）和「法學」（"jurisprudence"），但他所涉範圍遠過於此，談了文學、語言、財產體系、統治良窳、正義的概念、「市民社會」（"civil society"）等（他從哈奇森那兒借用這個詞）。他也觸及商務企業，但顯然在閱讀休謨的《政治論集》以前（在他接下格拉斯哥大學教職後不久），這還不是斯密的主要關懷。根據詹姆士・史都華的傳記，很少有書像《政治論集》這樣，對斯密的思想帶來這麼大影響。休謨對經濟議題並不陌生，曾在早期著作《道德與政治論文集》中有所討論。但在《政治論集》中，他強化其重要性，依序處理這些經濟課題：商業、奢侈（luxury）、貨幣、利息、貿易差額、稅金、公共信用（public credit）、和完美共和國（Perfect Commonwealth）的觀念。休謨論道：「國家的偉大及其人民的幸福……無法與商業分割；私人的貿易和財富所獲更加安全穩固……群眾的力量，也會隨私人的財富和廣泛商業活動成比例增加。」[35]

此推論的意涵，即經濟自由和「市民社會」的連結，以及貿易和具競爭力的商人階級之價值，也為斯密所保留。休謨關於貨幣是商業交易的真實物件之結論也是如此。貨幣「不是貿易的輪子而是其油料，讓輪子得以更平順、輕易地轉動」。[36]當它增加時，「工人和工廠可獲得生命；商人會更加進取；製造業者會更勤奮和技藝精湛；甚至農民也會更樂意、專注於耕作」。[37]不像保護主義者，休謨明白經濟開放、進行對外貿易是有益的。進出口貨物的限制和關稅，只會削弱整個體系。他說對外貿易「透過進口為新製造業者供給原料；透過出口為無法在國內銷售的特定貨物製造了勞動機會。簡言之，有大量進出口的王國，一定比甘於仰賴本土貨物的王國……有更多的工業」。[38] 理由很簡單：工人和貨物是國家經濟的真正力量，人為限制貿易以強求盈餘只會削弱它。

亞當・斯密從休謨那裡學到很多東西。包括自私自利的功效（無論是否開明）；資本多形式、流通的本質；勞工的重要性；工資與價格的關係；特別是保護主義的自毀特質和追逐金銀（這是當時仍盛行的重商主義的基石）的徒勞無功。斯密接納這些觀念（和他對哈奇森一樣），並獨創新意。其後八年，在格拉斯哥大學廣受歡迎和眾所期待的講座上，他雕琢、打磨、進一步增益這些觀念，出版了《道德情感論》（一七五九）。但還要再等數十年，《國富論》才會問世。但這正得其宜甚至有其必要性。在《國富論》中，斯密將走得比兩位導師更遠，並嚴肅看待其他人的著述，如康第龍（Richard Cantillon）關於商業本質的《商業性質概論》（*Essai sur la Nature du Commerce en Général*, 1755），再結合多年造訪商人及其工廠的經驗，最終產生了這部極為複雜的著作。

如艾瑪・羅斯柴爾德（Emma Rothschild）所言，如同休謨，斯密的哲學觀點有很深的不確定性。這也適用於如孔多塞（Marquis de Condorcet）這樣頂尖的法國啟蒙哲人。他們拒斥宗教信仰的確定性和神聖秩序的世界，轉而接受並努力解釋因不完美、時常不合邏輯的人類現實而產生的不安定性。對啟蒙運動來說，創造世界的是人。這是個嚇人又帶來解放的觀念，讓人類不再受命運是由

35. Smith 1826, vol. 3, 287.
36. Hume 1826, vol. 3, 317.
37. Hume 1826, vol. 3, 322.
38. Hume 1826, vol. 3, 296.

更高的非人力量控制的信仰所桎梏。[39] 休謨看得比多數人清楚：這賦予人類一個根本的責任，即世界畢竟只能透過心智加以闡明，在無止境的外在現象和內在感覺印象的混亂中，也許可以發現為萬事萬物帶來秩序的基礎原則。一七三四年，蒲柏（Alexander Pope）在《論人》（*An Essay on Man*, Epistle I, part X）中寫道，「自然就是藝術，但你無所知見；所有機會都指引了方向，但你無法看見；傾軋是你不理解的和諧；所有局部的罪惡是普世的善美」。對休謨以至泰半的啟蒙思想而言，這聽起來像是孩子氣的迷信。有斯密的野心，想找到「人的科學」基本要素的哲學家，會拒斥如下主張：最終的真理不可視、無法觸及，在全知全能的神手上。斯密和休謨認為並非如此；他們認為真理近在咫尺，見諸日常世界的運作。斯密現代主義的力量（這讓蒲柏及其儕輩變得古老奇特）正在於此——無論上帝的計畫占了幾成，社會秩序可透過仔細檢查和堅實分析加以得悉，讓人理解根本法則，因而有能力和責任去改進業已存在的事物。

亞當・斯密想打造的世界

亞當・斯密的《道德情感論》於一七五九年問世，那年他三十六歲。接著是一七七六年的《國富論》，其時他已屆五十三之齡。還有一本選集《哲學論文集》（*Essays on Philosophical Subjects*, 1795）、一本小巧盈握的評論集、總計約兩百封信件，以及三本他在格拉斯哥大學講授時的學生筆記。《哲學論文集》是在斯密死後五年編定出版，主事者是他的遺稿保管人化學家約瑟夫・布萊克和地質學家詹姆士・赫頓。正是這兩位朋友，在斯密生命的最後日子裡，照料病榻上的他，被要求在床邊燒毀幾乎所有未出版的手稿。許多手稿顯然已盡付祝融。如果這算得上是後人的一大損失

（的確如此），我們至少可以感到欣慰的是，赫頓說此舉確實讓斯密的心靈「大大地解脫」，使他臨終時更堪忍受甚至愉快。[40]

斯密的兩部著作有宏大的目標。它們企求解釋社會如何運作，以及怎麼讓社會更文明、更道德。儘管兩者的主題看起來全然不同，它們卻都源自一個始終如一的哲學觀點。僅關注《國富論》而忽略第一部著作《道德情感論》，將無法把握斯密嘗試作為的根本要素。

道德情感

《道德情感論》有些教人吃驚。雖然寫出的當下，西方社會的日常生活結構與今天大異其趣，現在讀起來，它仍是相當可靠的心理學討論。在此書中，斯密將自己置於顯微鏡下，透過精細工具嚴密地加以檢測。他並不浪漫，但顯然已啟航探索人心內部。他感興趣的，是人們學習良好舉措的實際過程，他們藉以評估自己與他人行為的感受與心理經驗。斯密對這個過程有什麼看法？他擴充了休謨提過的「同感」（"sympathy"）觀念。斯密式的同感意指設身處地站在他人立場，投射情感的自我（emoting self）至他人處境，且無論何等不完美，都要經歷他人所經歷的事物。接著吾人要退一步，作為一個「無私的旁觀者」（"Impartial Spectator"），評估此人所作所為是否良善（我們也可能會如此選擇）。因此，斯密的同感結合了移情（empathy）與裁斷（judgment）。

《道德情感論》的開頭，是對曼德維爾開火和一個巧妙的修辭手段：「無論人類被認為是何

39. Rothschild 2001, 38; Baker 1975.
40. Buchan 2006.

等自私，其本性中顯然有某些原則，使其對他人的命運感興趣，有必要促成他人的幸福，儘管這來自看見此事遂行的喜悅。」[41]這看起來是個快樂的開頭；人類確實有若干內在的善（向哈奇森點頭稱是）。不過，幾行之後，斯密的焦點有所變化：「儘管我們的兄弟上了刑架，只要我們自己從容自在，吾人的情感將不會告知他受了什麼苦……只有透過想像力，我們才能就其感覺產生某些概念……我們……好似進入其身體，某種程度上變成了他。」[42]斯密訴諸一個意象：「當暴徒注視一名舞者走繩索時」，會「自然地扭曲、抽動、平衡自己的身體，彷彿旁人在看他如此這般。」[43]在頭兩頁中，我們從喜他人所喜，到因劊子手的絞索而抽搐。斯密引起我們的注意，我們的目光被這些具體例子給牢牢抓住，想知道接下來的事。

然而，斯密並不總是讓我們得償所願。他似乎是在探索自己，偶然遭遇那些批判信念。其著述有一種異常特質，就像他在海邊或魚市長時間散步那樣。我們被斯密不規則、繁茂且時不時雜草叢生的內在地景所吸引，在許多轉角處發現孤芳。關於「自私的熱情」（"selfish passions"）一段折磨人的段落中，藏著這樣一段話：「人類幸福的主要部分，來自意識到為人所愛。」[44]此觀察一再出現於許多地方，讓我們停下腳步；斯密在這些段落，談論人類對「敬意和認可」（"esteem and approbation"）的深層需要。但斯密感興趣的並不限於簡潔的格言。他在論「野心的起源」（"the origin of ambition"）章節中說：

> 因為人類對喜樂的同感可能比悲傷更加全面，我們誇耀富裕而隱匿貧困……世上的勞苦擾攘所為何在？貪婪和野心、追求財富、權力和卓越（preheminence），目標究竟為何？……是被人看見、受照料、引起注意……富人因其財富而得意洋洋，因為他們認為這樣自然會引起世界的

關注，人類也可能會贊同這些怡人的情緒，這是其處境之優點所帶來的。[45]吾人希望富裕以受人敬仰和想望，因為這是我們自己關於富裕的感受。即使佛洛伊德派的人（Freudians）也應該會同意這個結論。

但斯密並沒有為貴族辯護。事實上，他對此社會階層有十分尖銳的言論。路易十四的莊嚴姿態和烈日般的注視乃「毫無意義的成就」，因為在他面前，庶民的真正才能，包括「知識、勤奮、英武和慈善……都〔失去〕了尊嚴」。[46]對想望成功的庶民來說，這些才能至為重要。斯密也在此描繪了「企業家」（"entrepreneur"）的稜角：「他若想讓自己變得出眾……必須獲得其職業上的超卓知識，並極其勤奮以實踐之。他必須甘於勞動，臨危決斷，逢厄時堅忍不移。」尤有甚者，「他必須讓公眾看見這些才能，諸如其難處、重要性……其工作的優良裁斷，以及如此追求所需之嚴厲和不懈決心。」[47]

但有錢人也有個生產性的角色。在此，斯密和曼德維爾站在同一陣線：就基本物資來說，富人

---

41. Smith 1984, 9.
42. Smith 1984, 9.
43. Smith 1984, 10.
44. Smith 1984, 41.
45. Smith 1984, 50.
46. Smith 1984, 54.
47. Smith 1984, 55.

的消費並不比窮人多得多，但為了滿足其「自然的自私和貪婪」，他們僱用了數以千計的人並因而更廣泛地分派國家的產出。斯密說，「他們受一隻看不見的手引導，就生活所需進行幾近相同的分配；唯有據人口將地球劃分成同等的幾個部分，才有可能做到這件事。因此，即便沒有這個意思，對此一無所知，〔他們〕還是促進了社會的利益，為物種繁殖提供手段」。[48]

讓這一切得以可能的是正義，即法治（rule of law）。若非如此，所有東西「必定馬上崩解成原子」。但這不是指吾人無論如何，都應將那些掌握社會福祉的人（不管為了制定法律與否）視為道德領袖。斯密說，和同感相比，公眾施惠者的行為可能更多地出自歪曲的自利，一種對權力的愛。他們的真正利益，可能是希冀讓機械更完美，使輪子可以免於「任何可能妨害或阻礙……其轉動的障礙」。[49]在此，斯密又再度做了意義巨大的評論。那些握有公眾信任的人可能變成意識形態者（ideologues），承諾終結混亂與恐懼，但最終服務於一種頑固、有暴力可能性的機械化觀點。對熟悉二十世紀史的人來說，這應該會引起共鳴。

此書大獲好評，似乎還讓休謨有些妒忌。休謨於《道德情感論》問世後不久，在一封信中寫道，「我要來告訴你一個讓人憂鬱的消息」、「公眾似乎傾向對此書極盡讚譽之能事」。[50]與此同時，艾德蒙・柏克（Edmund Burke）在其讚美中加上了一些解釋：「我不僅欣喜於你理論的獨到之處；其扎實和傳達之真理也讓我信服……就我本人來說，我尤其感到高興的，是從日常生活和舉止中找出的平易、合宜說明；對此，你的著作比迄今我所知的任何著述都豐富得多。」[51]斯密接連修訂了五版，最後一版完成於他離世那年（一七九〇）。至世紀之交，此書已被三度譯成法文、兩度譯成德文。

《道德情感論》從休謨和哈奇森的影響中加以發展，但也有斯密從一七五〇年代以來一系列論文的觀點。這些論文的基礎是他在大學的演講，並在後來數十年持續耕耘。它們顯然對斯密彌足珍貴，是他要求約瑟夫・布萊克和詹姆士・赫頓（其文稿囑託人）加以保存，無須燒毀的唯一東西。無論如何，這些論文讓人好奇。由標題來看，三篇和天文學、古代物理學、古代邏輯與形上學歷史之「引領、指導哲學探詢的原則」有關；另四篇處理藝術中的模仿，「音樂、舞蹈和詩歌間的親近性」，「某些英語和義大利語詩作」，和五種「外部情感」（"external senses"）。雕琢過的文風，說明斯密可能有意出版它們，也許是作為完整卷帙的核心（它們似乎並未完成）。評論人時常指出這些論文主題的「非凡」多樣性和知識深度，但其所追求者遠過於此。斯密想創作的，尤其是關於天文學和物理學，並非其歷史或通俗化，而是解釋實際驅動人類研究科學的知識和情緒動力。他在鏡像中找到其解釋。也就是說，幾乎所有論文都指向一個相同觀念：天才心靈是體系的創造者。如斯密在天文學論文（他最喜愛者）中所說，科學、哲學、藝術和種種情感，都涉入一個創造秩序的過程，「將沒有交集、不和諧的自然現象連結在一起」。[52]

《國富論》

撰寫《國富論》時，斯密也將前述觀點放在心上。這部龐然巨著有錯綜曲折的內容和銳利才

48. Smith 1984, 184–85.
49. Smith 1984, 185.
50. Mossner and Ross 1987, 35.
51. Mossner and Ross 1987, 38.
52. Smith 1976–87, 105.

氣，有惱人的迂迴也有焦點明確的洞見；它反映斯密的多年思考，從未背離其對知識力量的見解和對庶民懷抱的信念。在此書中，經濟學和道德無法分割，由正義、權利、歷史和人性所統合。幾乎每一頁都可見《道德情感論》的蹤跡。（以下引文皆來自《國富論》第五版，出版於一七八九年，一九〇四年由艾德溫・迦南（Edwin Cannan）編定，按卷、章、段落標注。）

任何國家的財富，都來自兩個放諸四海皆準的普世原則。第一個是「以有通無、以物易物和交換的傾向」。[53]第二個是「增益吾人處境的欲望……我們在子宮中便有之，直到死後下葬方休」。[54]欲理解讓國家繁榮的要素，我們必須從相當程度的同感開始，洞悉自身與他人。關鍵在於普通人如何回應其環境，而非皇家財政部門的舉措或貴族的自尊。現代政府的首要角色，其最正當且持續的功能，是藉由支持讓人民得以改善國家的權利，以保護交易的自由，特別是所有權、承包責任（contract responsibility）、公民權等權利。

這些是理解《國富論》的重要觀念。一七七六首度問世後，此書有過許多版本，包含作者所做的重要更動和添加，部分原因是令其與時俱進。但全書核心從未改變。斯密認為社會掌握在富人和權勢者手中，他們沒有時時刻刻惦念公眾利益，而是尋求對自己有利的法律和政策，並阻礙進步。社會是可以改善的，但唯有大體理解「機械與輪子」實際上如何運作才能做到。哲學家在此粉墨登場；斯密描繪社會賴以為基礎的諸原則，彰顯何處是歪路，指明應採取什麼行動。故我們要回到「體系」（“system”）的概念。

打從一開始，這就是個奠基性的概念。勞動、資本、貿易和商業的世界是由無止境的流通所構成；這是一種沒有真正中樞核心的自然引擎，但其運作肯定會因某些理由遭受妨礙。良善的法律（建立在不同部分如何結合並平衡運作的知識上）會讓整體更有效率，並使社群全體受益。社會的每一成員都有其角色，即便失業者亦然。良善的法律因而將產生進一步的「豐饒」，即我們所知的「經濟成長」（"economic growth"）。因此，斯密可算是一個改革派。他不是革命派的民主分子；其建議多數是面向他希冀啟蒙的「君主」（"sovereign"）。但在《國富論》中，有相當大一部分是對既存的重商主義政策，進行嚴厲、有時甚或帶有惡意的攻擊，特別是辛辣評論那些試圖透過服務私利的保護主義法律，以限制競爭的商人。

這部偉大著作共分五卷，我們可簡單討論各章，以對整體有所認識。卷一的主題是勞動分工、貨幣及其使用、價格與工資、地租、市場。這聽起來可能像是技術性內容，其實不是。斯密是為了更廣大的讀者撰寫本書，希望讓讀者知道此刻自身的處境。他展示勞動分工如何成倍地增加生產力，工資、利潤和租金如何讓勞動價值得以流通，以及它們如何隨經濟的擴張和緊縮而起落。有種東西叫「市場價格」（"market price"），由供需起落而決定，以及「自然價格」（"natural price"），定義為「足以支付生產、製造並將商品送到市場所需的地租、勞動工資和利潤」。[55] 換句話說，任何市場都有個理想的平衡狀態。我們應注意，斯密的「市場」（"market"）不是我們現在的抽象概念（如全球市場），而更接近購買和銷售物品的場所（其物理現實）。這有助我們更好地理解其觀點：他借用休謨的著述，說勞動是任何貨物價值的最終度量。然而，這個價值無法輕易衡量。十年苦學所做的一小時工，可能會高於低技能活兒的一個月苦勞。說到底，決定價值的唯一方式，是

---

53. I.2.1.
54. II.3.28.
55. I.7.4.

「市場上的講價與議價」。

第二卷從勞動移至資產的本質、形式，及其作為固定和流動資本的不同用途。斯密說（再次引入休謨），貨幣可以被視作「社會的一般資產」，讓銀行在貯存和令其更有效率地流通上，扮演更重要的角色。斯密也討論利率及其如何幫助累積資本，提出一個根本性的論點：「無論一個人把哪一部分的資產用作資本，他總是期待可以得到利潤回報。」[56]一個關鍵概念是，窮人的資產少到只足夠用以短期消費，故「富饒的增長」必然主要來自工業和貿易。另一方面，斯密也說，對國王和大臣以至其他富裕人士（「社會上最揮霍的人」），宣揚抑制普羅大眾「最是傲慢不過」。

第三卷帶讀者進入經濟史。財富有一自然演進，從資本投入農業開始，再到手工業（工匠），最後到了對外貿易。斯密一開始便指出，「所有文明社會龐大的商業，是在城鎮與農村的居民間進行」。[57]斯密接著展現它如何涉及一個複雜的動態過程，其中城市不僅發揮市場的功能，還是發明新生產方式、工具和交換形式的場所。他說，不幸的是，財富的自然狀態在歐洲已「全然倒置」（“entirely inverted”），人們仍喜歡把農業當作最真實的資本來源。這源自封建制度及其長期影響，在法國這類國家，它創造出沒有真實財產的貧困農民階級，和懶散、受保護的貴族，致使國家缺乏改善土地或工人處境的誘因，也看輕絕大多數型態的工業。斯密的觀察頗為精準，即便法國並非最糟糕的例子。極少數人掌握極多數財富，特別是權勢菁英手中的土地；這在十九、二十世紀世界的多數地方，延長了經濟停滯的狀態。這些菁英對革新慢半拍，又時常蔑視普通的商務企業，統治大批貧困、未受教育以至無法自我革新的卑從農民；他們必須放鬆控制，以促成經濟發展。

今天許多經濟學家可能會認為，《國富論》的核心是第四卷，因為它支持自由貿易和反對重商主義的「謬論」。斯密確實表達其憤怒，攻訐那些支持相關觀念的人：因為他們的「壟斷精神」，

「國王和大臣反覆無常的野心……對歐洲的平靜造成的影響，比商人和手工業者的妒忌更為致命」。[58]禁止外國貨物進口的法律在國內造成壟斷，並讓公眾貧窮困頓，因其宣告國家僅可享有限的富足、高騰的物價，還有「來源自身土地之粗劣產品」（以英國為例）。任何支持或懲處特定工業，提高或削減應「自然」增長之資本的國家，會「降低……土地和勞動每年產出之真實價值」。[59]然而，一個關鍵變化於焉而生。斯密為我們展示的，是社會的經濟原罪；現在是時候看看，理想上來說，若要移除種種問題，這個社會可以如何為之。事實上，吾人可以發現，除了財富增長，還發生了非常多其他事：「自然的自由（natural liberty）自己建立了……只要不違反正義的法律，所有人都可以完全自由地以自身方式追求己利，並憑藉其勤奮與資本，收穫最大報酬。」[60]斯密接著告訴我們，有一種完美的市民社會，在那裡個人的自由、勤奮和報酬互相為用，彼此映照。高等的（superior）經濟會接近這個理想，每個人將成為私利的高貴原子，所有原子則會處於正義秩序和平衡（equilibrium）的狀態。

卷五以君主的經濟責任總結《國富論》。君王有三個義務。保衛國家、國內法治，以及沒有個人或群體會從事的公共工程（如道路、橋梁、港口等）與制度。關於前二者，斯密和同時代人沒有太大區別，認為這些工作的花費可以自我支付（亦即警察和法官的薪酬來自原告和被告）。至於公

56. II.3.6.
57. III.1.1.
58. IV.3.38.
59. IV.9.50.
60. IV.9.51.

共工程，他提議使用者付費，如按載具重量徵收的通行費，使「富人的懶散和虛榮」可為所用，徵收的錢必得用以維持相關基礎設施；這筆錢不可用於其他支出，因為這會誘使稅務當局提高稅率。最重要的公共制度則是教育。在此，斯密也設想教育機構可以自己產生收益，因為當時學生會直接把學費交予老師。他對大學體系有諸多批評，因為其工作「不是為了學生的利益，而是……為了師尊的快活與權威」。[61]他強烈暗示普世教育應如是為之：「在所有教區或地區建造小學校，即便普通工人也可負擔。」[62]

總結來說，《國富論》集中了斯密從許多人那裡獲得的洞見，包括休謨、哈奇森、曼德維爾、魁奈、孟德斯鳩和其他，再加上自己的無數概念和演繹，並如但丁（Dante）可能做的、運用整體全局手把手地引領我們，從最貧困的工人到城堡內的君王，見識現代社會的循環。這個旅程自有其邏輯：我們從眼所能見者（卷一的勞工）開始，再觀察其背後的東西（卷二的資本）。當我們想知道其由來時，他給我們歷史以更全面地理解當下及其不完美（卷三）。如何改正這些不完美？不良觀念和破碎知識已損害此體系，但仍可加以訂正，以更恰當地覺察公眾和君王的角色、義務和責任（第四卷）。最後，我們發現了整體全局的真正目標，是將人類的思想與行為，與統領他們的自然原則相配合。說到底，這是通向自由的真正道路，也是統治者得以管理一個有生產力且進步之國家的唯一法門（第五卷）。

無論何等令人印象深刻，上述綱要只能略示斯密實際著述的豐富內涵（充滿各種清通、複雜性和矛盾）。簡要的揀選其論點和段落，或可提示書中的許多歡趣與挑戰，但也說明了其豐富性，足以讓人做出一連串非常不同的詮釋，特別在厚此薄彼、凸顯某些部分時。

　　勞動分工或專業化，是所有現代工業的基礎和科技進步的泉源。它的起源是自私自利：

給我我想要的東西，你就會得到你想要的……循此，我們相互獲得自己所需的絕大多數幫助。我們不期待自己的飯食是來自屠夫、釀酒人或麵包師的仁惠，而是來自他們為自身私利的考慮。[63]

整個國家若充滿自由追求己利的個人，自然可以提高財富水平。因為當所有人都努力最大化其創造的價值，他「必然盡其可能地工作，為社會帶來最大的年收……他想的是自己所得，而在這個和其他許多例子中，他被一隻看不見的手引導，推動一個非其初衷的目標……比他真正有意推動時更加有效、成功」。[64]

另一方面，創造一個充斥大量窮人、財富極不平等的社會，既是道德上的惡疾，也標誌一個功能不良的經濟：「當絕大多數成員處於貧困、悲慘，該社會絕對無法繁榮、幸福。此外，正是因公平公正，那些餵養、提供衣服和房舍給全體人民的人，其自身也應……在相當限度上得到妥善餵養、衣裝和安居。」[65]

壟斷是經濟上的暴君。那些可以操控市場，使供給不足以哄抬價格的人，對其他公民造成了極

---

61. V.1.143.
62. V.1.183.
63. I.2.2.
64. IV.2.9.
65. I.8.35.

大傷害。英國自己對牲口、鹽、玉米及其他物資的進口禁令，讓國內手工生產者得以「對其國人壟斷」，並「以自己所需的方式，指導私人運用其資本，且必然……是無用或有害的控管。若國內貨物可以在市場上，如外國工業製品一樣便宜地購買，控管顯然是毫無用處的。若無法如此，則大體而言控管必然有害」。[66]

得以自由與其他國家貿易，是繁榮的基礎原則：

任何顧慮周全的家中之長都知道一條準則，即絕不在家裡製作成本比在外購置所費更多的東西。裁縫不會嘗試製作自己的鞋，而會從鞋匠處添購……若國外可以提供比我們自行製造更加便宜的貨品，最好還是向他們購買……國家的總體工業……不會因此受損……而會去試著找到如何發揮其最大優勢。[67]

政府的角色不只是厲行法治，也包括預防濫用。濫用更可能來自商人和其他「貿易家」（"dealers"）。商人畢竟「鮮少聚會，即使是為了歡愉……但其會談是以對抗公眾的陰謀告終……即抬升價格」。其利益是「擴大市場並削減競爭」。市場擴張可以符合公眾利益，「但削減競爭……只會抬高原本自然而成的利潤」，從而強加「荒謬的稅賦於其他公民」。是故，「任何來自此階層提議的新法律或商業規定，必得非常謹慎地傾聽……這是來自那些大體而言有意欺騙甚至壓抑公眾的人」。[68]

他對政府究竟何為，有現實主義的認識。儘管知道政府是保護財產所不可或缺的，他也理解大體而言，政府並沒有為大眾的利益服務。在現代社會，「財產」意指所有形式的資本。也是在這個意義上，「公民政府……實際上是為保護富人對抗窮人而成立，或為了有若干財產者對抗一無所有者」。[69]

但斯密並不想危害財產，無論其觀念在當時何等激進，在今天著實已非如此。他確實想提升庶民的水準以穩定社會、改善經濟。若得到適當教育，所有階級都可為提升財富的一般水準做出貢獻，並彰顯保護財產何以如此重要。教育可以改善社會。受過教育的人民較不易流於歇斯底里和迷信：「受過指導、聰明的民族……總是比無知和愚蠢的民族更正派、有秩序。他們感到自己……更值得尊敬，也更可能博得其守法上級的尊敬……他們更傾向檢視、也更有能力看穿出於黨派和煽動、有特定利益的抱怨。他們也因而較不易受誤導，恣意或不必要地反對政府舉措。」[70]

財富、修辭和庶民

斯密在此書中用了一些亦見於《道德情感論》中的相同修辭技巧。他的技巧在書中各處有所差異，有剪裁得宜的語句，也有緩慢、讀來吃力的敘述，讓問題討論像水漲的河川一樣迂迴曲折。但在最好的狀況下，斯密著實令人印象深刻。最佳證據見於精彩的首章，斯密以如何製造扣針起頭：

66. IV.2.11.
67. IV.2.11, 12.
68. I.11.264.
69. V.1.55.
70. V.1.189.

> 一個人抽鐵線，另一人拉直，第三人裁切，第四人削尖，第五人打磨頂端以裝上圓頭。製作圓頭需要兩、三種不同操作。裝圓頭、塗白、乃至包裝，都是特殊的活兒。這樣一來，製造扣針這個重要的行業，就涉及十八種不同操作。在有些工廠，這十八種操作分由十八名工人負責。但在某些工廠，一人可能會兼任兩、三項。我見過一間這類小工廠，雖然僅僱用十人且相當窮困，雖然僅有劣陋而必要的設備，當勤勉投入時，他們卻能……在一天內製作四萬八千枚以上的扣針。……但他們若全都分開、獨立地工作，沒有學習過怎麼製作扣針，他們每人每日肯定連二十枚也生產不出來。[71]

在這個「非常微不足道的工廠」中，斯密展示了勞動分工所解放出的生產力何其巨大。恰如其分地，這一幕鼎鼎有名、屢被徵引。但在這章最後，斯密得出了一個更令人吃驚的結論，帶領讀者認知現代經濟的全貌，卻不是透過描繪主要產業的全景，或資本流通的規模。

斯密聚焦扣針工人的外套（overcoat）。他說，這個平凡的東西，體現了「極大量工人的聯合勞動」，包括「牧羊人、揀毛人、梳毛人、染工、梳理工、紡織工、漂洗者、鞣革者，及其他眾多工人」。尤有甚者，在這之後「要僱用多少商人及搬運工來運輸這些材料……特別是要多少商業及航運，多少造船工、水手、制帆匠和制索人啊」。若循此方式，考慮地位低下的扣針工人的物品呢？包括所有衣物、家具組件、毛毯毛巾、酒瓶、肥皂等。在現代經濟中，即使只是為了供給一個窮人日常所需，也得要上千工人之力。呈現在我們眼前的，是一個驚人但無可否認的真理：「歐洲君王的生活水準，不必然遠高於勤勉、節儉的農民；後者的生活水平，還高過許多對成千上萬人之生活和自由有絕對控制的非洲國王。」[72]

整個社會都參與創造文明生活所需的原始物件。若以機械比擬，它是有機的（organic）。窮人也可如富人般由此體系獲益，儘管他們是其齒輪與裝置，並同樣支配他人的勞動。至此，沒有多少人會懷疑，讀者已準備好接受斯密所說，關於那些危及國家政治經濟學、時常看不見的操作（invisible operations）。讀了《國富論》第一章，我們也不會質疑斯密累積了大量經驗（可說是視覺上的廣博），造訪許多書中談論的工廠、辦公室、市場、港埠，和工人、工匠、商人在他們的家中、生意場所、酒館，握著冷冷的手進行溫暖對話，以及深刻思考其見聞。他僅用了幾頁就讓我們注意到這種種。

在《國富論》的最後，斯密回到工廠的潮濕地板，即全書的發端。人們在此用歷經風霜的手，穿著破舊衣物，一再重複相同動作，所得薪酬足以很好地回饋市場，不僅有助整體財富的生產，還帶來其他影響：「那些一生都在做幾個簡單操作的人……沒有場合運用其理解或實踐其發明……因此，他很自然地會喪失這些行為的習慣，通常會成為最愚蠢和無知的人。」斯密說這是種「靜滯的生活」（"stationary life"），對工人來說，它「很自然地腐壞其心智勇氣甚至身體活動」。但在先進社會，「絕大多數的人必須身陷……這個狀態……除非政府努力預防之」。[73]在此，作為道德哲學家的斯密又堂堂登場了。我們很難懷疑斯密確實設身處地站在工人立場，想像在黑暗、寒冷的房間裡日復一日安裝扣針，會對其人或心靈造成什麼影響。雖然斯密知道這不會是他這種人的命運，出

71. I.i.3.
72. I.i.11.
73. V.i.178.

於其社會階級與背景，「同感」讓他對工廠體系（尚在孵育階段），有著複雜、不盡清楚的立場。儘管它帶來很大的總體經濟福祉，卻使人畸變（deform），甚至貶低個人價值。簡言之，在此可見《國富論》的兩個側面：一個被用以支持自由放任，一個則預見許多十九世紀對工業化大量生產帶來的去人性化（dehumanization）之攻擊。

政府和工業化國家的菁英，並未特別注意斯密關於勞工的洞見。斯密傳達的灼見真知遭到忽視，其大名也被當作代表「主人」（"masters"，他以此稱呼公司所有人）的旗幟揮舞，對抗勞工的權利、健康和教育。在此意義上，這是個尤其苦澀的諷刺：「亞當・斯密」之名和全無拘束的自由市場資本主義相連，重要性無出其右，即便其著述實際上遠為複雜、宏博。

最後，《國富論》問世的那年，美國革命也爆發了。有鑑於美國後來掌握的經濟力量，斯密對殖民地渴求獨立有何見解呢？事實上，在一七七〇年代初，斯密便非常注意相關事件，以至休謨還抱怨，如果要等到「美洲的命運」（"the fate of America"）塵埃落定，他將永遠無法完成《國富論》。在書的第四卷第七章（〈論殖民地〉），斯密說英國出於政治、軍事和經濟原因而剝削美洲，利用殖民地確保戰略物資，並將其當作受控制的市場，只能銷售英國的加工製品。即便如此，他也說美洲在經濟上的發展，比歐洲多數地方更加快速、自然。這是因為美洲可以使用現代工具，收穫不受損害（untouched）的資源，又有廣大的良土美地。但這也是由於殖民地擁有「以自身方式管理自身事務的自由」。[74]英國妨礙美國生產，和利用殖民地作為進一步帝國建設搖錢樹（cash cow）的政策，腐敗且無可避免地帶來麻煩。這個政策激怒了斯密，讓他這麼說：「禁止一個偉大民族……從自身物產中，製造力所能及的任何東西……是明目張膽違反了人類最神聖的權利。」[75]美國開國元勛中，也很可能有人會寫出這番話。

《國富論》的早期影響

就個人情感來說，亞當・斯密不是一個革命分子。作為一個輝格派（Whig），他感到最稱心自在的是立憲君主制（最好是開明的）。作為一位道德哲學家，他希望能啟迪人心而非挑動反叛。他期許自己的人的科學（Science of Man）最終可以達成上述目的。

在頭幾十年中，《國富論》取得顯著成功，儘管還未到極大轟動。雖然它賣得很好，也有證據顯示對英國國會辯論產生影響，此書並非立刻在英國知識分子中取得權威地位，也沒有席捲政治領導階層。[76]對任何一部書來說，這可能要求太多了。但到了一七八〇年代，它在倫敦和愛丁堡都有一定的知名度。此書對小威廉・皮特（William Pitt the Younger）產生有力影響——他在一七八三當上首相，成為自由貿易的關鍵支持者。小威廉・皮特提出新條約，解放英國與法國間的貿易，大幅降低許多貨物的關稅，從約莫七五%，降至一〇%至一五%的低稅率。這是個令人咋舌的變化，標誌一個新經濟時代的開端；雖然很不幸地因法國大革命和拿破崙戰爭而遷延，但之後便取得發展動能。《國富論》也對漢彌爾頓產生深遠影響，後者的《製造業報告》（*Report on Manufactures*, 1791），某種程度上可說是回應亞當・斯密，並為早期美國經濟制定出一份成功計畫。在斯密生命末了，英國、愛爾蘭甚或美國，都已熟悉《國富論》其書，《國富論》也在法國、荷蘭、德國引起注意。幾年後，鐸加・史都華向倫敦的皇家學會（Royal Society of London）說，斯密《國富論》的

---

74. IV.7.38.
75. IV.7.66.
76. Teichgraeber 1987; Ross 1998; Sher 2004.

基本觀念「如今已眾所周知」，向有辨別力的聽眾複述它們是「單調乏味」的。

但在一七九〇年代，法國大革命激起的回應，英國瀰漫著濃厚、瘴癘的恐懼，讓人從不同角度注意《國富論》。在此時期，許多自由懸而未果，以攔阻所謂「暴民統治」（"mob rule"）的「法國疾疫」（"French disease"）。

一種歇斯底里得以茁壯、風行，讓有些人認為亞當・斯密是個危險的改革派（例如其更普世性教育的觀念）。這讓斯密吸引到愛丁堡一部分更自由派的年輕人，但也讓更多人反對他（甚至包括早期的支持者），同時亦有新讀者質疑其觀念。[77]簡言之，亞當・斯密和《國富論》都益發出名，但此名聲是二者必須擺脫的。

根據同時代的學者表示，將斯密與《國富論》從上述名聲中拯救出來，頗仰賴史都華於一七九三年在皇家學會的回憶錄。〈記亞當・斯密之生平與著述〉刊印在皇家學會的知名刊物《皇家學會哲學會報》（*Philosophical Transactions of the Royal Society*）上，並伴隨兩年後刊出之斯密的論文。[78]有趣的是，史都華主持愛丁堡道德哲學講座，歷經一整個世代，吸引了許多才華橫溢的年輕人，包括華特・史考特（Walter Scott）和詹姆士・彌爾（James Mill），後者即偉大的自由主義思想家約翰・彌爾（John Stuart Mill）之父。在一七九〇年代的反動氣候中，他試圖透過描繪斯密的一生以恢復其名譽；這是最早且最鉅細靡遺的一份亞當・斯密著述之選擇性入門指南。

史都華對斯密的刻劃是防衛性的，像在法官面前辯護。他說自己描繪的是一位可愛的怪人，謙卑節儉，易陷入「熱情」（"enthusiasms"），有不曾稍歇的心智和通曉「人類種種」（"the ways of humanity"）的渴望。他或可因「粗心大意」（"thoughtlessness"）被究責，因「其感受之流動」或「一時詼諧」而被掃棄。但這些肯定是微故細過，特別是在如斯密這般器局的偉岸巨人身上。最讓我們吃驚的是史都華對待《國富論》的方式。洋洋灑灑討論完《道德情感論》（此書在政治上無害）後，他實際上並未對斯密的傑作《國富論》進行深度分析，僅根據其義略加轉寫，提供謹慎的敘述，巧妙地保留餘地。史都華說此書是「玄想的」（"speculative"），宣稱《國富論》是一「基礎的論著」（"elementary treatise"），而非具政治意涵的理論作品。尤有甚者，他將其簡化為一個單一的主題：「展示讓一個民族走向偉大（和富裕）最有效的計畫……是允許所有人（只要遵守正義的規則）以自身方式求其利益，並將其勤勉和資本，投入與其他公民的自由競爭中。」[79]在另外一處，他也簡要地說，「不受限制的貿易自由是其書建議的首要目標」。[80]但史都華仍感到有必要給予類似的其他陳述，以讓斯密看來不具威脅：「僅須透過一個原則的幫助，亦即完美的貿易自由，他將可統領世界，並讓人類事務怡然地安排自身。」[81]

熟悉《國富論》的人，不會覺得這些陳述愚不可及。自由貿易確實是書中一個重要部分，但也僅是一部分。對於斯密的其他各種觀念，史都華談得極少，甚或未曾提及，如市場如何運作、壟斷的邪惡、富人的懶散、政府必須支援工人等。因此，史都華拯救斯密的方式，是使其扁平化以通過懷疑和譴責的門欄。說不盡的複雜性、對商業道德和富人腐敗的考慮、個人與政府二者之角色，以及美國反抗的正義性……史都華沒有談這些，而是告訴我們，斯密的鉅著就是一部璀璨正統、

77. Rothschild 2001, 52–54.
78. Rothschild 2001, 57–64; Ross 1998.
79. Stewart 1980, 315.
80. 1980, 318.
81. 1980, 318.

恰如其分的自由主義著作，居於核心者只有某個單一觀念。當時的英格蘭首相謝爾本伯爵（Earl of Shelburne，一七八二－一七八三年任職）和小威廉・皮特（一七八三－一八〇一年任職）都支持自由貿易，想必也讓史都華的選擇多幾分道理。若只閱讀這份回憶錄，我們不大可能會認為《國富論》是部革命性又具備較穩健自由主義觀念的劃時代著作。

我們今天對多數的這些觀念習以為常，以致很容易忘記，對其時代來說，即便沒有呼籲以暴力推翻既有秩序，它們在知識上可能仍被視為極端。在《國富論》中，斯密可謂在現代經濟出現前撰寫了現代經濟學。的確，在重商主義仍廣受接納的時代，當宗教權威仍嚴峻拒斥世俗世界的概念，當質疑皇室或貴族權力被認為非常危險時，其著作是創造和合法化這一經濟的關鍵泉源。這類反動抵抗仍見於當今世界的許多地方。確實，這讓我們停下來想，即使今天，在反動抵抗仍存的這些地區，斯密也許仍和當年在其時代一樣，充滿革命性。

與此同時，對過去超過兩個世紀的許多讀者來說，《國富論》的基本理論相當簡單：現代國家的市場經濟建立在自私自利上，即個人「提升其地位」的渴望。但《國富論》有相當可觀的部分暗示，這不僅是個理性衝動，還是個無藥可救的處境。人類若全然求創業進取，將永遠無法得到滿足。這種無止境的衝動與追尋，和希望得到更好、「超前」（“getting ahead”）的心理，正是人之本性和進取心的根源。在謹慎照看的限制下，能確實地保障越多自由越好，因為這也會趨使整個社會向前邁進。亞當・斯密的思想往往被冶鑄成上述形貌。

但移除交易限制，並未以同樣方式給予所有人更多的自由。確實，如斯密就一天十六小時重複簡單同樣動作的工人所言，這可能帶來反效果。它無法消除「自然不平等」（“natural inequity”）的觀念，也無法終結奴隸制、普及投票權，或帶來更多出版與言論自由。相反的，自由交易全面解放生產動力，為凱因斯後來所說之「動物本能」（"animal spirits"）提供空間與理由。這種「本能」將會對限制自由的法治產生不滿。歷史已反覆告訴我們，它們會催促掌權者，試圖改變、扭曲、繞過甚或不顧法律，以尋求自身好處。[82] 這並非根據斯密自身觀點；斯密的觀點是為了所有人，透過和平、漸進的改革，以帶來更多自由與機會。然而，《國富論》文本本身確實蘊含此可能性，即若沒有如是改革，將迸發更激烈的改變。

換句話說，《國富論》的某部分是讓社會解放其自身。斯密冀望以斯多噶（Stoic）學派節制與簡樸的道德來平衡所有力量，這在某種程度上看來想必無比天真。但我們要不厭其煩地說，該書的複雜性也提供了許多其他觀點。讓我們回到工人。斯密的觀察是，工人長期在商人與「貿易家」腳跟下遭受貶抑，最終會為西方世界的大多數地區帶來問題。斯密關於普世教育、工人權利、公共健康及其他許多事物的建議，在數十年中仍富有革命性。受益於超過兩個世紀的後見之明，我們也許可以認為，鐸加・史都華「拯救」斯密的嘗試，更像是一種囚禁之舉。若能妥當解讀，《國富論》所做的，遠過於建立市場經濟如何運作與何以有益的理解基礎。它提供有點距離感的警告，預示將要發生的工業轉型和（某種意義上看）《共產黨宣言》（*Communist Manifesto*）的出現。也就是說，我們不應對此感到驚訝：亞當・斯密最熱切的仰慕者中，便包括恩格斯（Friedrich Engels）與馬克思。

82. Akerlof and Shiller 2009.

亞當・斯密之後：經濟理論與爭議

第二屆諾貝爾經濟學獎得主（也是第一位美國人）保羅・薩謬森（Paul Samuelson, 1915-2009）曾有段名言，認為有史以來最偉大的三位經濟學家是亞當・斯密、瓦拉斯（Léon Walras, 1834-1910）、凱因斯，[83] 而斯密是現代經濟學的奠基者。許多人認為，薩謬森是二十世紀中後期最具影響力的經濟學家，儘管在保守派經濟學者圈子內，傅利曼（Milton Friedman, 1912-2006）的排名可能要凌駕於他。確實，薩謬森初出版於一九四八年的《經濟學》（*Economics*），是最廣泛使用的教科書。它也不僅僅是本教科書而已：此書建立了薩謬森所謂的「新古典綜合學派」（"neoclassical synthesis"），並自一九五〇至一九八〇年代間，主導了經濟思考的方式（馬克思主義為例外）。「新古典綜合學派」仍然是概念化經濟學的一個主要途徑，能與之匹敵的只有保守取向，一般咸稱為芝加哥學派（Chicago School）的保守主義經濟學。開創芝加哥學派的英雄人物便是傅利曼；海耶克（Friedrich von Hayek, 1899-1992）則成為近來該學派在意識形態上最著名的擁護者。在二〇〇〇年代初期為時甚久的經濟危機中，薩謬森的古典主義綜合學派、新古典學派，以及凱因斯經濟學，都對芝加哥學派推崇之完全自由市場、自由至上論（libertarian）的經濟思維，提出重要反彈。

但必須強調的是，兩個「學派」的歧異在於宏觀（macroeconomic）的國家政策層次，而非關於市場的微觀（microeconomic）分析（經濟學者基本上都同意此點）。兩派人馬都同意，有相對自由的市場非常重要，並因此同意斯密是現代經濟思維的奠基者。在其受到廣泛閱讀的非技術性（nontechnical）著述中，傅利曼[84]和海耶克[85]都充分讚譽其貢獻：斯密展示了讓自利於自由市場中運作不受政府控制，是確保繁榮和自由的最佳方式。斯密也許不常使用「看不見的手」的隱喻，但其他人反覆徵引它；它也概括了人們認為是其著作最為重要的面向。薩謬森的教科書便這麼同意：

> 亞當·斯密的《國富論》（一七七六）是現代經濟學或政治經濟學的萌芽之作。他為經濟體系的秩序感到興奮激動。斯密宣告「看不見的手」的原則；所有個人在追求自己自私的好處時，會像是被一隻看不見的手引導那般，成就所有人的最佳利益。是故，政府對自由競爭做出的任何干涉，幾乎都可確定為有害之舉。[86]

但在這之後，薩謬森馬上寫道，現代經濟學者必須認知一點，即真實經濟從未能運作於完全自由競爭的市場中；對於政府的恰當角色，以及一些準壟斷（quasi-monopolistic）大財團（corporations）無可避免的出現，我們知道的也比斯密要多。[87] 此外，薩謬森後來推崇瓦拉斯和凱因斯，將他們視作另兩位最偉大的現代經濟學家，亦點出斯密遺產的雙重性。

瓦拉斯和均衡理論

瓦拉斯是法國經濟學家，但其學術生涯是在瑞士的洛桑（Lausanne）度過（法國人從未給他任

83. Skidelski 2010, 31.
84. Friedman 1962/2002.
85. Hayek 1944/2007.
86. Samuelson 1948/1967, 41.
87. Samuelson 1948/1967, 41–42.

何學術職位，因為瓦拉斯沒有正式學位）。他是第一個將經濟學轉變成以計量為重的主要經濟學家，做法是建立由一組聯立方程式所描述，具完美均衡關係的經濟概念。他也是邊際效用（marginal utility）的發現者之一。其基本著述出版於一八七〇年代（亞當・斯密的偉大著作問世後的一個世紀），並聚焦於一個理論：如果任其在自由市場中運作，經濟會趨向一個均衡點，帶來最大繁榮。但為了解釋此點，有必要先發明邊際效用的理論。

在一八七〇年代，也有其他一些人朝這個方向邁進。最著名的是威廉・史丹利・傑文斯（William Stanley Jevons, 1835-1882）。邊際效用概念也是馬歇爾（Alfred Marshall, 1842-1924）著述的根基；在二十世紀初期，馬歇爾是最有影響力的經濟學家。[88]

在德語世界，奧地利學派（Austrian School of economics，後來催生出海耶克）的開創者門格爾（Carl Menger, 1840-1921），嘗試運用邊際效用理論以解釋需求的社會基礎，同樣產生重大影響。但儘管某些成就讓奧地利學派看起來異常獨特，它其實也是從形塑十九、二十世紀初「邊際學派」（"marginalist"）經濟理論的若干基礎觀念衍化而來。即便今日的奧地利學派後裔仍（令人起敬地）對斯密之理論進行保守主義修正，《國富論》的許多洞見，即為了取得最大的繁榮和個人自由，有必要允許自由市場不受干涉地運作，依舊居於保守主義思考的核心。[89]

瓦拉斯的革新創獲為何？簡言之，經濟會趨向均衡的概念是建立在一個假設之上：根據理性從事的個人，將選擇購買有用的商品和服務，使其價格上升，公司企業則會相應地生產更多，讓供需均衡。土地、勞動和資本的市場都會以同樣方式做出回應。因此，若放任它們，自由市場會趨於穩定，創造供需平衡。

為理解這如何在一個經濟體系內的許多市場中運作，我們有必要介紹邊際效用的概念。任何商品或服務的購買者，會估量從購買中獲得的效益；它在某一時間點之後會減少，因為部分需求已得到滿足。換言之，價格或價值，視一個產品的最後部分在效益邊際的需求程度而定；過此，需求會減少，因為其他商品或服務會對購買者更有吸引力。在個人層次上運作無礙的，也適用於整個經濟。當每個人都有兩輛車時，需求上升的程度不會像有大量未能滿足的需求那樣，且總體需求也將趨向停滯，因為人們只尋求汰換舊車。

這對生產者來說同樣適用。他們會生產更多商品以回應更高的需求，但持續增加產量，也意味著必須增加在競爭市場中購買每一單位生產手段（means of production）的支出。因為其他生產者也僱用勞工，尋找土地與資本和購買原料；而這些生產手段之需求增加，也抬升了單位價格，超過其所能獲取利潤的範圍。在某一時點，進一步生產的邊際支出陡然上升，使增加產量無利可圖，供給也不會再增加，除非購買者願意支付更高的價格。

因此，供需交會和建立均衡的時點，正是需求增加將提高邊際價格，讓顧客不願買單，且任何供給增加，會使邊際支出上升致使無利可圖，生產者將失去誘因增加供給。這確保了總體經濟的均衡，前提是市場乃自由的，亦即產品、服務與生產手段的價格由供需所定，並得以自由地回應邊際效用與邊際支出。換言之，如同化學的例子，均衡是一自然情況（natural condition）。

透過政府控制人為地設定價格或限制可取得性，會打亂市場，使其無法達到均衡狀態。市場的壟斷控制亦然。因此，政府與獨占企業（最終須靠政治力量防止競爭者進入市場加以維持）都會破

88. Milgate and Stimson 2009, 56–59.
89. Caldwell, Menger, and Barnett 1990.

壞供需，使總體經濟運作效率打折扣。特定商品和服務會有所短缺，生產價格將被扭曲，資本運用也會較無效率。其結果是失業問題，除非人為地用毫無收效的方式支持勞工，但這會大大地減損總體經濟生產力和一般生活水平。以上種種，在當今標準的經濟學教科書中都得到詳細解釋。它們絕大多數取自薩謬森的原創傑作，但也陸續加入更多保守主義、反政府方的經濟學見解。

這解釋了二十世紀中央掌控的共產主義經濟何以如此缺乏效率。共產經濟的價格和商品供給是由政府政策決定，而非顧客的考慮或企業能否有利潤地進行生產；儘管經濟生活仍是可能，卻意謂共產經濟的發揮與表現遠低於其潛力。這在歐洲尤其如此：這裡的共產主義社會具備進步現代科技的知識，且擁有相對而言教育良好的勞動力；他們本應表現得更好。即使在更為農業和較不進步的經濟體系，政府對農業和交易的直接控制，也著實降低了生產力。[90]

這些都是亞當・斯密經濟學固有的東西。斯密不會為社會主義經濟學的失敗感到驚訝，因為他強烈抨擊政治和保護主義的諸般管制。而他所抨擊的，還遠不如共產政權在二十世紀所強加者那樣全面。

瓦拉斯將斯密關於自由市場價值的洞見加以形式化（formalized）；儘管斯密沒有瓦拉斯的技術，但肯定會認可其做法。然而，在瓦拉斯和其他斯密之後一個世紀的頂尖經濟學家出現前，要量化（quantify）甚至充分理解此一重要事實相當困難，亦即價格與生產是由邊際供需而定，而非生產商品和服務的絕對成本（absolute cost）。換言之，在某些商品需求激增的時期，供給有可能超過邊際需求，生產的邊際成本也可能上升過劇。這迫使能力不足的生產者失敗收場或削減裁縮，而供給與需求也會回到決定價格的均衡點。

馬克思理解過度生產的可能性，但沒有考慮到運作順暢的市場可以自我調節，讓生產力從過度生產的商品轉移至需求更大者，並使資本流動至最有效率的企業。這是十九世紀末、二十世紀初新古典主義經濟學（neoclassical economics，與早期的古典經濟學有別），與不相信市場可以自我修正的馬克思主義經濟學之巨大差別。直到今天，絕大多數經濟學家都會同意（無論是薩謬森、凱因斯、傅利曼還是海耶克的追隨者），一種新古典主義取徑支配了經濟思維，而它是建立在此觀念之上：市場通常是供給與需求的最佳調節者。

因此，儘管就更為現代的經濟學來說，斯密的技術工具有缺漏；儘管他未能預見工業革命；儘管他關於邊際效用的觀點並不完美；儘管他當然也利用了十八世紀先行者們的許多觀念；但亞當・斯密確實是經濟學之父。這是為什麼在過去以至現在，他的思想遺產一直這麼有影響力。

經濟學捨棄了亞當・斯密的戒慎道德觀

然而，這並非其終結，因為十九世紀晚期興起、迄今持續居主導地位的「邊際」學派經濟學，在某些方面和斯密嘗試所為者非常不同。無論是瓦拉斯、傑文斯、馬歇爾還是門格爾的影響，抑或是上述四人及其他十九世紀晚期的經濟學者，我們無須鑽進「邊際」學派的技術細節和經濟學的計量革命（quantitative revolution），便能認知此點：儘管基本上接受斯密的原則，邊際學派卻引導出一種和《國富論》迥不相侔的經濟學。幾乎所有現代經濟學者都接受斯密的概念（至少就非馬克思主義學者來說），即放任自利、供給與需求在最佳情況下自行設定價格的市場，可以帶來更大的繁

90. Kornai 1992.

榮與個人自由。但在瓦拉斯及其儕輩的影響下，經濟學宣稱放棄哲學思索和對政治與道德的關注；而這是先前的經濟思考、特別是斯密經濟思維的特質。

在瓦拉斯之前，約翰・彌爾已做出區別：經濟學之「科學」本質，即根據非人力量（impersonal forces）解釋市場如何運作，和政治學的意識形態本質，即人的道德與理想扮演重要角色，二者有所不同。[91]斯密當然沒有這樣區分，因為對他及同時代的其他啟蒙思想家而言，科學知識應該要增益良善的公共政策與道德。他的寫作不僅面向那些可能影響和改善政策的人，也常討論如何振興更好的道德和社會價值。瓦拉斯走得比彌爾更遠，全然摒棄先前的政治經濟學和寫作風格。他在《純粹經濟學的要素》（*Elements of Pure Economics*）中說：「當我們能用數學的語言，更簡要、精確、清楚地指陳這些東西時」，「為什麼要像李嘉圖（David Ricardo）時常所為和約翰・彌爾屢屢為之那樣，堅持用日常語言（everyday language），以最累贅、不妥的方式解釋事情呢？」[92]將經濟學轉化為數學，並提出可自我調節之市場模型（models），最終是想讓經濟學擺脫哲學，使其變成一門如物理學或化學的科學，令其普世真理脫離道德和政治偏好。

但在經濟學研究中，上述構想和現實相去甚遠，因為儘管它宣稱是一門客觀科學，卻也確立其作為一種政治力的基礎，得以向政府提出政策建言。與此同時，經濟學益發數學化，如同物理學描述完全由非人法則（impersonal laws）所支配的宇宙，使市場成為一個理應答覆自然法則的獨立力量；這讓經濟學宣稱握有更優越的知識。但多年來，很少有政治領袖有能力掌握訓練有素的職業經濟學者所使用益發複雜的數學技術細節，更不用說是一般大眾。而隱藏在經濟學者技術魔法之下的，是一套道德與意識形態假定。

這一傾向，即讓經濟學變成一種政治力、最終發展出自身的道德誡令（moral imperatives），確實和斯密所論有許多相侔之處，但並非其所樂見的形式。就影響來說，新型態的經濟學視斯密為一個重要觀念的創發者，激勵人心；但就科學地追求經濟知識而言，他卻使不上力。斯密認為經濟市場可以也應該自我調節，權勢者（無論政府或獨占商人）的干涉只會減損整體福祉；這個概念被接受，但除此以外的見解，如過度不平等在道德上是錯的、強大的市場行為者不必然對整體經濟有益（因為其自私將導致市場扭曲）等想法，則多半被棄置不顧，以支持對市場自我調節的崇拜。

凱因斯和經濟思想的大分野

這讓我們回到薩謬森說的第三位偉大經濟學家凱因斯。他絕非政治右派所妖魔化的社會主義者；相較於二十世紀前期的傳統（conventional）經濟學者，凱因斯才是亞當・斯密的真正追隨者。在此，斯密影響力的雙途分野變得相當清楚。其中一支是從凱因斯到薩謬森，再到當代經濟學名家如克魯曼（Paul Krugman, 1953-）和史迪格里茲（Joseph Stiglitz, 1943-）。另一支則從海耶克和傅利曼，到二十世紀後期具主導地位的芝加哥學派傳統經濟學者，如羅伯・盧卡斯（Robert Lucas, 1937-）和蓋瑞・貝克（Gary Becker, 1930-2014）。後二者和傅利曼、海耶克、克魯曼、史迪格里茲一樣，也是諾貝爾經濟學獎得主。

對於這個分野，及它們成為政策制定主要爭論的基礎（特別是二〇〇〇年代初的經濟危機後，它與一九三〇年代大恐慌的災難即便無法等同，但在某些方面可以相提並論），我們無須感到驚

91. Milgate and Stimson 2009, 241.
92. 引自Milgate and Stimson 2009, 258; 亦見Walker 2006。

訝。只要世界仍主要由資本主義經濟統治，這個爭論就不會消失；而相較於二十世紀中期，資本主義在二十一世紀初似乎更加鞏固。隨著歐洲共產主義垮台，中國經濟的轉變又趨近資本主義而非馬克思社會主義（雖然仍受中國共產黨的政治控制），亞當・斯密提出之市場分析與問題，再次和我們息息相關，遠超過於其在二十世紀初的景況。但應強調斯密什麼面向？應相信哪個現代理論分支？應如何分析市場？這些問題仍可爭辯，甚至較以前有過之而無不及。

均衡理論是自由市場經濟學結構賴以正當化自身的依據，但在現實世界並不總是行得通。何以如此？經濟學家的分歧於焉產生。

凱因斯認為，一九三〇年代的經濟大恐慌是一種市場失靈（market failure），本來不應發生。他並未預測到這場災難，也對市場帶來繁榮經濟的力量，有著深刻不變的信仰；但顯然有什麼事不對勁。簡單地歸納，一九二〇年代有某些商品過度生產，也存在一次世界大戰後持續的金融動盪。此外又因過度投機（特別是在一九二〇年代後期的美國），導致一九二九年股市崩盤。這嚇壞投資者，讓他們退縮不前，再結合總需求（aggregate demand）的忽然衰退，引發造就大恐慌的惡性循環。到了一九三一年，因經濟恐慌導致的一連串銀行倒閉讓事情雪上加霜。包括美國和歐洲先進地區的政府，轉向了正統的保守經濟學說，嘗試在歲入減少的情況下平衡預算，並讓市場自己回歸均衡。[93]但在凱因斯看來，此舉大錯特錯：導正並讓經濟回歸正常均衡狀態的唯一法門，是政府透過其支出以刺激需求。[94]

早在一九二六年的演講和論文〈自由放任的終結〉（The End of Laissez-Faire）中，凱因斯便這麼寫道：

讓我們來清理自由放任時不時得以建立其上的……形上學（metaphysical）原則。個人在其經濟活動中，擁有約定俗成的「天賦自由」（"natural liberty"）之說並不正確……世界並非由上天（from above）統治，令私人與社會利益總能相符相合……說開明（enlightened）的自利必定會增進公眾利益，並非根據經濟學原則所做的正確演繹。自私自利一般而言乃開明的說法也不對；個人更常獨自從事以促進自身目標，但過於無知和懦弱，甚至無法達到這些目標。經驗並未表明當個人組成一個社會單位時，其眼光必定不如各自為政時那樣清楚雪亮。[95]

凱因斯後來的追隨者也強調一九二〇年代收入高度不平等的情況，宣稱這壓抑了對那段時期開發的所有新產品的需求，如新的電子消費商品、汽車和更好的房舍。[96]

同樣重要的是，自十九世紀後半以迄一次大戰，隨著世界經濟的成長和益發國際化，英國為世界提供了穩當的儲備貨幣和足夠穩定世界金融市場的流動性。而一次大戰後，如查理・金德柏格（Charles Kindleberger）的名言所述，到了一九二九年，「英國無法而美國不願」。[97]其時美國已成為領銜世界的經濟體，但拒絕接下穩定情勢的挑戰，反而退回保護主義與孤立。以上種種都扼殺了凱因斯所謂的「動物本能」，即資本家的冒險和投資傾向。[98]據此，美國新政（New Deal）的方向正

93. Ahamed 2009.
94. Skidelski 2010, 68–69.
95. 1963, 312.
96. Galbraith 1955/1980.
97. Kindleberger 1973, 292.

確但仍有所欠缺；終結美國經濟大恐慌，靠的還是為了在二次大戰武裝美國，由支出赤字所帶來的大量刺激。

凱因斯及其追隨者並不拒斥市場力量（「看不見的手」）；不反對在正常時候，存在一種經濟均衡；也不否認過度的政府干涉有其危險性。不同的是，他們認知到，自由放任有時不足以刺激一個有困難的經濟體回歸正常。

世界遭逢的不幸是，一九三〇年代世界第二大經濟體的德國，在希特勒（Adolf Hitler）於一九三三年上台後，採取了高度干預主義的解決方案，開始大規模的軍備和築路活動，拖延德國經濟復甦的時間。

政府刺激最終（儘管稍遲）拯救了美國經濟，致使美國成為二次戰後具壓倒性支配力的經濟強權。認知此點令凱因斯聲名更盛，並推波助瀾，使其建議在戰後浮現之世界資本主義體系中，有著關鍵地位。此即布列敦森林協定（Bretton Woods agreements），以舉行關鍵會議的新罕布夏飯店（New Hampshire hotel）所在地命名，於一九四四年召開，協議國際貿易與金融的諸般規定。這個協定創立了世界銀行（World Bank，更準地說是其前身）和國際貨幣基金組織（International Monetary Fund），以防止「以鄰為壑」（"beggar thy neighbor"，編按：係指一國採取的政策行動對本國經濟有利，卻損害了別國的經濟）的緊縮和一九三〇年代的保護主義捲土重來，也讓美國成為國際金融的中流砥柱。換言之，在某一層次上，凱因斯的觀念真正復興了亞當・斯密的核心觀念，即自由市場是運作經濟的最佳法門，但又增添了一個額外見解：欲妥善運作，市場需要國際合作與可靠的金融基底。當需求有短缺、金融動盪和恐慌漸增導致市場失靈箭在弦上，政府不應削減經費，而是必須透過妥適的刺激讓市場再度運作，使其經濟重新回歸均衡。在某種程度上，美國於一九七一年退出布列敦森林體系，但在此後數年的多數層面上，這仍是新的主流經濟理論。

反凱因斯的回應：海耶克、傅利曼和新自由主義對政府的抨擊

然而，一個不同版本的亞當・斯密在一九七〇年代再次取得主導性，回歸十九世紀晚期和二十世紀初的新古典經濟學理論。這多少是因為一九七〇年代的經濟危機，但也是因為傅利曼及其芝加哥學派強勢崛起，以及海耶克的反政府、自由至上理論得到接受。市場自由的角色重拾威望，凱因斯主義也遭到排拒——如果任其自然，在沒有非市場要素干涉的情況下，市場可以回歸均衡，應對供需變化。

斯密清楚理解，所有形式的人類缺點（foibles），都會干涉「看不見的手」，包括經濟既得利益者的貪婪（他們嘗試保護自身以對抗市場力量），到阻礙市場運作的宗教力量，以至在各種層次上施行、創造有利權勢者規則的自私政府。誠然，這正是自由市場的堅定捍衛者所持續主張的，即市場失靈是因為政府的不當舉措。因此，回歸更教條的自由市場理論，與其說是拒斥斯密的影響，不如說是僅強調其思想的某一層面。此保守回應並非天真地否定人類之不完美（作為個人，他們可能不理性），也並非無視歷史上充斥著重要的經濟波動。反之，這是對一種深刻信仰的肯定：平均且整體而言，個人行為者的作為確實依據理性，而在決定價格、生產形式、找到令人滿意的均衡狀態等方面，市場比任何型態的計畫都好得多。尤有甚者，那些相信此點的經濟學者握有許多證據，表

98. Akerlof and Shiller 2009; Clarke 2009, 129–57.

明是政府的錯誤造就了經濟災難。

就揭示政府舉措的乖張來說，最重要的可能是傅利曼和安娜・施瓦茨（Anna Schwartz）的里程碑著述。他們表明美國政府及其聯邦儲備系統（Federal Reserve System）的錯誤政策，如何因限制貨幣供應，創造、維持了一九三〇年代的經濟大恐慌。[99]

羅伯・盧卡斯比老師傅利曼走得更遠，發展了一套理性行為理論，否定政府舉措可以刺激經濟成長；他責難政府反覆無常的政策，導致了引發大恐慌的極端波動並使其久久不去。和同儕蓋瑞・貝克與重要追隨者如基德蘭德（Finn Kydland）、普雷斯科特（Edward Prescott）一道，他們提出一套理論，說明何以市場行為最好任其自然。[100]在基德蘭德和普雷斯科特（兩人也是諾貝爾獎得主）發展的「實質景氣循環理論」（“Real Business Cycle Theory”）中，保守經濟學者承認經濟波動的存在，但認為波動是由出乎意料之科技變化的短期效應所引起，且即使它帶來經濟衰退，也是一種理性的市場回應，只要政府不去干預，很快便會消弭。尤有甚者，蓋瑞・貝克認為，幾乎所有人類行動，都可用理性選擇模型（rational choice models）加以解釋，故嘗試透過政府舉措來對抗市場，是徒勞無功且往往有害的。[101]

但正如批評者益發激烈地指出，自二〇〇八（且持續數年）美國撤銷管制政策（deregulation）失敗和後續嚴重經濟危機以來，這種推論已遠過於亞當・斯密所論的「看不見的手」。進一步說，在這些理論家使用的複雜數學工具之下，其實潛藏一種保守主義色彩強烈的社會哲學；相較於其他任何意識形態，它並沒有更加科學或仰賴亙久不變的自然法則。[102]

此一保守主義的智識教父是海耶克。他因一九四四年出版之《往奴役之路》（*The Road to Serfdom*）而聲名鵲起。海耶克想警告世界，注意導致德國納粹和蘇維埃共產主義的一種致命知識缺陷。他認為此缺陷拒斥了這樣一種概念：自由市場不僅最能確保經濟福祉，也是保障自由本身的最佳憑藉（斯密肯定會同意此點）。海耶克斷言，想要透過政府計畫與控制來改善經濟和使其更平等，是極其複雜且無以為之的。數以百萬計的個人與公司決定令市場得以運作，而沒有任何政府或中央計畫能有效複製這些決定。故究諸實際，賦予政府過多權力，不過是帶來效率缺失和不理想的經濟表現。對此，二十世紀早期的傳統經濟學已談了許多，但海耶克增添了一個觀念：一旦掌權，社會主義或中央計畫的政府必定會越來越獨裁，以維繫其效率不足的政策。換言之，政治領袖若希冀中央控制和更平等原則的意識形態框架，有朝一日他們握有權力時，可能會益發限制自由，以便遂行本質上就錯誤的觀念。

海耶克認為，納粹是蔓延各處的社會主義觀念論（socialist idealism）的最終結果；它感染德國，並結合民族主義的經濟觀念，希冀透過約束德國經濟以使國家強大。其結果是摧毀自由和啟蒙運動所代表的一切事物（包括亞當・斯密）。但左派也見證一樣的事情，因為蘇聯發現，不利用恐懼和廢止所有自由，不可能維持徹頭徹尾的社會主義經濟。海耶克目睹上述種種在一九二〇和三〇年代的歐洲大陸成長發展，他也害怕英國政治中貌似仁慈的社會民主和溫和社會主義走向，可能會導向同樣致命的結果。關於二次世界大戰中納粹帶來的災難，與蘇維埃共產主義專橫的危險，他在

99. Friedman and Schwartz 1963.
100. Kydland 1995; Lucas 1995, 2002.
101. Becker 1992.
102. Karier 2010.

《往奴役之路》這樣寫道：

若我們不僅以十九世紀為背景，而是由一個更長程的歷史視角加以考慮，則現代的社會主義趨勢與西方文明的整體演進……其斷裂的劇烈程度……將變得無比清楚。我們迅即捨棄的觀點不僅來自柯布登（Richard Cobden）……來自亞當・斯密……甚至洛克……還包括基督教、古希臘人和羅馬人奠立的基礎。不僅十九和十八世紀的自由主義，我們承自伊拉斯謨（Desiderius Erasmus）和蒙田（Michel de Montaigne）、西塞羅（Cicero）和塔西陀（Tacitus），以及伯里克里斯（Pericles）和修昔底德（Thucydides）的基本個人主義，亦漸次罷廢。[103]

然而，當海耶克最早論及其預見的問題時，他對政府的舉措，並不像後來或其日後追隨者那樣充滿敵意。他寫過一段話，較不那麼保守的經濟學者注意到它，更教條主義的追隨者忽視它，海耶克自己後來也駁斥這段話：

如同生病和意外，在希冀避禍和克服其結果所做的努力，不會因政府提供援助而削弱的領域……讓國家協助組織一種全面的社會保險體系的理由相當充分。[104]

但後來在一九六〇年的《自由憲章》（*The Constitution of Liberty*）中，海耶克痛斥美國的社會福利系統及歐洲的類似計畫，指稱這最好讓私人保險公司來負責，彼此競爭。[105]海耶克在該書中也抨擊工會勢力（作為反競爭的壟斷）、累進稅、照顧窮人的公共住宅，以及其他許多在一九六〇年時，已為進步的資本主義民主國家所採行的作為。

因此，我們無須為此感到驚訝：一九八〇年代美國和英國轉向右翼，是受到海耶克及其追隨者的啟發。英國領袖柴契爾（Margaret Thatcher）試圖實行更保守的政策，她「有次為了結束保守黨政策辯論，往桌上摔了一部海耶克的《自由憲章》（一九六〇），一部乾硬的學術巨著，並大喊『**這就是我們所相信的！**』」。[106] 確實，海耶克的觀念影響了雷根（Ronald Reagan）、布希（George W. Bush），並為美國共和茶葉黨運動（American Republican Tea Party movement）領袖提供許多智識支援。這也是亞當・斯密思想遺產的一環，至少是一種相當狹隘版本的「看不見的手」：任其自為，市場的魔力便可在不受政府之干涉拘束下，成就不可思議的結果。

對共產主義缺乏效率及其必然導致的專橫，海耶克的譴責肯定沒錯，因為國家全面控制經濟的體制，只會帶來人們所不樂見的後果；為了追求社會主義美夢，壓制在所難免。其著述在共產東歐的異議知識分子間尤其受歡迎，他們在共產主義瓦解的過程中，扮演了關鍵角色。[107]

海耶克關於社會主義觀念蔓延，導致納粹和法西斯主義興起的論點是否正確，我們將在後續章節加以檢視，但這並非全然是奇思怪想。然而，進步資本主義社會的社會福利與保險系統是否必然導致專橫暴政則是另一回事，因為沒有證據能支持此觀點。無論如何，時至今日，這些觀念（得到

103. 1944/2007, 13–14.
104. 1944/2007, 148.
105. Hayek 1960/2011, 405–29.
106. Feser 2006, 1，強調部分為原書所有。
107. Kukathas 2006, 182.

傅利曼及其追隨者的政治著述所補充）在歐洲與美國的保守主義思考中，擁有很大影響力。

保守主義新古典經濟學（現在看來可能挺奇怪：它曾被喚作古典自由主義，而如之後會解釋的，至今有時仍被叫作新自由主義）另一個最重要的智識燈塔是傅利曼。傅利曼亦自稱亞當・斯密的追隨者。他在其最廣受歡迎的著作（完全無涉技術性內容）《資本主義與自由》[108]的結尾寫道：「政府作為已阻礙而非幫助此發展（更大的繁榮）。我們得以承受、克服這些作為（政府干涉），全是因為市場卓越的繁殖力。看不見的手對進步的影響，甚於看得見的手之於衰退。」[109]傅利曼該書的最後一段則如此開頭：「亞當・斯密曾說，『國家中多有敗落』。」[110]

在一九六二年的著作中，傅利曼對二戰後西歐及美國新政追隨者所實行，幾乎所有二十世紀中葉社會民主視為神聖不可侵犯的事物（sacred cows）進行攻訐，包括社會福利與多數後來稱作社會安全網的東西；絕大多數公共工程，包括保育自然的國家公園；累進所得稅；以及任何重新分配收入的嘗試和其他種種。關於壟斷行徑會傷害經濟，他同意斯密。但傅利曼亦主張，這些行徑之所以尚存，是因為政府的直接支持；若能放任市場自由運作，它們會因競爭而迅速瓦解。他反對出於軍事目的之過度支出，也反對徵兵制（除非遭遇極端的國家危難）。他認為幾乎所有堅持給從業者發照（licensing）的工會和職業協會，如美國醫學會（American Medical Association），都是謀求壟斷、欲限制競爭，因而是有害的。他相信只有中央銀行如美國聯邦儲備系統，才是以維持無通膨（noninflationary）、穩定的貨幣政策為務，不因政策忽然搖擺而升值或貶值。他反對任何刺激就業或經濟成長的政府舉措，認為這完全適得其反。因此，他呼籲廢止多數在當時和一九七〇年代普遍採行的公共政策。在此之外，傅利曼追隨斯密，頌揚個人追逐私利的美德，同意有進取心者的自私結合，可以帶來至善。

在教育下一世代的保守斯密主義經濟學者（或謂「新斯密主義」／"neo-Smithian"）上，傅利曼比海耶克做得更多。這些人在一九八〇和九〇年代支配了此領域，並因而對政策多所影響，開始廢止走在前頭的資本主義經濟體的許多規定（特別是美國與英國）。他們也在二十世紀晚期的世界各地，為如何實施經濟政策立下基調。

啟蒙運動的信奉者（特別是洛克、休謨、斯密所捍衛的英國版本），當然無法預見二十世紀的可能模樣，但無可懷疑的是，其思想的某一線索可以帶出海耶克和傅利曼。我們已看過斯密的著述，後續數章中也會再行檢視，這個議題是無法避開的。因為斯密的經濟學，在一個真實的層次上，是十八世紀啟蒙思想的高峰：提倡個人自由，以及透過經濟自由達成此目標的重要性。啟蒙運動當然包含許多線索（即便蘇格蘭啟蒙內部亦然），但有個與孟德斯鳩相侔的共識，即相較於競逐光榮或榮譽，甚或是引發十六、十七世紀歐洲慘烈戰爭的宗教美德，貿易和商業追求更有可能帶來一個較和平的世界。[111]安德魯·斯金納（Andrew Skinner）也指出，當時企求仿效牛頓（Isaac Newton）科學，將經濟成果解釋為自然法則的結果。亞當·斯密則將這些要素與其信念相結合——欲達成啟蒙運動冀求的目標，自由市場是最有效且最道德的方式；而吾人可以在觀察和邏輯的基礎上為之，故此方式也是科學的。[112]

---

108. Capitalism and Freedom, 1962/2002.
109. Friedman 200.
110. Friedman 202.
111. Hirschman 1977.
112. Skinner 2003.

同樣重要的是，如維納（Jacob Viner）在一九二六年一篇重要文章中所論，我們要記得，「亞當・斯密不是自由放任的教條主義者。他觀察到各種政府作為的廣泛和彈性，也準備好進一步擴展其範圍——只要政府能透過增進其能力標準、誠信和公共精神，展現對更廣泛責任的承擔」。[113] 儘管斯密態度溫和，像海耶克和傅利曼這樣，對《國富論》進行更加教條、絕對的詮釋卻其來有自。這種詮釋走到最後，幾乎所有與經濟生活有關的政府舉措（除了捍衛法治、保護私有財產、維持貨幣穩定）都不僅會危害經濟，還將侵犯個人自由。這種極端主義的根源，並不僅止於斯密的經濟學。它至少可以遠溯自洛克：洛克堅持個人權利凌駕共有權利，甚至主張個人應該自由決定自己想歸屬哪個國家。[114]

一個惡名昭彰的政策立場即肇生自這種思維。英國國會曾就十九世紀中期的愛爾蘭大饑荒（Irish potato famine）展開辯論，當時流行的觀點是，那時候的處境（一種災病摧毀了馬鈴薯，即當時愛爾蘭的主要糧食作物）並未到須出手救助，因為讓災難循其自然進程，將可訓誡愛爾蘭人，並創造更好的經濟環境（愛爾蘭當時是英國殖民地）。在八百萬上下的愛爾蘭人口中，有約一百萬人喪生。《經濟學人》（*The Economist*）在當時（現在亦然）是宣揚自由貿易與自由市場的雜誌，它強烈反對政府採取作為，因為這會妨礙自由市場的運作。這讓湯森德（Horace Townsend）說了句名言，即許多愛爾蘭人「死於江湖郎中（quacks）所下的過量政治經濟學」。[115]

小說家和哲學家艾茵・蘭德（Ayn Rand, 1905-1982）闡述了一個更極端、激進的個人主義哲學。它孵育了一種自由市場唯心論者（idealists）的虛擬崇拜（virtual cult），不僅痛恨政府，還理想化自私和具英雄色彩的優越天才，將其置諸一般集體主義（collectivist）的民眾之上。我們無須重述她的故事：一位苦悶、孤單，於一九二〇年代逃離共產主義，在美國找到庇護的俄國猶太女孩，如何成為成功的電影編劇和小說家，並環繞自身創造出一種崇拜。值得一提的是，艾茵・蘭德的其中一位追隨者是葛林斯潘（Alan Greenspan）。從一九八七至二〇〇六年，葛林斯潘長期擔任美國聯邦儲備委員會主席，[116]他推動放鬆管制和市場自由化，並在二十世紀晚期美國的政治與經濟實力支配世界時，實際指導著美國的經濟政策（甚於任何其他主要的中央銀行家）。也正是此舉，最終導致二〇〇八年的金融危機，及其後美國與歐洲多處的長期經濟困局。

斯密經濟學的這條線索得到許多支持，如芝加哥學派對政府的不信任、海耶克將自由市場與個人自由合而論之，以及艾茵・蘭德將激進個人主義視為邁向個人自由的最佳道路，也激發美國今日的許多右翼分子。這是後續若干章節所討論的一個重要議題，特別是辯論美國建立與自由定義的第四章。

在十九世紀中期以至不久前的歐洲，自由主義指的是崇拜自由市場，視之為政治經濟學的引路明燈——這是來自斯密思想的一條重要線索，和啟蒙運動對自主與自由的提倡。這與保皇派（royalists）和傳統主義者的保守主義相對；這些人哀悼自由市場資本主義的興起，並希望回到由保護性行會（protective guilds）與皇家飭令（royal edicts）所統治的經濟體系。與自由主義者不同，十九世紀的保守主義者對市場、過度的個人主義、太多自由，都抱持不信任態度。今日美國人稱古

113. 引自Skinner 2003, 200。
114. Locke 1690/1988.
115. Kinealy 1997, 66–70, 132–33.
116. Heller 2009.

典「自由主義」為「保守主義」（其他地方也益趨如此），顯示至少在北美和歐洲社會，看法和意見已發生劇烈變化。傅利曼與海耶克的追隨者，顯然無意回歸宗教上的不寬容、君主制，或壓抑個人自由與自由市場。世界上仍有諸如此類的勢力（甚至在西方亦然），但在經濟學者間卻不怎麼顯著，因為即使是較「保守」的那些人，在十九世紀也會被喚作「自由主義者」。一度為激進自由主義，接近現在仍時或稱作「自由至上主義」（“libertarianism”）的東西，如今和「保守主義」（“conservatism”）緊密相連。我們可以說，這標誌了亞當・斯密的最終勝利：極大量的經濟辯論皆不出其意識形態邊界；某種意義上看，它們甚至可謂是如何詮釋其觀念的辯論（而非拒斥斯密觀念的基本要領）。這也是為什麼許多駁斥市場重要性共識的左派批評者，會稱「保守主義」主流經濟學為「新自由主義」（“neoliberal”）。

然而，如我們之後會看到的，更古老的保守主義依舊有生命力，拒斥亞當・斯密和啟蒙運動要傳達的東西。它在二十世紀中期威脅整個世界，似乎也將再次成為一股強大力量。不過，這已經是亞當・斯密之外的故事了。

反亞當・斯密：新重商主義和反自由主義

欲結束本章，我們須補上兩個不和諧的音符。一個是後續章節將處理倖存的反啟蒙回應。其中一章的主題，是二十世紀馬克思主義政權採取的殘酷反自由轉向。雖然馬克思仰慕斯密，也利用了他的許多觀念，脫胎自馬克思理論的馬列主義政權，卻完全背棄了斯密。他們不相信自由市場和個人自由。右翼方面，在一九二〇至一九四〇年間，法西斯主義於歐洲和亞洲的重要地區做出同樣的事，但保留了富裕菁英的特權。這則是另外一章的主題。

不間斷地反對斯密大致共識的另一個來源，並持續風靡多數、但不是所有經濟學者的，是倖存甚且復興的重商主義，或者更恰當地說，新重商主義（neo-mercantilism）。

斯密和幾乎所有十八世紀的啟蒙思想家，都譴責當時盛行、在歐洲許多政府之間保持高度評價的重商主義。[117] 以積聚金條作為政府經濟政策目標的天真想法不再普遍，但認為保護主義可以刺激生產力和促進出口的觀念仍有其生命力，並被一些國家付諸實踐，嘗試追趕上最先進的經濟體。當英國轉向自由貿易，並接受古典自由主義的經濟觀念時，德國經濟理論家李斯特（Friedrich List, 1789-1846）則主張，較落後的經濟體有賴保護主義以走向工業化。在工業化的同時，多數歐洲經濟體和美國仍採保護主義。十九世紀歐洲殖民主義大擴張背後的許多經濟理念，是建立在徹頭徹尾的重商主義信念上，即殖民地可以為殖民母國生產的商品開創市場，並提供便宜原料，無須付款給其他彼此競爭的經濟強權。經濟史家持續爭辯這個論點的優劣，因為我們並不清楚，到了十九世紀晚期，殖民強權在殖民地的獲益，是否真的比支出多。但沒有太多疑問的是，西方主要強權和日本的領導人，相信他們的經濟確實從中得利。[118] 當然，這不是完全拒斥市場力量的功效，但它接受了重商主義的某些特定面向，足以激怒譴責殖民帝國主義的斯密。[119]

在二十世紀，有人提出一種新形式的極端保護主義和國家領導的經濟政策，以幫助經濟上發展

117. Heckscher 1934.
118. Burbank and Cooper 2010, 287-380; Chirot 1986, 71-84; Hobsbawm 1987, 56-83.
119. Pitts 2005, 25-58.

滯後的國家追趕上主要的工業強權，並克服自由市場資本主義帶來的衝突。它後來被稱作社團主義（corporatist）或法西斯主義經濟理論。它具高度保護主義，幾乎如古典重商主義捲土重來並蔑視個人自由。奇怪的是，在二次大戰後的第三世界，這個右翼教條卻變成左派藉以支持保護主義的論點。不消說，共產主義的經濟政策傾向自給自足，與斯密關於自由貿易和市場的觀念無甚關係。易言之，源自斯密的優勢經濟思維，在二十世紀的多數時候，受到同時來自左派和右派的激烈挑戰。關於這些發展已有極大量研究，有些在後續章節還會出現。[120] 多數奉斯密主義為圭臬的西方經濟學者，無論偏向凱因斯還是更保守的海耶克—傅利曼經濟學，都拒斥這種保護主義、自給自足的政策。對於在極其艱難時刻，什麼程度上的干預可謂正當，和政府應創造一個更公平社會的責任，他們可能意見相左；但他們仍然相信，相較於極右或極左翼倡議的新重商主義，維持相對自由的市場和開放經濟體系，仍是刺激經濟成長更理想的方式。

然而，在二十一世紀初，世界上崛起最快速的巨大經濟強權中國，也採取一種新型態的新重商主義，引人注目地拒斥斯密的宏觀經濟學，和所有源自它的種種新古典主義觀念。中國政府透過補助特定公司和控制幣值以刺激出口，具有高度保護主義，並力求建構一種新的半殖民（semicolonial）帝國，以確保其需要的原料。中國並非以傳統方式執行此事。中國的保護主義，是允許外國公司進來以學習他們的技術，進而接手技術，補助中國自己的出口工業。中國沒有貯藏黃金，但有全世界最多的外匯存底。它不征服殖民地，但購買礦源、土地，投資生產原料的國家。顯而易見的是，中國共產黨雖鼓勵自由市場行為以刺激內部生產，卻沒有任何走向民主的打算，也無意停止對主要經濟部門的強力干涉和控制。所有這一切的目標，並不只是簡單地讓中國人變得富裕，而是想把中國打造成在前工業時代那樣的世界第一強權。[121]

當然，今天的《經濟學人》仍執守古典的斯密自由主義（但對貧困地區的饑饉沒那麼麻木不仁），並持續預測中國將很快地看見那道光，變得更開放、支持自由貿易。[122] 早先的時候，南韓也遵循強烈的國家干預和保護政策，將自身轉變為一個主要的工業強權。日本做了同樣的事，並維持國家控制的經濟型態，超過古典自由主義經濟學所能容忍的程度。[123] 在這些亞洲的案例中，被拒斥的不是微觀經濟層次的市場力量，而是這樣一種信念，即在宏觀經濟、政策制定的層次，一種重商主義的干預是最佳方案。東亞經濟的成功，說明他們可能是對的。讓公司競爭，別像過去共產主義者那樣，嘗試管理經濟生活的所有面向，而是控制、幫助主要生產者，特別是利用政府力量去刺激和保護那些最重要的經濟活動。然而，在先前的東亞經濟成功故事中，民主改革最終伴隨經濟進步而來，並藉此更進一步接納啟蒙運動的自由主義。有朝一日，這會發生在中國嗎？讓我們看下去。

看到現代形式的獨裁重商主義運作良好，以及美國和歐洲人都尚未面對進行中事物的全面結果，亞當・斯密想必會無比震驚。西方的主流經濟學，特別是最徹底地從自由市場角度對亞當・斯密的觀念進行詮釋者，甚至無法承認這有可能發生，或認同實踐新重商主義的非民主獨裁政府可以

120. 如Irwin 1996; Love 1996; Packenham 1992。
121. Jacques 2009; Callahan 2013.
122. 見《經濟學人》關於東亞經濟強權的特載，"A Game of Catch Up," September 24–30, 2011。關於中國經濟，見Lardy 2002, 2006, 2008, 2009。
123. Amsden 1989; Johnson 1982; Macpherson 1995; Streeck and Yamamura 2001.

取得如是成就。但那正是南韓和日本在追趕西方，處於經濟成長高峰期的所作所為，而中國仍舊如此。那些堅持強調完美自由市場必要性的人，也沒有仔細檢視當今那些西方強權，在大擴張時期的經濟開放程度究竟如何。十九世紀時，英國是個非常開放、自由的經濟體，但它的歐洲競爭者和美國則傾向保護主義。

還得再過好幾十年，我們才能知道亞當・斯密的觀念，是否仍像以往那樣，在經濟思考中居於核心位置，抑或是他將會作為一個改變世界的主要歷史人物為人銘記。但這是階段性的，直到事件證明他對於人性，以及市場有力量得以解決問題的種種理論太過樂觀。

總結本章，我們還是要說，這個世界應該要期待亞當・斯密的觀念長遠來看得以風行，即便不是以更激進的自由市場形式出現。若非如此，替代選項很可能是接受啟蒙運動的科學進步觀，但在社會哲學上排斥個人自由的各種社會。說到底，經濟事務中的自由、開放市場，和對民主來說必不可少、政治意識形態表述中的自由市場，兩者是綁在一起的。沒有它們，將無從保障思想和個人自由。這個觀念雖然從未完美地轉譯為政策，但確實樹立一個理想，在世界上許多地方，為推動經濟繁榮和個人自由做出很大貢獻。這是亞當・斯密和十八世紀啟蒙運動先行者期望推動的。但自那時起，此觀念便屢經辯論，也遭到無論左翼右翼，敵視啟蒙運動者的反對。觀念的競逐在今天與過去一樣重要，若欲理解此衝突，吾人仍必須通曉斯密的著述。

第二章

馬克思：傑出理論的悲劇結果

在資本主義體系內部，所有提高勞動社會生產力的方式，都以犧牲勞工個人為代價；所有發展生產的手段，都會轉化為統治和剝削生產者的手段；它們讓勞工畸形，成為局部的人，貶抑其為機械的附屬品，摧毀其工作剩餘的任何一丁點迷人之處，並讓它變成教人怨恨的勞苦折磨。

———馬克思，《資本論》（*Das Kapital*）

沒有革命理論，就沒有革命運動。

———列寧（Vladimir Lenin，《該做什麼？》（*What is to be Done?*）

馬克思生於一八一八年，是個難相處又急躁，對世界充滿憤怒的人。但他開創了一個理論，解釋有朝一日，世界如何可能臻至天堂之境。我們或可理解其憤怒，因為他的生命中充斥著悲劇與苦澀的諷刺。馬克思敬愛其早逝的父親而怨恨其母：她長壽得多，並在很長一段時間內，讓他無法獲得遺產。馬克思深愛的妻子（儘管馬克思曾對她不忠）死於癌症，孩子多數早夭。他成年歲月則屢受疼痛的疔瘡（細菌感染導致的膿腫）折磨。尤有甚者，他生活困窘，常被債主討索，直到其摯友和共同作者，富裕的資本家恩格斯為他設置了一份年金。

儘管其若干親戚是有錢的資產階級（bourgeois），包括一位兒子成立了大型電氣公司（現為電子公司）飛利浦（Philips）的荷蘭叔父，他們有些人也偶爾會提供財務資助，馬克思卻厭惡資本家和資產階級。在當時，這些人是中上階層的商人和政府公僕。他指謫這些人和其代表的資本主義體系，要為世界上的嚴苛苦難和無以處理的不平等現象負責。他認為，物質進步既然已進展到當時那樣的階段，這些糟糕的災難理應不復存在才對。

從家鄉德國移居巴黎後，他於一八四四年結識恩格斯。恩格斯的父親是一名富有的紡織業老闆，在英格蘭和德國都有工廠。歷史學家法蘭克・曼努埃爾（Frank Manuel）指出，若沒有恩格斯提供的財務、情感和智識協助，馬克思很可能難以為繼，更別說寫出這麼多東西。相較於馬克思，恩格斯對其友所關注的一些關鍵課題，懂得其實更多，特別是科學與科技；但他拜倒在馬克思的魔力之下，成為最忠實的支持者。[1]

馬克思的雙親都是猶太人，不過其父改宗路德教派（Lutheranism），以維持在普魯士文官體系中的職位。但馬克思一向被認為是猶太人，他自己痛惡此點，並撰寫一篇激烈的反猶太人議論，彷彿十九世紀中期遍見於德國和歐洲其他地方的反猶（anti-Semitic）批評。也就是說，馬克思指責猶太人為貪婪資本家的原型，認為其文化僅以愛財為繼。他在一八四三年（二十五歲時）的〈論猶太人問題〉（On the Jewish Question）一文中寫道：「錢是以色列人的妒忌之神，其他神祇在祂面前都得讓位……猶太人的上帝已世俗化，成為世界的神。」[2]這時期復甦和快速茁壯的反猶主義，特別在工人階層之間，是立基於同樣的概念：關於無良資本家所支配之工業時代所見的分裂和不平等，猶太人應負最大責任。

馬克思先是嘗試挑起反資本主義的社會主義革命。他失敗了，其經驗不堪忍受。他無從得知後來的發展，也還不知道這件事會照亮其後來的餘生：他的觀念和大名，將鼓舞人類歷史上許多最重大的革命；革命在他死後（卒於一八八三年）僅一個世代便發端肇始，並發生在他本人並未瞄準針對的諸多國家。

換個方式說，這名憤怒、時常患病和無法滿足，對自己的家庭、時代和猶太身分多所憎惡的人，對二十世紀的影響，比十九世紀其他任何知識分子都大（可能除了達爾文以外）。其著述的力量和關於歷史命運的看法，開創了一場政治運動，即共產主義。共產主義曾一度統治三分之一的世界，並威脅掌控全世界。事實上，不僅共產主義，其他多種形式的社會主義（包括十九世紀晚期的若干政黨，它們是二十世紀世界各地大型社會主義政黨的先驅），也受馬克思啟發並自認為是其追隨者。即便今天歐洲的改良派（reformist）與溫和社會主義團體，也曾（並不太久以前）忠實地追隨其觀念。二十世紀中期，當歐洲位於非洲和亞洲的殖民帝國崩解之時，許多新獲獨立的國家也一度

1. Manuel 1997, 55–87; Hunt 2009.
2. Marx 1977, 60.

由各種版本的馬克思主義所引導（至少他們如此主張）。

馬克思主義在二十世紀晚期屢遭挫敗，但並未死去。它的各種版本導致數百萬人喪生，但不知怎地，仍持續激發關於更好世界的種種觀點。即使蘇聯共產主義垮台、馬克思主義者的「第三世界主義」（"Third Worldism"）遭貶抑、中國和越南也基本轉型為資本主義經濟（雖然還是獨裁且由共產黨支配），馬克思的思想和著述，及其各種各樣的追隨者，仍鼓舞著改革者、革命家、反資本主義與反全球化抗議者。也就是說，許多批評家時常將馬克思主義當作湮沒的死崇拜或失敗的經濟理論；相較於過去（如一九七〇）當共產主義仍是一個不變現實，甚至持續增長的世界勢力時，這在今天確實更接近事情真相。簡言之，我們相信馬克思主義曾馳騁一時。但事實上，馬克思主義包含一組強而有力的觀念，它們深深地植入現代性本身，以致無法輕易抹除。馬克思主義可能永遠無法重獲那近似宗教的力量，但它不大可能會過期，也將再次成為重要政治運動的基礎。

要理解馬克思主義的力量並非易事。討論其觀念與創發者的著作不啻數千，但沒有什麼可謂絕對權威。造成此困難的部分原因是，在馬克思主義內部，有不計其數的支派，使人難以定義其本質。尤有甚者，極多馬克思的追隨者，把他變成像上帝一般的存在，或至少是得到神啟的先知，馬克思主義因而成為一個虛擬宗教（對某些人來說仍是如此），馬克思的著述則恍若福音書（Gospel）。和其他擁有忠實信徒的主要信仰一樣，它也催生自己的神學（theological）評注，包含對原始聖典的互斥詮釋。它也帶來更簡化和實踐取向的指引，和為初學者提供建議的陽春手冊。不同支派指控他者為異端，導致極其嚴肅甚至要命的競爭。在共產主義統治下（如基督教、伊斯蘭教或佛教掌權的狀況），政治菁英會將馬克思主義當作原料，對其進行加工以合法化自身政策，進而鼓動辯論，爭辯什麼版本的馬克思思想為「正確」、「異端」（"heterodox"）、或「偏差」

（"deviant"）而必須禁抑。從列寧到毛澤東和其他許多人，那些偏離官方馬克思正統者時常遭到囚禁、處決或流放。

十九世紀的思想家中，沒有其他人是這種轉型和攸關生死的力量泉源。斯賓塞（Herbert Spencer）將達爾文的進化論改造為一種生物社會（biosocial）學說，一度有極大影響力；法國社會學家孔德（Auguste Comte）亦然，因為他，全球各地的知識分子廣泛採行其實證主義（positivism）。但到了二十世紀初，他們被諸如韋伯（Max Weber）和佛洛依德（Sigmund Freud）等人取代，並被視為歷史的一部分，儘管其推廣的若干觀念迄今仍持續迴響。相較於馬克思，更純粹分析性和均衡的人物，如約翰・彌爾和托克維爾（Alexis de Tocqueville），在其時代其實擁有更大的政治影響力且更為成功。但一九〇〇年以後，人們閱讀其著作，傾向視他們為社會和政治評論家，而非改變世界的體系創造者。這當然不是說馬克思全無競爭者。偉大的德國社會學家和經濟史家韋伯，便提供了與馬克思大相逕庭的社會解釋，且持續具有影響力。與此同時，瓦拉斯和其他十九世紀晚期的經濟學家（見第一章）也提出理論，奠定現代數理經濟學（mathematical economics）的基礎，他們多視馬克思的觀念為無涉宏旨的枝節。這些人的著述（出版於十九世紀最後幾十年）要比馬克思進步且平衡得多，但沒有引發什麼政治運動，更別說彷彿宗教性的崇拜。

確實，某些政治領袖、商業大亨、科學家、發明家和其他奮力轉動權力之輪的人，都在過去一百年對人類造成巨大衝擊。但馬克思之所以如此教人吃驚，是因為其影響導致了大規模的社會重構及無與倫比的結果，且全然是透過其著述與觀念所實現。他從未能像拿破崙（Napoleon Bonaparte）或俾斯麥（Otto von Bismarck）那樣揮舞政治權杖，更不用說二十世紀門徒史達林（Joseph Stalin）和毛澤東手中的暴虐之錘。他沒有可以贈與公眾的財富，也沒有建立新的金融、教育或社會救助制度。他也沒像愛因斯坦（Albert Einstein）或拉塞福（Ernest Rutherford）那樣，改變我們對物質宇宙的理解，或如愛迪生（Thomas Edison）和福特（Henry Ford）那般，為日常生活帶來物質上的革新，永久地改變現代社會的特質。馬克思所做的一切都見諸其著述，多數在他死時仍為零散片段，有賴恩格斯及其他人加以編輯。有些後來最廣受徵引的文本，甚至要到一九二〇和三〇年代才出版，距他離世已過半個世紀。

馬克思有一個非常宏大的觀念，將其所有著述緊密相連。這是個複雜的觀念，但可以濃縮為一個全面且極有吸引力的理論，並轉化成一個有內聚力的行動指南。透過此觀念，他能夠解釋過去並頗為準確地預測未來；對很多讀者來說，馬克思好像發現了一種永恆真理。在此意義上，他是十九世紀最偉大的先知。任何批評無論多麼確鑿或明晰，也無法讓最死忠的追隨者捨棄此信仰。

馬克思花了些時間想出此宏大觀念（它將其經濟和哲學思考，與對更公正和平等世界的追求連繫在一起），因為在年輕的時候，他一心一意在譴責、抱怨其時西歐工業化社會所有（他認為）的錯誤事物。他抨擊對個人主義的讚美，也貶低萌芽中的民主。他說，這些都只是資產階級的騙局，是要鞏固正在形成的資本家階級的權力。他也沒放過試圖遏制變遷的舊勢力，其中有些是從相反、反動觀點來攻擊民主和個人主義。馬克思不間斷地謾罵貴族、君主和所有形式的宗教，稱其為社會革命的障礙。馬克思相信，必得靠社會革命，才能將貧困大眾從非人道（inhuman）、被迫無止境和無回報的勞苦生活中解放出來；此種生活讓數百萬人異化（alienated），無法獲得滿足與意義，而這本應是所有人的權利。

在一八三〇年代，當馬克思是一名大學生的時候，他喜好社交且熱情地參加哲學俱樂部。他翻譯許多拉丁文經典，撰寫情詩，甚至完成一本諷刺小說《蠍子和費里克斯》（*Scorpion and Felix*）。

尤有甚者，在他寫給父親（他們相當親近）的家書中，我們看到一位年輕人熱切地想獻身於一個更崇高的目標，特別是他為自己所選定的。他在一八三五年的一封信（當時年僅十七歲，信是以拉丁文寫就）中說：「如果我們在生命中選定了一個位置，得以為全人類奮鬥，沒有什麼重擔能讓我們彎腰屈從，因為這是為全體利益所做的犧牲；我們也不會體驗到渺小、受限、自私的歡快；我們的幸福將是百萬人的幸福，我們的作為將靜靜留存但恆久發揮作用；高貴者的熱淚將滴灑在我們的灰燼上。」[3]考慮到後來其作品充斥的憤怒，以及共產政權以他為名做出的滔天惡行，這個仍然天真、樂觀年輕人的心靈，讓我們思及改變他且形塑其野心的理想主義。

即使還只是一名少年，馬克思常被其時沉悶、反動且專橫的普魯士政府所激怒。他就讀的高中在特里爾（Trier），由自由派人文學者經營，曾遭警察突襲搜查，被迫開除多位職員和修改課程。取得博士學位後，他前往科隆（Cologne），為一份新的左翼報紙《萊茵日報》（*Rheinische Zeitung*，創於一八四二年）工作。他的寫作才能得到認可，同年後不久成為該報編輯，年僅二十四歲。知名的二十世紀英國自由主義哲學家以撒・伯林（Isaiah Berlin）曾寫過馬克思首度涉足新聞業的事：「他精力充沛且不容異議地管理其報紙。他的獨裁本性很早便在此冒險中表現出來，其部下則樂得讓他開心地做所有的事……這份報紙從溫和的自由主義，迅速變得強烈激進……它出版長篇且謾罵性的文章，攻擊普魯士的審查制度、聯邦會議（Federal Diet），以至全體地主階級。」這份報紙有了更多讀者，馬克思也一度得以勝過審查員；伯林說，這些審查員是「智能有限的人」且不

3: Marx 1835.

怎麼嚴格。但這一切也到了終點——馬克思抨擊更壓迫和反動的俄羅斯，俄國沙皇尼古拉一世（Tsar Nicholas I）則碰巧看到這篇文章。尼古拉遣至普魯士的使臣要求停止發行《萊茵日報》，普魯士政府也依從了。[4]

到了一八四〇年代，馬克思的思想已強烈朝向哲學與經濟學的混合，相信唯有分析創造人類物質存在的種種力量及其發展，才能理解他目睹的所有苦難及衍生之惡。馬克思慢慢構想出其宏大觀念，令他成為一位力量強大的理論家。

馬克思的宏大觀念：作為歷史理論的辯證唯物主義

馬克思知道，光是對著其所見的種種不平等咆哮於事無補。流行於當時，由法國烏托邦思想家聖西門（Henri de Saint-Simon）和傅立葉（Charles Fourier），或無政府主義者普魯東（Pierre-Joseph Proudhon）提出的空想方案也無濟於事。他需要更有力和實質的東西。他對資本主義的批評必須以歷史—經濟理論為基礎，考慮人類所達成的物質進步。他認為歷史可以分成漸趨複雜的各種「生產模式」（"modes of production"）。馬克思的這個概念極為龐大和全面，而非僅指特定時代的商品生產。反之，生產模式是社會的整體經濟結構，是法律與政治的上層建築（superstructure）賴以產生，明確的社會意識（social consciousness）型態與之相應的真實基礎。物質生活的生產模式，決定了總體社會、政治和智識生活的過程。人的意識並未決定其存在；相反的，其社會存在（social being）決定其意識。[5]馬克思主張，任何社會都有一個特定的經濟體系，決定了其他所有要素，包括其政治和法律體制、文化價值、日常生活型態。他的理論仰賴一種純然物質角度的歷史詮釋，認為經濟現實形塑人類存在的所有面向，從其組織、行動的多樣性、思想趨勢，到人們如何為生活賦予意義和理解周遭世界。

諷刺的是，對一個觀念大大地改變社會與經濟體系，且一生完全與自己的階級與族源疏離的人，竟會堅持觀念僅只是經濟力量的產物。馬克思觀念的成功，來自他的哲學閱讀及其原創歷史理論，與上述觀點相悖。

這個歷史理論的主要論點為何？它認為，人類的第一階段是田園式（idyllic）的。馬克思直接從啟蒙思想取資（往往主張人類的存在始於一個未墮落的狀態），認為原始生活（primitive life）是自由且讓人滿足的。無論透過如何基礎的方式、缺乏勞動分工，人們生產的東西僅為自己所有，沒有人會取走別人的物品，或自作威福、霸占他人財物。他們狩獵、採集的土地廣袤，為社群所擁有。那兒沒有國家及其統治機器，如軍人、神職中介人、及其他體系立法者，也沒有官員、貴族或國王。最後，那兒也沒有貧者或富人。馬克思稱其為部落（tribal）或公社（communal）生產模式。恩格斯後來進一步論說這個歷史階段，成為貨真價實的馬克思主義人類學之父。但馬克思最先構想這個人類存在的階段，這相當重要，因為它為所有後續主張做好準備。確實，馬克思需要一個伊甸園，一個未被不平等和人類互相剝削的殘暴所破壞的境地，以強調歷史的深刻意義與方向。

下一階段始自私有財產的概念。起因是某些部落聯合取得權力並建造最初的城鎮。這讓某些人（最強壯和聰明者）得以積累財富和僱用他人，以遂行其意志。這個禁果摧毀了共有生活

4. Berlin 1963, 60–62.
5. Marx 1977, 389.

（communal life）的田園牧歌。國家、統治者及統治階層出現，新的生產模式也應運而生。在此，馬克思的觀念來自十九世紀西歐知識分子的教育，古代地中海世界是其原型。在古希臘城邦、特別是早期羅馬，新的統治階級運用其權力來從事戰爭，攫取領土、財富與俘虜，並將後者變成奴隸。奴隸被迫在菁英擁有的土地上工作，被剝奪了原先自由小農耕作者的身分。「奴隸生產模式」（“slave mode of production”）因而確立，其關鍵資源不是土地或土地生產之食物，而是沒有土地、沒有財產、被迫服從的勞動力。

在此，有個新要素開始發揮作用。根據馬克思，每個生產模式都有其內在矛盾。體系內經濟與政治機制的一些面向，會帶來某種形式的抵抗，這個內在的不穩定，將隨時間茁壯，阻礙進一步發展。馬克思設想的矛盾，是新的社會階級，他們的權力和重要性會不斷成長，以至挑戰舊的統治階級。既有模式的生產力會停滯不前，曾具支配力的人則會失去控制和遏制威脅的能力。到最後，流行的生產模式會全面失敗，被新的生產模式取代。新的生產模式帶來其統治階級和自身的矛盾種子，有朝一日將扳倒自己。舊模式的部件有可能存續，只要它們支持新的統治階級，奴隸制就是一例（馬克思所言）。但總的來說，權力結構與仰賴它的所有要素，無論經濟上或文化上，都會隨每個新時代而有所改變。

這個循環觀點最初是以德國哲學家黑格爾（Georg Friedrich Hegel）的理論為基礎。黑格爾認為，作為一種統一性「精神」（“spirit”）或原則的開展，歷史進程會產生挑戰自身的矛盾，最終帶來一個新的、更進步的版本。此所謂變化的「辯證」（“dialectical”）過程。馬克思接受此說，但把變化的主要動因從觀念換成經濟力量。他在黑格爾的歷史「辯證」觀上添加了生產模式。此即「辯證唯物主義」（“dialectical materialism”），是馬克思主義歷史理論的基石，其宏大觀念的核心。

羅馬建立了一個環繞地中海的帝國，從英國延伸至美索不達米亞，從撒哈拉沙漠的邊緣至（當時）德國的陰冷森林，再到歐亞草原的邊界。根據馬克思的分析，羅馬軍事力量賴以為基礎的自由農民，因帝國的奴隸生產模式而逐漸消解。尤有甚者，它還造成人口削減，因為奴隸遭受惡劣對待。羅馬軍隊漸次仰賴傭兵，特別是帝國邊界的蠻族部落。因為地理障礙，要在這些邊界外再行擴張已無能為之，沒有能取得奴隸的新來源。城市、貿易，還有以城市為基礎、蓄養奴隸的統治階級都因此衰落。後者最終被地方地主所取代：他們和蠻族入侵者混雜在一起，很快地席捲、摧毀業已病弱的帝國。

這個地主階級是農村菁英，後來成為歐洲中世紀的貴族，以及下一個歷史階段的統治階級，這就是「封建生產模式」（"feudal mode of production"）。在這個模式中，土地是關鍵資源，由領主擁有與控制；他們則有意地限制農奴（serf）的流動性，以便維持勞動力和防止勞作者短缺。農民仍有若干有限的財產權，不能任意加以買賣或移動。即便遭到剝削，他們並未絕望地與其社群和勞動疏離，不像過去的奴隸，或後來工業時代的工人。在此歷史階段發展出來的矛盾，比前一個時代更加複雜但也更為有趣。它基本上來自城市生活的茁壯。起初只有四散各處的小型城鎮，因為羅馬崩解摧毀了貿易，並使區域經濟減損至以鄉村和維生性農業為主。但隨著歐洲政治局勢穩定，城市生活與商業得到復甦。在這些城鎮進行生產活動的手工業者，是匠人而非雇傭勞動者（wage laborers），並伴隨其學徒形成了新社群。然而，儘管此過程也創造一個新的社會階級，它並沒有馬上為封建生產模式帶來不穩定。不穩定來自一個獨特的商人階級，他們積累一種新的關鍵資源，即資本（capital）。隨著城鎮和貿易的成長，他們的資本與權力也得到增長。這就是正在崛起的資產階級（即布爾喬亞，以法文的城居者命名），預示由資本主義生產模式支配的時代即將到來。[6]

馬克思對從封建到資本主義轉變的興趣，遠比之前的階段要高。他真正的焦點，是資本主義生產模式的崛起、支配及其最終命運，但說明歷史背景和它如何導致當下階段仍不可或缺。當然，我們在此已簡化其理論。但即使如馬克思所闡述的完整版本，仍留下許多缺口和究竟多大程度上符合歷史現實的問題。馬克思主義和非馬克思主義歷史學者間，已就馬克思究竟有沒有弄錯，進行了無盡辯論。但真正的重點是，此理論被視為一個饒富說服力的闡釋，可以理解關於過去和人類社會如何發展的豐富知識，即便許多細節未必牢靠。馬克思尤其希望補上資本主義的材料，以證明其主要論點，並將自己最有生產力的幾十年，專心致志地奉獻給它。

資本家有相當高的發明創造能力。在比較城市化的環境中，他們培植技術變遷並發動轉型，把西歐帶入新時代。但隨著資產階級權力增長和經濟進步，新時代要開花結果遇到了許多阻礙，如舊有封建法律、個人自由移動的限制、貴族的利益與特權、過時的文化價值等。它們導致反封建的革命，最重要的是一七八九年的法國大革命，推翻君主制，並終結貿易與工業的封建障礙——至少馬克思及許多後世受其影響的史家如此主張。新生產模式因之出現，伴隨一套新的文化價值，和一個不是以民主或憲政君主制為基礎，而是由新資本主義資產階級所支配的全新統治型態。對馬克思而言，這個重大事件也顯示了未來前景。生產模式發展出矛盾，即階級益發敵視舊有模式，新階級會隨時間累積足夠力量以推翻既有秩序，並以更進步的生產模式取而代之。這種變遷，或對舊體系的推翻，從來都不平順或簡單。菁英不願輕易放棄權力與特權，但這些正是新階級所奮鬥的目標。因此，每個變遷都以暴力、革命的方式出現，而徹底除舊布新須經過一段時間。法國大革命的血腥本質，對這點說明得非常清楚。[7]

應指出的是，馬克思和後來的馬克思主義史家，並未將美國革命視為此變遷的一個重要部分。

因為美國革命不符標準：它的暴力性低得多，且沒有帶來一個掌握權力的新階級。南方的種植園主和北方的商人仍握有控制力；美洲殖民地的菁英已經由市場取向的資本家組成。對馬克思來說，美國革命更像是一個地方事件，考慮其迴響的最佳方式，是把它當成偉大辯證開展過程的一個注腳；在此開展中，改變世界的法國大革命扮演了核心角色。[8]

今天，許多歷史學者已不這樣認為。確實，就其歷史角色而言，法國大革命本身很難簡單說清楚。它可能為法國的經濟發展帶來更多妨害而非增益。而不同於馬克思的觀察，美國革命更可說是未來的先驅。尤有甚者，工業革命發生在英格蘭而非法國。

後來的馬克思主義歷史學者嘗試「解決」此問題。他們說，十七世紀對抗君主制，致使查理一世（Charles I）於一六四九年被斬首的英格蘭革命，才是第一個資產階級革命。根據這個史學傳統，直至十九世紀都支配著絕大部分英格蘭政治生活的地主，其實是推動貿易、工業和城市生活的地主資本家。[9]這是馬克思主義的一個美妙之處。馬克思的理論開闊且貌似健全，足以靈活地調整又不失其本質。數十年來，相悖的證據已推疊成山，其支持者卻總能穿梭、編織材料，提出各種好像可以證明馬克思洞見的重新詮釋。

6. 對早期階段的詳盡解釋，見Marx and Hobsbawm 1965。
7. 以上見解散見於馬克思的著述，但得到學者文雅地解釋與更新，見Hobsbawm 1962。亦請見以下引述的馬克思著述。
8. Hobsbawm 1962, 76.
9. Moore 1966.

資本主義及其不滿

毫無疑問，資本主義及新的企業資產階級支配著西歐。而如馬克思的觀察，它伴隨著工業化和人們生活方式的巨大改變，出現在十九世紀的西歐與北美。資本主義確實有其自身矛盾，還相當殘忍無情，這正是它讓馬克思著迷之處。

確實，對十九世紀早期那些在礦場和工廠勞作的新工人階級來說，生活是慘淡陰暗的。對那些在工業革命前為數極多的鄉村農民和匠人而言，情況是否更好，也是個有待辯論的課題。充其量，浪漫化封建農業生活的「自然」（"natural"）存在是很天真的。但在擁擠、布滿煙塵和受汙染的工業城市中，確實有許多的悲慘苦難；就像鄉村也因為農業科技的進步，使多數農業勞動者顯得多餘，地方匠人也因為更有效率的商品生產而走向衰亡。馬克思和恩格斯並非唯一察覺這些變化並感到憤怒的人。相反的，在西歐最進步的那些地方，越來越多人注意到極大不平等現象的存在；科學與技術解放的力量須加以控扼，以改善貧窮多數人的生活，而非僅為了少數資產階級的利益和一小撮人的龐大財富。馬克思的目標是超越烏托邦美夢，為（他認為）未來資本主義之消亡和新的、更佳體系之出現，奠立實在的「科學」基礎。他之所以用「科學」一詞，並非只是個花招。到了十九世紀中期，科學已取得巨大聲望，是最後物質真理的領域。馬克思宣稱其理論屬於此領域，是因為這在當時多少有其正當性，即他「發現」了統治人類歷史和社會發展的不變自然定律。歸根結柢，這是啟蒙思想的一個鮮明目標，從洛克到亞當・斯密等思想家都致志於此。與此同時，馬克思自己的理論也必須和斯賓塞競爭：他是馬克思的同時代人，熱切擁護達爾文，將生物演化（organic evolution）的「科學」概念運用至歷史上。

馬克思認為，他「發現」的歷史發展法則，在本質上無可動搖。資本主義取代封建主義就像潮汐一樣無法避免，資本主義走向消亡亦是如此。反動勢力也許能加以拖延，但無法阻止它，英雄色彩的革命家則可讓其更早來到。馬克思寫道：「人類創造自己的歷史，但不是在自己選擇的處境下為之。」[10]

因此，在很大程度上，分析資本主義意謂找出其矛盾。研究了一八二〇至一八四〇年代讓西歐為之苦惱的經濟問題，馬克思找到許多證據，顯示一切都出狀況。工業革命最初始自十八世紀晚期的英格蘭，結合水力、機械和半技術工（semiskilled labor），讓發明家如阿克萊特（Richard Arkwright）得以大量生產棉紗和布料。之後的半世紀，新事物廣泛出現：蒸汽動力；改善過的煤鋼分離礦業科技；更強力、具可交換部件以增加生產力的機器；可拓展貿易的更優異船艦；以及更優勢的武器，讓主要歐洲國家能夠征服遙遠土地並從中獲取原料。短短數十年中（但那些年多驚人呀！），英國多處和越來越多西歐的其他地方，已完全改頭換面。這些地區在一七八〇年還是鄉村、農業和邊鄙區域，到了一八四〇年卻遍見工廠、鐵路、蒸汽船和擁擠的城市；伏爾泰和亞當・斯密肯定很難認出它們。英格蘭在發展新型態工業動力上尤其成功，特別是蒸汽引擎和鐵路。但最初讓英國人站在新時代前端的，卻是他們生產的棉布。

至一八二〇和一八三〇年代，製布技術開始廣泛地從西歐傳至中歐。這個產業獲得越來越多的投資，擴大生產能力與勞動力。但其結果是一連串大危機，升溫成重大的群眾不安與革命運動，於

10. 1967, 300.

一八四八年全面爆發。[11]

馬克思相信，問題在於生產過剩。太多大量生產的布料流入市場，在各處造成價格驟跌，使許多製造商和供應商破產。大量依附紡織產業的城市和鄉村工人丟了工作。新工作前景甚微，男男女女以至家庭都沉淪於悲慘苦難。馬克思的結論是，此乃資本主義的無盡命運：生產力、效率與財富（不平均分配）的大幅增加，促進整體而言的更大繁榮。但伴隨而來的，是生產過剩和投機的災難，導致金融恐慌、失業，和我們今日所說的衰退或不景氣。在此循環中，財富與貧窮，經濟成長和大苦難，彼此緊密相連；循環的本質則是自我毀滅。和前此的各種生產模式一樣，資本主義也注定會滅亡。

這便是由其所生的矛盾。資本家組成的統治階級踩在被剝削的工人背上；用馬克思著名的術語來說，後者是「工業無產階級」（"industrial proletariat"）。他們是整個體系的真正基礎，承擔週期性經濟危機的苦果。尤有甚者，危機會越來越嚴重險峻。每當危機發生，最缺乏效率的公司將倒閉，讓少數最具效率和大規模者掌控經濟。但永遠有一黑暗面存在。欲維持競爭力，這些公司必須持續降低工資，甚至到只足以維生的水準。到最後，少數富裕的資本家將掌握所有的財富，中產階級則會萎縮並漸趨貧窮，猶如無產階級，這個體系也就此進入不穩定的最後階段。

對馬克思而言，這一切的關鍵是個持之以恆、無可動搖的邏輯，導致對工人的剝削。為了領先或與其競爭者平起平坐並獲取利潤，資本家必須從工人身上，最大程度地榨取馬克思所謂的「剩餘價值」（"surplus value"）。馬克思將其定義為他們產出的價值及其售價的差異。工人的工資須越低越好，以至不能再低，因為不同公司間的競爭，會讓價格低至最有效率的生產者所要價的程度。我們可以看看二十世紀晚期和二十一世紀初不少美國產業及其工人的命運，並發現如出一轍的情況，即便工資削減（或充其量緩慢下降）並未讓那些保有工作的人落至僅可餬口的程度。馬克思主張，那些增益效率和獲利能力的技術改良，只能暫時緩解工資下降的壓力，畢竟其他公司很快也會採用這些改良過的技術。

馬克思認為，隨著效率持續增進和價格下跌，工資最終將降至僅足以維生，以俾公司企業奮鬥求生。只有消除競爭、不受規制和混亂的漲跌模式，進步帶來的全面好處才可能得到公平分配。但欲使這一天到來，必須先推翻資產階級體系，別無他法。

馬克思分析的若干其他面向也值得一提。和農業時代的奴隸與農奴不同，工業城市中的工人集中、識字能力漸增，且更能加以組織。這提供了一個特別的機會。若能恰當地傳授馬克思的觀念，工人可以建立革命組織，更加積極主動，最終發動起義並催生新體系，即共產主義。

馬克思關於這場革命的觀點，是末日啟示性（apocalyptic）的。一八四八年的《共產黨宣言》（*Communist Manifesto*）預測，一旦工業無產階級被組織起來，他們將透過革命掃除既有秩序，並讓自己成為統治階級：

> 欲取代舊有資產階級社會及其階級和階級對立，我們要有一個聯盟；在此，每個人的自由發展是所有人自由發展的條件……讓統治階級在共產革命前發抖顫慄吧。除了其枷鎖，無產者沒有什麼可失去的。他們將贏得世界。[12]

---

11. 近期一份出色的概觀，見Berend 2013。
12. *Manifesto* in Marx 1977, 233, 237–38, 246.

對馬克思來說，私有財產的發明，讓歷史成為階級之間為了爭奪控制關鍵資源的無止境暴力衝突。關鍵事例是法國大革命如何推翻了封建主義、君主制和貴族統治（其影響橫掃歐洲，並遠至拉丁美洲）。資本主義為自己創造的事物所苦，包括經濟危機、不平等現象、對技術與科學的差劣運用，也將在暴力革命中走向消亡。

凡此種種，都在馬克思的鉅著《資本論》（*Das Kapital*）中加以處理。他極為勤勉，以致哀嘆自己「犧牲了健康、幸福與家庭」。他從未真正完稿。第一卷出版於一八六七年，但沒有全部完成；第二和第三卷則是在馬克思死後，由恩格斯根據其筆記整理而成。計畫撰寫的後續五卷從未開始，甚至連第一卷都經過恩格斯重新編輯，以令其更加完整並具可讀性。[13]關於這部龐大、枯燥和複雜的作品，英國馬克思主義學者大衛・麥克里蘭（David McLellan）寫道：「就一本篇幅及難度都赫赫有名的書來說，《資本論》不像是暢銷書的料。但它確實是部暢銷書：它被翻譯（卷帙龐大的完整翻譯）成超過五十種語言，成為過去一百年最廣受徵引的書之一。」[14]

是故，每當資本主義危機出現，從十九世紀晚期的「恐慌」到一九三〇年代的經濟大恐慌，以及近期二〇〇八年的世界金融崩潰，馬克思主義者都感到歡欣鼓舞。在他們看來，先知的話終於要得到驗證，革命就在不遠處。我們也不應對此感到震驚（鑑於可能存在的危險）：二十世紀所有的共產主義革命都具暴力色彩，且一旦掌握權力，共產政權會開始血腥肅清他們視作階級敵人的人。這是馬克思早在一八四八年便於《共產黨宣言》中所預測的：

> 迄今所有社會的歷史，都是階級鬥爭的歷史。自由民和奴隸、貴族和平民、領主和農奴、行

會師傅和幫工，一言以蔽之，壓迫者和被壓迫者，始終相互對立，進行不間斷、或隱蔽或公開的鬥爭。每次鬥爭都會導致整個社會的革命改造，或使衝突的諸階級同歸於盡。

……

但我們的時代、資產階級時代，有一個特點：它簡化了階級對立。社會整體日益分裂為兩大敵對陣營和直接面對面的兩大階級：資產階級和無產階級。[15]

無怪乎二十世紀的共產主義者會懷抱此根本觀念：對資產階級，即他們的階級敵人，懷有極深沉的敵意；資產階級的存續，意味著共產主義崇高理想的毀滅。

那在無產階級革命後的這個階段，到底會發生什麼事呢？對此，馬克思及其早期追隨者有些語帶模糊，不過仍可看出大致輪廓。因為新的無產統治階級終於成為多數，剝削將不復存在。私有財產將消失不見，不平等亦然。工業時代的驚奇發明將交諸所有人，讓每個人都可以完全發展其作為人的潛力。人類將回歸其原初狀態，共享生產手段，但其技術與科學水平會遠高於原初狀態，達致全體的繁榮。一旦此情此景發生，將不需要國家力量來施行不平等的財產權。國家間的競爭（過去戰爭的罪魁禍首）也會消失，擁抱普世和平。因此，未來是過去黃金桃花源的復返，但伴隨了前所未聞的物質繁榮。

13. McLellan 1995, xv，本書為McLellan提供，更具可讀性的縮節版。
14. 1995, xiii.
15. Marx 1977, 222.

換言之，雖然他嘲諷同時代思想家不科學的理想主義，他自己其實也是個烏托邦理想家。但不同於其他思想家，馬克思成功了，部分原因在於他透過嚴謹的經濟分析來表述其觀點。尤有甚者，如我們提到的，他的諸般觀念對許多人而言很有說服力，因為它們包含了一整套歷史甚而關於人類存在的理論。馬克思對資本主義的缺陷，對於它落入危機、刺激競逐資源與市場的戰爭、權力日益集中於少數大公司等傾向的觀察（這些現象遍見於十九世紀和二十世紀初），似乎頗有力地證明其觀點。確實，我們若看看任何產業的歷史，無論鋼鐵、石油、鐵路、汽車、飛機製造、銀行、電腦，或今日的製藥與資訊科技，都可發現馬克思所預測的集中現象。每個產業最初登場時，都可見許多公司。但絕大多數會倒閉，最終留下少數巨頭支配業界。

但在此之外，他對資本主義的預測，即資本主義會面臨末日崩潰，走向桃花源般的共產主義，並沒有真的發生；本章後半部分會探討何以如此。但馬克思的理論已足以在十九世紀後半和二十世紀的泰半時候擲地有聲，讓人們相信它。即使是今天，其理論的若干內容仍會被搬出來，解釋資本主義體系中特定型態的經濟與政治失靈。非常複雜精到的分析也指出，長期來看，資本主義很可能走向更巨大的不平等。[16]

然而，這不足以充分解釋馬克思主義何以具有如此影響力並為時甚久。說到底，儘管有大量洞見，馬克思的多數分析與歷史理解，在第一次世界大戰末了便顯得陳舊過時。如果他單純只是一位傑出的社會分析家，不會有一代又一代的追隨者，努力嘗試為其錯誤辯護、更新其理論，或繼續以之作為通向未來的有益指引。利用馬克思觀念為基礎建構整個社會的企圖、其思想在政治上的成功，才是讓他變成這麼一種強大力量的原因。這是其分析力道的一個作用，並與他的先知（prophetic）觀點和語言相結合、得到放大。

先知馬克思

讓許多分析家感到驚詫的是，即便馬克思厭惡一切有組織的宗教（organized religions），包括其知之最深的猶太教與基督教，他所抱持的，在根本上卻是一種基督教的世界觀。尤有甚者，這個觀點也從猶太教的先知傳統中汲取大量元素。一九五一年，自由派的法國政治分析家雷蒙・阿隆（Raymond Aron）寫道，「馬克思主義是一個基督教異端。作為一種現代形式的千禧年主義（millenarianism），它將上帝之國置於人間，伴隨著一個將吞噬舊世界（the Old World）的末日革命」。[17]

事實上，我們可以輕易找到對應之處。世界歷史的開展是一預先注定的計畫。一開始是共有的天堂，但隨即遭私有財產的果實所剝奪失色，讓人類落至悲苦境地。某一天，一位先知到來，要以福音救贖世界，但他被排斥、處死，未來則交託給其追隨者。到最後，善惡間的大戰和終結一切革命的革命將會降臨，為先知的話語帶來暴力的勝利。為惡的陣營作戰者將墮入地獄，如《啟示錄》（*Revelation of John*）末了所清楚說明的：「膽怯的、不信的、可憎的、殺人的、淫亂的、行邪術的、拜偶像的、一切說謊話的，他們的分（lot）就在燒著硫磺的火湖裡，此為第二次的死亡。」[18]確實，在二十世紀共產政權中，這是那些被視為資產階級者的命運：從俄羅斯到柬埔寨，在一個又一個例子中，被公告為危險「罪人」（"sinners"）者，會被安上這種要人命的判決。和基督教一樣，馬

16. Piketty 2014.
17. Aron 2002, 203，亦見203–23。
18. Rev. 21:5.

克思主義不但應許救贖，也讓那些受屈辱者得以復仇，看著他們的敵人於地獄中遭火焚身。但對馬克思的反宗教追隨者來說，這是一個人造（man-made）的地獄；得救者也同樣將安身於一個人造天堂。

馬克思身處的，是個宗教色彩強烈的世界，對工人階級而言尤然。馬克思的卓越之處，部分在於從直覺層面理解這點，並鑄造一個與之相配的出色修辭。《共產黨宣言》表現得尤其傑出，但亦可見於其他著述，讀來幾乎像是充滿詩意的口講布道。他的若干早期著作更是如此（在他著手進行困難的經濟分析前）。一八四四年初，他在一篇新聞文章、未完手稿〈黑格爾《法哲學》批判〉（Toward a Critique of Hegel's *Philosophy of Right*）的導言寫道：

> 宗教的苦難既是現實苦難的表現，也是對現實苦難的抗議。宗教是被壓迫生靈的嘆息，是無情世界的感情，是無靈魂境況的靈魂。宗教是人民的鴉片。廢除作為人民幻想幸福的宗教，是要求實現人民的真實幸福。……因此，對宗教的批判，就是對淚之谷（the valley of tears）批判的幼芽，宗教乃其光環。[19]

較欣賞馬克思人本哲學（humanistic philosophy）的馬克思主義者，會把重點放在他的早期著述而非嚴密的經濟層面。他們迫切想區別早期要素與後來共產政權的嚴酷，主張這才是真正的馬克思。[20]但沒有多少證據能說明，這種對馬克思較寬仁的詮釋，對其政治追隨者產生了可觀影響。另一方面，對那些實際利用馬克思觀念，來重塑他們所控制之社會的人，馬克思對宗教的蔑視、對資產階級的痛恨、關於未來無階級烏托邦的先知觀點，都深深滲透進他們的思考中。關於那些僅看到共產主義的烏托邦面向，並為史達林主義和毛澤東主義的嚴酷辯護的馬克思主義知識分子，雷蒙・阿隆曾有所討論——他改寫了馬克思關於宗教的名言，於一九五五年出版了發人深省的《知識分子的鴉片》（*The Opium of the Intellectuals*），指控那些知識分子以專制信仰取代舊式宗教。[21]

早在馬克思死前（他卒於一八八三年）十年，「馬克思主義」（"Marxism"）一詞便已出現在有關資本主義未來的爭辯中。在他離世、進入二十世紀後，其觀念在歐洲和北美四散傳布，與傳統宗教交鋒。代表傳統宗教者認為，馬克思主義對基督教的信仰和見解抱持敵意。但對那些希冀改革，視既有宗教為既存秩序支持者（與特權階級結盟）的人來說，僅僅找到一個單純解釋不平等與剝削的經濟學和政治學說仍有所不足。他們要的更多。他們需要一個精神向度，可以許諾終極救贖，一個尋求信徒的新信仰。尤有甚者，此信仰不能排拒西方科學與技術——它們得到認可，是物質真理與力量的根源，也是通向更大繁榮的道路。馬克思自認是啟蒙運動客觀、「科學」的信徒，追隨啟蒙對知識與進步的崇仰。因此，他的觀念完美地滿足了上述要求。這些觀念提供別具一格的預言，以救贖的口吻進行包裝，並使用西方科學與啟蒙運動的詞彙。

在同一時期歐洲帝國主義力量強大的地區，馬克思主義同樣吸引人，令殖民地知識分子尋求一條可行之路，既讓自己從外國支配中解放出來，又不致拒斥西方的進步和現代科學。馬克思主義可以轉而對抗西方自身。它的解釋是，邪惡歸咎於歐洲資本主義而非現代性；真正的敵人是西方資產

---

19. Marx 1977, 64.
20. Bottomore 2002; Jay 1986.
21. Aron 1962; 亦見Judt 1992。

階級，而非科學與物質上的進步。

因此，馬克思主義提供了一個自由與繁榮的模板，可以利用西方思想，但無須接受西方的殖民地支配，或進步西方國家的資產階級統治。當時已有個信念，即社會的生物演化（biological evolution），是受不變的法則所指引。馬克思的觀念，為這個信念添加一個饒富吸引力的選項，只不過馬克思的法則所決定的是社會演化（social evolution）。尤有甚者，它從二十世紀初的發展中得到兩項大利多。一九一七年布爾什維克革命（Bolshevik Revolution）的成功，以及這個新政權的存續，似乎證明馬克思主義可以作為建立現代進步社會的基礎，即便是相對落後的俄國亦然。在此之後不出十年，如馬克思所預測的，資本主義世界遭逢災難，即一九三〇年代的經濟大恐慌。

誠然，馬克思主義似乎正如它所許諾的：沒有其他現代先知用這麼邏輯的方式，擔保了如此多的事，並得到這麼多實際事件的支持。長期來看，無論馬克思主義有多少失敗不足之處（的確有許多），小看其吸引力和智識力量，將是糟糕透頂的錯誤。

西方世界：馬克思主義政黨的興起和馬克思預言的失敗

即便沒有馬克思，茁壯中的工業工人階級也會組織自己，要求改革。但有了一組有力原則和一個更崇高目的，他們進行時可以更迅速、果斷和更國際化。馬克思分析與預言所具備的力量，在他死時已開始被歐洲工人階級組織者廣泛接受。恩格斯於一八九五年離世，那時馬克思的理論，已成為茁壯中的歐洲社會民主黨派（社會主義政黨如此自稱）主要的靈感來源；這些黨派遍及西歐與中歐，特別是法國與德國。

在十九世紀末了，歐洲與美國進步地區的工業工人階級人數（今天稱之為工廠中的藍領工人）已大幅擴張。新社會主義黨派主要訴求的就是這個群體，即便對那些無法理解《資本論》複雜內涵者亦是如此。承諾可以從低薪、沉悶的工作中解放，並應許一旦革命發生他們將可承繼世界，著實有其吸引力。其他貧窮和無法獨立的人也在社會主義黨派中，接觸到可能改善處境的許諾，以及如何報復那些壓迫他們的人。雖然仍有其重要性，農業在進步經濟體中已漸走下坡。貧窮的農場勞動者持續存在，特別是在南歐；他們開始傾向革命性的社會主義觀念。城市中則有許多服務業勞工和擁有小生意的匠人，他們絕不富裕，也不是我們今日所謂的中產階級。與此同時，資產階級的茁壯及其與較古老貴族菁英的抗爭，迫使多數進步西方國家變得更加民主。菁英仍然領導、管理這些社會，包括美國。但要求投票權的聲浪不斷，致使合法選民擴增，包含很大一部分的工業工人階級男性，和其他可能同情、支持改革大業的人。是故，到了一九一〇年前後，運用各種形式馬克思主義的社會主義政黨，已強大到可以在歐洲各國國會中取得大量席次。這在德國和斯堪的那維亞尤其如此，但在其他地方也行將出現。[22]

德國社會民主黨（German Social Democratic Party）於一九一二年取得三四・八%的選票，成為國會單一最大黨。雖然它分成三個派系（一個相對溫和、一個較為激進、一個則較小且有堅定的革命立場），三者卻因都受馬克思主義啟迪而聯合起來。[23] 法國工人國際法國支部（Section Française de l'Internationale Ouvrière, SFIO）是個毫不含糊的馬克思主義政黨，是所謂第二國際

22. Hobsbawm 1987，第五章。
23. Holborn 1981, 349–61.

（Second International）的一部分，其命名由來則是馬克思和恩格斯所領導小得多的第一國際（First International）。第二國際在一次大戰前最後一次選舉中取得一百四十萬票，幾乎是全國總和的一七%。[24]在那個時候，社會主義議員在法國各種左翼聯合政府中有舉足輕重的地位。英國工黨（Labour Party）源自社會主義，但沒有歐陸那麼傾向馬克思主義；一九〇〇年時，它在國會六百七十二席次中僅取得二席，一九一〇年時則獲得四十席。而僅僅十年後（一九二二年），它取代了英國自由黨（British Liberal Party），成為對抗保守黨（Conservative Party）的主要左翼政黨。[25]

出於許多原因，美國在進步國家中是個例外。首先，美國沒有根深柢固的貴族制，不曾經歷資產階級與舊秩序的對抗。它也是第一個實現男性普遍投票權的地方（南方除外）。建立合眾國的美國革命並沒有威脅既有社會結構，特別是經濟事務，因為它是由溫和的自由派菁英所引領。它也從一開始便認可民主的美德，故其資產階級無須通過抗爭來獲得民主。我們將會在後面章節看到，唯獨南方，地主菁英會益趨反對啟蒙運動的自由理想，以維護奴隸制。[26]體現在《獨立宣言》的美國革命觀念，始終主張以非革命手段實現改革。最接近暴力、極端的行徑是廢奴運動（abolitionist movement）。這確實引起一場社會轉型。但它是透過內戰；贏家抗爭的目標是維護統一和擴大公民權與自由，而非設立一個全新的權威體系和經濟勢力。

第二，即便歐洲的工業城市吸引了來自鄉村的異質人口，各國國內的多數人仍認為他們在族緣上彼此相關。但在美國，組成工人階級的各種不同移民群體（如愛爾蘭人、義大利人、猶太人、德國人、斯堪的那維亞人、東歐人，以及非裔美國人），在許多方面都太過多樣，無法成為一個單一的社會主義政黨。投票權的擴大、改革的傳統、工人階級的多變本質……這些要素的結合帶來一場勞工運動；總的來說，它受馬克思主義影響的程度，或是其統合程度，都遠不及歐洲的工人階級。[27]

然而，即使在社會主義政黨對馬克思主義最為忠貞和成長迅速的西歐，他們的成功在很大程度上消解了馬克思的各種預測。這點到了一九一四年已相當明顯，但一次世界大戰使其再清楚不過：國際工人階級團結的遠大許諾，不會有實現的一天。馬克思的分析與預測，雖然可能很敏銳、有遠見，卻在許多重要方面有所差謬。但要過了二十世紀的大半光景，人們才會看清此點；而即便今天，馬克思主義者仍持續否認，或為其中絕大多數的錯誤進行辯護。

無論馬克思與恩格斯，都不理解種族民族主義（ethnic nationalism）逐步茁壯的吸引力。他們當然知道它的存在。他們生活的時代，可見益趨強烈的民族意識、沙文主義（chauvinism）、不斷增長的反猶主義，和當時多民族帝國中，少數民族群體的抗議行動。愛爾蘭人要求從英格蘭中獨立，波蘭人和芬蘭人要從俄國手中索討自由；這成了十九世紀最後數十年政治的基本要素。奧匈帝國（Austro-Hungarian Empire）的羅馬尼亞人、捷克人、斯洛伐克人、塞爾維亞人和義大利人也有類似主張，讓帝國從未如此脆弱。與此同時，在巴爾幹地區，各式各樣的基督教族群，在歐洲強權的幫助和慫恿下，對統治了數世紀的鄂圖曼帝國（Ottoman Empire），發起一連串令人困惑、血腥的抗議與戰爭。一八七〇年後，主要強權也陷入軍備競賽，為公民的民族主義恐懼搧風點火。但馬克思主義理論認為，民族主義激情的熱度，其實是個人造物，是資產階級的煽動，旨在隱瞞勞苦大眾被剝

---

24. Judt 1986, 105.
25. Butler and Butler 2000.
26. Wood 2009.
27. Lipset and Marks 2000.

削的現實。一旦工人階級組織起來並恰當地意識到其真正利益，他們將明白誰才是真正敵人，並跨越疆界進行統合，帶來一場國際社會主義工人運動。馬克思與恩格斯堅定不移的預測，讓各地工人在歐洲列強發生重大戰爭時拒絕打仗、與其政府作對，並中止敵對行為。到了二十世紀初，所有主要的馬克思主義政黨都採納這條路線，但歷史很快便證明他們錯了。

一九一四年八月大戰爆發時，法國與德國的社會民主黨中，只有少數人投票反對為戰爭提供財政支援。馬克思主義理論的最大挫折，是來自德國最成功的馬克思主義政黨。政黨領袖很快就與工人熾熱的愛國心站在一起，投票支持戰爭。誠然，此舉可以在馬克思與恩格斯的字裡行間尋求安慰與信心：為德國抵禦落後、專制的俄國有其正當性，這場戰爭也會將俄國從原始狀態中解放出來。[28]在法國，被認為最反戰的社會主義領袖饒芮斯（Jean Jaurès）被人刺殺；行刺者是一名右翼民族主義者，懼怕饒芮斯會帶領其政黨阻止戰爭。但事實證明，這根本是多此一舉，因為法國工人和多數社會主義者都加入抵禦德國的威脅。[29]在最高峰的時候，民族主義壓過馬克思主義。國際工人階級團結成了一個脆弱的夢。

馬克思不理解種族與民族主義情感力量一事，並不教人吃驚。說到底，他是個沒有特定歸屬的世界公民。馬克思生於普魯士控制的西德，但主要居於英格蘭，英語和法語都很流利，來自猶太家庭卻拒斥猶太人認同，對所有居住過地區的政府都抱持敵意。這樣的他，很難想像部族、「種族」（"race"）和國家等認同的魅惑與力量。這當然是個盲點。他敏銳地覺察那個時代的許許多多事，但漏掉了其中一個關鍵力量。待在英格蘭時，他極大地受益於英國對思想自由的寬容和倫敦卓越的公共圖書館，但對其擁有的自由絲毫沒有依戀甚至感激之情。極致的諷刺是，馬克思在史達林統治的蘇聯，被官方捧為共產主義的創建者，但他其實是蘇聯所謂「無根的世界主義者」（"rootless cosmopolitan”），即「喪家犬」、同情西方的猶太知識分子的寫照。史達林對「世界主義者」（“cosmopolitans”）的攻擊，是其暴政末期實行的反猶運動的一環。[30]我們不難想像，馬克思若活在史達林時期的蘇聯，又沒這麼有名，他可能會被流放拘禁於勞改營，甚至面臨更糟的命運。

馬克思第二個且同樣嚴重的錯誤，是認為資本家之間的無情競爭，會使工人階級的薪資無法提高。因為特定關鍵商品的生產過剩、利潤降低和因之而生的投機性資產價格泡沫（asset bubbles），週期性危機確實存在。資本主義依舊有這些傾向：一九三〇年代的經濟大恐慌，以及更近期（二〇〇八年）引發深刻世界性衰退的金融恐慌都是著例。但每一次，新科技和新產品都會提升生產力；對可獲得之新商品和服務的更高需求，則會使資本主義經濟回穩（本章稍後將討論馬克思主義者如何解釋這點以維護其理論）。如在十八世紀末和十九世紀初的紡織工業革命後，出現了一個鐵路建造的時代，此後又有一系列新科技，涉及鋼鐵生產、有機化學和電動機械。是故，到了一九一四年，進步西方工業國的情況其實比以前更好。和馬克思的預測不同，這些國家的菁英，包括公司擁有者，理解到如果工人待遇僅在維生水平上下，工人們會有更多動機去進行組織與抵抗，搞垮這個體系。確實，罷工數量的成長、其暴力程度，以及社會主義政黨的興起（多受馬克思主義領導人啟發），開始成功贏得各種重要的讓步。馬克思最忠貞的捍衛者們也理解此問題，其中一人是列寧，他在一九〇二年一篇極有影響力的論文《該做什麼？》（*What is to be Done?*）中，便說這

28. Holborn 1981, 428.
29. Agulhon 1995, 143–45.
30. Weiner 2001, 191–235.

種「工聯主義」（"trade unionism"）會危及馬克思主義的觀點。工人如果獲得哪怕只是稍好一些的工資和工作環境，他們實現真正革命目標（推翻體系）的決心將被削弱。這裡所見的是一個乖異的邏輯：要達成馬克思許諾的烏托邦，工人必須維持悲慘、挨餓的情況。

德國社會主義最傑出知識分子之一的愛德華・伯恩斯坦（Eduard Bernstein）於一八九九年出版了一本書，宣告馬克思弄錯了。伯恩斯坦說，社會主義政黨應是改良主義者（reformist），因為資本主義體系並沒有無可避免地讓無產者窮困耗竭。[31]伯恩斯坦曾在英格蘭待過一段時間，對費邊（Fabian）社會主義者的溫和中庸，和英國工人階級生活水準的改進印象深刻。當然，他馬上就被正統馬克思主義者和德國社會民主黨領袖譴責，即便他們自己事實上也朝同樣方向移動。改良主義（Reformism）也是美國勞工運動採行的方向，儘管其罷工和示威帶來相當大程度的暴力。

馬克思忽略的第三個問題更加微妙。事實上，服膺唯物歷史詮釋的馬克思主義者全然否定此問題，因為它與觀念和道德有關。面對十九世紀倒轉民主趨勢的行徑，由啟蒙理想引導的國家（一開始是美國，後來則包括多數西歐國家，甚至一九三〇年代以前的德國）中有許多道德律令（moral imperatives）。當這些律令受到妨害，如奴隸制、針對殖民地人民的種族屠殺、殘暴鎮壓勞工抗議等，國內人民會興發主動積極的抗爭與異議。尤有甚者，此現象相當普遍，在日漸茁壯的中產階級、宗教改革者，甚至克服其階級成見以追求更偉大民主的菁英之間都可發現。本書他處會討論這個關鍵主題。但在此要指出的是，任何啟蒙運動傳統存續之處，溫和改革者都會看到改善一般男女命運的理由與機會。暴力革命是不必要的惡，要完全拒斥。當社會可以有效地加以改革時，為何要冒險摧毀所有東西，面對它可能帶來的恐怖與傷害呢？此即正統馬克主義者何以總是將其最大憎恨，留給他們視作偽善和腐敗的「資產階級」民主。無論如何詮釋西方啟蒙運動的遺產，馬克思主義者和其他革命人士有一點是完全正確的：他們觀察到啟蒙的民主層面會有礙革命。

這是馬克思永遠無法理解的。反之，他認為剝削無可避免，是所有人類關係的核心事實，民主國家亦然。他認為自由主義啟蒙運動價值的失敗，不是可以隨時間成功對抗的例外或阻礙，而是資產階級統治的內在之惡。諷刺再一次從其生命故事中流淌而出：即便他在民主的英國（歐洲強權中最能包容異議與激進主義者）找到一個安全的家，他仍拒絕考慮這種公開性可能如何挑戰他最珍重的理論。馬克思主義得以實現最成功、暴力的革命之處，是世界上那些沒有類似自由傳統的地方。正是在那些地方，漸進民主改革的許諾最為脆弱不堪。

支配：布爾什維克革命和列寧──史達林的版本

到了一九一四年，對那些不是忠貞信徒的人來說，馬克思主義理論在分析上的瑕疵已相當清楚。那時西歐和美國主要的社會主義政黨和勞工運動，已明顯朝和平的政治行動與列寧所謂的「工聯主義」（對改革而非革命的實際要求）邁進。如前所述，該年爆發的第一次世界大戰，讓他們珍視的國際勞工階級團結的信念煙消雲散。但馬克思理論並未衰落或死去。它不但沒有蒙羞，反倒因新詮釋和改造重獲生機。甚至戰爭本身也被重新說成是馬克思主義有效性的「證據」。

一九一七年，在他的一部經典著作《帝國主義是資本主義的最高階段》（*Imperialism, the*

31. Bernstein 1993.

Highest Stage of Capitalism）中，列寧提出了一個尤具說服力的解釋。[32]這本冊子絲毫沒有損及世界革命的美夢。其他馬克思主義者，如羅莎・盧森堡（Rosa Luxemburg），在一次大戰以前便有此觀念。資本主義的存續有賴帝國主義擴張，資本主義強權間因而有日益增加的軍事化競爭。[33]列寧目睹戰爭，利用最早由自由派英國人約翰・霍布森（John Hobson）提出的資料與分析，[34]解釋戰爭何以爆發。這裡的關鍵概念是，十九世紀晚期西方在非洲和亞洲龐大殖民帝國的擴張，是由資本主義的貪婪和欲望所驅動，旨在控制資源與市場。對霍布森來說，這是不必要、錯誤且不道德的。列寧則認為它無可避免。馬克思以下觀察是對的：資本主義競爭持續地壓榨利潤，這應該會減損無產者的工資至僅能餬口的程度，並帶來革命。但為什麼這沒有發生？因為資本主義帝國壟斷其殖民地（因而減少競爭），並大量剝削殖民地人民，足以為國內勞動力提供或多或少較佳的待遇。但這只能暫緩最後的危機（只要有新殖民地可以剝削）。他們終究會被完全剝削，也不會再有新的殖民地。資本主義強權間的領土競爭會導致戰爭，即第一次世界大戰。

衝突於一九一八年結束，超過一千五百萬人喪生，俄羅斯、德國、奧匈和鄂圖曼四個大帝國也崩解了。要為如此巨大、毀滅性的事件找到一個清楚解釋相當困難。將其歸咎於少數菁英的不理性（他們很可能著實愚蠢莽撞）難以讓人滿意；因為一個沒沒無聞的塞爾維亞民族主義狂熱者，在遙遠的巴爾幹城市塞拉耶佛（Sarajevo）刺殺了一位奧地利皇子，更是個片面、不充分的解釋。列寧提供了一個修正過的馬克思主義解釋（他是馬克思與恩格斯著作最謹慎的讀者），讓整件事看來相當合乎理性，是歷史辯證正常開展的一環。壟斷的資本主義帶來戰爭，此乃其追求更多利潤行徑的一環，而正如馬克思的預測，這將導致它的自我毀滅。殖民地和更近期被剝削的「第三世界」國家的存在，自此成為馬克思主義者解釋資本主義何以仍然存續的基本要素。根據此理論，這也說明為何一旦這些被剝削地區從資本主義的掌握中解放，絕大多數的進步經濟體將會面臨革命。[35]

一次世界大戰是否確實為資本主義拚命獲取殖民地所無可避免之結果？如二十世紀晚期最傑出的馬克思主義歷史學家霍布斯邦（Eric Hobsbawm）所論，關於此問題的辯論，一直以來都涉及馬列歷史理論的有效性。[36]霍布斯邦的結論是，這多少不得要領，因為當時的帝國競爭看來確實是戰爭主因。對資本家和政治、軍事領袖而言，帝國主義和戰爭可能有純經濟以外的動機；但除了熾熱的民族主義，帝國主義和殖民擴張在當時都被視為必要且有用。德國想趕過英國，成為領先世界之帝國強權的野心，確實扮演了重要角色；發揮作用的，還有因為被法國與俄國擠壓，可能失去其茁壯中的經濟與政治力量的考慮。[37]但我們無須深究其複雜性，便可理解列寧的小書何以具說服力，及其如何向各地的馬克思主義者再次確保這個理論完好無缺。

但讓列寧變成二十世紀初關鍵馬克思主義者的，不只是其理論洞見而已。俄羅斯帝國於一九一七年因戰爭壓力而解體，為列寧的「布爾什維克」（"Bolsheviks"）奪取權力提供機會。這個詞在俄文意指「多數」（"majority"），表明列寧的派系於一九〇三年贏得了俄羅斯社會民主工黨（Russian Social Democratic Labor Party）中的多數。他的布爾什維克俄羅斯社會主義運動後來成就了

32. Lenin 1939.
33. Luxemburg 2003.
34. Hobson 1902.
35. Wallerstein et al. 2013.
36. Hobsbawm 1987, 60–63.
37. Kennedy 1980; Kennan 1979.

共產黨，列寧也在一九一七年十月革命中領導其政黨，最終在沙皇尼古拉二世（Tsar Nicholas II）垮台後，創建了蘇聯（Union of Soviet Socialist Republics, USSR）。

一九一四年時，俄國是歐洲強權中經濟最落後且最不民主的。但在一次大戰前的二十年間，其工業成長極其迅速，已經具備一個有著大型都市工人階級的現代經濟部門。相較於更進步、民主的西方社會，俄國的專制政權（沙皇的權力幾乎全然不受國會抑制）卻讓改良一途前景黯淡。

俄國通往現代性的道路相當獨特。彼得大帝（Tsar Peter the Great，一六八二—一七二五年在位）讓俄國成為主要歐洲強權，他仰賴廣土眾民，殘忍地驅使奴工，並透過絕對專制領導一批小型、部分西化的官僚菁英進行支配。此舉有其成效，但代價是極大的人類苦難。凱薩琳大帝（Tsarina Catherine the Great，一七六二—一七九六年在位）雖呼應法國啟蒙哲士，卻讓農奴制更加繁重，擴大一小批地主貴族階級的權力，並在擴張俄國領地的同時，強加俄國東正教的宗教力量。[38]十九世紀的沙皇並未進行任何有意義的民主改革；唯一例外是亞歷山大二世（Alexander II，一八五五—一八八一年在位），他解放農奴，但沒有為他們提供足夠土地。他被革命派刺殺，其繼任者亞歷山大三世（Alexander III，一八八一—一八九四年在位）是個無情的保守分子，逃過多次暗殺，其中一次還與列寧的哥哥有關（於一八八七年被絞死）。尼古拉二世（一八九四—一九一七）追隨其父的偏狹與反猶政策，且無法把握十九、二十世紀之交俄國歷史環境變化的意涵。[39]

感到挫折、受過教育，又希望國家可以改革和現代化的年輕人，轉而尋求暴力的革命觀念。從一八二五年第一場由左傾的軍官發動政變開始，數十年間各種暗殺、陰謀和動員廣大受壓迫農民的策畫層出不窮，但尋求改變的努力都化為泡影。然而，到了一八八〇年代，鑽研德國與法國社會哲學的俄國知識分子接觸到了馬克思主義，更激進的人士很快地為之著迷。馬克思主義看來很科學，以經驗分析為基礎，全然地現代，如同他們萬分仰慕的西方知識的極致。馬克思的觀念也讓這些部分西化、深深渴求救贖的俄國人感到滿意；他們鄙夷俄國東正教的僵化教義，以及完全臣服於沙皇一事。馬克思主義也拒斥進步西方資本主義國家的腐敗與偽善。它向這些年輕俄國人的民族主義情感發聲：儘管有許多缺點，其祖國仍然在道德上優於不道德、富裕的西方。

一種尤其偏狹、民族主義式的馬克思主義認為，俄國有能力跳過馬克思為西方世界所描繪的諸階段。若能創立一個菁英的革命政黨，並由將帶來奇蹟轉型的卓越理論家領導，俄國可以透過武力建立社會主義，並在不經過資產階級統治墮落的情況下走向現代。這是列寧的版本，而如提姆・麥克丹尼爾（Tim McDaniel）指出的，從菁英到農民，它在許多俄國人間取得深刻共鳴。嚴格來說，這些人不是社會主義的信徒，但仍冀求逃離其落後、不平等、恥辱和無助處境。[40]

透過仔細閱讀馬克思，列寧得到了兩個清楚的觀念。首先，一個受牢固控制的知識階層（intelligentsia，俄國知識分子的稱謂）可以也應該領導俄國革命。第二，擁抱工業工人階級非常重要，他們比農民更有可能理解革命的需求。馬克思相信，革命雖無可避免，但只有少部分人（主要是他自己、恩格斯，以及他們的忠實門徒）可以真正理解唯物辯證法及如何加以運用。列寧對異議者的蔑視，撰寫分析深刻、歷史訊息豐富的著作的能力，對其社會普遍情況的憤怒，及想支配所有革命勢力的欲望，與馬克思的看法一拍即合。但列寧是個更詭譎多詐的政治策略家，也有更好的素

38. Avrich 1972.
39. Hosking 1997.
40. McDaniel 1996, 80–85.

材可以運用。到了一九一四年，相當大量的俄國城市工人階級確實對其計畫心有戚戚焉，部分由於工業的工作處境極為惡劣，也因為溫和的工聯主義遭受嚴厲抑制。[41]

在此之前，沙皇統治早已大失正當性。一九〇四年，俄國與日本打了場災難性的敗仗，暴露其統治者的腐敗與無能。一九〇五年即爆發一場革命，距推翻沙皇政府相去不遠。革命雖失敗，卻帶給列寧及其布爾什維克寶貴教訓，知道如何透過工人會議，即俄語的「蘇維埃」（"soviets"），來引導不滿。日俄戰爭後，尼古拉二世及其親近顧問拒絕面對輸給日本所帶來的巨大恥辱與不滿，持續杜絕所有亟需的改革。一九一四年，沙皇又將國家帶進第一次世界大戰的災難中。屢屢戰敗、飢困與疾疫，在普通士兵間不斷增加反感。與此同時，貴族看著尼古拉二世貌似被其德國妻子和放蕩僧人拉斯普丁（Rasputin，他是沙皇妻子的親近心腹）給鬼迷心竅，做出一個又一個失敗決策。凡此種種，促成政權完全喪失正當性。[42]

一九一七年二月（西曆的三月），沙皇的政府垮台，並被改良主義、自由派政權取代。新政府想維持溫和，避免激進改變，卻因此犯了一個致命錯誤：持續參戰並遭受更多損失。到了十月（西曆十一月），布爾什維克發動最後猛攻。在持異議的水手與工人蘇維埃支持下，他們得以奪取政權。布爾什維克並未在宣稱為社會主義的眾多革命黨派中取得多數，更別說在改革派之間；但他們最有組織，也準備得最充分，可以無情地操弄他人以獲取、抓緊權力。當列寧取得控制並認知他不可能贏得自由選舉，任何實行選舉的前景皆不復存在。

隨之而來的是場漫長、致命的內戰。布爾什維克及其支持者，遭到地主、保守派、反動派、保皇派、自由派和其他社會主義者的鬆散同盟，以及民主改革人士的反對。列寧糾集農民；他們害怕反革命將奪走其占取的土地。他也拉攏痛恨沙皇制度（tsarism）的工人與軍人，以及相當大量的民族主義者；這些民族主義者懼怕反革命人士將成為外國勢力拆解俄國的棋子。俄國的許多少數族群，包括波蘭人、芬蘭人、巴爾幹民族、各種來自高加索（Caucasus）的種族群體，以及猶太人，都對沙皇制度沒有好感，認為值得觀察解放運動可能帶來的變化。許多重要的布爾什維克分子，本身就是這些少數族群的成員，最知名的包括托洛斯基（Leon Davidovich Trotsky）與史達林：前者是猶太人，後來成為新紅軍（Red Army）領袖；後者則是來自高加索的喬治亞人（Georgian），最終成為共產黨總書記。列寧有識人之明，集結了一批能力很強的領袖。到了一九二三年，共產黨人已擊敗其主要敵人，鞏固統治。[43]

於一九二一年贏得內戰後，布爾什維克放寬其社會主義方案，以俾從戰爭摧殘中重振經濟。列寧卒於一九二四年，史達林則逐漸鞏固他在新蘇聯共產黨的控制力。到了一九二八年，他在黨內以策略勝過其對手托洛斯基，並推行整套鎮壓性的祕密警察機關，以維持控制。史達林進而展開一連串益發嚴厲的舉措，要建立馬克思式的社會主義經濟與社會。迅速、沉重的工業化成為經濟發展的當務之急，既為了提升軍備生產，也為了創造一個作為社會主義支持者必要來源的工業工人階級。為支付此開銷，他採取農業集體化，從農民手中奪取食物。重大的農民抵抗因而產生，但史達林利用一系列無情手段將其撲滅。結合直接殺害、強制流放至蘇聯荒涼地區的勞改營，以及出於計畫製造的饑荒，史達林屠戮了數以百

---

41. Pipes 1990; Bonnell 1986; McDaniel 1988.
42. Ferro 1993.
43. Von Hagen 2006; Smith 2006; Raleigh 2006.

萬計的農民。[44]

但這只是個開始。史達林接著清黨，肅清任何可能的敵人，以體系屢見缺陷為由，囚禁、殺害大量普通工人和官員。其結果是，從一九二八至一九三八年，又有兩百萬人遭謀害。[45]史達林接下來轉向其軍隊，排除絕大多數較高軍階者，將其視為潛在威脅。隨著第二次世界大戰逼近，敏感邊境地帶「麻煩的」（"troublesome"）少數民族，全被驅逐至中亞和西伯利亞。這個策略在戰爭期間和戰後都持續執行（德國入侵蘇聯導致驅逐的高峰）。大規模的清整、殺害、拷打和監禁持續到一九五三年，直至死亡人數總計達到至少二千萬，史達林也成為歷史上屠殺最多人的劊子手之一。[46]這還不包括那些在早期內戰和鎮壓中喪生的三百萬人，或在二次大戰中消逝的一千五百萬條生命。[47]

在某種意義上，這確實行得通。史達林結合馬克思關於更好世界的見解，和列寧以武力遂行此見解的殘忍實踐性。透過更詳細的指引，他尋求統合歷史唯物理論和社會主義未來，以及恐懼對摧毀內部敵人、領導大眾走向未來的必要性，無論代價為何。繼踵列寧的工作，史達林建立了世界上第一個現代極權（totalitarian）國家。迅速工業化有其成效，讓蘇聯得以抵擋德國入侵（一九四一年）並裝備大量紅軍，在擊敗德國和打贏二次大戰上扮演了關鍵角色。[48]詳細說明箇中情況會講得太遠。重點是，對蘇聯以外世界的許多地方來說，這看來是個驚人成就，特別是考慮到一九三〇年代其他各處發生的事。但這個成功背後是無可估量的代價；在史達林死於一九五三年時，因為荒誕的缺乏效率、大規模屠殺、經濟衰弱、恐懼與不信任、總體癱瘓失靈，蘇聯事實上正處於解體邊緣。凡此種種，在當時並不廣為人知或為人理解。

甚至到了生命最終，史達林仍在計畫一場全新的清整，第一槍是把猶太人驅逐至西伯利亞。有鑑於一九四〇年代驚人的喪生人數，以及冷戰和強大新敵人（美國）的到來，新一輪的大規模內部驅逐很可能會打垮體系，讓數百萬人喪命。但這個比希特勒屠殺了更多俄國人的男人，於一九五三年死於中風，其繼任者旋即開始鬆緩恐怖統治，以維持蘇聯運作。[49]

馬克思會贊同列寧與史達林嗎？馬克思當然會贊同這場共產革命的早期階段，即便其發生在落後的俄國而非進步的德國一事，可能會讓他大吃一驚。列寧畢竟是位忠貞的馬克思主義者，一掌權便設置機關，用多種語言翻譯、編輯、出版馬克思的著述。考慮到馬克思著述的暴力調性、他對資產階級和資本主義的憎惡、對其他不同意自己的社會主義理論家的輕蔑，以及幻想開創一個由道德優越的無產階級所支配的烏托邦，馬克思想必會認可列寧的暴橫。如馬克思和恩格斯所述，《共產黨宣言》已表達出暴力的威脅：「所要消滅的，正是資產階級的個性、獨立性與自由。」[50]列寧和後來的共產主義者（不只史達林）一旦掌權，便把這段話詮釋為有必要摧毀其國家內中產與上層階級的存在。

列寧藐視反對者，相信只有知識菁英才適合代表無產階級領導革命，且不願讓民主選舉威脅到他的革命。凡此種種，都不會讓馬克思心煩意亂。但另一方面，面對史達林要塞國家（garrison

---

44. Snyder 2010, 21–154.
45. Fitzpatrick 2008.
46. Courtois and Kramer 1999, part 1.
47. Fitzpatrick 2008.
48. Barber and Harrison 2006.
49. Knight 1993, 146–86.
50. Manifesto in Marx 1977, 233.

state）的極度殘暴，及其專制集權於一人身上的做法，即如馬克思本人也可能會幻想破滅。馬克思經常談到「解放」（"emancipation"），特別是對那些在工廠和田地付出勞力者；我們很難想像他會認為殺害、驅逐、囚禁如此大量的這些人有其正當性。但誰說了算？在一八五二年出版、廣受徵引的《路易・波拿巴的霧月十八日》（*The Eighteenth Brumaire of Louis Bonaparte*）中，馬克思說拿破崙三世（Napoleon III）於一八五一年在法國發動的政變與奪權，是一場鬧劇（farce）。但馬克思也解釋，政變是成功的，因為它得到愚昧農民的支持，雖然他們並不知道究竟需要什麼樣的進步。這個觀察讓列寧和托洛斯基對此階級懷有巨大疑懼。[51] 史達林摧毀俄國農民，呼應其他馬克思主義者已提出的觀點——他們認為，類似舉動可能和消滅資產階級一樣不可或缺。[52]

那官僚權威呢？它是馬克思本人視之為現代國家的一個重要面向。馬克思不信任它，認為大型官僚機構的存在，是為了支援和維繫資本主義國家的中央集權。但在對一八七一年激進革命性巴黎公社（Paris Commune）的分析中，他則主張一般工人可以取代職業官僚，因為前者的誠實與理想主義，更有助於打造一個平等主義的社會。[53]

史達林總是在這兩種官僚機構的概念間拉扯。他當然建立了一個巨大的官僚機構，但也對自己的創造感到疑懼，認為它有可能對革命產生威脅，因為對技術能力的需求，會為資產階級觀念和反革命情感開啟大門。事實上，在史達林統治期間，他在兩種立場間搖擺：一方是優容反官僚、動員群眾的「左翼」（"leftist"）取向，一方則是支持官僚效能和控制的「右翼」（"rightist"）觀點。他無法解決此矛盾。他為良好工作成果設置了物質誘因，但又時不時希望整肅官僚組織，防止他們顛覆其社會主義理想；史達林也從未放棄一個觀念，即想方設法轉化人民意識，讓他們變成更好的共產主義者。這是為什麼史達林會時不時回到一個主題：即使貴族、資產階級和獨立農民都已消失，階級鬥爭仍然持續。雖然這些社會階級已消失，奸邪危險的資產階級觀念仍會透過職業官僚體系蠕動重現。[54]

這個概念來自馬克思主義自身的矛盾，導致駭人的清整和許多處決舉動。這確實是馬克思本人的觀念所特有的毛病。此點也見於後來中國首位共產主義領袖毛澤東——他的立場一樣搖擺，也帶來同等的災難性後果。

在列寧之後，最有天分和辯才無礙的俄國共產主義理論家、史學家是托洛斯基。他被史達林流放，最終在其命令下，於一九四〇年在墨西哥遭殺害。托洛斯基本人從未放棄暴力和恐懼。作為列寧政權的軍事統帥，他設置了一個極端鎮壓模式，最著者是在一九二一年，於克隆斯塔（Kronstadt）撲滅前布爾什維克水手發動的反列寧政府起事。[55]托洛斯基後來批評史達林，純粹是針對後者的「小資產階級」（"petty bourgeois"）和官僚心態。托洛斯基從未宣稱用任何程度的武力來維護革命有失正當性。但說一個人是小資產階級，本身便含有人身攻擊的暴力。這是馬克思本人鍾愛的侮辱之詞，因為他對中產階級棄若敝屣。將職業革命家、大屠殺凶手和世界第二強國建造者的史達林視作「小資產階級」，是這個想像的展延。但托洛斯基這麼做，顯然是在說史達林不是真正的馬克思主義者，只是個可鄙的偽裝者。[56]

---

51. Marx 1967.
52. Shanin 1972.
53. Marx 1977, 539–58.
54. Davies and Harris 2005, 193–98.
55. Avrich 1970.

這產生一些問題，因為掌權者是史達林。但要處置或消滅托洛斯基並非易事。托洛斯基是個有天分的作者，在世界各地有許多仰慕者。他受馬克思主義者愛戴，嘗試找到一條路，既能接納蘇聯的成功，又排斥那些為了維繫共產黨權力和強推迅速工業化所需的奪命手段。在很長一段時間內，托洛斯基詮釋的史達林（一個粗俗的機會主義者）為特定人們所接受：他們希望抓緊馬克思主義俄國的夢，但對為了美夢成真所採取的作為感到畏縮。[57]

然而，史達林知道如何向一九二〇年代許多新的共產黨成員解釋馬列主義。這些人沒有托洛斯基和其他主要布爾什維克分子的世界主義背景，也憎恨托洛斯基在智識上的傲慢。這有助史達林在黨內贏得人心。此外，托洛斯基是名猶太人，許多新黨員則抱持俄國流行的反猶主義。取得全權後，史達林開始系統化他對馬列主義理論與歷史的詮釋；直至一九五六年，這都是蘇維埃共產主義官方的理論與歷史教科書。[58]

那史達林是否如一些人說的那樣，背叛了列寧的觀點呢？[59] 如此思考可謂不得要領。後來的共產政權，都嘗試以各種方式強推相同的土地徵收和強制集體化政策。他們都肅清其認為的階級敵人，也都執行清黨，整肅那些質疑政策或對抗領袖的人。

毫無疑問，史達林是馬克思的細心生徒，但更甚於列寧的是，他要求自己創造一個新的社會結構。他必須度過一個又一個危機；作為一個精明的政治人物，他知道如何得到黨的支持以對抗其敵人，也知道何時應收手。他不能僅遵循馬克思的藍圖，因為這對其任務毫無幫助。即使是列寧，也未在其著述中提供足夠的細節。其觀點仍是馬克思與列寧的，但手段（行動與政策）得歸諸史達林。他設計並實行了我們描述的殘暴舉措，造成極大苦難。我們不能說馬克思會同意史達林的所有作為，或認可所發生的一切都是原初馬克思主義文本所固有的。但可以肯定的是，自始至終，馬克思的理論（部分經列寧所過濾）都鼓舞著史達林。[60]

史達林曾有片刻質疑嗎？希特勒於一九四一年六月二十一日入侵蘇聯，並快速往莫斯科進軍；這是史達林生涯中的最低點之一，讓他在罕見的絕望處境中脫口而出這番話：「全盤皆輸。我放棄了。列寧建立了國家，而我們搞砸了……列寧留給我們一份偉大遺產，作為繼承者的我們卻將它搞得亂七八糟。」他的祕密警察頭子貝利亞（Lavrenti Beria）也在場；他後來告訴赫魯雪夫（Nikita Khrushchev），史達林說「列寧留給我們一個無產階級國家，但我們現在措手不及，全盤皆輸」。這些話來自史達林核心集團的回憶，包括米高揚（Anastas Mikoyan）、莫洛托夫（Vyacheslav Molotov）、貝利亞和赫魯雪夫。[61] 史達林在這個壓力最大、其生命和政治體系有可能被消滅的時刻提到列寧，說明他確實相信自己在承繼列寧的工作，為真正的馬克思主義發聲。

蘇聯的成功被某些晚近馬克思主義者引述為一場悲劇，最終因俄國自身的落後而失敗。[62] 但馬克思觀點的失敗，也同樣因為在富裕的資本主義社會，民主改革的力量代替了革命。像俄國這樣的半現代國家工業化迅速，但仍由不肯妥協的獨裁者和少數菁英所統治，不願支持重要改革，訴求變化

---

56. Trotsky 1937.
57. Deutscher 1963.
58. Stalin 1939.
59. Medvedev in Tucker 1977, 204–5.
60. Davies and Harris 2005, chapters 9–10.
61. Montefiore 2004, 374.
62. Hobsbawm 1996, 372–94.

的運動被迫交到革命家手中。在某種意義上，馬克思的見解陷入一個歷史的反諷：在最初預測的那些國家中，它越來越不可能發生；但在擁抱其見解、發展程度較低的國家中，它也無法帶來和平、平等的田園牧歌。

儘管如此，蘇聯表面上的成功，在受戰爭蹂躪的混亂境域或殖民地社會（這些地方的知識分子，希望在不受資本主義的西方統治下取得進步），相當有吸引力。革命的馬克思主義提供了一個解決方案，蘇聯則很快地成為工業化程度較低、較貧窮地區的馬克思主義革命家的模範。馬克思的影響所及，比他預期的要廣泛得多，包括他認為還沒準備好接納其觀念的國家。當第二次世界大戰在歐亞大陸多處造成混亂（如一次大戰之於俄國），並將世界區隔成由美國主導的資本主義和蘇聯支配的共產主義，馬克思主義革命就有了更多機會。

與其主張馬克思需要為史達林的作為負責，或與之相反，說史達林背叛馬克思主義的理想，我們可以說馬克思啟發了布爾什維克革命，給予若干歷史指引，並提供一個令人信服的烏托邦觀點。但就嘗試實現它、將理論轉化為實踐來說，列寧和史達林都創造自己的模板，說明如何達成這些目標。這回過頭來改變了馬克思主義及世界如何看待它，無論是從史達林的成功中得到鼓舞的支持者，還是將史達林主義（Stalinism）的可怕詮釋為馬克思思想產物的反馬克思主義者。

史達林死於一九五三年；三十六年後，當戈巴契夫（Mikhail Sergeyevich Gorbachev）決定放鬆警察國家的約束並允許表達自由，希望其人民會自願接受社會主義時，整個體系開始崩塌。對俄羅斯和蘇聯帝國內的國家和領土，他們的獨立運動不再被壓制或阻撓（和蘇聯統治時期不同）。蘇聯一塊一塊地解體，俄國本身則轉向有限但短命的民主改革。短短兩年間，世界見證現代其中一個最強大的政治實體自我毀滅，驚人地創造了十五個新國家。蘇聯的末日於一九九一年到來，證明列寧和史達林一直是對的。列寧若實踐真正的民主，他會失去權力。如果像重要的布爾什維克理論家布哈林（Nikolai Bukharin）所希望的，於一九二〇年代末和三〇年代初實行較溫和的共產主義，[63]體系將無法存續。我們能得到的唯一結論是，列寧和史達林採行的，是讓馬克思主義能夠在俄國運作的唯一法門。當然，這必定造成抵抗。我們現在也知道，徵收生產資料和強制施行全面的國家控制，唯有透過極端暴力方能做到。所有共產政權都遵循相同的道路。這不意味著列寧或史達林放棄了理論性的馬克思主義。相反的，他們是其真正且最成功的門徒。但在他們之後，馬克思主義已有所不同，有別於原先十九世紀卓越、憤怒夢想家的純粹著述。他們的作為，背棄了馬克思對更平等、人道、共有社會的深刻期望。他們擁抱馬克思的憤怒，馬克思對階級敵人的鄙夷和憎恨，及其對透過暴力來實現夢想的認可。在二十世紀的歷史漩渦中（他們自己出力創造、大規模衝突的歷史），在他們自己營求的死亡血海中，一個更好、更和平與公正世界的烏托邦美夢，已被證明是遙不可及的。

認證：蕭條、戰爭、新革命

伴隨第一次世界大戰的悲慘與幻想破滅，興起了大量勞工行動主義、罷工，以及中歐許多共產革命的嘗試（全都失敗收場）。儘管遭遇種種失敗，對共產主義的恐懼仍深刻、廣泛，並引起

63. Cohen 1973.

極右翼的強力回應。到了此時，極多富教育水平的人都模糊地知道馬克思主義的基本原則。馬克思的預測，和共產主義關於社會所有面相（包括傳統家庭、宗教、教育和民族國家本身）即將毀滅的宣告，在全然不同的方面創造出許多抵抗。保守主義的回應，來自資本主義利益者、重要的貴族遺黨，以及感到恐懼的中產階級。此回應成為保守派反共產主義者和法西斯運動之所以興起的關鍵要素，這是後續章節將討論的主題。

在此更直接相關的是，正是在這幾十年間，馬克思主義的觀念和共產黨廣泛散布至歐洲以外的地方。透過結合貌似革命性進步的西方科學，和拒斥作為殖民主義基礎的資本主義體系，俄國展現了共產主義可以在進步的西方以外贏得權力。為了傳播共產主義並推展其期待的世界革命大業，列寧於一九一九年設立了第三國際（The Third International），通常被稱作共產國際（Communist International/Comintern）。第一國際（The First International）由馬克思和恩格斯開創。第二國際（The Second International）則包含一次大戰前的社會主義政黨；在列寧看來，這些政黨因沒有在一九一四年拒絕參戰而蒙羞。第二國際作為一個溫和社會民主派的聯盟而存續。由莫斯科主導的共產國際，則站在革命性馬克思主義的前沿，開始向世界各地派送代表，協助組織共產黨。64

中國共產黨於一九二一年成立，距俄國革命成功僅僅四年。創黨人是研讀馬克思主義的知識分子，並得到來自列寧派出的共產國際代表的建議與財務幫助。中國共產黨第一次大會是在上海的法租界區。後來成為越南共產黨領袖的胡志明（Ho Chi Minh），在法國共產黨於一九二〇年成立時住在法國，是創始成員之一。他後來為共產國際工作，住在莫斯科，又移居中國。越南共產黨則於一九三〇年在英屬香港創立。這兩個主要政黨，都是由嫻熟馬克思主義與列寧理論的知識分子，在共產國際幫助下成立的。二者皆受到那些曾留學或旅居法國者很大的影響，如鄧小平（毛澤東後的中國領袖）和周恩來（長期擔任毛澤東的外交部長）。這頗能說明馬克思主義的影響，如何從西方擴散到全世界。[65]

接下來是一個令人目瞪口呆的事件轉向。整個資本主義世界好像毫無預警地受到經濟大恐慌的衝擊。在一九三〇年末，馬克思的預測看來即將成真。當資本主義國家跌至經濟失靈的境地，史達林的蘇聯好像因為遵循馬克思主義的道路，得以迅速工業化與現代化。至於史達林的殘忍，絕大多數逐日增加的信徒都否認其實際規模和暴力程度。尤有甚者，他們正當化史達林的殘暴，視其為對抗社會主義敵人，以俾最終達到馬克思應許的烏托邦救贖的必要手段。

經濟大恐慌不僅只是經濟衰退而已。和共產主義一樣，它對法西斯主義的增生有關鍵影響——法西斯主義是源自資本主義自身的反意識形態（counter-ideology）。若干資本主義民主國家變成法西斯，彷彿為列寧版本的馬克思主義又添上一個證明：軍國主義的民族主義和侵略，是資本家為拯救自己所做的孤注一擲。德國是最明顯的例子——德國於一九三三年投票讓希特勒的納粹黨取得權力。日本於一九三一年侵略滿州，也落入與法西斯相似（fascist-like）的軍國主義政府手中。西班牙發生內戰，法西斯政府於一九三九年取得權力。但相信資本主義與民主瀕臨滅絕的，並不限於馬克思主義者。在主要的資本主義民主國家，如法國、英國和美國，人們對自由主義的信心普遍降低。[66]凡此種種，讓馬克思主義看來是個更可行、尤其更有先見之明的替代選項。

---

64. Lazitch and Drachkovitch 1972; Courtois and Panné in Courtois and Kramer 1999, 271–322.
65. Woodside 1976; Spence 1990, 305–25.
66. Hobsbawm 1996, 102–69; Polanyi 2001, 245–68.

當第二次世界大戰最終爆發，在德國占領的歐洲地區和日本占領的東亞地區（特別是中國），共產主義者非常擅長進行武裝游擊對抗。部分原因在於，共產主義者慣於利用祕密組織行使暴力，他們的地下工作準備得更好。但也是因為他們首尾一致的意識形態，可以同時迎合社會主義革命家和民族主義者（後者認為，共產主義是最適合藉以打敗法西斯主義的政治運動）。這些因素結合起來，再加上蘇聯的廣大犧牲和史達林戰勝希特勒，讓二次大戰後的世界，比一次戰後更宜於馬克思主義的擴張。[67]

勝利：歐洲與亞洲的共產主義擴散

這個大規模擴張從東歐開始，這時蘇聯軍隊仍是占據勢力。在一九四五至一九四八年間，波蘭、捷克—斯洛伐克、東德、匈牙利、羅馬尼亞和保加利亞等都轉型為史達林式的獨裁統治，負責的是以蘇聯軍隊為後盾的前共產國際代表。很快的，各國開始自己的政治清洗審判；這些審判與蘇聯一九三〇年代所實踐的情況相似，有相同的儀式性懺悔和處決，數十萬名前資產階級、法西斯分子，或任何被認為對蘇聯霸權有威脅的群體成員，都被送至勞改營。[68]南斯拉夫（Yugoslavia）和阿爾巴尼亞（它們有土生土長的共產主義運動，有助於從德國占領中解放自己的國家）一度是蘇聯盟友，但旋即脫離並成為獨立的馬克思主義國家。

蘇聯的占領與地方官員的機會主義（opportunism），當然在東歐多處建立共產政權上扮演了重要角色。但若沒有這些國家中數以千計的馬克思主義信徒來實現其願望，史達林絕不可能控制新衛星國（satellites）到如是程度。這些地方都著手發展重工業、削減消費性商品、推動集體化農業，並建立祕密警察和公安武力以維持控制。[69]

與此同時，在法國與義大利，二次大戰時的共產主義者以對抗法西斯主義的英雄鬥士之姿登場。他們成為當時最大的政治運動，儘管二者都無法透過民主手段取得權力。少了蘇聯軍隊，共產主義者的任何勝選都有所不足。反之，透過經濟改革與福利國家的擴張，在溫和的保守主義者和社會民主派引領之下重建了西歐；他們穩定了民主資本主義，並逐漸消弭激進馬克思主義與共產黨的吸引力。[70]

這並未發生在東亞與東南亞。美國占領日本與南韓，讓它們沒有變成共產主義勢力，但其他國家則往不同方向發展。日本殖民的殘暴（它影響了東亞許多地方）和西方的殖民主義，開啟對獨立和新政治觀念的廣泛欲求。在中國，毛澤東利用對日戰爭，強化其軍隊並擴大群眾對共產主義的支持。和列寧一樣，毛澤東本人也是位知識分子，根據自身目的與中國處境改造了馬克思理論。日本於一九四五年戰敗後，他對反共的中國國民黨發起戰爭，並於一九四九年取得勝利。[71]

越南是另一種情況。當日本的亞洲帝國於一九四五年崩解時，胡志明宣布其國家由法國手中獨立，與法國開始一場腥風血雨的戰爭。戰爭於一九五四年結束，由胡志明取得勝利，在北越建立了

67. Johnson 1962; Judt 1992, 15–44; Judt 2005.
68. Applebaum 2013.
69. Janos 2000, 125–256.
70. Judt 2005.
71. Westad 2003.

馬克思主義政權。二十一年後，經歷了與美國的更致命戰爭後，共產主義者再次得勝，並統治了整個越南。[72]尤有甚者，曾被稱作「印度支那」（"Indochina"，即中南半島，法國殖民占領的地區）範圍內的其他部分，包括寮國（Laos）和柬埔寨，也被它們各自的共產黨所接管。

馬克思主義不只在中國與越南奏捷。蘇聯利用既有的韓國馬克思主義運動（曾與中國並肩對抗日本殖民主義），建立了共產國家北韓。北韓嘗試在共產主義旗幟下統一韓國，導致一九五〇至一九五三年的韓戰；戰事造成蹂躪破壞，以僵局作收。[73]強而有力的共產黨出現在東南亞、南亞和中東多處。與此同時，馬克思主義也在一九五〇和一九六〇年代的非洲，啟發了許多走向獨立的反殖民運動。在拉丁美洲，共產黨的影響力也在成長茁壯。

馬克思主義在戰後這些地區的吸引力究竟為何？我們已談過蘇聯作為一個世界強權的成功、在戰勝法西斯主義中扮演的關鍵角色，以及其號稱經濟起飛以至成為全球第二大強權。在戰後第一個十年，上述事實有很大影響力，程度有如西歐與美國支持的資本主義民主，因西方殖民主義而蒙上汙點。另一方面，馬克思主義對獨立運動背後的知識分子頗有吸引力，因為其觀念仍得以解釋世界許多現象，特別是資本主義帶來的巨大、敗壞道德的貧富差距，這在戰後的殖民地和新興獨立地區尤其明顯。換言之，馬克思主義持續提供一個科學確定性（scientific certainty）與理想主義的混合物。無論在實踐上如何粗暴，其理論核心的基督教救贖倫理學（ethic of redemption）一直都在，提出被壓迫者對抗富人與特權者的目標，並應許一個更道德、平等的社會。受馬克思主義理想啟發的獨立運動知識分子可以自視為列寧、史達林、毛澤東之流的父祖人物（father figures），領導其人民擺脫殖民主義及其陰影，邁向獨立、統一和經濟上的成功。

馬克思主義在當時橫掃世界的認知，因許多西方知識分子皈依馬克思主義觀念而得到加強。

所有這些成就，形塑了二次大戰後至少三十年間的國際事務面貌，讓馬克思在完成其主要著述的一個世紀後，成為世界最有影響力的政治先知。蘇聯乃世界第二大強權，並與美國一道，成了唯二的全球超級強權。不僅如此，世界人口最多的中國也變成共產主義國家。受馬克思、恩格斯、列寧、史達林和更近期的毛澤東啟發，世界各地的革命思想家、革命運動和革命政黨，在當時有如旭日東升。

毛澤東思想：馬克思主義的高峰與轉型

十九及二十世紀初的中國充斥災難與失敗，尤甚於布爾什維克革命前的俄國。中國在一八〇〇年前還是亞洲強權，有力量且穩定，之後卻淪為失敗、卑躬屈膝的國度。西方列強，尤其是英國，欺凌中國並占據部分領土，輕蔑地對待此地區最古老、許多世紀以來最有支配力和影響力的文化。中國因沒有現代化並建立興旺的工業基礎，而付出昂貴代價。在兩次鴉片戰爭中（一八三九－一八四二和一八五六－一八六〇），英國輕易擊敗中國，強迫其接受鴉片進口，讓英國商人得以致富，並榨取重要的優惠；——如在香港建立英國殖民地，作為重要港口從中國輸出極大量貿易商品。在此屈辱後，其他歐洲國家以至日本，也對中國提出類似要求，控制了許多通商口岸和大城市的租界，尤其是上海。

72. Lawrence and Logevall 2007; Logevall 2000.
73. Cumings 2010.

不只如此，十九世紀中的中國也因一連串駭人民變而受到震盪，特別是北方的捻亂（一八五一－一八六八）和東部的太平天國（一八五一－一八六四）。單單太平天國就造成三千萬人喪生，也許是一次大戰前人類史上最血腥的戰爭。太平天國的領袖洪秀全宣稱自己是基督教上帝的次子，能夠與哥哥耶穌基督和父親談話。就宗教狂熱、對強制共有生活的強調，以及一種為了理想的清教徒式奉獻（但其領袖過著自溺縱樂和奢侈的生活）來說，太平天國開了先例。所以我們不該為此感到吃驚：毛澤東大力讚賞這兩起變亂，視其為真正的革命者。[74]

但最羞辱人的，莫過於日本迅速、成功的興起，最終成為一個威脅。確實，一八六八年明治維新後不過一個世代，日本就成為一個真正的工業強權，大幅擴張工廠和貿易，增強勞動力，實現其首要目標，即建立一個現代、西式的陸軍及海軍。一八九四至一八九五年，中日因朝鮮控制權而交戰，日本很快便完全擊潰中國。中國被迫割讓若干海港和台灣島給日本。儘管在這些事件後，中國顯然需要現代化，但其過時的帝制體系仍未放手，阻撓有意義的改革，直到一九一一年的革命才崩塌瓦解。[75]

在各省分受地方軍閥把持的情勢下，加上接二連三的動盪，政府試著讓中國免於分崩離析。中國共產黨於一九二一年創立後，在一九二三年與更大的非共產、現代化政黨國民黨聯合（國民黨也得到共產國際代表的協助，重塑為由一小批菁英所控制的列寧式組織）。國民黨旋即由蔣介石將軍所控制；他曾於一九二三年在莫斯科度過數月，學習如何組織這樣的政黨。蘇聯讓中國共產黨和國民黨朝同樣目標一起努力，因為他們認為中國準備不足、還太落後，無法承受共產革命。但一九二七年時，蔣介石攻擊共產主義者，幾乎將他們趕盡殺絕。毛澤東和那些同意他以農民為基礎的馬克思主義革命概念的共產黨人，開始了一系列戰略性撤退，也就是「長征」，退守至中國北方的偏遠地區。近期研究顯示，在這段期間，中國共產黨因史達林的資金援助而獲救。這筆錢被用以購買食物，和賄賂地方軍閥以便通過其勢力範圍。但情勢仍然極其艱困。在原有的二萬五千人中，頂多只有九千人熬過長征，在接近蘇聯處建立新基地並重整旗鼓。[76]

日本於一九三一年入侵並殖民滿州，一九三七年開始侵略中國其他地方。國民黨和共產黨名義上是對抗日本的盟友，但國民黨的根基以城市地區為主，因為日本攻占了主要城市和最富饒的中國領土，其力量被嚴重削弱。面對武裝更精良的日本軍，首當其衝的也是國民黨。共產黨人則更成功地建立起自己的軍隊。他們仰賴農民兵，和一整個世代受過教育的年輕理想主義者的熱情；這些年輕的中國理想主義者在馬克思主義中，看到從百年來的屈辱與災難中得到救贖的可能性。[77]

第二次世界大戰帶來非常巨大的衝擊。日本人在大陸表現出的殘暴，和納粹在歐洲如出一轍，也都有相同的強烈種族主義。德國知識分子提出一個觀念，即亞利安—條頓（Aryan-Teutonic）種族注定要統治西方；同樣的，日本超國家主義（ultranationalist）思想家回溯神話迷霧，宣稱天皇的唯一神性（sole divinity），認為日本人是被揀選的民族，其天職是征服全亞洲（見本書第五章關於反啟蒙與法西斯主義的討論）。根據粗略的估計，在一九三七至一九四五年間，因中日戰爭而喪命的中國人達二千萬之譜，另有約一億多人（總人口的四分之一）在國內流亡。[78]而日本投降後，毛

74. Perry 1980; Spence 1997.
75. Wakeman 1975.
76. Taylor 2009, 110–14.
77. Johnson 1962; Mitter 2013.

澤東的共產黨馬上與蔣介石的國民黨重啟戰端，為破碎染血的國家帶來更多死喪和流離失所。到了一九四九年，中國共產黨獲得徹底勝利。[79]

但和平仍遙遙無期。中國共產黨幾乎立刻採取與列寧和史達林相同的做法，開始清整「階級敵人」。將近一百萬名地主和富農，因之前沒有支持共產黨而遭到處決。[80]尤有甚者，在這個當下，毛澤東還決定涉入對抗美國的韓戰（一九五〇－一九五三）。中國當時複製蘇聯的道路，進行大規模工業化。[81]但到了一九五八年，毛澤東決定走一條新的路。在他看來，蘇聯在史達林死後背棄了革命性的馬克思主義。欲理解自此以降直至毛澤東死時這十八年的發展，我們須回到馬克思主義內部的辯論和毛澤東的詮釋。

毛澤東是位博覽群書的知識分子，如他在與美國記者斯諾（Edgar Snow）的訪談中所示。談及他在一九三六年（其時為長征階段，他取得流亡西北的中國共產黨領導權）以前的思想，毛澤東把自己描繪成一個刻苦自學的青年人，閱讀西方經典著作的中文譯本。

> 我讀亞當・斯密的《原富》（編按：即《國富論》）、達爾文的《物種起源》，和約翰・彌爾一部倫理學著作。我閱讀盧梭的作品、斯賓塞的《邏輯》（*Logic*），和孟德斯鳩關於法律的著作。我雜涉詩歌、傳奇和古希臘傳說，並認真研究俄國、美國、英國、法國和其他國家的歷史地理。[82]

他也浸淫在中國哲學，和留歐中國知識分子的著作中。這些知識分子帶回中國的不僅是達爾文，也包括斯賓塞及其社會達爾文主義（Social Darwinism）。斯賓塞的社會進步觀影響甚鉅，為東亞許多受過教育的社會所接納，這讓毛澤東思考一個問題：中國何以變得如此疲弱。他無法接受二十世紀初歐洲所流行的概念（是種對達爾文的扭曲），即這和種族有關。說到底，這種觀點會讓中國陷於永劫不復的落後處境。有別於此，他在德國哲學家、教育改革家包爾生（Friedrich Paulsen）的著作中找到答案。包爾生強調意志（will）和尚武精神（military spirit）對國家進步的重要性。包爾生卒於一九〇八年，其觀念的主要用意是協助強化德國。[83]無視一次世界大戰的結果，毛澤東聽從包爾生的呼籲，以強健體魄和堅韌精神作為重振中國的一種方式。[84]

在北京（當時為北平）時，毛澤東目睹一九一九年五四學生運動和現代化、民族主義抗爭的徹底失敗。[85]毛澤東在北京大學圖書館擔任助理館員，為李大釗工作。李大釗宣揚此觀念：俄國的布爾什維克革命應作為中國的樣板。他是個強烈的民族主義者，認為列寧的革命可以轉化、重振中國。他也督促年輕的追隨者出門下鄉，和農民一起工作，以創造更大規模的運動。[86]這些早期影響跟著毛澤東一生。毛澤東後來讀了更多的馬克思與恩格斯，特別是一九三〇年代，許多馬克思主義著述

---

78. Lary and MacKinnon 2001, 3–15.
79. Taylor 2009, 378–408.
80. Spence 1990, 517.
81. Lardy 1983.
82. Snow 1961, 144.
83. Thilly 1909.
84. Wakeman 1975, 201–4.
85. Schwarcz 1986.
86. Spence 1990, 305–19.

剛被翻譯成中文的時候。但到了那時，他已將革命理論與其信念加以結合：必須重建中國應有的榮耀。[87]

毛澤東早年的閱讀，以及作為領袖領導國共內戰（一九二七－一九四九）和對日抗戰（一九三七－一九四五）的經驗，讓他確信馬克思主義中志願（voluntary）、民粹（populist）和最暴力的一面，是適合中國的。這個觀點毫無疑問地因韓戰而得到強化：中國軍隊成功在朝鮮擊退美國並維持膠著（儘管美國有極大的物質優勢）。中國因此具備內在的能力，可以再次將自己置於最強國家之林。但為了達到此目的，馬克思主義鬥爭是不可或缺的。偉大的中國史學者魏斐德（Frederic Wakeman）甚至說，毛澤東的馬克思主義實際上就是社會達爾文主義。但這是一種特殊形式的社會達爾文主義，彼此競爭的是階級（classes）而非物種或種族，且唯有歷史上最適者可以得勝。這必須是無產階級，在中國即為農民。而如馬克思與列寧所說明的，這唯有透過不間斷的階級鬥爭方可達成，儘管他們認為扮演領導角色的是工業工人階級，不是農民；對他們來說，農民不具革命性。由於中國的鄉村比重極高，毛澤東便把其理想化的農民，變成馬克思主義的革命階級。[88]

如我們稍早所見，儘管史達林關於繼續階級鬥爭有著類似觀念，他從未如毛澤東一樣，提倡永遠的階級戰爭。毛澤東結合了兩個要素。一個是他的認知，即意志力和活力（energy）的力量極其強大，足以讓任何事變得可能。另一個是馬克思關於一八七一年巴黎公社的想法：革命狂熱可以征服任何行政障礙。然而，這種思考方式貶抑專業技能對形塑新社會的作用，轉而鼓吹教育程度較差的工人階級與農民天生的莽夫之勇，並信任其原始能力。對許多西方知識分子來說，它作為概念，因尋求一個純粹、馬克思式的平等主義而有其感染力；它在許多後來稱作「第三世界」的地區也有其吸引力。但事實證明，它極具毀滅性。作為一個知識概念，它從最一開始便陷入深具威脅性的諷刺境地——知識分子在根本上是不能信賴的，因為未來將由勞動雙手者（而非勞心）所塑造。對毛澤東來說，他自己也曾是受經典西方著述所形塑的知識分子這點，已不再重要。

為了付諸實行其心目中的馬克思理論，毛澤東激勵中國捨棄蘇維埃模式，採取更鋌而走險的工業化與全面的農業集體化。此即所謂的大躍進。農民被下令在所有新村落生產鋼鐵，成群地集體生活，以打破傳統（「資產階級」）家庭的凝聚力。最直接的目標是強迫人民工作得更多，並生育新的社會主義人（socialist human being）。毛澤東告訴其同儕，他發明的新農業技術可以大幅增進生產力，以致多數田地可以變為公園。馬克思在其經濟分析中指出，單靠技術進步並無法拯救資本主義，因為它只能暫緩帶來危機的毀滅性競爭。但在毛澤東版本的馬克思主義中，這變成人類意志可以戰勝技術。這也見諸毛澤東的自然觀；它實際上和十九世紀的西方觀點類似，即人類可以為了進步而任意再造（reengineer）自然。但毛澤東讓這個見解走到毀滅性的極端。他下令進行消滅麻雀運動，因為牠們以穀物為食，結果卻造成麻雀捕食的昆蟲、特別是蝗蟲，繁殖增生並摧毀大量稻穫。其他這類運動包括大量伐林、填塞濕地、大規模建造水庫、設計不良的灌溉計畫。凡此種種，對河川生態、有益健康的微氣候（microclimates，編按：指一個小範圍內的獨特氣候狀況）、水的純度，以及過去自然地貌所能提供的重要貢獻，都造成巨大災難。最終結果是，數百萬中國人被迫捨棄其他工作，轉而從事這些「增益」之舉，以致破壞而非擴大了中國的糧食生產能力。[89]

不僅如此，農民還必須在後院的土爐銷鎔其器具，製造出無用的生鐵（pig iron），而農業

87. Schram 1969, 30.
88. Wakeman 1973, 236–37.

則衰退疲軟。毛澤東也堅持輸出更多食物，以償還中國對蘇聯的欠款。這些舉措加上自然生態系統受損造成的災害反撲，導致駭人、廣泛的大饑荒（可能是人類史上最大規模者）。據估計，在一九五八至一九六一年間喪命的人數，在一千五百萬至四千六百萬之間。近期有兩份死亡人數估計（因饑荒和隨之而來的暴力），分別來自中華人民共和國的資深記者楊繼繩和歷史學者馮克（Frank Dikötter）。楊繼繩的書最初在二〇〇八年出版於香港，認為這個時期死了三千六百萬人；[90]該書在中國仍是禁書。馮克則估計，這個數字當接近四千五百萬。[91]尤有甚者，這些估計沒有包括上千萬留得性命，卻因嚴重營養不良影響終生（或壽命減短）的人。所有人都同意，這場浩劫的規模可比擬太平天國之亂，或一九三七至一九四五年的中日戰爭。[92]

這些事件讓中國共產黨的核心集團成員驚恐萬分。他們想逐步取得經濟的控制權，試圖架空毛澤東，回到更正統（或說史達林式）的馬克思主義戰略路線。但毛澤東不會這麼輕易地被邊緣化。作為馬克思主義的真正使徒，他策畫自己的回歸，並於一九六六年發動「無產階級文化大革命」。他號召失望不滿的人，特別是年輕人，去對抗官僚制度與共產黨本身；他說二者都被「資產階級」的思想與習慣所滲透。毛澤東的威信仍是可觀的權力泉源，讓他得以清算、監禁、殺害那些在大躍進時期試著和他講道理的夥伴。[93]結黨暴力的年輕人組成紅衛兵，衝進鄉村侮辱甚而時常殺害官員。上百萬的都市年輕人、學生和知識分子被下放到農村「再教育」。這段時期的回憶描繪出一幅嚇人景象，其中不只可見政治停滯和經濟衰退，還剝奪了中國的受教育階層，亦即其「人力資本」（"human capital"）。因為學校和大學受到嚴重破壞，一整個世代的人只能接受很少的高等教育，甚或毫無所悉。[94]根據史景遷（Jonathan Spence）的說法，「深嵌在此狂熱激進主義中的，是一個意義重大的政治議程。它或可稱之為『純粹平等主義』（'purist egalitarianism'）；它呼應一八七一年巴黎公社的諸般價值，因為毛澤東，這些價值於中國歷歷在目」。[95]換言之，毛澤東持續從馬克思著述中汲取直接靈感（在此例中，是馬克思關於巴黎公社的分析）。儘管因脫離其原初脈絡而面目不同，馬克思的觀念依然是毛澤東自己識見和野心的一個泉源。

因文革而喪生的人數不明。一千八百萬名「幹部」（政府與黨的官員）中，三至四百萬人遭到逮捕。到了一九六九年，事態已很清楚：毛澤東放任了一場大災難。情況已經失控，毛澤東本人須透過軍隊來重整秩序，又導致幾十萬人遭監禁、殺害。多達一千二百萬至二千萬人（單單上海便有一百萬人）被迫移往窮鄉僻壤。不同派系間上演近似內戰的戲碼，肅反與反肅反持續不斷。到了一九七三年末，情勢多少得到緩和，但地方上仍見恐怖與混亂，直至一九七六年毛澤東死去。[96]

凡此種種的一個結果，是強烈拒斥毛澤東的觀念。身為統治者的中國共產黨，其倖存成員心有餘悸。一九七八年開始，在老革命鄧小平的領導下，毛澤東的後繼者開始謹慎地走向改革。經歷三十年的共產革命動盪，中國在此後二十年間，呈現令人驚嘆的立場變換。中國接納（至少部分

89. Shapiro 2001.
90. Yang 2012.
91. Dikötter 2010.
92. Chan 2001; Thaxton 2008.
93. White 1989; Dittmer 1974.
94. Cheng 1987; Heng and Shapiro 1984.
95. Spence 1990, 607.
96. Courtois and Kramer 1999, 513–38; MacFarquhar and Schoenhals 2006.

地）許多資本主義概念的正當性，包括大量私營商務與企業、廣泛（儘管多少受限）的私有財產權、與非共產國家的廣泛貿易、進步且專業的科學與技術教育之重要性、對真正專業能力的需求等。到了二〇〇〇年，中國順利地以自身方式，成為一個實質上的資本主義經濟體——雖然有大量經濟部門掌握在國有企業手中，政治也全由專制的共產黨所控制。

與此同時，中國共產黨本身也捨棄了絕大多數的馬克思主義要素作為指導哲學。確實，它以某種版本的亞當・斯密來交換馬克思。「社會和諧」須透過經濟發展加以取得。也就是說，其人民和軍事菁英學會從快速私有化過程中獲利，中國共產黨則轉型成一個保障國家秩序的存在。以支持民主運動形式出現的異議持續受打壓，且經常遭暴力以對。然而，在所有其他領域，二十一世紀的中國在許多方面，和馬克思與毛澤東所渴望者恰恰相反。但諷刺的是，即使到了今天，為了維繫某種延續性，毛澤東仍作為一個偉大的愛國者為人稱頌。97

馬克思主義在第三世界的傳布與衰亡

從一九五〇年代至七〇年代，外界對中國發生的事所知極少。對許多人來說，毛澤東的意識形態模型成為蘇聯先例的積極競爭者，因為兩個共產巨人彼此間的敵意正益發加深。蘇聯可以提供更多科技、金錢和軍事裝備作為幫助；但中國主張自己版本的馬克思主義（更仰賴鄉村人口）更為平等、更少官僚化，且更適合世界最貧窮的地區，特別是東南亞和非洲。

一九五二年，傑出的法國經濟學家和人口學家索維（Alfred Sauvy）鑄造了「第三世界」（"Third World"）一詞。索維是名溫和左派，相信有所控制下的資本主義。他不是位馬克思主義者，但他的用詞及其背後觀念，在後續四十多年間一個重要的意識形態運動中，扮演了關鍵角色，即「第三世界主義」（"Third Worldism"）。索維如何表述其觀念呢？他在一九五二年八月十四日的《觀察家報》（*L'Observateur*）寫道：

> 我們隨意地談及兩個現存的世界（按：即資本主義與共產主義），談他們可能的交鋒、談其並存，諸如此類，但往往忘記還存在第三個世界：它是最重要且確實在時間上最早的一個……這個第三世界（Third World）如同第三等級（Third Estate）一樣被忽視、剝削、藐視，也希望有所不同。[98]

「第三世界」指的國家，既不歸於美國領導之進步資本主義社會的「第一世界」（"First World"），也不隸屬蘇聯支配的共產社會「第二世界」（"Second World"）。以第三等級（Third Estate）為譬也有其意義，因為這不包含貴族和教士，只涉及新興的布爾喬亞；他們受益於對抗君主、貴族（第一等級）和天主教會（第二等級）的一七八九年法國大革命。因此，對索維來說，就像一七八〇年代的第三等級一樣，第三世界具有真正的革命潛力。若嚴肅以對，此分析要求重新檢視馬克思主義的預測，考慮反資本主義革命究竟將發生在何處。

確實，在一九五〇年代早期，世界開始贊同索維的看法。胡志明領導對抗法國的反殖民戰爭，

97. Baum 1994; Vogel 1989; Shirk 2007; Lardy 2002; Callahan 2013.
98. 引自Malley 1996, 78。

於一九五四年得勝，建立北越的共產政權。印度與巴基斯坦於一九四七年從英國手中贏得獨立，尼赫魯（Jawaharlal Nehru）為印度新政府建立起民主體制，但向社會主義路線靠攏。荷蘭人也被迫於一九四九年放棄東印度群島（East Indies，即印尼），印尼第一任總統蘇卡諾（Sukarno）則尋求蘇聯和毛澤東中國的經濟支援。受英國關照和控制的埃及王室於一九五二年被推翻，國家的新領導人納瑟（Gamal Abdel Nasser）也開始與蘇聯交好（亦見第七章關於伊斯蘭的討論）。與此同時，反殖民運動也在非洲茁壯，在後續的十年內，絕大多數非洲大陸上的歐洲殖民地會被獨立國家取代；如前所述，其中許多國家有很大的共產黨，和受馬克思主義啟發的領袖。

這些運動和領袖中，有些是公開的馬克思主義者，有些則否，但全都透過某些方式受馬克思主義所觸動。他們接受其經濟體的主要部分應受國家控制，認為這看來更公平合理，且更足以抵抗西方的支配。在一九五五年印尼萬隆（Bandung）的亞非領袖會議上，周恩來成功地讓中國加入這個更大的運動，以己例說明如何既提倡所有人民的經濟成長，又同時阻絕外國的控制。在此之後數年，第三世界主義聯合成一個公開的社會主義、反西方運動。在一九七〇年代的高峰期，他囊括大異其趣的諸多領袖，如巴勒斯坦解放組織（Palestine Liberation Organization）的阿拉法特（Yasser Arafat）、尚比亞（Zambia）的卡翁達（Kenneth Kaunda）、古巴的卡斯楚（Fidel Castro），以及眾多拉丁美洲游擊運動（Latin American guerrilla movements）的首腦。尤有甚者，第三世界主義作為一個解放概念，在西方的學生與激進分子間成為一個共同志業，特別是在風雲動盪的一九六〇年代和一九七〇年代初。無論整體或部分，馬克思主義是在底層串聯這一切現象的意識形態繩索。但到了此時，這條繩索的組成與色彩均已發生變化。它不再談無產階級的國際主義；談得越來越多的，是對暴力的反西方主義（anti-Westernism）的英雄式浪漫崇拜。確實，當馬克思和列寧分別因作為共產主義「歷史科學」的創始人和其實際貢獻得到認可，新的英雄變成毛澤東、胡志明、切・格瓦拉（Che Guevara）、卡斯楚、阿拉法特、法農（Frantz Fanon）等人。法農是宣揚暴力反殖民主義的偉大智識使徒，他來自馬提尼克島（Martinique），是位在法國受教育的醫生，曾加入對抗法國以求解放（一九五六－一九六二）的阿爾及利亞反抗軍。[99]

馬克思和恩格斯應會愕然以對。二十世紀的走向，怎會與他們對進步資本主經濟體的預言離得這麼遠呢？一九一七年的俄國至少還有工業基礎（雖然很薄弱），其工人也在布爾什維克革命中參了一腳。但中國的革命卻發生在工業中心極少的農業社會，越南則根本沒有工業中心。這兩個國家都沒有經典馬克思主義意義上的無產或資產階級。那北韓或非洲其他地方的共產主義和社會主義呢？比如說，尼雷爾（Julius Nyerere）在坦尚尼亞（Tanzania）推行的烏賈馬（Ujamaa）——這個詞字面上是斯瓦希里語（Swahili）的「家族」（familihood），但在此指的是在農村把村落土地集體化，以創建社會主義式的共同村社。讓馬克思主義在這些地方取勝的，不大可能是資本主義的歷史開展。確實，它起自對國家團結的強烈渴望，先利用蘇聯甚至中國拒斥資本主義的例子，再直接移向社會主義，不停歇地跳過充分發展的資本主義階段。

此即第三世界主義之大概：希望重建或（在許多例子中）創造國家自尊，並懷抱一種信仰，即相較於市場取向的政策，國家中心（state-centered）、自給自足的經濟發展（模仿蘇聯和中國的若干舉措），可以為達成此目標提供一條更好的路。有別於經典的工人與資產階級，這些國家擁有一

99. Malley 1996, 77–114.

批受過教育、部分西化、年輕且理想主義的領導人，渴望運用西方知識來解放他們的國家，使其進步。馬克思主義對他們來說很有吸引力，因為馬克思主義根據帝國主義階段，將主要的歐洲國家，劃歸成解放與平等的敵人，並堅持這種解放乃歷史必然（historical necessity）。這些領袖知道馬克思的原始構劃是靈感泉源，但列寧、史達林甚至毛澤東的版本更為實際。

然而，他們遵循的經濟政策難以運作，遠過於其想像。一九八九至一九九一年間，蘇聯與東歐共產主義垮台，中國亦偏離社會主義，第三世界主義也基本上失敗了，只剩下極少疲弱的倖存者，最著者為古巴。那時第三世界主義已不再與馬克思主義有關。不平等、不公義、屈辱、憤怒，和意欲處理這些沉痾的革命理想並未消失。但想要理解他們，有必要考慮馬克思主義之外的其他根源。我們將在後續章節，回到影響這些運動的諸般觀念。

馬克思主義的消亡與失敗

受馬克思主義觀念啟發的共產主義運動，擅於動員民怨、民族主義不滿與知識分子的理想主義。在馬克思主義者實際取得權力的地方，他們幾乎總是得到無政府和戰爭情勢之助；這些條件給既存政府帶來致命打擊，包括長期被視為不義、腐敗的殖民政府。

共產政權在若干方面做得挺成功。一旦掌權，他們精於動員民眾，使其做好戰爭準備，可以執干戈。他們創造大眾教育和識字能力的基礎，以及基本的醫療照護。在饒富意義的程度上，他們讓其社會走向更進一步的現代化，但也付出了巨大、可怕的代價。殺害數百萬「階級敵人」，並讓比死亡人數還多上數百萬的人受苦之事一再重複（因強制遷徙、農業集體化、生產手段由缺乏效率且益發腐敗的官僚所接管）。共產主義只不過是透過滔天規模的人類犧牲，暫時地取得成功。確實，它是透過不斷號召更多革命、產生更多受害者來前進，因此留下一份苦澀、幻想破滅的遺產。[100]

在蘇聯於一九九一年解體以前，共產世界的許多成員便已背離馬克思主義。如在南斯拉夫，曾透過游擊隊反抗法西斯入侵、帶領共產主義者獲得權力的狄托（Josip Broz Tito），在史達林於一九四八年嘗試支配該國後，便逐漸離棄蘇聯。對許多第三世界政權來說，狄托因為其獨立與容忍部分的市場改革，成為一個另類模型，特別是在阿爾及利亞（Algeria）。但他於一九八〇年離世時，南斯拉夫也正走向解體。其結果是在一九九〇年代初，出現了馬克思和恩格斯完全忽視的現象：民族衝突。在南斯拉夫的例子中，這造成一連串駭人的內戰。[101]

亞洲亦可見背離馬克思主義的例子。對越南來說，一九七五年「美戰」（"American War"）的勝利，讓國家深陷貧窮。取法鄧小平在中國的改革，越南共產黨在一九八六年實行了稱作「革新」（Doi Moi，即英語的"renovation"）的運動。它讓農民得以掌控自身產出，並允許成立越來越多的資本主義企業。越南進入世界經濟體系，成為米和咖啡的重要出口國，並開始走向更大繁榮與工業化，儘管政治仍由共產黨所掌控。[102]相反的，北韓在當時仍為蘇聯附庸國，但採行的是史達林模式：殘忍、壓迫、極權主義（totalitarian），和無條件地對其領袖金日成懷抱宗教忠誠（cultish devotion）。北韓自外於外部世界，發展自己的主體思想（juche）哲學，在蘇聯瓦解後陷入極端貧

100. Chirot 1996; Courtois and Kramer 1999.
101. Glenny 2000.
102. Murray 1997; Boothroyd and Pham 2000.

困。一九九〇年代初，北韓受大饑荒打擊，造成一百萬人喪命，數百萬人殘弱或失去能力。在所有被認定為馬克思主義的國家中，北韓是第一個領導班子具有皇室意味者。金日成死於一九九四年，權力落在其子金正日手中；金正日於二〇一一年死後，權杖則交予其子金正恩。[103]到了此時，作為主要意識形態的已不是馬克思主義，而是對金氏家族的神聖崇拜。

更荒誕的是柬埔寨共產黨「紅色高棉」（Khmer Rouge）在一九七五至一九七九年間短暫、殘暴地統治該國的例子。在這段時期，被他們殺害、餓死的人大約占總人口四分之一，與共產主義鄰居越南開戰，在越南入侵柬埔寨時遭到推翻。推動這場窮凶極惡事件的觀念不是馬克思主義，而是一種極端的毛澤東思想。紅色高棉追求一種總體的社會工程，背棄現代工業、清空城市、消滅知識階層、進行大屠殺，在比例上甚至超過史達林與毛澤東所為。他們的意識形態結合了許多要素：包括歪曲的歷史（最初由法國歷史學者植入其心中）、如納粹版本一樣極端的種族優生學（racist eugenics），以及對一種原始共有生活的讚賞——消滅家庭，讓所有人如奴隸般在田野勞作。[104]我們可以猜想，馬克思和恩格斯，或在此議題上的列寧和史達林，對一個宣稱是共產主義，卻拒斥城市生活、工業、現代科學、識字能力和所有智識追求的屠殺體系（genocidal system），都會認為它粗鄙可惡。

那二十一世紀呢？在一些地方，如尼泊爾、印度東北最貧困的若干地區、仍有祕魯共產黨光明之路（Shining Path）餘黨的祕魯山區，和其他一些相似且陷入絕望的落後地方，以共產主義為名的暴力運動依然存在。然而，他們幾乎全為毛澤東主義者，而非馬克思主義者。在拉丁美洲和其他地方，也有許多自稱為社會主義的政權。但這些政權多趨向民粹主義（populist），有著國家中心的經濟體，敵視世界資本主義體系，與馬克思主義干係不大。

凡此種種，是否意謂馬克思主義最終到了垂死彌留之際？不，並非如此。馬克思的觀念不僅持續引起討論和爭辯，還喚起奉獻和信念，特別是在知識分子之間。

馬克思主義的持續遺產

迄今為止，我們已考慮了馬克思的觀念及其在政治、社會、經濟等領域的影響。我們可以輕易給出此焦點的正當性。在這些領域，馬克思的觀念直接涉及上億人的生活，改變整個社會的本質，和現代世界的政治特質。將一些最大、最專制的國家，大規模且全面地轉化成馬克思主義的心臟地區，肯定可躋身現代最壯觀且具毀滅性的實驗之林。馬克思主義最終瓦解與失敗了，但這不表示我們無須理解這個問題：一個純粹的智識建構，如何贏得這麼多追隨者、具有這麼戲劇性的影響？

前面徵引過的法國政治哲學家雷蒙・阿隆，曾嘗試解釋何以這麼多知識分子都受到馬克思主義的吸引。以他饒富機智的話來說，它何以成為「知識分子的鴉片」（"the opium of the intellectuals"）。其中便有我們提過的因素：為受辱者（他們會被拯救，卑劣者則落入地獄）進行正義復仇的基督教主題；物質豐饒的應許，即為了所有人的福祉，使現代的生產力得到恰當控制（而非為少數的貪婪菁英所壟斷）；以及貌似一種理性科學的吸引力，理解此科學者有資格成為「專家」（"experts"），理所當然應位於轉型的風頭浪尖，帶領人類走向其黃金時代。對希望成為自己社

103. Lankov 2013.
104. Kiernan 2008.

會之救星的知識分子來說，最後一點尤其有魅力。[105]

但雷蒙・阿隆關於馬克思主義之宗教面向的觀點，也有助於理解何以從貧農和被剝削勞工，到理想主義的資產階級和學術性格的思想家，如此形形色色的人都受馬克思的學說所吸引。在革命前的俄國、中國、越南、古巴、第三世界，以及抵抗法西斯主義或從外國占領中解放自身的地下運動，這都合情合理。馬克思主義許諾，無論來自國內或國外，壓迫終究不會得勝。它可以、也將會被推翻。如前所述，馬克思主義也提供了一條反西方、但同時又可正當地採用西方科學與科技的道路。

對雷蒙・阿隆和其他（特別是自由主義者）仍致力於啟蒙運動的諸般價值，批評馬克思主義的人來說，大哉問不是為何它在貧窮、知識分子不顧一切地尋求克服落後和殖民依賴（colonial dependency）的國家中有吸引力。神祕之處在於，為何這麼多有學問的西方知識分子，即使居安處泰、到了一九五〇年代已知悉史達林主義的可怕，仍信奉馬克思主義呢？追根究柢，馬克思主義的持續吸引力，和這一點有關：和納粹相似（後面章節將再行分疏），它是一種無神（godless）的宗教信仰，在世界多處（包括先進國家）遭到衝突、仇恨、暴力和不確定性摧殘的時候，哺育了對更美好未來的期望。知識分子（至少其中許多人）需要有個信仰，一個對無法實現的燦爛未來的期望。換言之，知識分子需要一個宗教，即便他們已不再信仰上帝。

在共產社會，馬克思主義轉變為一個呆板、公式化的要理問答（catechism），並隨時間遞進，成為榮耀這些政權政治領袖的反馬克思主義（anti-Marxist）媒介。但矛盾的是，在較自由的西方國家，從一九三〇年代直至一九七〇和一九八〇年代，它進入一段智識創造力繁盛的時期，不過從未取得多大的政治權力。在很大的程度上，馬克思主義的遺產進入一個新階段，一個集中在西方學術界的階段。例如在英國，偉大的歷史學家如霍布斯邦、E・P・湯普森（E. P. Thompson）和克里斯多弗・希爾（Christopher Hill），都豐富了關於過去的馬克思主義分析，並嘗試為共產主義的罪愆和失敗辯白，即使承認它們確實發生。[106]不只英國，在歐洲各處以及美國，馬克思主義的社會科學、哲學和文學研究也有大量追隨者，即使史達林和毛澤東式壓迫的駭人結果已廣為人知。新馬克思主義運動並未多談史達林的罪愆。相反的，資本主義創造之不平等、經濟大恐慌顯露的資本主義失靈、現代科技造成的巨大破壞力和非人性化（dehumanizing）影響，以及消逝中的殖民主義帶來的某種不正義（injustice）……對這些問題的強烈擔憂，引發對西方定義之進步（progress）的深刻不滿，渴望不同的替代方案。在東歐，一九六〇和一九七〇年代反共產主義的年輕人、尤其是學生抗爭者，甚而利用馬克思主義和可能出自毛澤東思想提出的許諾，來要求革命性的變化。

在西方世界更為重要的，是一九六〇年代的社會動盪。幾乎所有先進國家（從法國到美國到日本）都經歷了一陣突發的學生抗爭，意在對抗政府、企業力量、帝國主義、消費主義（consumerism），以及被認為在精神上腐敗的制度性宗教（institutional religions）。對美國參與越戰（一九六〇年代初至一九七五年）及其種族主義（racism）文化的譴責也是一個主要因素。遍及西方、日本和許多第三世界國家的學生運動，成為美國傲慢的對外政策、軍事力量和企業財富的狂熱批評者。

這些運動有助西方馬克思主義的復興，但不是共產政權或政黨的馬克思主義。它呈現一種更智

105. Aron 2002, 203–4.
106. Hobsbawm 2002.

識化的型態，某種程度上來說，與馬克思早期的人道背景和見解一致。新馬克思主義從法國存在主義（existentialism）和德國法蘭克福學派（Frankfurt School）的著述中汲取靈感；後者是一個哲學家和社會理論家群體，拒斥傳統共產主義對「無產階級革命」（"proletariat revolution"）的堅持，轉向分析社會實體（social reality）、集體意識（mass consciousness）和個人。這個聚焦於從多學科角度（multidisciplinary）控訴西方社會的新馬克思主義，在一九六〇年代迅速成長，及於一九七〇和一九八〇年代。當時，它因兩個要素進一步擴張和智識化：法國的馬克思主義哲學，特別是阿爾都塞（Louis Althusser）和傅柯（Michel Foucault），以及重新發現義大利共產主義者葛蘭西（Antonio Gramsci）的作品。這些思想家都傾向回歸馬克思和恩格斯的著述，透過仔細的詮釋性閱讀以獲取洞見。對新馬克思主義者來說，正如馬克思所暗示的，種種壓迫形式在社會環境各處起作用，甚至以最精細微妙的方式出現。它們不斷在教育、媒體、大眾文化、廣告及其他領域進行再生產（regenerated）。馬克思關於「生產模式」的概念因此得到修正，其唯物主義擴大，以至於包含所有形式的論述（語言、圖像、藝術、知識）和公民的日常行動。[107]

這些觀點不難與從反文化（counterculture）中出現的其他運動交流，如女性主義和環境主義（environmentalism），以及社會科學和（最要緊的）人文學。新馬克思主義對大學有著尤其深遠的影響：在一九六〇和一九七〇年代被其見解說服的學生和年輕學者，後來支配了下個世代的許多學術領域。[108] 後現代主義（postmodernism）的很大一部分也源自這裡，其各式各樣智識潮流在世界各地的大學中已得到認證，包括美國。[109] 在這個或稱之為新馬克思主義的轉向中，以上所述者都不承認自己與蘇聯和毛澤東共產主義的暴虐有任何關聯。

但從歷史來看，此處的情況有些曖昧不清。東尼・賈德（Tony Judt）分析二次世界大戰後法國知識分子對馬克思主義的強烈支持，指出重要作家如沙特受到革命暴力（revolutionary violence）所吸引，視之為拒斥資本主義文化、找到解決不平等與壓迫之答案的一個方式。赫魯雪夫於一九五六年譴責史達林的罪愆，蘇聯又鎮壓匈牙利（一九五六）、特別是捷克—斯洛伐克（一九六八）的改革運動；自此之後，對蘇聯的幻想開始破滅，沙特和其他人轉向毛澤東思想和暴力的第三世界主義。到了一九七〇年代初，在一九六八年五月由年輕人自發領導的「革命」失敗後，對暴力的呼聲減退了。法國馬克思主義知識分子從街頭的革命行動，轉向文學理論和文化分析。[110]這是馬克思主義在今天的主要盤據地。

那未來呢？我們應將此問題分成兩個不同但相關的部分。這讓人想起史達林、毛澤東、波布（Pol Pot）和卡斯楚的政治面，以及包含眾多面貌的新馬克思主義（neo-Marxism）的理論面。

馬克思主義的政治體系，就像正統的馬克思學說，在二十一世紀的最初十年中，並不受到未來的歡迎。但完全不考慮其捲土重來的可能性，可謂目光短淺。上個世紀的黑暗篇章已傳達一個警訊：對那些需要一個模板來建立更美好、公平和烏托邦未來社會的人，馬克思主義的觀念仍有吸引力。尤其對那些想將其信仰融入科學、有著對個人拯救的準宗教（quasi-religious）渴求者，馬克思主義提供了一個關於救贖的末世應許。在巨大社會和經濟壓力的時代，面對看起來山雨欲來的混

107. Bottomore 2002; Jay 1986.
108. Fink, Gassert, and Junker 1998.
109. Manuel 1995, 203–4.
110. Judt 1992, 275–319.

亂，極端右翼與極端左派都會有所斬獲。就極端左派來說，馬克思主義仍是首選理論，至少某種修正型態的馬克思主義。它攻訐過度自由放任資本主義的不平等，解釋週期性的經濟危機，允諾提供解答，並主張一種估量最終歷史必然性的手段。

最後，隨著共產主義的悲劇和創傷結果逐漸褪至歷史記憶與逝去的世紀，其稜角被磨平，其可怕程度也降低。有證據顯示，當缺乏足相抗衡的工會與政府力量，不受節制的資本主義會導致日益增長的不平等。這在美國看來已是進行式，也非常可能見諸其他進步的資本主義社會。[III]再次轉向馬克思所應許之事，是一種誘惑，可能不用多久，此誘惑便會找到一片沃土。

馬克思的理論包含啟蒙運動眾多的美好與危險。他尋求科學的精密性，理想化進步之為物，並希冀解放人類。但他對不公不義的憤怒和其烏托邦觀點相結合，導致一整套有如噩夢、最終失敗的政治體系。他闡述一組有關支配、革命和世俗拯救的觀點，自產生以來便成為現代想像中不可或缺的一部分。這些觀念可見諸以下場合：憤怒控訴那些剝削一個或更多階級的人；以及認為社會需要激進變化，以建立一個更平等的秩序，讓事物走上更公正之途。即使今天，連結革命與解放的觀念，都有顯著的馬克思主義傾向，無論它們是否涉及工人。為了利益（包括經濟、政治、審美、文化、性別）濫用人民，會招來馬克思主義對不公不義處境的憤怒之情。但憤怒從頭至尾都和剝削一樣切中旨趣。無論現在或未來，我們都無法把馬克思主義的感知能力，與催生它的狂怒加以分割。因此，我們不要過快地假定，今天那些似乎跟不上潮流的知識分子所操持備用（in reserve）的馬克思主義，在政治上毫無未來可言。它確實有之。

III. Piketty 2014.

第三章

達爾文：觀念世界的奮鬥與選擇

由於生存奮鬥，任何變異，無論多麼微小、不管什麼原因，若在任何程度上對物種的個體，及其與其他生物和外在自然的無限複雜關係有益，此變異將使個體得以存續，且一般而言由其後代繼承下來。

———達爾文，《物種起源》（*Origins of Species*）

達爾文的一生並未如其所想。他生於一八〇九年，是個傳統、和善的維多利亞時代（Victorian）紳士。他時常抱病在床，與自己的表姊結婚，年紀不甚大便退休，和家人居於倫敦附近的鄉間別墅，並忙於我們所能想像之最沒威脅性的生物：鴿子、藤壺（barnacles，編按：一種甲殼類動物）、蚯蚓和蜜蜂。但他帶來一個理論，將生命世界視為一個變化和死亡的無止境過程，最後摧毀了數世紀以來的信仰，即宇宙是由仁慈的上帝所創造，由神意制定，亙古不變。尤有甚者，讓達爾文得享大名的《物種起源》，為關於存在意義的現代衝突（可能永遠無法解決）設立準則；《物種起源》也給予世界一組觀念，讓其他人得以進行改造，以重新定義人類社會的目標和驅動它的制度。

達爾文其實意不在此。他是個謹慎的人，平靜地生活，參加不定期的科學會議，躲避公開辯論，讓別人去捍衛其觀念，尤其是怒氣沖沖的赫胥黎（Thomas Henry Huxley）。他絕對不是一個愛出風頭的鎂光燈學者。足足二十年的時間，他對撰寫和出版其傑作《物種起源》躊躇苦惱，這可能是因為他的完美主義特質，和擔憂該書將帶來的衝擊，尤其是對他虔誠妻子艾瑪（Emma Wedgwood）的可能衝擊。友人如地質學家萊爾（Charles Lyell）還得在最後一刻說服他完成作品：當時一位年輕研究者華萊士（Alfred Russell Wallace）提出一個幾乎相同理論的消息，已從馬來西亞來到其門前。也就是說，達爾文的溫文爾雅，差一點將其發現的創舉拱手讓人。一八五八年七月十一日，達爾文和華萊士的想法在研究科學的倫敦林奈學會（Linnaean Society）公諸於世，但達爾文本人沒有出席；他在哀悼死於猩紅熱的兩歲兒子查爾斯二世。[1]

許多人說，就我們對生命的理解而言，那一天標誌了新紀元的開端。這個說法雖可能誇大現實，就概念來說並沒有錯。超過一個世紀以來，人們認為達爾文的著作是一個歷史轉捩點。他的發現中究竟有什麼東西具備如此力量？[1]為何經由天擇的演化，被稱作「至今最偉大的一個觀念」？簡言之，達爾文改變了「自然」（"nature"）與「人」（"human"）。他做到了，而且是透過勢不可擋、甚至（一些人仍做此想）激烈的方式為之。關於他所寫的東西，達爾文並非真的開山祖師，絕非如此。演化和適應（adaptation），甚至人與猿類在生物學上有關聯的假設，在他之前都已有人提出。[2]但他編結這些觀念，織就一張宏大、具解釋性邏輯（explanatory logic）的掛毯，並加上天擇與共同起源（common descent）的新概念。最重要的是，他藉由科學的印信（imprimatur），給予這些觀念和演化本身一個終極權威。在維多利亞時代，科學博得難以言喻的敬意尊重。

在十九世紀中葉（達爾文的時代）以前，物種（species）是一個出奇靜滯世界中的固定實體，人類是種極其特殊的生命型態，社會則按神的計畫展開。在達爾文之前，存在巨鏈（Great Chain of Being）是主要的生命觀，萬物根據神命有其位置，是種沒有任何裂隙的輝煌等級分類。最重要的是，在達爾文之前，自然揭示了主動、慈愛的上帝之手；祂為了人類的喜悅和教誨，讓天地萬物（Creation）成為一個無窮之美與秩序的領域。在達爾文之後，這些想法全都失去支配力。在公眾之間，巨鏈的連結被擊個粉碎。物種是不斷變化有活力的實體，人類只是其中之一。自然不是各種型態與意義最後的輝煌匯聚，而是一個奮鬥和（對科學來說）發現的領域。如今日一般，宗教信仰仍然存在，但已然不同。因此，「達爾文革命」（"Darwinian revolution"）的說法完全合理。[3]其勝利

1. Browne 1996.
2. Bowler 2009.
3. Ruse 1999.

並非突如其來，也不能僅歸功於達爾文一人，但其衝擊卻著實肇因於此。

對這個革命來說，達爾文不可或缺，但並非其唯一來源。如我們在前一章所述，啟蒙運動對上帝在人類事務中扮演的角色，提出了嚴肅的質疑。化石的意涵和地質時間深度的概念，已敲開造物（作為一個不變、仁慈的宇宙）的裂隙。從十八世紀初到十九世紀中，博物學家（naturalists）得出的結論，讓神聖秩序（divine order）的概念，必須為變化的現實騰出空間，並使人越來越難相信《聖經》字字為真。然而，達爾文的觀念給此神聖計畫威風凜凜的最後一擊。儘管值得讚嘆，自然失去了神聖廣廈（sacred edifice）的特質，轉而成為一個為了存續和繁殖的無盡衝突。生命變成一個沒有任何清楚和最後目標的物質過程，一個「沒有設計者的設計」。[4]因為自身思想和兩個孩子之死，達爾文的宗教信仰黯淡不清；對他本人來說，這些觀念實際上並未從生命的燦爛中剝奪任何一丁點東西。相反的，達爾文曾說其觀念將自然從「超自然目的」（"supernatural meanings"）中解放出來。但對其他許多人來說，這個新的宇宙是一艱難、嚇人和無法接受的場所，是個對傳統信念不友善的國度。達爾文的觀念毫不含糊地改變了世界的意義。

因此，尤甚於亞當・斯密和馬克思，一些人認為達爾文標誌了前現代（premodern）與現代間清楚、尖銳的界線。[5]究諸實際，這有點誇張，但也沒有大錯。和其他這些人的思想一樣，達爾文觀念的影響不斷向外盤旋擴大，遠超過他本人所能想像。幾乎所有學科的人類知識，最終都得透過實質的方式，回應這個新的達爾文世界。早在一九〇〇年以前，所有主要的世界語言都有其版本的達爾文著述，改編和真正的翻譯一樣常見。這些作品的文字意在告知、震駭、動搖，甚至改造遙遠的文化和歷史情境。如果這些作品在時間洪流中改變了世界，那世界也往往回過頭來改變這些作品。覺得這些作品有用的，不只是科學家和政治人物，還包括經濟學者、作家、意識形態擁護者和革命人士。然而，如果演化得到特別廣泛多樣的接納，天擇說在一開始則經歷了艱難時光，尤其在科學領域。從一九三〇年代起，當它最終成為生物學核心要素，便不斷有激烈辯論，環繞它究竟有多重要，以及在多大程度上，它可以作為解釋人類行為的方法。

生物決定論（biological determinism）在十九及二十世紀初廣泛流行。它在達爾文之前便已存在，比如關於種族的概念。許多思想家利用達爾文，支持優生學的「科學」，以及支持不同群體、社會階級、族群，甚至國家間的「競爭」（"struggle"）乃自然與不可避免的信念。[6]說到底，達爾文名著的副標題，難道不是「在生存奮鬥中保存**偏好**的種族」（"The Preservation of *Favoured* Races in the Struggle for Life"）嗎？他不是提供基礎，辨識哪些人「適合」和「不適合」，並推而廣之辨識優越和低等的人嗎？他難道沒有辨別哪些人應鼓勵生育，而哪些人不該嗎？他不是區分會「榮耀其種」（ennoble the race）和會褻瀆種族的人嗎？這是從達爾文唐恩故居（Down House）的花園，通往奧斯威辛（Auschwitz）毒氣室的一條漫長、曲折的道路。

《物種起源》問世的兩年前，達爾文向一位朋友表達如是意見：「你問到我是否應討論人類。我想我應完全避開這個主題，因為它被成見所團團圍繞。」[7]誠然，這番話既有先見之明又相當諷刺。先見之明在於，他的著作會被人透過成千方式所利用，進而促成同樣多的偏見、制度、法律和

4. Dennett 1995.
5. Himmelfarb 1959.
6. Alexander and Numbers 2010; Ruse 1999.
7. Darwin 1887, vol. 2, 109.

行為。諷刺之處也正在於此：受達爾文觀念影響最深者正是人類。他再怎麼嘗試也無法逃離「人類」（"man"），他也旋即放棄嘗試。在環繞《物種起源》的激烈喧囂辯論後，達爾文很快地寫了兩部續作《人類的由來》（*The Descent of Man*, 1871）和《人類與動物的情感表達》（*The Expression of Emotions in Man and Animals*, 1872），直接把人類與有機自然（organic nature）相連結。但二者沒有也無法取得《物種起源》那樣的衝擊。關鍵變化已然發生。今天的讀者仍會回到《物種起源》，希望找到一些至關重要的東西。和其他科學著作不同，因為《物種起源》論調優美，並提供這一切如何開始的徵兆，人們至今仍持續閱讀該書。

維多利亞時期的科學：《物種起源》的脈絡

達爾文的成功，深深仰賴他從別的思想家（包括科學家與非科學家）身上採納的諸般觀念。若不考慮此脈絡，吾人將無法真正理解達爾文思想的力量，因為它會告訴我們，科學與社會何以準備好抓住這個思想的特定部分，使其為別的抱負服務，並透過如此眾多的不同方式加以應用。事實上，維多利亞時代開始的許多辯論仍持續至今。因此，從達爾文成長的十九世紀前半的英格蘭說起，是合情合理的。

在當時的英格蘭，社會變遷的迅速前所未見。從一八〇〇至一八三〇年，僅一個世代的時間，四處傳布的工業化已製造出一個侷限在工廠、麵粉廠、礦場、街頭，為貧困和不安所限制的龐大工人階級。它帶來一個擴張中的中產階級，渴望安全與進步的徵兆，法國大革命造成的混亂及其後的拿破崙戰爭，則讓他們深感威脅。年輕的法國政治社會學家、歷史學家托克維爾說，英格蘭是塊有著「兩個相抗衡國度」（"two rival nations"）的土地，即富人與窮人。這個意象為未來首相迪斯雷利（Benjamin Disraeli）採納，用在自己的小說《西比爾（兩個國家）》（*Sybil, or The Two Nations*）中。這本小說於一八四五年問世，恩格斯的《英格蘭工人階級狀況》（*Condition of the Working Class in England*）也於同年出版。物質進步並未減緩或停止，而是持續加速，為下個世代帶來更多變化，排除任何平靜或庇護。達爾文出生時，多數人還住在小鎮和村莊，於田地工作，在壁爐烹煮，且不會去旅行。半個世紀後，當《物種起源》於一八五九年問世，英國已有許多城市，麵粉廠日以繼夜地運作，炭爐（coal ovens）相當普遍，對於有辦法的人來說，搭乘舒適火車到鄉間旅遊的票價不算太貴。全國有了上千哩的鐵道，前所未有地把國家編織起來，讓其商品、影響和公民得以四處流通。[8]

對新時代的種種回應相當複雜。許多啟蒙信念仍屹立不搖，但其他一些則蒙上不確定性。需要更多政治自由的想法，在某種程度上被洶湧的繁榮所消滅：英國製造的商品支配了歐洲貿易，工業生產在國內創造新的豐饒，把價格壓低，催生出第一批大眾市場（mass markets）。但工人的工資與收入並未跟著提高。當中產與上層階級取得進展，勞工的貧窮卻未稍減，不滿也持續增長。我們可以觀察此點，來總結整體混亂的程度：當自由放任經濟得到廣泛支持，狄更斯描繪英國社會殘忍面的小說也廣受喜愛。將這些要素連結在一起的，是對進步力量的信仰，相信它能改善處境，使社會更符合主宰個人與國家進步的自然法則。

8. Mitchell 1996.

「進步」是該時代的一個基本概念，從政治與經濟到社會理論和藝術，體現在許多領域。它從啟蒙運動關於社會（從野蠻到文明）和人類心靈（從迷信到理性）的自然發展，汲取可觀的靈感。自然在這個偉大開展中發揮作用的觀念，讓有機體演化的概念無可避免地發揮作用。進步不僅成為一個哲學觀念，還讓英國人反思他們蒸蒸日上的情勢，以及對後代和國家的期望。[9]但這個概念並非全然穩固。在一個命定的世界中，宗教信仰仍然存在，影響一部分群眾、學者甚至若干科學家；福音派（evangelism）的宗教復興浪潮則反對所有變化或演化的觀念。與此同時，延續至一八三〇年代末的浪漫運動（The Romantic Movement），透過訴求私人情感與神祕主義（mysticism）以反對工業主義（industrialism）理想，並歌頌個人與英國優異的自然環境，也增添了困擾。受教育的階層多避開宗教激情，但汲取浪漫主義對鄉村質樸的鄉愁，即便他們其實沉浸在藝術、書本，以及種種最先進的觀念中，尤其是科學觀念。伴隨牛頓的成就，以及「世界工廠」（英國在當時以之聞名）傾瀉出的科技奇觀，科學取得並持續獲致巨大的權威地位。作為不斷擴張、關乎物理現實的真理領域，它可以被應用至地球、生命、人類和社會。那些廣泛使用的語彙，如達爾文自己會用的「自然的經濟」（“the economy of nature”，即生態學），清楚顯示他如何詮釋社會經濟與科學間的關係。在一八五一年倫敦的萬國博覽會（Great London Exhibition），著名的水晶宮（Crystal Palace）中充滿無數發明，其開放園地則展出首批實體大小的恐龍模型。超過六百萬來自歐洲首都的人到此參觀，見識人類創造力可以造就的奇觀，以及自然創造出的可怕且不凡的事物。[10]

就科學專業化的角度來說，維多利亞時期是至為關鍵的時代。當達爾文於一八三一年在普利茅斯（Plymouth）港登上小獵犬號（Beagle）啟航時，「科學家」（“scientist”）一詞還不存在。他五年後回來時已經有這個詞，由博學的惠偉爾（William Whewell）於一八三三年所發明。在這個時候，博學的研究人士主要仍由紳士調查人員（gentlemen investigators）擔綱。他們在家中或大學中的小區域工作，購買或製作自己的設備，時常以將就湊合或獨創的方式分析標本。他們之中的多數人，特別是研究自然史（natural history）者，是受過任命的牧師。但在一定程度上，他們也是唯物主義者（materialists）。他們非常贊同實驗行為、使用顯微鏡、肯定精確觀察的價值。單純的描述和分類已不再足夠。新的核心目標，是研究結構與功能，測定過程與原因。最重要的是，真正的獎勵是尋找統治自然世界的「法則」（"laws"）；天文學家赫歇爾（John Herschel）在其著作《自然哲學研究初論》（*A Preliminary Discourse on the Study of Natural Philosophy*，出版於一八三〇年）中闡述此目標，此書則對達爾文產生深刻影響。[11]

在接下來的數十年間，科學在發現（discovery）方面取得極大成就。一批成群結隊、貨真價實的傑出人物，如威廉・布克蘭（William Buckland）、漢弗里・達維（Humphry Davy）、法拉第（Michael Faraday）、威廉・湯姆森（William Thomson），因為自己的作品而聲譽卓著。他們之中許多人扮演了公眾知識分子，弘揚科學的重要性。達爾文於一八八二年離世時，與今日專業化科學相關的眾多面向已然浮現。研究者創立了科學學會、期刊、座談會，並經常為政府進行服務性計畫（service projects）。雖然在更大規模知識階層中所占的比例不高，他們卻得到大學職位、有儀器設備的實驗室、執行研究工作的資金，以及在公眾場合演講的機會。達爾文在世的時候，「自然哲

9. Hoppen 1998.
10. Auerbach 1999.
11. Lightman 1997; Browne 1996.

學」（研究物理宇宙）和「自然史」（描述現象）的領域開始瓦解。旋即代之而起的是「自然科學」（"natural sciences"），如物理學、化學、生物學、地質學。[12]不過，一個關鍵遺產依然存在且至為重要。和達爾文一樣，那些在自然史的遲暮之年對其進行研究的人，出入於後來的地質學、古生物學、植物學、動物學之間，其研究涵蓋地球上的有生命與無生命領域。因此，他們會無可避免地追問這兩個領域間的關係，以及此關係究竟是固定還是變動不居。

在達爾文成學的時代，科學家在另一個領域上仍忠於過去，即寫作。雖然技術性期刊已存在一段時日，維多利亞時代的科學家卻是透過書籍做出主要貢獻。他們是作家。這意味著既要吸引同行，也要吸引工業繁榮創造出的廣大讀者群。地質學和自然史著作常常賣得跟通俗小說一樣好，甚或更佳。[13]就達爾文的出版者約翰・莫瑞（John Murray）看來，在一八五九年，狄更斯的《雙城記》（*A Tale of Two Cities*）是《物種起源》的主要競爭者。[14]此外，科學與有教養的論述（educated discourse）間，其邊界是流動的。如惠偉爾和赫歇爾這樣的作家，會在其著作中加入來自哲學、宗教和拉丁文經典的素材，而沒有任何冒犯意味。寫作風格也反映此開闊性。最能言善道的科學家，可以藉許多複雜的修辭要素寫出很長的論證，範圍從小說風格的軼事和詩意的措辭，以至戲劇化隱喻和譏刺性的評論。和今天科學的灰暗色調不同，維多利亞時代的研究者有完整的調色盤和鮮明的文學技巧可供運用。達爾文在其中當然是出類拔萃，但就此點來說，他並非原創的或開山始祖。[15]

達爾文時代的生命觀與演化觀

甫問世時，達爾文演化論必須和許多占據統治地位的生物（organic existence）觀念競爭，[16]其中包含我們今天認為宗教色彩明顯的要素；但在十九世紀初，它們被視為科學的一部分。最主要的例子是「自然神學」（"natural theology"）。它試圖運用理性和觀察自然，證明造物主和神聖秩序的存在。在英格蘭，此理論的最佳闡述者是威廉・佩利（William Paley）的《自然神學》（*Natural Theology*, 1809）。此書初版於一八〇二年，極受歡迎，是十九世紀前半有教養者必讀的書籍，迄一八〇九年已有十二版。它對達爾文的影響，在於其細緻精確的描述、暢達的文風，以及同樣重要、這樣開始的「長論證」（達爾文如是說）：

> 假設在穿過荒地時，我讓自己的腳槓上一塊石頭，並被問到石頭怎麼會在那兒；我可能會回答，就我所知，它一直在那……但假設我找到一隻錶……我不大可能想到前面給的那個答案……（理由是）當我們檢視這隻錶，我們會察覺……它的許多組件是出於一個目的加以構造、拼在一起……我們認為，這個推理無可避免，即這個錶必然有一製造者，一個巨匠。[17]

佩利將上帝比擬為神聖製錶匠的隱喻，為已經適應工業主義機械奇蹟的讀者，提供一個精密關照所打造出的世界。考慮到手錶是日常生活的調節器，佩利暗示社會也有著秩序井然、上帝賦予的

12. Porter 1978.
13. Lightman 1997.
14. Browne 1996.
15. Beer 2000.
16. Bowler 2009; Ruse 1999; Hodge 2008.
17. Paley 1809, 1, 4.

規則——從政治上說，這個觀點很有吸引力，因為它支持穩定的等級階序，而非社會騷動或革命。

在專業科學人中，有人接受自然神學，有人則認為它存在不少問題。自然神學主張，自然是靜滯的，生命型態固定不變，或只能透過造物主的手加以改變。此信念占據林奈（Carl Linnaeus）的心靈。林奈是瑞典的植物學與動物學家，在《自然系統》（*Systema Naturae*, 1758）中提出現代的植物命名體系。但這些信念被後來若干饒富影響力的博物學家所拒斥，如布馮（Georges Louis Leclere de Buffon）、居維爾（Georges Cuvier）和拉馬克（Jean-Baptiste Lamarck）。在一八〇〇年以前，人們便已廣泛接受化石是古代生物的遺跡。對此，居維爾是無與倫比的革新者。雖然布馮已揣想過滅絕（extinction）的可能性（並加以拒斥），居維爾才是達成此成就的人：憑藉動物解剖學的全面知識，他辨識已不在地球上行走的哺乳動物的牙齒和骨骼化石，說明牠們可能因為某些災難（catastrophe）而絕種（他的假設是，此即《聖經》說的大洪水）。這是個激進的觀念，並逼出一場變化。一旦建立起來，在一八〇〇年後的頭十年，滅絕成了任何關於物種及其起源理論中必不可少的要素。科學思考出現了一個決定性轉向：自然不可能變動不居，因為它有歷史。地球岩層的研究，也顯示出時間洪流中的變化。居維爾相信這一切變化都來自神的干預，布馮則在其甚富影響力的《自然史》（*Histoire naturelle*, 1749-1789）中，提出一個全然唯物論的歷史（沒有任何神的要素），指出物種可能隨時間「改良」（“improve”）和「退化」（“degrade”）。[18]

然而，第一個主張所有生物都是由更早型態發展過來的，是拉馬克的理論。在居維爾滅絕論的不過十年後，拉馬克出版《動物哲學》（*Philosophie Zoologique*, 1809），是布馮唯物主義之外的又一個激進飛躍。拉馬克認為，物種構造出一個複雜的進步階級，蟲與其他「簡單」（“simple”）的生物在最底部，人類在最上端，有機體則透過「衍變」（“transmutation”）向上爬（當時尚未使用「演化」一詞）。這涉及動物與植物為了適應環境，發生了變化，並將所獲得的變化，傳遞給其直接後代；如長頸鹿的脖子，可能就是不斷努力要取得高聳樹木上的食物所伸展出來的。環境是首要動因，而變化來得很快。把動物移到新環境，牠會進行調整，並將新近獲得的特質傳遞給後代。對居維爾來說，這般觀念不是無神論便是荒唐可笑。但到了一八三〇年代，這些觀念促使人進一步為生物型態會隨時間變化的想法背書，如傑出的醫師、博物學家、拉馬克的同儕與捍衛者聖伊萊爾（Geoffroy Saint-Hilaire）所為。聖伊萊爾寫道，「我的觀點是，只有一個創造的體系（system of creations），它不間斷地重新運作，往進步方向改善，並在周遭環境的全能（all-powerful）影響下，與之前的變化相結合」。[19]

所有這些作者，從赫歇爾和佩利到拉馬克和聖伊萊爾，都對達爾文產生早期影響；但帶來影響的不只他們。同樣重要的是偉大的博物學家和探險家亞歷山大・洪堡（Alexander von Humboldt, 1769-1859）。他在一七九九至一八〇四年間於中美與南美的遊歷，及記錄其經歷的多卷本《新大陸熱帶地區旅行記》（*Le voyage aux regions equinoxiales du Nouveau Continent*），譯為《個人記述》（*Personal Narrative*, 1805-1834）的作品，為達爾文自己的小獵犬號之行提供直接範本。達爾文也深深受惠於地質學家亞當・塞奇威克（Adam Sedgwick）和萊爾（Charles Lyell）。塞奇威克在劍橋教過達爾文，並培養其製圖和觀察技術。但萊爾不朽的《地質學原理》（*Principles of Geology*, 1830-1833），才是達爾文在五年小獵犬號航程中閱讀，對他產生最深刻影響的書（另

18. Rudwick 2007.
19. Saint-Hilaire 1835, xi.

一部便是洪堡的作品）。《地質學原理》是現代地質學的奠基著作。其核心理論是「均變說」（"uniformitarianism"），主張今日地球的漸變過程由過去運轉至今，創造出世界現在的樣貌。即便今天，此觀念在地球科學中仍有其地位。但對達爾文來說，帶來刺激效果的是萊爾關於物種的提問；我們也可看出何以如此。萊爾認為有必要探究這些問題：

首先，物種在自然中是否有一真實永恆的存在？或者，它們是否可以……在一長串世代相沿過程中無限地變化調整？其次，它們是否……最初來自許多相似的族類？或各自源於獨一的族類……？第三，各物種的存在時間，在多大程度上……因其對有生命與無生命世界狀態的依賴……而有所限制？第四，是否有證據，顯示物種在自然的常態進程中相繼滅絕的現象？又是否……時不時便有新的動物和植物被創造出來……？[20]

簡言之，這些是達爾文本人在《物種起源》中追索的主要議題：物種是真實的嗎？它們是否會演化？若然，它們是否有一共同祖先？環境扮演了什麼樣的角色？萊爾費了相當篇幅，來攻擊拉馬克的理論和其他演化觀念。萊爾雖然沒有把〈創世紀〉當成科學，並認為地質時間浩瀚廣大，他仍是個有神論者（theist）：地球需要一個造物主。在時間的萬古洪流中，小變化仍可產生龐大影響，他的觀念對達爾文的思想而言非常重要。

達爾文也從另一類思想家、完全不同主題的著述中，汲取一個關鍵概念。馬爾薩斯於一七九八年首次出版《人口論》（*An Essay on the Principle of Population*），點燃一場激烈辯論。[21] 馬爾薩斯是學問淵博的牧師，拒斥啟蒙運動描繪之秩序井然、仁慈的社會，主張歷史上的人口成長不會導向進步，反而會造成苦難與死喪。理由是人口增長遵循一個幾何模式，每數年會翻倍，超過糧食供給——糧食只能以算術速率（arithmetically）成長，每年有定量。所有生命型態「若得以自由（繁殖），將塞滿上百萬個世界」，將迅速耗盡所有資源。馬爾薩斯所創造的這種迫使個體間為了存續而競爭的「生存奮鬥」（"struggle for existence"，馬爾薩斯語），對達爾文而言至為關鍵。然而，馬爾薩斯是個道德主義者（moralist），認為死亡和苦難是改善所必需之物。人口只能透過饑饉、戰爭、疾疫、生育控制、獨身、貧窮等加以「控制」（"checked"）。窮人是其困境的主要怪罪對象，因為他們不願控制繁衍後代的欲望；他們不應得到工資提升或慈善的幫助，不然其荒淫將得到滋養，其數量也將進一步增長。關於這些觀點的若干討論，出現在達爾文晚期關於人類的著作裡，但不是為其背書。馬爾薩斯不是一位科學家，其著作也不被視為科學著述。但《人口論》仍假定出必須考慮的種種自然法則，尤其是「生存奮鬥」，因為它們有量化證據的支持。直到現在，馬爾薩斯關於社會本質、資源限制、倫理學正途等諸般結論，依然充滿爭議。[22]

最後還有斯賓塞，他甚至在《物種起源》出現前便開始利用「演化」來考慮社會。讓達爾文可能最為人所知的「適者生存」（"survival of the fittest"）一語，事實上是斯賓塞鑄造的。斯賓塞原為土木工程師，後來成為記者和通才，是名痛恨貴族特權和社會主義的自由至上論者。他在一八五〇年代初將拉馬克的演化觀點應用在人類事業上。為《經濟學人》工作的同時，他出版了《社會

20. Lyell 1830/1990, vol. 1, 1–2.
21. Malthus 1807.
22. Nekola 2013.

靜力學》（*Social Statics*, 1851），又從一八五〇年代後期以迄一八九〇年代，出版了長篇累牘的一系列相關作品，旨在通俗化生物學和心理學，創造一門社會學的科學，並概括自然科學的所有基礎知識。斯賓塞的野心不小。他是名孜孜不倦的作家，建立了巨大聲名。然而，在此有必要指出，他的演化觀念，和達爾文的全然不同（雖然後來也包含了若干達爾文主義的要素）。斯賓塞的演化觀念是一個持續「整合」（"integration"）的過程，是宇宙萬物的基礎，是無機和有機型態經由「集中」（"concentration"）和「消解」（"dissolution"）過程的一種開展。動、植物遵循這個線性階段，從簡單往複雜發展，或以斯賓塞的話來說，是從「同質到異質」（"the homogeneous to the heterogeneous"）。

斯賓塞認為，社會是自然的一部分。「它和胚胎的發展或花朵的綻放一道，是整體的一環」，因而是個整合的有機體，服從相同法則。[23]與此同時，進步是演化的社會型態。它也從同質前進到異質，從專制「好戰」（"militant"）的階段，進展到更加個人主義的「工業」狀態。斯賓塞主張，此進步「並非意外，而是必然」。[24]當國家達到「工業階段」，如歐洲和美國所為（世界其他地方則否），人類必須擁有近乎絕對的自由——消解菁英、除去所有階級限制的法律、抹除所有為了窮人的政府救助、廢止所有領域中任何「立法操弄」（"legislative meddling"）的暗示。這樣一來，自然的不變原理可以繁榮綻放，並指引人類如何適應這個新的存在狀態。隨時間遞移，「和教育文化中取得成效一樣……人類的官能必定會改易，以完全適合這個社會階段」。[25]達爾文對這些看法並非無動於衷。每個新世代可以將其改善之處傳遞給後代（以拉馬克的方式），並因此使能力多樣化、擴大幸福。對維多利亞時期那些不確定未來將如何的人來說，這是個令人安心的哲學。若說有什麼黑暗面，那便是國家在干涉社會的自然走向。

因為和演化有關，在《物種起源》問世後的數十年間，斯賓塞的觀念錯誤但有效地與達爾文的名字結合在一起。這毫無疑問可以理解。達爾文自己也為這種混淆推波助瀾：他在《物種起源》的後來版本中，採用了斯賓塞的「適者生存」一語。十九世紀結束前，人們錯誤地稱斯賓塞為「達爾文主義者」，這是又一個至今依然的錯誤。兩人觀念有部分匯合，增強人們採納斯賓塞政治聲明的傾向，彷彿它們來自達爾文的科學觀察（肯定不是）。事實上，斯賓塞的觀念取得巨大影響，被用以支持小政府（minimal government）主張，涵蓋範圍從經濟到我們稱作「社會服務」（"social services"）的所有事物。[26] 其線性發展的人類社會觀，也給予殖民信念許多正當性，相信那些會幫助「落後」人民前進至歐洲標準的政策。

在十九世紀最後四分之一的時間中，斯賓塞橫掃了整個英語世界、歐洲多處，以及如日本這般遙遠的國度。但其影響力最強大的地方莫過於美國，斯賓塞在美國受人尊敬，有如時代之音。[27] 亨利・亞當斯（Henry Adams）在《亨利・亞當斯的教育》（*The Education of Henry Adams*）中這樣描寫一八七〇年：「進步的太陽從未這麼金光閃閃。從低至高的進化像傳染病一樣風行。達爾文是最進化世界中最偉大的先知。」[28] 亞當斯弄錯了——盛大堂皇地把演化帶到美國社會的不是「達爾

23. Spencer 1851, 65.
24. 1851, 65.
25. Spencer 1851, 65.
26. Taylor 1992.
27. Werth 2009.
28. 1918, 284.

文」，而是被人們視作其信使的斯賓塞。

達爾文何許人也？他果真說過了什麼？

達爾文生於一八〇九年，時值工業革命初期。他的家庭富裕，長成一個幸福、備受關愛的孩子。其父羅伯・達爾文（Robert Waring Darwin）是名成功的醫生，其母蘇珊娜・威治伍德（Susannah Wedgwood）則是以陶瓷生意聞名的約書亞・威治伍德（Josiah Wedgwood）的有錢孫女。羅伯・達爾文的父親是自由思想家、醫師和演化論者伊拉斯謨・達爾文（Erasmus Darwin）；他在達爾文出生前便已不在人世。如達爾文在其《自傳》（*Autobiography*）所說，科學在任何時候都未曾遠離。他早年待在舒茲伯利（Shrewsbury），一個倫敦南方（south of London）二十哩〔達爾文原書的描述似乎有誤〕、綠葉茂盛的鄉村小鎮，在那個地方，釣魚、打獵和探險是他那個階級人士的共同追求。還是個男孩時，達爾文便勁頭十足地探索鄰近的田野和林地，成為一名無法自拔的標本收藏家，和對自然書籍求知若渴的讀者。[29]但他的童年並非完全如田園牧歌般安樂。他只有八歲時，母親因疾病或仍舊成謎的狀況而去世。事實上，達爾文家族有個黑暗面：他的祖父伊拉斯謨・達爾文目睹其第一任妻子死於肝硬化，和其長子伊拉斯謨二世（Erasmus II）自殺身亡。達爾文的父親羅伯脾氣粗暴、身軀龐大——他有一百八十七公分（六呎二吋）高，重達一百五十二公斤（三百三十六磅）。但這些似乎都沒有深刻擾亂這位未來地質學家暨生物學家的清醒時光。母親死後，達爾文在三個姊姊關懷備至下長大。但在精神上，他可能飄移不定，在姊姊們可敬的英國國教基督信仰，和其父的自由思想無神論之間拉扯。

達爾文不是一個表現傑出的學生。古希臘文和拉丁文讓他感到無趣，醫學嚇壞了他，神學對他來說無甚重要。但他是個特別出色的地質學、植物學、動物學和自然史學習者（時常透過自學）。從他的世界之旅（一八三一－一八三六）回來後，達爾文與親表姊艾瑪於一八三九年成婚，並於三年後和妻子一起移居至肯特郡（Kent）的唐恩（Down）村，距倫敦約十六哩。達爾文在這個和其童年時光有著類似鄉村風情的地方居住、工作，直到一八八二年的生命末了。他為妻子和八個孩子（另有兩人於襁褓中死去）深刻奉獻，也花很多心思在自己的花園上（他常在此散步以沉思其作品）。出於對虔誠新教徒妻子的敬意，直到鍾愛的女兒安妮（Annie）於一八五一年令他肝腸寸斷的離世之後許久，達爾文才開始稱自己為「不可知論者」（"agnostic"，其友人赫胥黎鑄造的詞）。達爾文在當時寫道，「我們失去了家庭之樂，和我們老年的安慰」。他一直沒有從這個可怕的打擊中完全復元。喪禮之後，他不再上教堂，停止參與所有宗教活動。

達爾文的父親希望他像前面兩代的家族男性成員一樣當醫生，並把他送到愛丁堡大學。但十六歲時，達爾文目睹兩場非常糟糕的手術，其中之一是小孩的手術，並自此以後遠離醫學。不過，在愛丁堡這所歐洲優秀大學的時光，讓他得以接觸進步的物理科學，並有機會在饒富地質出露（geologic exposures）和鄰近海洋生物的地區追求自然史。達爾文於十八歲時離開蘇格蘭，進入劍橋大學，在父親執意要求下，以牧師為目標進行學習。這是個莊嚴的職務，為進入自然的領域提供了大量時間。達爾文在劍橋待了三年。他對生物學和地質學的興趣於此盛開，並體驗了菁英的智識團

29. Browne 1996.

體，結交多位教授，其中之一是植物學家約翰・韓斯洛（John Henslow）。韓斯洛為達爾文提供了一生中最好的一次機會：搭乘女王的十門炮雙桅帆船小獵犬號繞行全球。

達爾文作為科學家和作家的天賦於二十二歲時萌發，在航程中茁長成熟。海軍部（Admiralty）原先計畫的，是完成南美洲南部考察的兩年期任務，但後來變成一個為時五年的科學探險，達爾文也獲得很大的靈活性和時間進行探索。事實上，達爾文受到兩次眷顧。他不為艙室所限，可以自由地在面前的土地漫遊，認為適合便進行觀察與收集。在船上，他可以隨興進出收藏超過二百四十本書的圖書館，其中包括洪堡的《個人記述》和萊爾的《地質學原理》（萊爾本人寄送給他的）。在達爾文自己可讀性極高的旅行紀錄《研究日誌》（*Journal of Researches*, 1839）、《小獵犬號航行記》（*The Voyage of the Beagle*）中，他顯然以洪堡的書為其模範。觀諸他在旅程中所為，達爾文看起來可能和偉大的德國博物學家洪堡一樣從不倦怠：他穿越森林和山路，沿海岸線漫步並戳刺昆蟲丘巢，對生物和地質型態不計其數的觀察，以及創建理論。但他沒這麼健壯耐操。當小獵犬號在十二月細雨中離開英格蘭，達爾文便開始暈船，開始重新考慮此計畫。整趟航程中，他都為暈船所苦。回來之後，他再也沒有離開過家鄉。他成年歲月的許多時候，受到無法解釋的頭痛、發燒和噁心煎熬，讓他數週無法行動。其探索侷限於他的花園和唐恩村居所周遭的田野。無窮刺激（見諸《研究日誌》的每一頁）讓他在小獵犬號航行過程中保持活力和健壯。但他似乎染上了某些危害其生理狀況的東西。在此之後，達爾文探究自然運作的方式，是透過其顯微鏡、大量通信，以及最重要的，也就是他的筆墨。

達爾文寫了數十篇論文和二十本書，包括《火山群島的地質觀察》（*Geological Observations of Volcanic Islands*, 1844）和《食蟲植物》（*Insectivorous Plants*, 1875），包含蠕蟲、藤壺、蘭花、家

畜、植物受精，以及物種起源和人類由來。小獵犬號航程的筆記和日記，給予他撰寫多本著作的豐富素材，特別是關於地質學（他迷戀生物學後，基本上捨棄了地質學）。這些著作毫無疑義地建立起達爾文的科學憑證，讓他獲選進入皇家學會（Royal Society），當時最受崇敬的科學組織。它們也鞏固達爾文身為作家的文風，並讓他的發言有權威。究竟是哪種風格？《研究日誌》中的一個例子有助彰顯之：

> 一天，在（巴西的）巴希亞（Bahia），我的注意力被吸引，觀察許多蜘蛛、蟑螂和其他昆蟲，以及一些蜥蜴，牠們極盡焦慮地奔馳穿過一塊赤地。後面不遠處，所有莖葉都因一隻小螞蟻而發黑。穿過赤地後，蟲群解離分隊，沿著古牆向下。這意味著許多昆蟲完全被包圍了；而這些可憐小生物為了逃離死亡所做的努力，實教人驚嘆。[30]

由此可知，達爾文可以用寥寥數語描繪一個畫面，讓讀者見證充滿戲劇性和強烈浪漫情緒懷的事件。他從英國旅行敘事的文類中取資；這個文類由詹姆士・庫克（James Cook）的《太平洋航行記》（*Voyages to the Pacific Ocean*, 1784-1814）等作品，在十八世紀晚期帶至最高峰。但達爾文的鏡頭有所不同。相較於異國景致，更常聚焦在普通「棲息者」（"inhabitants"），他如此稱呼動植物）之上。另一方面，當他特意為科學家寫作時，如《南美洲地質觀察》（*Geological Observations on South*

30. 1845, 35.

America, 1846），他的筆觸可以變得較乾硬：「鑲嵌於彭巴草原（Pampa）地層組（formation）的許多〔已成化石的哺乳類〕，牠們多半歸於一個滅絕的種屬（genus），有的甚至歸於滅絕的科（family）或目（order）……牠們和仍棲息在鄰近海域的軟體動物存在於同個時期。這肯定是一最驚人的事實。」[31]

因此，他可以掌握不只一種的筆調。大自然精緻複雜，無法僅以一種論說加以擁抱。螞蟻大軍吞噬其他昆蟲是一類事，巨大哺乳類滅絕而軟體動物（mollusks）毫髮無傷存活則是另一類。物種並沒有被創造成「完美」（"perfect"）的實體。但欲說服其時代，達爾文需要一個新策略，一個結合通俗和科學語言的策略。

達爾文的傑作：《論源於天擇的物種之起源》

《物種起源》自身有一段精彩歷史。[32]早在一八三八年，搭乘小獵犬號回來後不久，達爾文便有了以天擇為演化主要基礎的想法。他在筆記本中（九月二十八日）記下這個重要的時刻。他閱讀馬爾薩斯的作品，被自然中無止境奮鬥的意象給打動：每一物種都有太多個體，以致其中絕大多數消失了，只有最能適應者存活下來並得以繁衍。簡言之，自然在萬古時間洪流中所做的，與飼養人和園丁每年的作為一樣，即選擇並繁殖較優越的變異。這對今天的我們來說可能很簡單，但在當時是巨大的洞見，遵循其時某些形式的科學邏輯（萊爾的概念：在極長時間中微小但恆常的變化），並拒斥廣泛流行的上帝造物（Creation）信念。它需要洞察力，但也得仰賴否定。

達爾文太了解這點了。他的《自傳》說：「在此，我最終得到一個有效的理論。但我極為焦慮，想避開成見，故決定在一段時間內，連最簡要的理論勾勒都不去寫。」[33]達爾文忠於他說的話。

他於一八四二年草草寫就其理論的簡單大綱，並於兩年後，在極具爭議和得到廣泛閱讀的《自然創造史的遺跡》（*Vestiges of the Natural History of Creation*, 1844）一書之後，嘗試撰寫一個更長的版本；這本書讓絕大多數有讀寫能力的歐洲人認識了「有機發展」（"organic development"）的觀念。該書由蘇格蘭記者羅伯・錢伯斯（Robert Chambers）匿名出版，雄辯地將事實、半真半假的陳述和玄思拼湊在一起，描述從星體形成到物種誕生的所有創造。《自然創造史的遺跡》大受歡迎，顯示英國大眾對於動態、演進的世界有了求知的渴望。然而，這本書被多數科學家嘲笑，不僅針對其事實上的錯誤，還針對人類是動物後裔的想法。這對達爾文也有影響。專業科學家社群對《自然創造史的遺跡》的藐視，讓他不願將自己的觀念付梓出版。十二年過去了（到了一八五六年），萊爾再也受不了，反覆且急迫地懇求達爾文將其出版。達爾文先是心平氣和地草擬綱要，接著開始著手一部多卷本著作。但一八五八年時，他從華萊士那兒收到一篇論文〈論變異無限地遠離原初類型的傾向〉（On the Tendency of Varieties to Depart Indefinitely from the Original Type），提出了幾乎相同的選擇理論。達爾文相信他必須捨棄大部頭著作，轉而撰寫一篇較短的「摘要」（"abstract"），以便迅速出版。沉思其計畫多年後，他僅用九個月，在無人協助、全神貫注於工作的狂熱下，傾瀉出完整的《物種起源》，現代科學最偉大的著作之一。

這是本什麼樣的書？作者達爾文對它的著名描述是「一個綿長的論證」（"one long

31. 104.
32. Browne 2006.
33. 1958, 120.

argument”）。和其他自然史著作不同，《物種起源》沒有插圖；它只有一張圖，即用以呈現物種分化的「生命之樹」（“tree of life”）。它沒有植物或動物的附圖，沒有統計和圖表，沒有地圖、地層剖面、剖面圖，或任何類似東西。它有一份名詞解釋，顯示達爾文想爭取非科學讀者。這是本關於自然的一切，卻沒有任何其可見蹤跡的書。這點就夠特別了。但如我們所見，達爾文很擅長用文字描繪畫面，他也這麼做了。我們確實在書中找到生物世界的很多層面。他從豢養的物種開始，從鴿子到馬，再到野生的大型哺乳類，包含活跳跳和已滅絕的。他寫到幾乎所有海域的水生無脊椎動物（marine invertebrates）；每個大陸的數十種昆蟲和鳥類；鼴鼠、兔子、蟲子和魚類；以及約數十種的植物，包含開花與非開花植物、有性與無性植物。他的敘事從英格蘭的溫帶森林到巴西的熱帶雨林，從北美平原到南美高峰，從非洲沙漠到亞洲苔原。無論寫到何處，達爾文都從自身經驗，和大量其他科學家的著作中（他心存感激地答謝他們）汲取素材。《物種起源》就是一部到一八五九年為止，西方自然史的名人錄（who’s who”），彷彿有一打國家的科學家在為其背書，做出貢獻。

達爾文並未依循既有的科學慣例。他沒有先呈現證據再說明結論，而是直接跳至理論。他的首章處理「畜養下的變異」或「人為選擇」（“artificial selection”），一個所有人都熟悉的現實。第二章跟著談「自然狀況下的變異」，或野生條件下一個物種個體間的自然差異；第三章加上了「生存奮鬥」（“struggle for existence”）的根本要素。這讓第四章得以提出「天擇」的觀念。接下去的第五章論「變異的法則」，解釋理論細節，第六章則有一驚人的創新之舉：整章都致力於「理論的難點」（“difficulties of the theory”），巧妙地處理其他科學家可能會有的反對意見。光是在頭六章（還不到全書一半），達爾文呈現給讀者的不僅是自己的整個理論，還有最可能對其產生的攻訐，以及為何這些攻訐有誤。該書在風格上文雅、具引導性，時或堅定，但充滿了有條件的表述，如「我相信」、「可以合理地下結論」、「一個極有分量的論點可能是」等等。

那實際的科學訊息為何？描述它的簡要方式，是列出其包含不同假設的大綱，[34] 包括：

1. **演化本身**：生物世界永遠在變化，生物會隨時間經歷轉變。
2. **變異的原理**：物種內的一些個體，隨機地在某些特徵上生來有所不同。這些變異可能會發展出新物種。
3. **漸變論**（Gradualism）：演化發生於族群的長時段變化，而非倏地出現全新的個體種類。
4. **遺傳**：生物的許多特徵，會由父母傳遞給子女；子女和其父母的相似程度會甚於其他任何個體。
5. **共同起源**：相似或相關的生物族群，是由單一的祖先演化而來，所有生命型態則可回溯到某些單一、最初的來源。
6. **天擇**：每個世代都產生自然透過競爭所「選擇」的變異，給予那些在其環境中具某些適應優勢者，更佳的生存和繁殖機會。「適合」（"fitness"）不必然意指一個生物較其他同物種個體更強壯、快速或智力更高。它可以應用於多樣狀況，如較小、較弱、較慢，但具備其他更有效的生存優勢者，像是保護色（coloration）、喙形（beak shape）、皮毒（skin toxin）和其他種種。

34. Mayr 1993.

7. **人類和其他動物一樣**：透過暗示，由於和猿類有親密的相似性，人類和牠們有一共同祖先，且都是自然的一部分（《物種起源》並未直陳此假設，但強烈地這麼暗示）。

將這些歧異觀念編織成一個整體，需要極大才華。但達爾文受其吸引，透過自己對探究演化實際機制的獨特渴望加以為之。如我們所見，頭四個概念早已存在，並於達爾文的時代引發辯論。合而觀之，它們描述了遺傳特質中新變異的出現。接下來兩個概念是達爾文（和華萊士）的原創，現在咸認為這是其最深遠的貢獻。最後，人—猿關聯的觀念在十八世紀便已流傳，盧梭（Jean-Jacques Rousseau）即為一例，但遭到如林奈和布馮等自然史學者拒斥。[35]這個觀念於《自然創造史的遺跡》中再次出現；但如前所述，該書為科學社群所駁斥。唯獨達爾文，為此觀念提供它所需要的，優雅和耐得住考驗的解釋邏輯。

經過萬古時光的運作，自然可以從一小批適應能力較差的先祖中，創造出極端複雜和具精密適應能力的生命型態。其間無需任何神的指紋或足跡，也不容任何神聖干預。因此，《物種起源》教人想起拉普拉斯（Pierre-Simon Laplace）給拿破崙的答覆，關於造物主在其理論中的地位。這位偉大的數學家說，「我不需要這個假設」。但相較於用優雅的等式（equations）描述自然的觀念，達爾文走得更遠。他用新方式思考，視地球上的生命為無止境輾磨的磨坊，無視於什麼最終目的。甚至「選擇」一詞也完全是種隱喻，沒有任何實體在進行挑選。如達爾文本人所述，這裡面同時可見美麗與殘忍：

> 沒有什麼比在口頭上承認普遍的生存奮鬥這一真理更為簡單，或比時時刻刻牢記此結論更為

困難（至少我如此認為）。然而，除非全然深植於心……它將會被模糊認識甚或被徹底誤解。我們注視自然的外貌煥發喜悅的光彩，我們時常可見過剩食物；我們卻沒看見或忘了，安適地在我們周圍吟唱的鳥兒，多數是以昆蟲或種子為生，並因此一直在毀滅生命；或者我們忘了這些吟唱者，或牠們的蛋及雛鳥，有多少被猛禽和猛獸所毀滅。[36]

因此，本書必然會擾亂許多人，它也確實如此。達爾文奪走了有一神聖存在、居於自然中的傳統信念，也剝去慈愛睿智的上帝銘刻於存在之上的普世道德法則。誠然，若仔細閱讀，《物種起源》甚至否認有任何形式的生物「進步」。它確實說「天擇僅根據並為了每一生物的利益而運作」，其成功可以產生「往完美前進的肉體和精神稟賦」。[37]但「完美」包含了什麼？適應能力的增加和繁殖上的成功，就是達爾文主義世界的終極「目標」。沒有走向更高存在階段的進步，也逃不開生存奮鬥（「完美」的適應無法讓物種免於成為獵物）。自然實在無法被當成社會的模型（斯賓塞是錯的）。還有其他讓人苦惱的暗示。在這個生命對壘的世界，如果「所有現存的生命型態，都是遠在志留紀（Silurian epoch）以前存在過之生物的直系後代」，即如果人類並不特別和獨立，我們如何理解自己在地球的目的，或察覺我們是否有不朽靈魂呢？若如作者所論，天擇有特權去應許「人類起源及其歷史將可得到說明」，什麼信仰還能符合《聖經・創世紀》的紀載呢？[38]到最後，達

35. Niekerk 2004.
36. 1859, 62.
37. 1859, 489.

爾文沒有將人類作為一個主題加以處理（如他所言），但這部傑出著作所縈繞不去的，正是這個主題。

然而，達爾文沒有完全捨棄其時代。《物種起源》聲稱，動物的創造與滅絕「更符合我們所知造物主（the Creator）銘印在物質上的法則」。[39]事實上，在該書的初版中，造物主出現了多達七次，在後續版本中還提升至八次與九次（共有六版）。但這些場合不如不要出現。絕大多數提到造物主的例子，是為了批評關於自然的傳統宗教觀念，如每個存在的神聖創造：「我們只能說它就是這樣，即它這樣讓造物主合其心意地去構築所有的動物和植物。」[40]作為一種解釋，達爾文說這是「最為無望的」。他的暗示是，這根本不是解釋，而是個愚昧的託辭。但作者似乎仍懊悔其讓步，這麼常提及上帝。[41]但這無所謂。《物種起源》的最後是一段沉思頌歌，其中全無神的地位：

因此，從自然的戰爭中，從飢餓和死亡裡，直接隨之而來的是最受稱頌的目標……即高等生物的產生。這個生命觀中有種崇高，伴隨其許多力量，最初被注入少數或一個型態中；當這個星球根據不變的重力法則持續運行的時候，從如此簡單的開端，無止境演化出最美麗和最驚奇的生命型態。[42]

達爾文並未宣稱天擇說解釋了演化的所有事和無數的生命型態；他說，一定還有其他的機制。若說近期人們好像忘記此點，可能便是因為天擇說從二十世紀中葉以來取得的巨大影響。但這並不總是如此。在其出版的十年內，《物種起源》的演化版本成了廣被接受的科學理論——除了天擇的學說。生物學和地質學研究的持續進展，以及達爾文的智識助手在捍衛自己其他觀念上的成功，都饒有貢獻，讓演化成了一個家喻戶曉的詞，讓人們面對人類是從猿類演化而來，並可能有一共同祖先的觀念時（《物種起源》並未提出此觀念，而見於達爾文一八七〇年代出版的後續著作），削弱其衝擊。然而，作為演化主要機制的「選擇」（selection）遭到駁斥，甚至萊爾和赫胥黎亦是如此。出於本章稍後將討論的，因為人們支持拉馬克主義（Lamarckism），達爾文的選擇說遭到忽視，是由於它仰賴偶然和隨機變化。

到了一八六〇年代末，達爾文感到自己必須趕上《物種起源》的名聲，特別是它在友人萊爾和赫胥黎新作品中所引發關於人類的討論。萊爾的《人類古老性的地質證據》（*Geological Evidences of the Antiquity of Man*, 1863）以優雅文風，堅定地提出足以說明「在古老時代，人類與某些早已絕種的哺乳動物共存」的證據。對相當多受過教育的大眾來說，這本書最終拍板定案，確認創世的時間為西元前四〇〇四年——這是詹姆士・烏舍爾主教於一六五二年根據《聖經》系譜學提出的。當萊爾的書引起人們注意，赫胥黎關於人類演化的著作《人類在自然界中地位的證據》（*Evidence as to Man's Place in Nature*, 1863）也問世了。這本小書是同主題著作中的首創，帶來轟動和爭議。但赫胥黎也是位闡述大師，他將其證據以一連串引自此前著述的方式加以呈現，包含宗教作品、發現和解剖觀察「類人猿」（"man-like apes"）的故事，以及關於行為的種種描述。在這兩部作品後不久，

---

38. 1859, 488.
39. 1859, 489.
40. 1859, 435.
41. Browne 1996.
42. 1860, 491.

達爾文開始構思《人類的由來》（一八七一）和《人類與動物的情感表達》（一八七二）。科學上來說，這些後來的著作主要是《物種起源》的增補篇章。它們沒有打破什麼新的理論基礎；儘管在若干領域有原創性，它們也不像《物種起源》那樣引人注目。例外之處是達爾文直接且強而有力的陳述道，人類和猿類起源自一個共同祖先。和其他達爾文主義的事物一樣，這個陳述在當時遭到誤解（其中某些部分至今猶然），以為它意指人類源自猿猴。可想而知，這個概念觸怒、冒犯了一些人，並被達爾文的對手加以利用。

《人類的由來》處理了許多主題：人與哺乳類之間的相似型態，特別是猿類（但也包含其他許多）；動物心智力量的證據（牠們展現恐懼、勇氣、情愛甚至幽默）；社會和道德稟賦的起源，在野蠻種族身上是由於同儕壓力、自我犧牲和「同情心的本能」（"instinct of sympathy"）；以及其他種種。達爾文利用結論，嘗試回答人類心智是否獨特並無法與動物類比（他認為並非如此）；如何解釋羽毛這種型態的美——它們沒有明顯的生存實效，因此暗示神聖設計的存在（達爾文說，其目的是性的選擇）；以及天擇是否可應用於社會。關於最後這點，他有些十分有趣的說法。「天擇影響文明國家」一節告訴我們，「野蠻人」容許弱者死去，以俾較強健者可以存活，「文明人」則「盡我們所能去妨礙此過程」。我們照料病者、傷者和貧者，為瘋人建收容所，立法救助不幸者，所有這些都容許「弱者〔去〕繁殖其類」，一個結果是「必然對人類這個種族極其有害」。[43]在此停下的讀者，會為此冷酷無情的邏輯所震動。但達爾文引領我們至此，不僅是要面對難堪的處境而已。他說，幫助無依無靠的人，乃源自「同情心的本能」；原始社會抑制此本能，文明社會則釋放它，並透過教育和反省加以培養。達爾文說，「即使受無情冷硬的理性催逼，我們也無法在不墮壞本性中最高貴部分的情況下，抑制我們的同情心」。[44]

這看來像是達爾文思想及著述開展的一個關鍵時刻。尤有甚者，這很可能得到閱讀亞當・斯密的《道德情感論》（一七五九）之助。《道德情感論》認為，「同情心」（"sympathy"）是人性的一個定義性特徵（defining trait），對一個成功、進步的社會來說必不可少。和斯密一樣，達爾文認為，人類並非從本能上無可救藥地自私。然而，作為一套行為準則和評判，道德並非本能；它來自培育、教育和文化。文明人不是接納自私勢力的容器。「若我們刻意地忽視弱者與無助者」，他在《人類的由來》中如是說，「這只可能出於權宜之利，並伴隨確然且極大的當下之惡。因此，我們必須毫無怨言地，承擔弱者存續並繁衍其類所必然帶來的負面影響」。[45] 到最後，達爾文讓我們有些不確定其「同情心」的深度。在政治上，他是個輝格派（Whig，即自由派），支持一八三二和一八六七年將投票權擴及上百萬人的改革法案（Reform Acts），但從未公開特別表態，除了激烈地反對奴隸制。

與斯賓塞和當時其他許多思想家不同，對於生物化（biologizing）人類現實，達爾文同時展現了接受與自制。很明顯的是，他沒有將這個領域的所有版圖都割讓給生物學。但伴隨達爾文的成就，社會的科學化（scientizing）取得嶄新且更為深遠的向度。確實，雖無意於此結果，達爾文的科學與公眾成就，在大眾心中給予斯賓塞理論不小的支持。在大眾心中，關於地球、演化和人類之新觀念的漩渦，必然帶來和「細節」（"details"）一樣多的混淆。尤有甚者，維多利亞時代的英國、美

43. 1871, vol. 1, 168.
44. 1871, vol. 1, 168.
45. 1871, vol. 1, 169.

國和歐洲大部分地區，都展現出一種熱切之情，想在科學中找出許多關於國家和文明走向問題的解答。[46]這種渴望並未隨維多利亞女王（Queen Victoria）之死而終結。一世紀後，我們看到一個類似的、運用天擇觀念（達爾文最有原創性的觀念）的衝動。也許就如哲學家丹尼爾・丹尼特（Daniel Dennett）在表述[47]二十世紀末運用達爾文觀念的狂妄與焦慮時，稱天擇說為一種「萬能強酸」（"universal acid"）那樣：從幹細胞到經濟學，它將人類現象轉化為競爭與適應之結果的能力，腐蝕了一切。何其諷刺的是，對科學來說，此乃所有觀念中最難被接受者。

達爾文的觀念：最初百年

達爾文的觀念進入西方文化時，革命觀念與保守主義回應正經歷著偌大衝突（市場自由主義居於其間，並被兩造極端所責難）。在這樣的變遷中，制度性宗教不再能夠賦予世界穩固的意義。關於人在神聖秩序中之地位，標準的基督教解釋已不足以處理許多狀況——如新的科學發現；工業化的現實與衝擊；新社會的骯髒、疾疫、騷亂和不平等；令人驚嘆的財富和新機器；以及許多人共有的一種感覺：一切都朝某些肯定但未知的目標疾駛而去。在此背景下，演化成為人們可以運用的一個論述，以重拾社會走向的秩序。大眾為《物種起源》所震驚，但並非徹頭徹尾，為時也不甚長。他們已因其他事件做過準備，如關於《自然創造史的遺跡》（一八四四）的辯論、理查・歐文（Richard Owen）稱作「巨大、滅亡的爬蟲類」（一八四〇年代）的發現，以及在杜塞道夫（Düsseldorf）附近的尼安德河谷（Neander Valley）發現的原始類人（humanoid）遺存。

《物種起源》的衝擊有如一波波浪潮，地理和知識上皆然。英格蘭首當其衝，接著是美國、歐洲、俄國，到了一八七〇和一八八〇年代也影響到中東與亞洲。經由某種相呼應的方式，自然史和宗教最先受到影響，接著是「人類科學」（"sciences of man"）的民族學和人類學，再來則是社會科學、經濟學、政治學、哲學和文學。這個進展並非井然有序或可事先預測，但一旦開始便無法阻擋。達爾文的諸般觀念能取得影響力，乃因為它們是「科學」，是真理的居所，而且不是隨便什麼科學——而是生命的科學，包含其歷史、起源、未來和意義。如大眾所接受的，「演化」時常帶有拉馬克關於遺傳所獲特質的概念：每一世代提供了改良下一代的可能性，亦即生物進化所需的條件。達爾文的漸變論顯然不適用於社會；人類歷史太短了，變遷又太過迅速（至少到了十九世紀是如此）。但在一八六〇年代如火如荼的爭論期間，達爾文的名字和「演化」已可互相替換。精確地說究竟是哪種演化並不重要。在所有脈絡中，「達爾文」和「達爾文主義」都成了演化現象的簡稱。

當應用至社會，演化意指若干群體具備某些特質、取得成功，因而證明自己更為「適合」，其他人則僅只是繼續挺著、死氣沉沉或滅亡。這當然不是事物的目的。演化也遭扭曲，以「證明」進化有一明確途徑為人遵循，任何干擾此途徑的「不適」（"unfit"）者必須減至最少或被消滅。這更多地是改造斯賓塞而非達爾文；但又一次的，這似乎無關宏旨。人們需要呼喚達爾文之名，以獲得科學的權威性。對馬克思、卡內基（Andrew Carnegie）、孫中山和佛洛依德等人來說，達爾文之名具有同樣的吸引力。

---

46. Numbers 2006; Gould 1981; Hawkins 1997; Young 1985.

47. Dennett 1995.

《物種起源》並沒有點燃科學與宗教間的戰火，生物學家和牧師並未列隊相抗。相反地，戰爭爆發於兩種人之間：一邊認為達爾文可以與基督教調和，一邊則不這麼認為。[48]這在英格蘭、美國和德國尤其如此，在這些地方，抨擊多來自舊世代、執守自然神學者，而最熱切支持達爾文的，多半是科學、新聞業、政治、甚至神職等領域中的年輕新星。著名的牧師金斯萊（Charles Kingsley）在《物種起源》中找到一個關於上帝的「高貴概念」（"noble conception"）；記者白芝浩（Walter Bagehot）在其受人歡迎的《物理學和政治學》（*Physics and Politics*, 1872；原文為一八六七）中，將達爾文列為一個社會演進理論的支持者——此理論的基礎是從拉馬克主義的角度（每個世代繼承了其前人的進步），對《物種起源》的徹底誤讀。傑出的博物學家理查・歐文爵士（他鑄造了「恐龍」一詞）則認為，《物種起源》是對創造的否定，且充滿激進主義和混亂。[49]

除了初期許多嚴厲的攻訐，到了一八七〇年，達爾文顯然已取得勝利。尤有甚者，不只達爾文，那些站在他這邊戰鬥、爭論的人，和那些將自己蒸蒸日上的事業依附於達爾文成就的人，也得到勝利的果實。自此，達爾文之名遠邁科學的疆界。在光明與黑暗、卓越與駭人的種種領域，那些號召達爾文觀念的人，設下了西方智識生活的許多模式。「演化」從原先一個仰賴動植物隨機變異的盲目、無意識過程，發展到後來，為種種最具計畫性和目的性之社會變遷的野心，賦予了正當性。

接受與餘波：科學

《物種起源》為人所接受，有賴許多人不屈不撓的努力，如英格蘭的赫胥黎、約瑟夫・胡克（Joseph Hooker）、萊爾，美國的阿薩・格雷（Asa Gray），和德國的海克爾（Ernst Haeckel）。這些人井井有條、矢志投入、雄辯滔滔且精明能幹，理解反對的本質和可能的風險。他們妥善利用新的媒介，如報紙、大眾雜誌、公開講座，以及科學期刊和書籍出版。他們寫了數百篇書評和評論，並投入無休無止的辯論——阿薩・格雷在美國與路易斯・阿格西（Louis Agassiz）屢屢相抗，正如赫胥黎在英格蘭和海克爾在德國對待反對者那般。他們教授課程、向國會演說，並對達爾文的批評者採取一連串強而有力的反擊。[50]他們的目標是讓更多人認可達爾文的演化，而非天擇說（他們多拒斥之），故其論點多以反對自然神學作收。對這些人，以及越來越多野心勃勃的年輕研究者來說，傳統信仰極大地限制了科學所能做的事。赫胥黎希望把組織化宗教從科學中趕走，什麼也不留。他確信組織化宗教的反智主義（anti-intellectualism）植根於超自然解釋上，並努力說服其他人。

今日我們最難理解的一點，可能是天擇如何普遍且有意地被摒棄於科學討論之外。確實，其後的七十五年間，它仍不為生物學社群所接受。原因有很多。和赫胥黎不同，科學社群中相當一部分成員，在某種程度上仍有宗教信仰，且持續相信人類是（上帝的）特殊創造。華萊士本人肯定便是如此；他於一八七一年出版《論天擇的理論》（*Contributions to the Theory of Natural Selection*），其中包含一篇後來名聞遐邇的〈天擇應用於人類的侷限〉（Limits of Natural Selection as Applied to Man）。在這篇論文中，他認為天擇無法解釋許多人類特質（包括腦的大小），且除非心靈是由一「高等智慧」（"superior intelligence"）所創造，不然文明本身將無法如其所示地那樣往前進步。考

48. Himmelfarb 1959.
49. Glick 1988.
50. Browne 2002.

慮到其來源，對達爾文的敵人來說，這篇論文顯然讓他們歡欣鼓舞。然而，更一般而論，生物學家認為天擇說是高度的玄思揣想。在沒有更精確遺傳理論的情況下，它依然只是眾多假設中的一個，無法作為最終機制。受人青睞的，反而是某些版本的拉馬克主義，或主張生物有一內在傾向，會以直線方式演進的定向演化說（orthogenesis）。天擇無法仰賴直覺且目不可視，生命從簡單演進到複雜型態的現象卻隨處可見，於自然界和（表面看來）化石證據中斑斑可考。[51]

也就是說，生物學家也是社會的一分子。和所有科學一樣，生物科學受到若干核心觀念的影響。他們不願放棄此信念：演化不僅表示變化，還意味著某些形式的進步。用生物學的話，這意謂了發展，亦即結構、適應和生存潛力上的某種改善。他們難以接受天擇這種任意、摸索前進的學說。

天擇說得到正視有賴遺傳學。到了一九〇〇年，來自對多種植物進行詳細研究的新證據，與重新發現之孟德爾（Gregor Mendel）關於豌豆遺傳特徵的研究相結合，有力地說明遺傳乃透過一種特定方式運作，每個特徵都有自己的載體。換言之，遺傳不會「混合」（"blend"）個別特徵的特質——如同物種高大植物與矮小植物的後代，並不會是中等尺寸的植物，而是非高即矮。遺傳力（heritability）必須由某種「粒子」（"particles"）所攜帶。「汎生子」（"pangenes"）一詞便是為了這些粒子所創，後來縮短成為「基因」（"genes"）。「突變」（"mutation"）一詞也被引進，指涉一個世代中可能出現的新特徵。因此，突變是遺傳物質本身的變化。這個結論很快便得到早期關於黑腹果蠅（Drosophila melanogaster）的研究所確認（其染色體很大且能以肉眼觀察）。在一九二〇年代，人們開始利用數學方法分析群體變化（population changes）。統計上來說，共有某些特徵的特定群體繁殖得比其他群體快，這個更佳的存活率則與「適應條件」（"fitness criteria"）有關。至此，人們開始考慮天擇說。但要到最後結合實驗室與野地研究，顯現自然界的高度遺傳多樣性和存活潛力，才真正扭轉了形勢。[52]就建立新觀點，說明遺傳在演化中之角色而論，最有貢獻的可能是多布然斯基（Theodosius Dobzhansky）的《遺傳學和物種起源》（*Genetics and the Origin of Species*, 1937）——其標題恰如其分地向達爾文的著作致敬。《遺傳學和物種起源》時常被稱作二十世紀關於演化最有影響力的一本書。若是如此，考慮到它多麼頻繁提到天擇及其有關生命多樣性的意涵，這也是對達爾文本人聲望的認可。

是故，到了一九四〇年代，出現了「新達爾文綜合論」（"Neo-Darwinian Synthesis"），天擇在生物學中取得穩固地位。[53]龐大且持續增長的觀察與研究，包括DNA和詳細的細菌演化研究，進一步鞏固其地位。若干研究強調演化中其他過程所扮演的角色，如因火山或隕石和行星衝擊造成的大滅絕。然而，作為一個自然界要素，天擇的科學性在今天已無疑問，和曾一度只是個假說的地心引力一樣確鑿。

因此，達爾文的核心觀念在社會上努力拚搏的同時，也在科學內部奮鬥。在一段短暫時間內，這些反抗的領域有所重疊：構想自然時無法脫離某種設計，無論它是驅動生命走向改善的目的論，或（更簡單地說）來自造物主。其真正意涵，是生命世界的最終世俗化。因此，相較於現代科學的其他任何奠基性概念，天擇說面對的挑戰更多、更大，在今天尤其如此。

51. Bowler 2009.
52. Bowler 2009; Mayr 1985.
53. Mayr 1985.

達爾文在歐洲

當轉至英格蘭以外的社會政治領域，我們會發現，達爾文的觀念同時產生了熱切的接受與充滿敵意的反對。確實，從一八六〇年代到一八八〇年代，來自《物種起源》的影響浪潮帶著與日俱增的力量，現身於歐洲大陸，其外貌則由各國的智識和政治文化所形塑。在遙遠如中國和日本等處亦是如此。每一行為者都從達爾文主義的著述中，取出符合其目的之部分——科學家、哲學家、政客、改革者、社會評論家和小說家，都從「達爾文」和「演化」中找到論據，支持已在進行中的智識戰役。但說每個國家和每個年代都根據自身需求來塑造達爾文，實在太過簡單；在這過程中，我們可以看見首尾一貫和有意義的模式，若干模式還持續至今。相當多早期的公眾代言人並未真正閱讀達爾文，而是透過別的作家得知其概念，特別是斯賓塞、海克爾和畢希納（Ludwig Büchner）。畢希納宣稱受達爾文啟發，但和實際的科學相比，其著作更傾向哲學和社會理論。換言之，「達爾文主義」成為一組多樣、時常互相矛盾且偽科學（pseudoscientific）的主張，範圍涉及烏托邦以至實用主義（pragmatic）。關於「演化」的種種誤解，是造成其衝擊力的關鍵要素。

荷蘭的例子是，《物種起源》在自由派資產階級接管許多權威位置，並在大學中取得支配後不久來到此地。與植根於十七世紀科學革命的精細技術文化（和英格蘭一樣）相結合，這個個人主義和社會層面保守的自由派資產階級，為達爾文主義生物學提供了一個竭誠歡迎的家。他們認為，此生物學既符合自然神論（deistic），即上帝沒有直接干預但仍是偉大的計畫者，也支持他們謹守的緩慢社會進展的觀念。[54]然而，懷疑宗教的人接受達爾文，是因為其表面上的無神論，和可以利用演化，支持一種比資產階級所偏好者更為開放和進步的社會秩序。對達爾文觀念的拒斥，肯定存在於天主教徒和福音派新教徒中。但科學家作為進步燈塔的角色，讓達爾文成為荷蘭現代主義者的多面英雄，分量重到無從抑制。

相反的，法國並未投以溫暖的歡迎。法國人可謂徹底拒斥《物種起源》。此書在許多年後才翻譯成法文；當翻譯問世時，也因否定神聖原因和缺乏恰當的經驗主義（沒有呈現足夠的事實）而受到批評。居維爾的魔咒仍舊籠罩著法國的自然史——他在三十年之前，便出於同樣理由批駁拉馬克。事實上，許多法國博物學家看待達爾文時，視其為二流的拉馬克。[55]

與此同時，西班牙又呈現出另一種回應。《物種起源》實際上不為人知，直到西班牙一八六八年光榮革命推翻伊莎貝拉二世（Isabella II）的君主制後許久。在幾年之後，知識分子透過法文譯本的《人類的由來》接觸了達爾文，該書則招致幾乎全面性的攻擊。但旋即出現的《物種起源》（譯本）和海克爾的著述，有助於改變此情況。共和派對民主的熱情，創造出對演化的極高興趣。海克爾和達爾文（至少其名）為人類學、社會學、政治經濟學的左傾知識分子所採用，論證一個新時代近在眼前，西班牙虛飾、自顧自的過去已經結束。即便是一八七五年的君主復辟也沒有改變此狀況。作為一個來自英格蘭和德國之新觀念的聖像，「達爾文」變成左派的臂章，反達爾文的情緒則成了右翼之正統教說。[56]

同時間，於英格蘭出版僅僅幾個月後，《物種起源》便在德國問世。儘管生物學家和地質學家

54. Bulhof 1988.
55. Stebbens 1988.
56. Glick 1988; Glick, Puig-Samper, and Ruiz 2001.

針對其內容，進行了為期幾乎十年的辯論，動物學家和醫師海克爾旭日東升的影響力，有助於將浪潮推向支持達爾文的一方。此時的德國科學已為歐洲所稱羨，非常進步（特別在物理科學）且得到國家強力支持。達爾文的許多盟友，如海克爾，是徹頭徹尾的唯物論者，並已然捨棄宗教。有功於此的，還有物理學家亥姆霍茲（Hermann von Helmholtz）的聲譽；他與其他柏林物理學會（Berlin Physical Society）的成員，為科學的專業化設立一個令人敬畏的標準。早在一八四七年，這個群體便宣布一個「唯物宣言」（“materialist manifesto”），即所有生命都可被化約為化學和物理學。其中許多人亦如「自由思想家」（“freethinkers”）和社會主義者，懷抱左翼的政治觀點，達爾文主義的理論也因此對他們產生吸引力。海克爾從一開始便傾向於此，成為一個饒富影響力的公開講演者，撰寫不少得到廣泛閱讀、附有插圖的書籍，支持達爾文主義——這不僅是作為科學，也是推動德國社會所需之教育和社會改革的一環。海克爾為生物學做出許多重要貢獻，如發明了動物界的「門」（“phylum”）、「生態學」（“ecology”）和「系統發生」（“phylogeny”）等術語。他最廣為人知的是其「胚胎重演律」（“ontogeny recapitulates phylogeny”）假說，認為胚胎在子宮內經歷其物種的演化階段。這個觀念後來證明是錯的，但帶來成果豐碩的辯論。海克爾不是個徹頭徹尾的達爾文主義者。和許多其他人一樣，他拒斥天擇說，支持拉馬克經由遺傳承繼所獲特質的理論。在俾斯麥成功建立一個統一帝國後，海克爾在政治上也向右翼移轉。從一八八〇年代開始，俾斯麥的成就刺激了德國知識階層的許多人，興發強烈的民族主義情感。[57]但海克爾忠於達爾文的多數學說，且從未轉向法西斯路線；納粹拒斥他的理論，並焚毀其著作。[58]

馬克思於一八六〇年讀過《物種起源》，一八六二年時又讀了一次。與海克爾和許多德國人不同，馬克思可以掌握英文，因此閱讀了原著。這一點很重要，因為德文版譯者布朗恩（Heinrich

Georg Bronn）改動了達爾文的術語，將「偏好的」（"favored"，例如「偏好的種族」）譯為vervolkommenet，即「完美的」（"perfected"）；也把「生存奮鬥」（"struggle for existence"）譯作Kampf ums Dasein，即「生存戰鬥」（"battle/fight for existence"）。他也添加了最後一章，羅列解釋和批評。馬克思閱讀原著時，無須應對這種人為造作。他在一八六〇年十二月十九日寫信給恩格斯說，「這本書含有我們的觀點在自然科學中的基礎」。[59]恩格斯也讀了《物種起源》（他買了初版一千二百五十本中的一冊），並在一封一八六二年六月十八日的信中如此評論：「達爾文卓越地在野獸和植物間，重新發現了英格蘭的社會，及其勞動分工、競爭、新市場的開始。」[60]然而，恩格斯這個更精微的想法，未見於後來許多將達爾文投射至社會以符合自己目的之社會主義思想家身上。馬克思沒有這麼做，至少沒有公開地做。但他在《資本論》的注腳中，直接提到了達爾文。其中一條特別有意思：

> 達爾文讓我們對自然的科技（Nature's Technology）之歷史感興趣，如動植物器官的形成；器官扮演了維持生命的生產工具。人類生產器官的歷史，那些作為所有社會組織之物質基礎的器官歷史，不也值得投以相等的關注嗎？[61]

57. Montgomery 1988.
58. Richards 2008.
59. Colp 1974, 330.
60. 引自Hunt 2009, 280。
61. Colp 1974, 331.

這是個強而有力的聯想，馬克思差點拜倒於達爾文主義社會觀的魅惑之下。但他懸崖勒馬。他在下一行說，建構科技的演化比建構自然的演化容易得多，因為「人類歷史和自然史的不同在於，我們創造了前者而非後者」。[62]

馬克思認為自己的觀念與那些生物決定論有別，並嚴苛批評所有忽視其解釋人類歷史的「科學」理論的人。有線索顯示，他可能一度設想自己會就人類社會的演化，寫出一部呼應《物種起源》之作。他在一八七三年送給達爾文一部《資本論》，達爾文則如此答覆：「儘管我們的研究如此不同，我相信我們都真摯地渴望擴展知識，而這〔本書〕……肯定會增益人類的幸福。」[63]這是個相當禮貌的拒絕，也反映出達爾文的優雅。事實上，他從未閱讀馬克思的著作，他手上那部《資本論》的書頁沒有裁開。達爾文認為，「透過自然科學在社會主義和演化間」找出連結（connection），是「一個愚蠢的觀念」。[64]

與此同時，俄國的智識社會積極地回應達爾文，但見諸於政治者多過於科學。俄國於克里米亞戰爭（Crimean War, 1853-1856）中戰敗後，知識階層希望終結停滯和壓迫的獨裁統治，為一個真正的現代民族文化尋求新的實證基礎。[65]《物種起源》透過許多方式，為此民族主義視野增添柴火。許多俄國思想家在該書的唯物自然觀中找到論據，反對賦予教會和沙皇絕對權威的神聖秩序。但《物種起源》有些面向則讓俄國科學家煩惱不安。許多人拒絕依從「生存奮鬥」的隱喻；和恩格斯的評論共鳴的是，他們感覺這個隱喻過分映照出英國的好鬥和個人主義文化，過度否認自然中更為和諧的面向。[66]反沙皇的知識分子主張，科學的功能既是闡釋自然，也包括幫助創造一個更自由、合作的社會；在他們看來，天擇說在此點上並無助益。取而代之，他們拒斥「奮鬥」，轉而擁護另一個概念。地理學者、動物學家和無政府主義者克魯泡特金（Peter Kropotkin），在極富影響的《互助：演化的一個要素》（*Mutual Aid: A Factor of Evolution*, 1903）一書中，濃縮表達了此觀點：「在任何場合，社會性（sociability）是生存奮鬥中最大的優勢。」[67]克魯泡特金的著作混合了動物社會的科學討論、文化人類學、人類社群的歷史分析，強調合作的核心角色。事實上，透過觀察物種內和物種間演化合作（evolutionary cooperation）的事例，其觀點在二十世紀後期終於歷經艱難，入演化理論之堂奧。雖然克魯泡特金被社會主義—馬克思主義思想家責難，其書的開頭幾行，卻揭露這些思想家怎麼理解達爾文：

> 生存奮鬥的概念作為演化的一個要素，是由達爾文和華萊士引介至科學中的。這個概念讓我們得以將範圍極廣的現象囊括至一個單一通則，很快地成為我們哲學、生物學和社會學思考的基礎。有大量多樣的事實，包括生物體的機能和結構改良以適應其環境；生理和構造上的演化；知性上的進展，以及道德發展本身……都由達爾文體現在一個通則概念中。我們將之理解為持續不斷的努力——像是和不利環境進行的奮鬥競爭——以求個體、種族、物種和社會的一

62. Colp 1974, 331.
63. Colp 1974, 334.
64. Hunt 2009, 280.
65. Vucinich 1988.
66. Todes 2009.
67. 1910, 57.

種發展，以期達致生命最大程度的充實、多樣和熱烈。[68]

從這短短幾行，我們可見達爾文的觀念何等輕易地脫離其生物學脈絡，被轉介至其他領域（即便最精微的思想家亦如此為之）。其流動性之大，可以從「機能改良」移至「道德發展」，從「物種」至「社會」，絲毫沒有跨越邊界之感。換言之，在這個時候，專業研究和學術探研逐漸出現這種邊界（一九〇〇年時，地質學家和生物學家已不再被問及社會本質的問題），但在大眾論述中，邊界較不為人所知，也少被遵循。克魯泡特金表達得很清楚：將此飛躍正當化，並繼續使之無從窺視的，並非競爭的觀念（恩格斯如此認為）。更為核心的是奮鬥和勝利的觀念，前者認為一個人面臨著「不利環境」，後者的降臨則會帶來一個新階段或進步的時代。

事實上，俄國馬克思主義者抓緊時機，宣告「馬克思主義是應用至社會科學的達爾文主義」——普列漢諾夫（Georgi Plekhanov）如是說。達爾文不會為這個說法背書，也不會喜愛恩格斯在馬克思死時，演講中的這句話：「正如達爾文發現了生物自然的發展法則，馬克思也發現人類歷史的發展法則。」[69]但列寧極為仰慕恩格斯，並認為普列漢諾夫是當時在世之最好的馬克思主義哲學家。他自己在其重要的《該做什麼？》（一九〇二）中，便利用天擇描述開放民主體制中的政治過程：「所有活動家（activist）找到其最適位置。」但列寧說，在沙皇統治的俄國，不可能有這種調整適應。唯有利用保密和陰謀，才能打倒暴政和祕密警察。

史達林宣稱年輕時受到達爾文啟發，閱讀《物種起源》後，成為一名堅定的無神論者。[70]但他後來拒斥達爾文，特別是新達爾文綜合論，說這是資本主義的偽科學。確實，多多少少因為法西斯主義對優生學的利用，史達林聲稱西方遺傳學是個騙局，將許多蘇聯最好的遺傳學家發配至勞改營，甚或處決。他為一種新拉馬克主義觀點背書：贊同蘇聯的共產信仰，是人類存在的一個新階段。史達林欽點的蘇聯農業科學領導人李森科（Trofim Lysenko）承諾透過拉馬克主義的方法，增加小麥產量以餵養國家。李森科要讓新種子繼承他做出的改良。他徹底失敗了，使得「李森科主義」（"Lysenkoism"）變成以政治意識形態影響科學的代名詞。[71] 無論如何，這與達爾文的研究或科學精神沒半點相似，並讓蘇聯的生物學倒退了數十年。

達爾文在中東與東亞

至十九世紀末，演化、生存奮鬥、「最適者生存」等觀念已傳布到伊斯蘭世界、日本和中國。這些地區在當時還沒有現代生物學，哲學、宗教、道德和宇宙理論密不可分。作為有關生物的西方科學真理，當演化被帶入關於現代性和未來的持續辯論時，它很可能引起極大興趣。但有別於歐洲，達爾文的著作並非箇中泉源。赫胥黎、海克爾，特別是斯賓塞著作的翻譯，才是重點所在。

伊斯蘭是一個有趣的個案。於俄土戰爭（Russo-Turkish War, 1877-1878）中遭擊敗後，鄂圖曼帝國被迫做出一系列領土和經濟上的讓步。隨之而來的，是穆斯林學生和知識分子爭取改革的騷動；他們認為傳統宗教權威和蘇丹落後、疲弱，無法保護伊斯蘭免於帝國主義侵逼。到了一八八〇和

68. 1910, 1.
69. Hunt 2009, 275.
70. Tucker 1974, 78.
71. Mayr 1985.

一八九〇年代，西方科學的聲威成為現代化運動的基礎（並藉此增強穆斯林社會），斯賓塞—達爾文則為其中一環。首倡此議者，是敘利亞的基督教醫師舒瑪伊（Shibi Shumayyil），他在多篇流傳甚廣的文章中，宣揚一種建立在演化上，主張激進世俗化和普世進步的哲學。他主張專制是不自然的（本質上不存在專橫的「國家」）；有別於此，真正需要的是一個世俗國家——穆斯林與基督徒地位平等，智識活動則聚焦於自然科學。[72]

可預測的譴責來自神職人員。但最有影響的駁斥不是由神職人員寫就，而是哲學家阿富汗尼（Sayyid Jamal al-Din al-Afghani, 1839-1897）。阿富汗尼的《駁斥唯物論者》（*Refutation of the Materialists*, 1882）憤怒地對抗所有非宗教的自然觀，特別是達爾文；他說達爾文想把伊斯蘭教再造為一個歐洲的蒼白複製品。阿富汗尼的目標，是一個建立在穆斯林原則和接受西方科技基礎上的泛伊斯蘭（pan-Islamic）統一體。[73]關於阿富汗尼如何尋求伊斯蘭現代化，我們在第七章會談得更多。他的著述呈現出一些對達爾文的奇妙誤讀：

> 他〔達爾文〕告知我們，有個社會常切斷其犬隻的尾巴……數個世紀後，他們的狗開始天生地生而無尾。他顯然是說，因為不再需要尾巴，自然會開始抑制、不再賦予尾巴。這個卑劣的人是不是對此事實棄而不顧呢？數千年來，阿拉伯人和猶太人都行割禮，儘管如此……沒有一人生來便已完成割禮。[74]

阿富汗尼可能從來沒有真正讀過《物種起源》或《人類的由來》，但他於一八八〇年代初旅居巴黎之時，人們肯定正廣泛討論達爾文的著作。

與此同時，日本和中國也毫無顧忌地歡迎達爾文思想（或他們稱之為「達爾文主義」的東西）。兩國最早接觸此思想，都是透過斯賓塞和赫胥黎著作的譯本。如同伊斯蘭的例子，影響的形貌反映了社會歷史環境。這意指日本成功但不安地崛起成為一個工業—軍事強權，中國在這些方面相應的失敗，兩國漸長的民族主義，以及對西方帝國主義的恐懼。一八六八年日本的明治維新加速現代化，開啟了一個局面，熱切地建立制度、發展工業，並討論政府該有的角色。當權的新寡頭對西化日本的基礎建設和軍事懷抱極大興趣，但不怎麼關注社會秩序的現代化。日本從西方找來專家與教師擔任國家顧問，送有前途的學生出國，又在民間鼓勵傳統形式的服從。然而，人員的流動使一大批外國書籍進入日本，產生直接衝擊。從一八七〇年代起，人們廣泛閱讀有關政治經濟學、政府和自然權利的著作。因為在西方極受歡迎，斯賓塞的著作也在列；到了一八九〇年，幾乎所有他的作品（超過三十冊）都被翻譯出來了。在關鍵的一八八〇年代和一八九〇年代初，日本發展出一個「斯賓塞榮景」（"Spencer boom"）。他將進步視為適應新社會條件的有機觀點，並把這些條件看作從野蠻往進步工業階段的演化，對所有類型的日本知識分子都有極大吸引力。政府的保守分子，和倡議更廣泛權利與民主的改革者，都覺得斯賓塞的觀點相當有用。[75]

關於斯賓塞的辯論，有助於引介當時還沒有相應字詞的概念，如「社會」和「國家」。威權主

72. Hourani 1983; Bezirgan 1988.
73. Keddie 1968.
74. Keddie 1968, 136.
75. Howland 2000.

義者如加藤弘之（東京大學首任校長），可以把獨裁國家描繪成一個從「適者生存」衝突中產生的必要創造；反對者則認為，真正的進步只會朝自由主義和自由演進。一八九〇年代時，日本政府還諮詢衰老的斯賓塞。斯賓塞在回覆中說，「迄今為止慣於專制統治的日本人，不可能一下子就能成為立憲政府」。確實，日本仍存在獨裁權力，並得到戰勝中國（甲午戰爭，一八九四－一八九五）和俄國（日俄戰爭，一九〇四－一九〇五）之助，建立一個懷抱帝國野心，新興且始料未及的世界強權。

缺乏如地質學和古生物學這樣的現代學科，日本科學完全未做好吸收演化生物學的準備。它的出現乃透過兩本書的翻譯：赫胥黎的《物種起源講演錄》（*Lectures on the Origin of Species*，譯於一八七九年），和美國動物學家愛德華・摩士（Edward Morse）的《動物演化理論》（*Evolutionary Theory of Animal*, 1882）。《物種起源》（之譯本）本身直到一八九六年才出現，且要到一九〇〇年後才廣泛流通。與此同時，公眾在一九〇四年以前對達爾文知之甚寡，直到丘淺次郎出版了普及的《進化論講話》。丘淺次郎的書極受歡迎，和許多通俗化達爾文的作品一樣，該書也挺進非科學的領域。丘淺次郎在德國學習動物學，並受海克爾的影響，將達爾文應用至生物和社會存在的所有面向。在所有這些著作中（包括譯本和通俗作品），斯賓塞在某些方面仍特別突出。為了「演化」所鑄造的詞也清楚呈現此點。日文的「進化」即結合表示「前進」和「變化」的漢字，因而體現了進步的想法。另一方面，加藤弘之把「適者生存」翻譯為「優勝劣敗」；斯賓塞強調無法緩和的競爭，「優勝劣敗」是對其做出的一種威權主義詮釋，並持續到超軍國主義（ultramilitarism）時期。到了那時，達爾文主義也有助於鼓舞集體鬥爭的社會主義詮釋，和同時間俄國的情況相似。演化論衝擊的歷史，和日本現代主義政治辯論的發展，幾乎並肩相隨。

中國的模式相似，但細節有異。一八九〇年代末以前，達爾文沒有什麼重要地位；當時中國屈辱地被日本擊敗（甲午戰爭），達爾文隨即被引介到中國。自強運動旨在使中國現代化，但經過了三十五年，這場敗仗造成人們的震驚和廣泛自責。在此背景下，嚴復（一八五四－一九二一）注入一種改造過的達爾文思想，以解釋中國的衰弱。嚴復是位重要的翻譯家，翻譯了諸如亞當・斯密的《國富論》（嚴復譯為《原富》）、彌爾的《論自由》（*On Liberty*，《群己權界論》）和斯賓塞的《社會學研究》（*Study of Sociology*，《群學肄言》）。但在後來二十年有著重大影響的，是他以典雅文言文撰寫，撮述赫胥黎《演化論與倫理學》（*Evolution and Ethics*, 1893）大要的《天演論》（一八九八）。嚴復於一八七七至一八七九年間被派送至英格蘭學習海軍科學；中國戰敗於日本後讓他有所覺悟，他怪罪自己並得出一個結論——科技與訓練有所不足。打造一個強大的現代國家，有賴心靈轉型和理解演化法則。中國必須捨棄其古老信念，並採取奮鬥、朝氣和有活力的學說。[77]但這無法一夕完成。演化是漸進的，革命則是突然、具破壞性的。

處理赫胥黎的原著時，嚴復採取了一種策略性改寫，加入傳統哲學詞彙如「道」、「生」、「天」，並將「自然選擇」改為「天擇」，「演化論」改為「進化論」，甚至採納加藤弘之說的「優勝劣敗」。[78]嚴復主張必須修正既有制度，開始自由主義改革而不耽溺於激進主義。梁啟超也多少呼應此觀點；他是位饒富影響力的改革家和博覽群書的作家，也冀望意識形態和制度變革，終結

76. Bartholomew 1989; Watanabe and Benfrey 1990.
77. Xiao 1995, 85; Pusey 1983.
78. Huang 2008; Pusey 1983, 2009.

腐敗。梁啟超也改造了達爾文：「西方天演家之言曰：世界以競爭而進化」，「自存者必以求智求強為第一義」；這來自「合眾人之識見以為識見」和「合眾人之力量以為力量」。[79]因此，專制代表較早的演化型態，繼之以「文明自由時代」。但這不是個人的自由，而屬於每一個體必須對之效忠的「全群之人」。

但達爾文也給革命派帶來助益。[80]如果嚴復和梁啟超支持逐步攀升至民主（「群體」的勝利），孫逸仙則宣稱演化法則要求突然、激烈的變化，終結過時和「不適」的政治型態。反叛是自然法則，是社會演化帶來的必然結果。種族主義顯然也是如此。與此相似的西方觀念，混入少許達爾文的成分，瞄準從一六四四年（清朝）開始統治中國的滿州人，說他們是「不適者」。[81]但從一九三〇年代起描繪中國共產黨想像的，是「競爭」的意象和從生物學上神聖化的社會主義。一九五七年，毛澤東在一場演說中，宣稱社會主義「具有優勝的條件」，因為它是「適合的東西」。

一般認為，透過破壞傳統信仰，和提供暴力的理論基礎，達爾文觀念為激進主義創造許多條件。但如俄國、伊斯蘭和東亞的例子所清楚顯示，這個觀點太過簡化。達爾文的觀念是西方思想中更宏闊運動中的一環，直接源自知識進展、民族主義興起、殖民主義的傳播及後來對它的反抗，和傳統宗教體制支持之君主體系的權威掃地。如法國大革命、美國革命和一八四八年歐洲的各場革命所示，激進主義無須仰賴達爾文。但我們也必須明白，達爾文的觀念雖非最終原因，卻是種有力的原料，屢屢被如此這般地利用，以改變人們想法，啟發眾多思想流派——其中有些是達爾文絕不會支持的。他的用意從來都不是摧毀宗教或殺死上帝，但形形色色的人如斯賓塞、赫胥黎、尼采（Friedrich Nietzsche）和史達林，都從達爾文著作中得出此義。責任歸屬的問題因而相當複雜。偉大、強力的觀念，在其創發者外有了獨立生命；但它們最初仍有賴這些創發者的存在。如前所述，史達林曾宣稱，當他還是個青少年，在喬治亞的神學院就讀時，正是閱讀了達爾文的著作，才讓他醒悟世間沒有上帝。

社會達爾文主義的問題

這些發展引出「社會達爾文主義」（"Social Darwinism"）的議題。儘管定義五花八門，[82]這個詞通常指向一些保守主義者。他們宣稱社會頂端的人更「適合」且「適應得最好」；將資源重新分配給社會其他成員，尤其是較不適合者，則違反自然秩序。[83]社會達爾文主義者被認為反對任何自由主義改革，並支持自由放任的經濟型態。產業鉅子可謂其中最好的例子。他們透過達爾文主義的修辭來正當化其財富，如鐵路大亨詹姆斯・希爾（James J. Hill）說，「鐵路公司的財富，乃由適者生存的法則所決定」；鋼鐵巨頭卡內基說，「對個人來說，競爭法則有時可能嚴苛難耐；但它對種族來說是最好的，因為可以確保每一部分的適者生存」；標準石油（Standard Oil）創辦人洛克斐勒（John D. Rockefeller）則說，「大企業的成長就是單純的適者生存……美麗的美國玫瑰若要盛開……只能靠犧牲周圍的新芽」。[84]

79. Pusey 1983, 187.
80. Pusey 2009.
81. Pusey 1983.
82. Hawkins 1997.
83. Hofstadter 1955.

然而，這一切大有問題。社會達爾文主義常見於歷史討論，未來也不會消失，斯賓塞則千篇一律地被視為社會達爾文主義的副主教（或惡魔）。但正如我們一再指出的，斯賓塞不是一名達爾文主義者，他更偏好拉馬克。儘管吸收了若干達爾文的觀念，斯賓塞也時常對達爾文的其他看法有意見，轉而正面地引述其他科學家，如開創胚胎學的卡斯帕・沃爾夫（Caspar Friedrich Wolff）和馮・貝爾（Karl von Baer）。尤有甚者，在其大業中遵奉演化，或透過它將社會實體生物學化的，絕不僅限於保守主義者。相反的，左派分子也這麼做，甚至包括俄國、中國和日本的激進左派。大約在一八八〇至一九二〇年間，斯賓塞、達爾文、海克爾及其他人，時常被一併放進一個意識形態大鍋，滋養從威權主義到革命等種種立場。生物決定論的絲線織就了許多不同掛毯。

達爾文本人是社會達爾文主義者嗎？他是否相信天擇說可以應用至社會？在《物種起源》中，答案看來很清楚——「不行」。但在《人類的由來》中，答案卻是明確的「可以」。不過，到了《人類的由來》時，他已是這些觀念的後進。法國和美國的思想家，英格蘭的白芝浩、華萊士、斯賓塞和高爾頓（Francis Galton），德國的海克爾及其追隨者，以及歐洲其他地方的許多人，早已操持生物社會理論（biosocial theories）投身於此。達爾文的遲來晚到相當明顯：他必須在《人類的由來》中徵引上述的許多人。

社會演化的修辭變得很有力量和極其常見，就連關注社會與歷史的最偉大思想家，也被迫運用社會演化觀。一八九〇年代，涂爾幹（Émile Durkheim）在其第一部重要著作《社會分工論》（*Division of Labor in Society*, 1893）中，仰賴《物種起源》和「生存奮鬥」以解釋在資源稀缺加劇的情況下，勞動專業化如何發展。韋伯在其早期的《民族國家與經濟政策》（*The National State and Economic Policy*, 1895）中，試圖展現外貌與思想的種族差異，如何在國家間「經濟面的生存奮鬥」

中起作用。然而，這兩位思想家很快便背離達爾文主義的解釋路線。涂爾幹直接反對斯賓塞，認為社會可以產生若干自身的內在力量，而非充當一種自由個體的生物總和。與此同時，韋伯很快便捨棄生物詮釋，並對這類生物社會學（biosociology）持高度批評態度。[85]但年輕、學術生涯剛起步的涂爾幹和韋伯，都被迫採納這個實質上被認為是新「科學」正統的學說。

優生學：觀念所能造就的邪惡

一九三〇年代以前，生物學多忽視天擇說，但接納其中某些部分並應用至他處，帶來強烈影響。作為一種衍生的偽科學，優生學（eugenics）從達爾文思想、生物測量（biomeasurement）、統計學、種族研究和早期遺傳學中汲取片段和方法，以支持一種社會政治觀念。[86]其原初構想，是將選擇育種（selective breeding）應用至人類，主要目標是透過鼓勵那些被認為適合的人繁衍後代，並勸阻甚或防止不適者生育，以改善民族的基因庫。在其最初階段（一八八〇年代至一九三〇年代），它創造一個重大的全球運動，直接導致針對人類糟糕透頂的虐待侮辱。這不只發生在威權國家，也見於民主國家。此運動至今仍是個明證，顯示在信以為是科學權威和體制計畫的支持下，壞觀念可以讓立意良善的個人（和腐敗的搧風點火者），以「進步」的名義力挺窮凶極惡的行為。這也是寶貴的一課，說明有影響力的觀念，甚至那些推展人類知識並啟發有價值事業者，亦會被用以鼓舞一

84. Hawkins 1997, 118, 120.
85. Hawkins 1997.
86. Kevles 1985.

些觀念原創者可能會堅決反對的信念與行動。

優生學的創始人，是維多利亞時代的探險家、思想家，達爾文的表弟高爾頓（一八二二—一九一一）。他在一八八三年利用希臘文的eu和genes二字（分別指「好的」和「出生」），陶鑄出優生學（eugenics）一詞。高爾頓不是一位普通知識分子。他博學多聞，在地理學、統計學、氣象學和法醫學等方面都有建樹，也是少數很早便接受達爾文天擇假說的人。他生前獲得許多榮譽，包括爵位和入選皇家學會。他尤其是位重視數字的人，其名言是「能算便算」（"whenever you can, count"）。計量化（特別是利用統計學）是他的工具，賦予其研究真正科學的分量。高爾頓讀完《物種起源》不久，便有了優生學的觀念。他寫信給達爾文，認為該書「驅散我舊有〔宗教〕迷信的約束」。它似乎也種下高爾頓後來擴充至人類領域的概念，特別是這個信念：就「心智能力」（"mind capacity"）而論，更高程度的適應層次，可以有計畫地被選擇並傳遞下去。[87]

一八六九年，高爾頓在《遺傳的天才》（*Hereditary Genius*）中發表其理論。他的基本方法是利用訃聞和名人清單，找到統計學上的證據以支持此概念：「自然能力」（"natural ability"）往往會在家族中現蹤。他簡單地考慮了社會特權和教育的要素，以及單靠名聲是否能有效衡量「天才」，再予以駁斥。對高爾頓來說，默默無名意指沒有才能；他斷言多愁善感在科學中毫無用處。但人性可以藉由理性的計畫和目的而得到提升。也就是說，高爾頓宣稱要展示以下發現：

> 一個人的自然能力來自遺傳，其受到的限制……和整個生物世界一模一樣。因此，正如我們可以輕易地……透過謹慎挑選，得到具備特殊奔跑能力，或能做任何事的永久犬馬品種（permanent breed），透過連續數代的審慎婚姻以製造一個天賦卓絕的人種，將是相當可行的。

> 我會指出那些影響力不大受質疑、特質一般的社會力，此刻正讓人性走向墮落；在此之外的，則會促進人性的改善。我的結論是，每個世代都有極大力量可以支配下一代的自然天賦；我也主張我們對人類有份責任，要探究這個力量的範圍，並以善待我們自己、對未來地球居民最有利的方式運用此力量。[88]

和達爾文不同，高爾頓不覺得同情弱者是高尚的。他支持「就改善種族而言最佳的文明型態」，意指鼓勵「天賦卓絕」者早點結婚，多生育後代，弱者則應晚婚或「在獨身修道院終老」，並僅只邀請「其他土地上最優秀的那類移民和避難者」。[89]我們不會對此感到意外：高爾頓認為自己是天賦卓越者（但他無法生育後代）。然而他與《物種起源》的關聯確鑿無疑。他說：「大自然盲目、緩慢且冷酷所為者，人類可以深謀遠慮、快速並和善地為之。」[90]高爾頓認為這可以透過「和善」的方式完成；他也許不大能把握其主張的潛在意涵。

我們不難看出這些意涵。確實，透過喚起馬爾薩斯的幽靈，高爾頓清楚表明其中若干意涵：救助窮人的改革、智能較低者、心智有礙者及其他種種，注定會讓事情更糟。與此同時，所有國家都需要有個公平、平等的公共教育體制，俾使天賦出色的個人有機會展現自己及能力。但改善人類前

---

87. Bulmer 2003.
88. 1869, 1.
89. 1869, 362.
90. Kevles 1985, 12.

景的方式仍是人為選擇，以衡量智能和操控婚姻與養育孩子的種種面向為基礎。天主教不喜如此，他們認為這使人類取代了上帝的角色。這也多少與斯賓塞的社會演化論牴觸，因為其觀點是各個世代可以在不計出生考量下成長進步。

然而，新世紀是高爾頓觀念的沃土。他最重要的追隨者、英格蘭的卡爾・皮爾森（Karl Pearson）和美國的戴文波特（Charles Davenport），表現得有如福音書的成功門徒。皮爾森是高爾頓的學生，賡續其師的統計學研究。但他也轉向更露骨、防衛性的民族主義，他所反映的，是導致第一次世界大戰的緊繃狀態。皮爾森認為歷史證明了文明的高等狀態，乃由種族的奮鬥所生，只有生理和心理上更適合的種族才能得勝。[91] 戴文波特是位數學導向的生物學家，他同意上述看法，但走得更遠。一九〇四年，戴文波特被任命為冷泉港（Cold Spring Harbor）新的演化研究站所長，他尋求證據，欲說明遺傳模式須為瘋狂、酗酒、窮困、娼妓、罪犯和其他許多狀況負責。他幫了那些鼓吹智力測驗以辨別「低能」（“feebleminded”）的人一把（這被認為是所有社會病理的根源）。根據這些理論家，好的人類血統（“stock”）存在於中產階級；「熔爐」（“melting pot”）是個危險的無稽之談。戴文波特推論道，政府若能施以死刑，肯定可以插手干預生殖活動。[92]

到了一九一〇年代，優生學在英語世界已占據極大勢力。它在美國取得最大的制度、金融和法律力量。在美國，移民是個尖銳課題，麥迪遜・葛蘭特（Madison Grant）的《偉大種族的逝去》（*The Passing of the Great Race*, 1916）這類書也有廣大讀者群。麥迪遜・葛蘭特是名不知疲倦的野外活動者、保守主義者和律師，為多位總統所知，並從「北方人種」（“Nordic race”）面臨威脅的傳統出發寫作。「北方人種」意指英國、北法、德國和斯堪的那維亞，即早期美洲的殖民者，有別於一八八〇年後來自東歐和南歐那些人。達爾文主義的修辭被隨意地應用，以主張消滅「社會失敗」

和「有缺陷的嬰兒」。該書歷經多次重印，直到經濟大恐慌時期才失去支持。但到了此時，它已是政治新星希特勒所鍾情的參考著作；希特勒成為德國總理前（一九三三年），還寫過一封簡短的仰慕信給葛蘭特。[93]

事實上，優生學集中了二十世紀初美國的許多焦慮，包括節節攀升的犯罪、「失敗」（"failing"）的教育、勞工騷動、女權、禁酒令、經濟衰退和蕭條（當時稱作「恐慌」）的不確定性。所有政治主張皆牽涉其中。信奉者可以是進步派或反動派，社會主義者或資本主義者，其中包含普通人、社會改革家、記者和美國總統。老羅斯福（Teddy Roosevelt）和威爾遜（Woodrow Wilson）都是優生學的信徒，極端派的H・G・威爾斯（H. G. Wells）、艾瑪・高德曼（Emma Goldman）和拉斯基（Harold Laski）亦然。計畫生育（Planned Parenthood）的創始者桑格夫人（Margaret Sanger）也是如此。桑格夫人以其格言為準則，致力於婦女的性自由：「適者多子女，不適者少之——此即生育控制之首要目標。」[94]優生學顯示，觀念可以創造一個以互相衝突的觀點為基礎的社會環境；它因種種擔憂和希望而結籽，並因承諾一個更為「純淨」（"pure"）的未來而得到滋養。有些人懷抱傳教熱情；對不計其數的其他人來說，這成了日常信念的一部分，和今日「健康食品」（"health food"）的觀念一樣稀鬆平常。主要大學和洛克斐勒基金會（Rockefeller Foundation）、

91. Halsall 1998.
92. Davenport 1911.
93. Black 2008.
94. Gordon 1976, 72–85.

卡內基機構（Carnegie Institution）這樣的企業慈善，也完全擁護此運動。若說清教徒中產階級是主要支持者，傑出知識分子的著述和演說則可正當化其信仰。一個最有影響力的例子，是生物學家、史丹佛大學（Stanford University）校長大衛・喬丹（David Starr Jordan）的《民族血脈：不適者生存導致的種族衰敗》（*Blood of the Nation: A Study in the Decay of Races by the Survival of the Unfit*, 1903）。從以下引文可略窺其種族科學之面貌：

> 一個民族的血脈決定其歷史。這是第一個主張。第二個主張是，一個民族的歷史決定其血脈……那些今日健在者，是遺傳川流不息（由民族行經的盛衰榮枯所改變）的結果……血「濃於水」，是種族一體的象徵……例如無論一名英國人走到哪裡，他都帶著英國歷史的要素。他的作為是英國行徑，造就的是英國史。這也是猶太人之於所有時空的猶太要素……希臘人之於希臘；一個中國人始終會是中國人。[95]

今天的我們，會因這些話出自這麼高尚的人而感到震驚。大衛・喬丹不僅是位知名的演化生物學家、科學提倡者和大學校長，還是名和平活動人士、保育團體塞拉山友會（Sierra Club）會長，並在著名的一九二五年猴子審判（Scopes "Monkey" Trial）中，擔當被告方的專家證人。以他命名的包括學校、公園、湖泊、道路、魚類（許多種），和一個設於一九八六年、頒發給青年科學家的演化研究獎項。有鑑於此，也許我們可以暫停腳步，看看因健忘而晦暗的一段過去。

「種族」是個混亂的概念，不僅與膚色有關，還涉及國家起源。美國是個尤為複雜的混合體，有許多種「適合」觀念。對那些偏愛「北方」種族的人來說（如大衛・喬丹），這意謂以政策限制來自南歐、東歐和亞洲的移民。對許多美國南方的人而言，它持續被用以將黑人定義為天生劣等。對都市的白人中產階級來說，「適合」則意味著特定事物：好的水平與行為、學校榮譽、職業工作，和其他形式的官方認可。這促成了智力測驗的興起。[96]智力測驗挪用比奈（Alfred Binet）的方法，一種測量在校需要協助的法國學童的「心智年齡」（"mental age"）方法。史丹佛大學的優生學家推孟（Lewis Terman）修正比奈的測試，提出有名的史丹佛—比奈（Stanford-Binet）測驗，適於評估一戰期間超過一千七百萬名的新兵。利用一次性的筆試來測量一生的心智能力——這個基本概念被擴大，為美國的學校設計出標準化測驗。普林斯頓的心理學家卡爾・布萊曼（Carl Brigham）在一九二〇年代改良史丹佛—比奈測驗，打造了學術水準測驗考試（Scholastic Aptitude Test, SAT）。雖然布萊曼自己很快便拒絕採用學術水準測驗考試（他說，分數過多地反映了學校教育、家庭背景和英語能力），但他無法阻止其他人將其設為大學入學的能力標準，且直到一九八〇年代才有部分改革。

但優生學故事中最黑暗的一面，來自政治和法律行動。這始自一八九〇年代不利心智「虛弱」（"infirmities"）者的婚姻法。一九〇七年，印第安那（Indiana）成為美國三十三州中第一個開始強制絕育的州，特別是針對已定罪的罪犯、「弱智」（"idiots"）和強暴犯。原初的法規由州政府在不合憲情況下宣布，後得到冷泉港優生紀錄處（Eugenics Record Office）主任勞格林（Harry Laughlin）的仔細改寫，成為一個「模範的優生法」（"model eugenics law"），並為數十個州成功利用。

---

95. 1903, 7, 9.
96. Kevles 1985.

一九二四年，維吉尼亞州（Virginia）頒布法律，強制智力低能者絕育。此舉遭到挑戰，案件送至美國最高法院。在一九二七年巴克訴貝爾案（Buck v. Bell）中，最高法院以八比一的票數，支持維吉尼亞州的法令。法官小霍姆斯（Oliver Wendell Holmes Jr.）在判決中認為，維吉尼亞州在減少公眾負擔上的利益，凌駕個人對自己身體的權利。這個決定直接導致此「技術」（"technique"）被更系統化地利用。總的來說，從一九二〇年代至一九八〇年代，有六萬至七萬名美國人的生殖能力遭到破壞，直到這類法律最終被撤廢。[97]

這些得到全國受教育且有影響力的人士、報紙和大眾週刊支持的舉措，顯示一九二五年田納西州（Tennessee）代頓市（Dayton）著名的猴子審判，其衝擊實無可避免。田納西州在該年通過一條法律，即巴特勒法案（Butler Act），禁止公立學校講授達爾文演化論和否定《聖經》真理。美國公民自由聯盟（American Civil Liberties Union）的回應，是說服高中老師約翰・史珂普（John Scopes）違抗這條法律，導致他被逮捕、審判。史珂普被判有罪，罰款一百美元，但此裁決因技術問題而被撤銷。然而，就州、南方，尤其是基本教義派基督教來說，此結果可謂國恥。在回應全國意見時，美國媒體固守演化論與優生學，大肆揶揄南方和基本教義派，說他們是還沒進入二十世紀的落後逆流。[98]

與此同時，美國的優生學測量成為一個模板，旋即為德國所遵行。到了一九三〇年代，法西斯主義者已實質上從民主派和社會改革家口中，竊取了達爾文主義的論述。教人吃驚的是，閱讀希特勒的《第二本書》（*Second Book*），會發現其中滿是優生學和演化論的陳腔濫調，例如：「在誕育的萬物中，自然寬恕了生存奮鬥中少數最健康強壯者；人類則減少出生數量，但嘗試保存所有誕生者的生命，無視其真正價值和內在品質。」[99]希特勒相信德國之所以變弱，是由於次等和墮落的要素；德國「血統」需要被淨化。他認為「奮鬥」無所不在，見諸生存、生存空間（Lebensraum）、國家地位、命運等。確實，在他著述中最頻繁可見的，是德文的kampf一詞。它不僅有競爭的意思，還有暴力的意味，出現在其書之標題——《我的奮鬥》（*Mein Kampf*）。取得權力後，希特勒的納粹政權於一九三三年實行「缺陷後代防止法」（Law for the Prevention of Defective Progeny），開始大規模絕育。之後三年間，超過四十萬人（主要居於精神病院）被醫生人工絕育；戴文波特的冷泉港機構刊物《優生新聞》（*Eugenic News*），則說此舉帶來「實質進展」。[100] 一九三五年出現更多法律，將猶太人定位為「種族上不適」（"racially unfit"）者，宣告所有與他們的婚姻或性接觸是非法行為。到了一九三〇年代，法律行動轉變為「安樂死」（"euthanasia"）。惡名昭彰的T4行動（Aktion T-4）授權特定醫生與官員，可以處決那些他們認為「不值得活的生命」（"unworthy of life"）。此行動從嬰兒與幼童開始，但旋即擴大至成人，並成為集中營的前導。T4行動的成功，也得到德國醫療機構的合作；他們多數接受優生學，並獲得希特勒政權的慷慨資助。[101] 如魯道夫・赫斯（Rudolph Hess）所言，納粹宣稱此為「應用生物學」（"applied biology"），顯示達爾文被如何利用。但這絕對不是生物學，而是一種幼稚觀點邏輯上的極端，被轉譯成政治謀殺。

97. Kevles 1985.
98. Larson 1997.
99. Hitler 2003, 19.
100. Black 2008, 300.
101. Proctor 1988; Lifton 1986，亦見第五章關於反啟蒙的討論。

作為社會運動的優生學，到了一九四〇年已衰敗滅亡。這和恰當理解遺傳科學有關，但以其名目犯下的滔天惡行關係更大。納粹顯示了優生學的真面目，並扼殺其生命，使它不再是可接受的觀念。所有閃耀光輝、改善社會的託辭，被絕育和屠殺一層層地剝去。優生學一向與選擇性死亡有關。高爾頓在歪曲達爾文的理論時，表達得很清楚：只有最強壯的種子，才應該被播種下去。說到最後，它支持制度性的種族滅絕。無庸置疑，整個優生學時代最驚人且教人不安的現實，是聰明才智、教育和進步民主的見解，都無法阻止人相信優生學的核心觀念。相反的，對「進步」和「社會改善」，甚至「更美好世界」的渴望，讓二十世紀初美國許多最有成就的人（包括作家、改革者、政治人物和科學家），拜倒在社會生育（social breeding）的概念之下。

因此，這個時代的陰影長而尖銳，不應被遺忘。遺傳學進展至足以辨識可能的先天殘缺，讓人可以做與遺傳相關、攸關生死的決定，這完全是當代的事。不過，儘管追求完美社會的當務之急可能已不復存在（也可能還在），其揭示的課題卻依然持續。不消說，若看到其著作被如此多方運用，達爾文將會滿心驚駭。達爾文的觀念對理解演化和基礎生物學來說，仍極為關鍵，這讓他永遠是現代世界最偉大的奠基人之一。然而，我們也不能漠視一點：這些觀念可以被翻轉或扭曲成極其罪惡的事物。綿延超過六十年的優生學時代，僅是因為歷史上最具破壞性和凶殘的戰爭才走向終結。這個真理醒目凸顯出一件事——吾人有必要評估和詮釋各種重要觀念，不僅支持我們自身偏好（如達爾文，現代科學的英雄人物），還要理解其詳細內容、意涵，以及它們在歷史上如何為人所利用。

生物學與政治之外：達爾文與人文學

透過選擇性利用並與斯賓塞的觀念結合，達爾文主義的概念穿透進眾多其他門類的智識探求，這些探求在日常生活中自有其制度效應（institutional effects）。在許多例子中，它們已無法清楚看出達爾文的具體影響，因為在今天，許多東西已是老生常談。世俗世界觀從科學（特別是生物學）中尋求模型、教訓和洞見，如活性液體（reactive fluid）般進入二十世紀，透過可滲透的媒介擴散。因為它滲透進時代的想像；它與環境的互動方式，讓人看不清其起源。

哲學與文學

達爾文對哲學的衝擊極為廣泛，不易簡單概括。從一八七〇年代開始，斯賓塞、赫胥黎和海克爾的政治哲學吸收了達爾文的觀念，並在從英格蘭到日本等國家中，得到激辯、接納、研究和制度化。演化的世界觀強而有力，甚至在一九〇〇年以前，便推波助瀾，將宗教驅趕至政治和多數社會組織的邊緣。如前所述，馬克思和後來的馬克思主義哲學都為《物種起源》所觸動；他們利用奮鬥、適宜和適應等觀念，強化共產主義是人類自然命運的想法（馬克思如此宣告）。

過去一百五十年間最有影響力哲學家之一的尼采，也認為有必要在智識上承認、接受達爾文。事實上，尼采對達爾文思想的回應相當複雜且多層次。尤有甚者，其回應明確聚焦於達爾文的著述。尼采似乎接受達爾文帶來的改變，如上帝與自然分道揚鑣，以及人類道德沒有超越性根柢和神聖目的，多半是偶然且主要為歷史所形塑。奮鬥和優越適應能力等概念，也和尼采的超人觀念（übermensch）水乳交融。但與此同時，尼采也在自己的許多著作中抨擊達爾文。他的一個主要反對意見是，天擇和適應掏空一切生命型態的複雜性、自發性、「權力意志」（"will to power"），使其成為單純的服從機制。總的來說，擁護或反對尼采和達爾文，仍是西方哲學史的一個研究領域。

尼采卒於一九〇〇年。到了一九一〇年，美國知識分子杜威（John Dewey）已可撰寫一篇題為〈達爾文對哲學的影響〉（The Influence of Darwin on Philosophy）的文章，指稱「《物種起源》介紹了一種思維方式，最後必定會轉化知識的邏輯，並及於處理道德、政治和宗教的方式」；進一步地說，達爾文的終極影響「在於他征服了生命的現象……並因此解放了新的邏輯，可應用至心智、道德與生命」。[102]當然，如高爾頓及其追隨者所重新定義的，這個新解放的邏輯正是優生學的基礎。杜威撰文之時，還無法知道這個新詮釋者心中的邏輯，最終可能引向何方。因此，看他晚於其他人加入關於達爾文的哲學辯論，是饒富興味的。比他年長的同輩人威廉・詹姆士（William James）是「形上學俱樂部」（Metaphysical Club）討論小組的成員，他們早在一八七〇年代便開始涉及與演化有關的議題。這個群體包含成為最高法院法官的小霍姆斯；他後來執筆撰寫多數決意見，支持優生學的絕育。威廉・詹姆士的論文〈偉人及其環境〉（Great Men and Their Environment, 1880）即來自這些早期辯論，認為斯賓塞強調環境是社會演化的原因，其實是錯的。詹姆士說，達爾文的概念暗示，社會發展是透過個別天才，而他們的行動與觀念，是在帶來益處的基礎上被「選擇」（"selected"）的。小霍姆斯後來在美國最高法院服務了三十年（一九〇二—一九三二），並自此以降一直在普通法（common law）議題上饒富影響力。他與詹姆士在這些論點上有所歧異，但亦完全同意「與現實相會」非常重要：在法學上，法律詮釋本身應該隨它們所服務的社會而變化。[103]

從哲學切換到文學，我們可以發現相似的思想趨勢，但也有差異。從一八六〇年代至一九二〇年代的小說家，知道新的生物學世界，需要有新的方式以詮釋人類經驗。它釋放了不確定性，以及個體所必須面對、無從躲避的法則。[104]這時常導致文學的悲觀主義，如哈代（Thomas Hardy）、左拉（Émile Zola）、康拉德（Joseph Conrad）的著作；其作品的角色發現，他們被自己很難領會的因素和力量所掌握。演化思想促使作家聚焦於存在的物質條件，持鏡映照生命的直接環境。這不僅是為了「現實主義」（"realism"）和讀者的投入，還要描繪個人為何必須抵抗從自然到社會之巨大力量；此舉不只創造成功，也帶來悲慘、不公和無法實現的願望。喬治・艾略特（George Eliot）於一八四七年出版了小說《米德鎮的春天》（*Middlemarch*），被認為是維多利亞時代現實主義小說的頂峰。《米德鎮的春天》的首句，幾乎像出自《人類的由來》中特別有說服力的段落：「掛心知悉人類歷史，及神祕的混合如何在時間千變萬化的實驗下起伏者。」艾略特確實是達爾文著作的熱心讀者，並理解其巨大意義。在美國，達爾文和斯賓塞也深刻地走進文學想像中。[105]他們的觀念（有時與馬克思的觀念混融）有助於催生對低下階級和「生存奮鬥」的關心，如厄普頓・辛克萊（Upton Sinclair）的《魔鬼的叢林》（*The Jungle*, 1906）所述。但悲觀主義絕非唯一的回應。

這些評論僅說明達爾文思想對審美領域的影響廣度。小說只是其中一項，詩歌與戲劇、視覺藝術、音樂等，也都為達爾文的觀念所觸動。[106]藝術不只呼應這些觀念得到的關注，還向數百萬可能

102. Dewey 1910, 19, 25–26.
103. Menand 2002.
104. Beer 2000; Levine 1988; Dawson 2010.
105. Levine 1988.
106. Larson and Brauer 2009.

從未閱讀科學書籍的人講授、展現其意義和內涵。如此一來，這些觀念在文化圈的地位，幾乎就如同在科學中一樣受人敬重。尤有甚者，精緻藝術（high art）只是個開端。無數形式的「低等」藝術（"low"，或譯為大眾藝術）也有此發展：包括達爾文與猿類的卡通和漫畫、幽默和諷刺的歌曲、以《物種起源》的生命之樹為紋飾的瓷器、猴子觀察和思考人類頭骨的小雕像（據說列寧便有一尊），以及其他許多一般性消費品。[107]

心理學與教育：心靈的制度

《物種起源》行將結束之際，達爾文寫道，「我看到了在遙遠未來更重要的廣闊研究領域。心理學將建立在一個新的基礎上，即每一智力和智能的獲得，必然是透過漸變」。[108]我們對此不會感到吃驚：在此，他的貢獻始於一個問題，即人類在自然秩序中的獨特性。《人類的由來》和《人類與動物的情感表達》都主張，動物和人類在心智上有許多層次的連結，包括語言的使用、工具、本能甚至感受。達爾文說，從恐懼、憤怒到好奇與幽默，動物和人都能表現出廣泛的心理狀態。《人類的由來》有一句對當時而言異常出眾的話：「人和較高等動物的心智差異儘管大，但肯定是程度而非種類的不同。」[109]這是對當時既有理論的一個重大突破。這類理論認為，心靈官能分成「理性」（"reason"）與「激情」（"passions"），前者是人類才有的能力（由神給予），其目的是控制並指引動物性的激情。透過主張人獸之間的完整連續性，達爾文思想有助於將人類心智及其研究，帶至新的領域。

在教育方面，二十世紀初極有影響力的學者，其想法也受到達爾文典範的影響。其中之一是法國（編按：法籍瑞士人）的發展心理學家皮亞傑（Jean Piaget）。他的理論以孩童為中心，對教學方法和課堂組織，有極大且持續性的影響。事實上，其理論歷經了超過四十五年的修改（從一九二〇年代至一九五〇年代），但都結合生物學、社會學和心理學觀點，以定義心智在眾多不同但一體發展階段的演化過程中，如何建構新的資訊。皮亞傑對較年幼的孩童感興趣；其研究顯示，孩童只有在特定年齡才能夠解決特定問題。透過皮亞傑稱之為「適應」（"adaptation"）的過程，孩童心智會創造基模（schemas）以組織資訊，並隨著時間，經由與環境（學校、家庭、同儕）互動來調整自身，尋求「更好的平衡」（"better forms of equilibrium"）。因此，皮亞傑借助自然科學和達爾文主義的修辭，以合法化其概念。和在他之前的許多思想家一樣，皮亞傑拒斥天擇說，因為它太取決於機會和生物是被動存在之觀點。儘管皮亞傑不是一名達爾文主義者，他卻充分利用了演化的典範。[110] 與此同時，在西方的學校，其教育觀念導致近乎全面的改革，以孩童作為主動探索者和知識建立者的觀點，取代以前孩童為空容器的想法。

達爾文對佛洛伊德的影響同樣重要。佛洛伊德的領域是自我與人格、孩童與成人的關係、夢與性、潛意識的隱藏世界等。雖然他的心靈理論不再為人所接受，但這不妨礙他帶給二十世紀文化的巨大衝擊，尤其是人文學與藝術。佛洛伊德的著述衝擊了整個人類主體性的領域——現代社會如何構想自我、童年的重要性，以及形塑人格的心理力量。他從達爾文那裡有何獲益呢？佛洛伊德成長

107. Browne 2002; Milner 2009.
108. 1859, 488.
109. 1871, vol. 1, 105.
110. Vidal, Buscaglia, and Vonèche 1983.

於奧地利一個自由思想的中產階級猶太家庭，於一八七三年進入維也納大學（University of Vienna）醫學院，其時達爾文的名望，在生物學圈子內幾乎到達頂峰。當時佛洛伊德在其《自傳研究》（*Autobiographical Study*, 1925）中說，「達爾文的理論……強烈地吸引我，因為它們給出希望，可以為吾人理解世界做出卓越進展」。[111]事實上，在其職業生涯的頭十年，佛洛伊德的工作是動物生理學的生物學研究者。到了一八八〇年代，他轉換焦點，研究歇斯底里，但在記錄其病患時，佛洛伊德視達爾文為關係密切的同儕，引述他的次數比其他任何權威都來得多。

佛洛伊德以性心理（psychosexual）階段為基礎，打造一個人格演化理論。每個階段都涉及衝突，其解決方案有賴適應外部需求。這個理論中同時有拉馬克主義和達爾文主義的要素，但其概念基礎顯示，達爾文有著更大影響。[112]佛洛伊德從達爾文生物學中取得一個觀念，即人類保有過去演化遺留的原始本能，這個本能會受文明的影響而得到控制、再造或引導。稱佛洛伊德為「心靈的生物學家」（如一些人所為）可能誇大其辭。但他連同奮鬥和適應的觀點，將演化的典範應用至個體心靈，確實大大地改變「人」（"person"）這個重要概念。透過佛洛伊德和心理分析，達爾文的若干元素對現代的自我和認同概念、「人格」的觀念、創造力和藝術的根源等，都有極大影響。

到最後，在《物種起源》問世後的頭一百年，達爾文的影響擴散至極多樣的領域，遍布世界。我們只取樣說明此影響的一小部分，因為要恰當處理這個主題，即便只是導論程度，也需要卷帙浩繁的資料方能為之。達爾文的觀念和語言，進入許多人的言說和想像，包括政治人物、經濟學者、哲學家、教育家、小說家、藝術家、社會評論家以及其他。它形塑政策和運動，療法與制度，程度之深，致使其存在成為當代文化經緯的一環。在科學領域，達爾文的觀念成為現代生物學的根基，以及醫學和農業研究眾多面向的基礎。因此，這個隱喻看來相當適切：達爾文對現代世界的遺傳組成（genetic makeup）至為關鍵。但進入我們的新世紀後，它仍會如此嗎？

今天的達爾文：終結徵兆無處尋

幾乎毫無疑問的是，在二十一世紀的頭十年，達爾文的觀念較以往更有活力、更具爭議，也更能鼓動情緒。在生命科學的領域，達爾文仍具備直接的重要意義，得到檢測、再次證實和修正。他的根本理論，即演化主要透過天擇機制進行，影響族群中的多樣性，也比過去更為穩固。但其觀念的力量，亦持續超出科學的藩籬。此點可以見於兩個主要領域。

首先，達爾文演化論持續受到來自宗教的攻擊。這來自多樣歧異的群體，在此僅舉最知名者，如保守的福音派、基督教基本教義派、多數的伊斯蘭教派、創造論者（creationists）、智設論（intelligent design）的支持者等。這些反對立場絕非無足輕重，亦非進步社會的新興或陌生事物。如本書其他章節所示，拒斥演化論和現代科學的其他部分，從啟蒙運動便已出現，並持續在各種反動群體間，構成拒斥現代性的核心元素。其中許多群體，都堅持或此或彼、某種型態的自然神學。在多數進步國家，達爾文演化論迫使這類觀念不復作為主流，但它們在保守的宗教社群中仍極富生命力。對達爾文的排拒，多仰賴對神聖、一神論典籍的字面閱讀，如《聖經》和《古蘭經》（天主教會並不譴責達爾文）。基本教義派清教徒（Fundamentalist Protestants）在非洲、南美洲和美國擁有

111. Freud 1952, 7.
112. Ritvo 1990.

數百萬追隨者，影響了關於教育的討論。伊斯蘭社會駁斥達爾文，可能和對西方社會普遍、捲土重來的不信任有關，但也源自傳統上對《古蘭經》的信從，因為《古蘭經》說，人類是上帝的特殊創造。換言之，反達爾文主義來自主流穆斯林文化的保守面，而非只出於較極端的信徒。創造論及其支脈「智設論」（認為生命太過複雜，不可能沒有一個造物者）雖未公開揭示其宗教理論基礎，也試圖乞靈於威廉・佩利說的，「任何設計都有個設計者」（"no design without a designer"）。宗教基本教義派的傾向，是把達爾文看成一個破壞者，認為其觀念否定所有更高的精神意義；在某些例子中，還要為二十世紀最窮凶的邪惡負責，包括法西斯主義和極權主義。

達爾文最被顯著討論的第二個領域，移到了相反軌道，即認為達爾文是所有人類現象的終極解釋。自一九七〇年代起，一個由科學家、經濟學家、人文學者及其他人士組成，不斷擴張和多元的社群，開始接下衣缽，將諸般社會、文化和心理現象生物學化，利用天擇說（而非演化）作為極少限制、普世性的解釋模型。這些「達爾文基本教義派」（"Darwinian fundamentalists"）是在生物學和哲學內部鳴放的一部分人，被批評為社會達爾文主義的復興。[113]人類社會生物學（Human sociobiology）或演化心理學（它的新名目）是此計畫的一個核心，鼓舞眾多領域的思想家去利用達爾文的關鍵觀念，以闡釋形形色色、如藝術和殺嬰般不同的各種現象。

這兩個領域，一個強力支持達爾文，一個激烈反對他，為了爭奪大眾心靈的重要部分而持續鬥爭。從專業的角度，超達爾文主義者（ultra-Darwinians）大致上做得較好。創造論和《聖經》直譯主義（biblical literalism），遭到當代科學及其廣大制度機構（包括政府支持）的全力否定。現在的創造論者採取科學語言，試圖爭辯演化生物學中的薄弱論點，對科學做出讓步。[114]但由於創造論者從一個關於最終原因的不變前提出發，沒有研究方案，無法得到實驗檢測，也未發展出新假設，他們不能表達科學論述，也無法與科學調和。但爭奪公眾意見的戰爭，說明了一件複雜的事，如許多美國人並沒有強烈的宗教性格，但相信有個造物者和自然世界的精神向度；他們認為達爾文演化論令人煩擾，缺乏重要意義。創造論者確實在地方學校委會中取得若干成功，雖然多數是曇花一現。科學家極力反對每一新個案，認為這是現代進步社會廣廈的一個裂縫，並視之為否定科學本身價值的思維倒錯。

但很遺憾的是，他們是對的。反對達爾文和演化論者，也拒斥胚胎幹細胞研究、胎兒研究、人類對氣候變遷的責任、生命的化學起源，和科學斷定的地球、行星、銀河與宇宙的年齡及起源。對生物學的強調，反映與生物向度的立即關聯，和人類直接相關。但事實上，如果稍施壓力（甚或不這麼做），否定達爾文的人，會輕易地排斥很多現代科學的其他事實和概念，包括地質學、天文學、宇宙學（cosmology）、次原子物理學（subatomic physics）、生物化學、放射性定年法（radiometric dating）、體質人類學等學科的絕大部分。簡言之，達爾文只是打造一個偉大、必沉之船的船首；爭論的焦點乃科學的世界觀本身：一種唯物、去精神意義（despiritualized）、對信仰需求漠不關心的世界觀。

在這層意義上，嘗試顛覆達爾文是一個不可能的目標。從迄今為止給出的理由可知，達爾文無法被消除、減損，或從現代世界中移除。演化論肯定可以被譴責，甚至禁止成為講授和研究的主題。它可以被妖魔化為充滿駭人內容的威脅，但這麼做會帶來惡劣影響，如嚴峻的智識孤立。如宗

113. Gould 1997.
114. Numbers 2006.

教基本教義派的歷史所示，這種剝奪不會尋求中世紀精神（medievalism）的庇護（見第六章）。他們要的，反而是重塑另一種現代主義的世界，以恆常不變的宗教原則為基礎，否定科學但接受絕大多數現代科技。這種現代主義的可能性微乎其微，且很快就會殞落。醫學和生物科技等領域已清楚表明，科學與科技在今天已沒有任何黑白分明的界線（禁止所有細胞研究，會摧毀未來醫學療法的領域）。然而，對反達爾文的人來說，這些都無足輕重。在現有條件下，是無法解決影響力之爭的。

演化心理學與天擇的範圍

演化論從未一成不變。在科學的疆域內，它持續發展並引發辯論。部分發展與若干領域的進展有關，如遺傳學和古生物學，特別是與遺傳過程和生命史有關者。但演化科學也發展出新學科，如演化醫學（evolutionary medicine）。這個新研究領域的成立，是要回應一個發現，即某些病原菌會隨時間遞移，得以抵抗抗生素和其他治療手段。演化醫學觀察病原菌的適應性演化（adaptive evolution），包括外在環境和受影響的身體內（通常是人體）。這類研究需要新的跨學科工作，其中有不少複雜面向得加以考慮，如細菌和免疫系統的互動、致病力隨時間的變化，和飲食與腸道環境的角色。這些都有助開創新的次領域，包括演化生理學、演化神經病理學（evolutionary neuropathology）、演化微生物學。對達爾文觀念的新應用與修正，擴大了我們對有機體生命動力的理解。這些發展都是正在進行式。

但達爾文還有其他更具爭議性的延伸，超越生物學藩籬。其中之一是人類的社會生物學，由昆蟲學者愛德華・威爾森（Edward O. Wilson）於一九七五年，在其著作《社會生物學：新綜合理論》

（*Sociobiology: The New Synthesis*）中首開其端。威爾森的首要主題是動物，其專業領域是螞蟻。他將社會生物學定義為「關於所有社會行為之生物學基礎的系統研究」，因而實質上允諾會在某個階段包括人類。到了二十一世紀，這個新領域和其同源的「行為生態學」（"behavioral ecology"），成為動物學中地位確立且極富生產力的領域。但如其承諾，威爾森及其追隨者並未止步於動物學。在其書的最後一章，威爾森主張文化本身乃一生物學產物，認為文化是透過學習而非遺傳而來的想法，是個「極端」的觀點。

他寫道：「科學家與人文學者應一起考慮這個可能性，即倫理學的時機已經到來，可以暫時從哲學家手中移出，進行生物學化。」[115]威爾森的目的，是將所有人文學科和社會科學置於生物學的羽翼之下；他在之後的《知識大融通》（*Consilience*，一九九八）中更堅決地追求此目標：「文化及人類的獨特特質，只有在連結至自然科學因果解釋時，意義才能完整。尤其是生物學，它最近似因而與科學學科相關。」[116]然而，威爾森挑選的例子讓他身陷麻煩，同時彰顯了天真和危險的面向。處理盧安達種族大屠殺（Rwandan genocide）時，他繞開倫理問題，披上馬爾薩斯的外衣，聲稱人口過剩是「更深層原因」，故「胡圖族（Hutu）和圖西族（Tutsi）的年輕士兵，便著手以可能的最直接方式來解決人口問題」。[117]如此背離殖民歷史和認同觀念，等於是說社會科學和人文學的解釋，主要是在浪費時間。

115. Wilson 1975, 563.
116. 1998, 292.
117. 1998, 315.

達爾文基本教義派的另一位領袖、生物學家理查・道金斯（Richard Dawkins）贊同威爾森，但採取一個不同途徑。在《自私的基因》（*The Selfish Gene*, 1976）中，他提供了「模因」（"meme"，或譯為瀰、文化基因）的觀念，一個可類比於基因、「自我複製的文化單位」。根據其假定，模因包含所有型態的文化要素，如科技形式、家具類別、一段旋律和其他種種；但模因真正的用途是訴諸天擇，即人類文化發展和前進的過程。道金斯的觀念開花結果，成為「模因學」（"memetics"）理論，試圖為文化演化建立達爾文主義的模型，涵攝從路標到宗教的萬事萬物。無論這聽起來有多奇妙和來者不拒，它有個沒那麼具想像力的一面：按其所言，人類只不過是文化複製過程的一個器皿。人文學科再一次變得無足輕重，其研究本身只是一種模因。如果文學或藝術僅是重複循環角色、故事、形式等元素，其深層意義並非來自有表現能力天賦的人類，而是源於相同的盲目，無涉道德，不用擔負物種創造和毀滅責任的過程，那為何還要花時間研究它們呢？

與此同時，演化心理學把達爾文帶往另一個方向。它將心靈看成「一組處理資訊的機器——由天擇所設計，以解決我們的獵人和採集者老祖宗面對的適應問題」。[118]在達爾文的時代，演化被認為是支持進步的；有別於此，在演化心理學的描繪裡，人類乃植根於舊石器時代的過去。我們的當代腦袋，是「石器時代心靈」的原鄉。從這個前提出發，萬事萬物都僅是在找尋適宜性的解釋。我們再一次回頭辯論十九世紀的這個觀念：生物演化和文化演化是同源（homologous）的。斷言「基因控制文化」（威爾森一再如此），在邏輯上會導致追尋行為和制度的決定論（deterministic）解釋。不管是什麼名目，此即社會達爾文主義。演化心理學的死忠者走得甚遠，以至於主張強暴乃地位低下男性「演化出來的交配策略」。確實，如古生物學家史蒂芬・古爾德（Stephen J. Gould）所言，這已製造許多「就是如此的故事」（"just so stories"）。他們找了一個行為，然後提出「就是如此」

（"just so"）合用的演化故事。事實上，這些故事被構思來解釋多樣歧異的現象，如民族本位主義（ethnocentrism）、同性戀、藥癮、性偏好（為何女性會被有「資源」的男性吸引）、殺嬰、憂鬱症和其他種種。如果我們因此憶及優生學觀念，絕非偶然之事。但此處的危險，並非汙衊人們並防止他們生育，而是接近其對立面，指稱他們的行為乃出於自然，因此不能改變，且在某些方面無從避免。換言之，人類的所有作為，可以被理解成一種適應：基因在想方設法幫助自身生存。

這帶出演化心理學的粗糙面。更複雜的思考便會看出，生物演化和文化演化的類比有其缺陷，無法提供太多有用的洞見。「發現」殺害自己的孩子，可能是要適應資源有限的冰河時期，這能有多少益處呢？但它仍說，人類心態的某些部分，必然有生物學的組成要素；我們並非生來腦袋空空，而是天生帶有特定傾向。演化心理學較柔性的一面堅持，聚焦於演化上為數不多、可能確實有若干重要意義的行為，如語言或合作，是有其道理的。

但核心問題仍然存在。在多大程度上，天擇可以被應用為合法的框架，在人類作為一個物種自身的演化之外，詮釋其種種？奮鬥或競爭導致選擇上成功的基本觀念，肯定能被簡化，用來描述極多情況。但我們若將達爾文主義的典範擴大至心靈（相對於作為器官的大腦）、社會或文化，到底會發生什麼事？過去是我們的指引。說到底，這麼做的誘惑，從來都沒有減弱或衰微。一八六〇年代時，支持者認為自由放任是符合人與人、公司與公司間自然競爭的政策；到了二十一世紀，我們則有「演化經濟學」（"evolutionary economics"），將工業革命詮釋為由自然資源因素引起，「增加

118. Cosmides and Tooby 1997.

的選擇壓力」（"increased selection pressure"）的結果。若援引達爾文或斯賓塞來正當化帝國主義，今日溫和的「達爾文主義政治學」（"Darwinian politics"）會主張，人類的演化創造出我們的政治偏好，包括趨向自由和民主的本能。或如這個更嚴苛的詮釋：民主之所以沒有普遍存在，是因為「演化賦予我們這個物種……往等級結構的社會和政治體系靠攏的傾向」。[119]另一方面，達爾文主義的理論，讓學者去發現天擇在詩歌和小說場景背後運作的證據，例如《貝武夫》（*Beowulf*）中適應論（adaptionist）的男性情誼，或《傲慢與偏見》（*Pride and Prejudice*）中演化式的擇偶約束。[120]達爾文主義精神病理學則覺得，情緒障礙（如憂鬱症）是面對同物種侵略時，基於演化的諸般（內在導向）防禦策略。[121]

透過「普世性的達爾文主義」（"universal Darwinism"），即不管脈絡為何，天擇都是個宇宙演算法則（cosmic algorithm），這些例子回答了達爾文的觀念可以「走多遠」的問題。這可能會讓我們想起，馬克思主義和佛洛依德式的概念，也曾被人恣意利用，以說明歷史、政治、文化和其他種種事物的真相。但近幾十年間，達爾文主義的觸角伸得更遠，含括人類生命、思想和經驗的全體。達爾文本人肯定會將此視為一個巨大的歷史諷刺——天擇變成了造物主。

此點相當驚人，不只由於它狂熱地無所設限，還因為其完全忽視生物學內部發生的變化。說到底，天擇在多大程度上可以為演化論的一切代言呢？達爾文本人說，它可能僅是解釋生命歷史時，眾多（甚或還有其他更多）可能過程中的其中一個。事實上，自一九四〇年代的新達爾文綜合論以來，人們確實已在野外和實驗室中，發現新的演化機制。其中一個機制和遷移（migration）有關：物種遷移至新環境後，直接對生存帶來衝擊。針對近數百萬年所進行的地質學研究，則將此擴大，包含對植物、哺乳類、爬蟲類、昆蟲和無可避免（且必然如此）的細菌之豐富度，造成顯著變化的重大氣候變遷（不需要有遷移的要素），甚至較小規模的變異，如乾燥與潮濕的時期。另一個演化機制是「遺傳漂變」（"genetic drift"）：族群內的特定基因，因為某些個體隨機地產生更多或較少的後代，而成倍增加或丟失。與此同時，達爾文深受友人萊爾影響，相信深刻變化有賴極長的時間遞移；但一九八〇年代以來，災難性事件（包括大滅絕）的證據如排山倒海，並為地質學和生物學所接受。「間斷平衡」（"punctuated equilibrium"）的假說主張，物種可以在長時段內維持穩定，接著會經歷相當迅速的修正，以回應環境的改變。另一個立場則強調某些現象帶來的衝擊，如彗星—行星撞擊、巨大的火山爆發，和抹去地質景觀的大規模冰河期。凡此種種，都向天擇放諸四海皆準的首要性提出挑戰。今天理解的地球，已非維多利亞時期認識的地球。地球令人嘆為觀止（也更加有趣）的動力，和演化何其多樣且難以預測的理解，二者相映成趣。

觀念（而非數據）持續居於生物學的核心。演化論絕非塵埃落定之事，關於天擇本身也有諸多辯論。對許多人來說，它針對的是單一生物的改良生存能力；對其他人而言則牽涉一個族群。但對強硬的達爾文主義方案來說，統治一切的是基因：天擇關係著特定基因在後代的相同染色體位置，取得更好的表現形式。到最後，只有對那些相信它包羅所有解答的人，達爾文的「危險觀念」才可謂是《神學大全》（*summa theological*）。

---

119. Somit and Peterson, 1997, 27.
120. Gottschall and Wilson 2005.
121. Sloman and Gilbert 2000.

征服所有生命的觀念？

那達爾文的終極遺產為何？要在十幾本書的篇幅內提供一個完整答案，是不可能的事。恰當的比喻，是拍打遠近海岸的浪潮。它在遠處遙望，原初的運動始自何方，已不復清晰明朗。

但真正的答案是，我們還無法斷言達爾文的遺產可能為何。二〇〇九年，達爾文誕辰二百週年時，出現了有史以來為單一歷史人物所做的最大規模慶祝，擴及超過四十五個國家，包含數百場活動、出版品、電影、展覽和其他種種。《自然》（*Nature*）期刊以「全球的達爾文」（"Global Darwin"）為專題，刊載一系列優秀論文，考察他在全世界的影響。可想而知，這場盛宴叫陣出一波抱怨、拒斥，和創造論狂熱的負面迴響。

這樣看來，達爾文從未離去，現代世界也不會讓他離去。但我們在此所談的，並非真正的達爾文其人。真正的主角是其思想和觀念，包括它們自身，以及更多被其他許多人的思想所改造和轉譯者。說到底，這些觀念經由各種方式被應用、誇大和變形，肯定會持續至未來。達爾文觀念所推波助瀾開創的世界觀，是有機、唯物、充滿活力、可變、不確定的，「人類」和「動物」居於一個沒有神的連續中。這個世界觀仍在持續進行中。

拒斥也是一種影響形式。若馬克思主義的力量，體現在汗牛充棟、駁斥它的著作上，這點也同樣適用於達爾文。遵奉許多世界主要宗教的數百萬信徒，往往否定其演化論。事實上，這種拒斥並未消退或平靜下來，而是程度不小地有所增長。此即奠基性觀念的力量：它們激發大規模的憎恨、恐懼和不安全感，也激發堅信和忠誠。面對這些對達爾文思想根深柢固的排拒，極為常見的反應是不滿和惋惜。但重要的是，我們也要去認識這種排拒何以存在、意味著什麼。對那些在宗教確定性中找到意義和目的者，達爾文主義世界觀可以激怒人、嚇到人，甚而驚天動地。這個世界觀不承認任何可謂「神聖」的事物。它提出一個無情的宇宙，充滿美與死亡，但沒有精神內涵——排除罪（sin）、救贖與恩典的宇宙。拒斥達爾文主義世界觀，一向是《物種起源》創造之巨大遺產中的第二重要主題。

若這樣考慮，達爾文的觀念實大過其自身。在宗教否定外，光譜的另一端是嘗試重新創造世界，使其體現天擇概念。在過去一個世紀，我們看到達爾文思想以種種方式擴大至新領域，可以釋放新的洞見，但也能賣弄科學的傲慢、盲目和決定論。基本教義派宗教如在二十一世紀，取得對政治和法律機構的重大控制，著實讓人憂慮接下來會發生什麼事。但若把人類心靈想成「石器時代」產物，把包括強暴和殺嬰這等人類行為視為自然且無可避免，其意涵為何？從這種觀點中，可能會出現什麼樣的政策、法律決定或社會計畫呢？歷史顯示（如優生學的例子），更為極端或不設限的達爾文主義，會產生太過實際的影響。聰明才智無法保護吾人免於此踰越。相反的，這正是其本質要素。

無論今天或百年以前，訴諸達爾文都遠不只是援引科學的巨大權威以為支持。《物種起源》的部分遺產，也是它無從抑制的暗示與聯想力量，其無盡多樣的可能意義。無論是從字面讀，還是熱衷於解釋性隱喻，閱讀此偉大著作，都誘使我們以過去可能未曾想見的更多方式來闡釋世界。我們只要考慮它使用的一些詞，如奮鬥、競爭、生存、存在、本能、殖民、移植、由來、演替和滅絕（這些詞在達爾文的時代已背負激烈意涵），便可清楚看到，對《物種起源》的理解和利用，無可避免地會踏上許許多多無從驅策的方向。達爾文的影響也呈現同樣的故事，充滿宏偉動人和令人不安的複數性。是故，《物種起源》以這個結論曲終奏雅，是相當合適的：「從過去的事實來判斷，我們可以穩妥地推想，沒有任何現存物種，會將其未加改變的樣貌，傳遞至遙遠未來。」[122]

122. Darwin 1859, 489.

第四章

打造民主：傑佛遜和漢彌爾頓的辯論

我從來沒有期待不完美人類的完美之物。所有集體討論深思熟慮的結果，必然是個複合物（compound），混雜構思者的錯誤與偏見，以及良知與智慧。以友好、聯合的共同紐帶擁抱十三個不同州的契約，必然是許多不同利益與傾向彼此妥協的結果。這種素材焉能產出完美結果？

———漢彌爾頓，《聯邦黨人文集》（*The Federalist*），第85篇。

「民主」（"democracy"）一詞來自古雅典。它包含兩部分：demos和kratos，分別指「平民」和「統治」。在實際的實踐中，遠在古希臘興起以前，世界各地的不同角落肯定便能發現種種形式的大眾統治。確實，西元前六世紀的雅典也許為這個政治體系命名，但它並未真正提供模範。在我們看來，雅典民主並沒有非常民主。在古雅典，可以投票的公民（citizens）是超過二十歲的男性，僅占人口的一小部分，排除了所有女性、國外出生的移民及奴隸（其數量是最多的）。「人民」（"people"）是其中的極少數人。

若轉向現代世界民主的成功重生，我們會發現，它不是出自重要的城市中心，而是在遠離歐洲的殖民地邊疆。這並非偶然。如法國貴族和作家托克維爾所觀察的，只有在一個處於胚胎時期的國家，充滿遠離舊世界（the Old World）君主制首都的政治「外行人」（"amateurs"），才有可能讓民主這樣的古老觀念煥然一新、生機勃勃。

然而，民主的重生並非突如其來。在馬其頓的菲利浦二世（Philip II of Macedon）攻克雅典以至美國革命，超過兩千年的歲月裡，民主政府的諸多面向時不時地出現，如中世紀斯堪的那維亞選舉產生的議事機構，和英格蘭的國會。毫無疑問，絕大多數人持續居於農業為主的社會，生活在君主制、寡頭統治和暴政之下。與限制君主權力有關的觀念，在美國革命的一個世紀前就開始茁壯，形諸於早期啟蒙運動，並伴隨著個人權利和自決等支援性的概念。我們在討論亞當・斯密和洛克哲學的重要性時，已看過其中的若干發展。事實上，許多歷史學家認為，一個重要關頭是英格蘭一六八八年的光榮革命：世襲君王詹姆斯二世（James II）在試圖削弱和操控國會後，遭廢黜並被迫離開國家。隨之而來的英國權利法案（English Bill of Rights）為國王權威加上新的限制，並擴充國會作為（部分地）由選舉產生之機關的獨立性。與此同時，光榮革命的宗教色彩也非常強。詹姆斯二世是天主教徒，他偏袒天主教，激怒了英格蘭新教徒；且更糟的是，他有個兒子，王位將落在他身上，而非其新教徒姊姊瑪麗（Mary II of England）。是故，這並不全然是啟蒙運動的勝利。

托克維爾承認，在歐洲的古代景致及其威權傳統中，民主盛開的機會一直較差。美國肇始之初沒有世襲貴族，也無意於寡頭統治。南方可能會產生問題，因為那裡有植根於奴隸制的農業文化。但在美國創建之時，其領袖對他們希冀打造的國家，懷抱崇高的觀念。得到啟蒙運動自由哲學的支持，這個新國家若干最重要的領袖來自南方，包括華盛頓（George Washington）、麥迪遜（James Madison），當然還有傑佛遜。他們和來自北方的同時代人，如約翰・亞當斯（John Adams）和漢彌爾頓，每個人都希望創建一個國家，為自由設立新標準，即便自始以降都不完美，但可以隨時間遞移，在自由中努力改善自身。

十八世紀的啟蒙思想家和十九世紀的自由主義者相信，民主價值會帶來一個普世性文明。這並未成真。相反的，我們今天可以看到許多不同種類的政府，甚至各式各樣的民主，並從中看出不同的生活型態。然而，總括來看，民主的成長，特別在二十世紀，是非常驚人的。一九〇〇年時，全世界約有十五個民主國家（雖然多數仍排除女性和國內某些少數族裔），呈現此前五十年來的緩慢成長。這個數字在第一次世界大戰後快速增長，但隨即顯著跌落。到了一九三〇年代末，只有不到二十個民主國家，且都在西歐、北美，和英國在大洋洲的前殖民地。因為經濟大恐慌，自由資本主義明顯崩塌，法西斯與共產暴政趾高氣昂的崛興，民主本身面臨著不確定的未來。但第二次世界大戰後，選舉制民主體系的數量再次增長。若按照一九四一年成立、備受尊敬的獨立組織自由之家（Freedom House）的方法，將國家分成「完全自由」、「部分自由」和「不自由」，在二〇一四年，真正民主、部分民主、毫不民主的國家數量如下：完全自由民主的有八十八個國家，占世界人口的四〇％；部分自由與民主的有五十九個國家，占世界人口的二五％；而毫不自由與民主的僅有四十八個國家，占世界人口的三五％。[1]即便是不民主和不自由的國家，大多數也有假選舉，因為其統治者知道，某種普遍的大眾支持，對主張合法性來說必不可少。其選舉雖非貨真價實，他們卻如此宣稱。

相較於一個世紀以前的情況，此可謂驚人倒轉。是故，檢視第一個現代民主國家如何創建，和從其誕生至今的爭議，何以引起分歧且懸而未決，變得特別重要。

總的來說，民主的昂揚與三個因素有關。首先是英國具歷史意義的成功與力量，包含其國會體系和輕視君主權力的決斷。其次是啟蒙運動，它讓自由諸觀念瀰漫歐洲和北美殖民地，並建立起未來發展和個體自由間的連結。第三、可能也是最重要的，是美國的例子及影響——美國是現存世界最古老的立憲民主國家（亦有賴前兩個要素方能成立）。這些觀念在英格蘭一六八九年的《權利法案》中以未加工的形式出現，[2]進而為美洲思想家們擴充、放大和淬鍊，鍛造了美國的革命時代。之後的兩百年間，它們在知識分子和改革家之間廣泛傳播，範圍不僅在歐洲，還及於拉丁美洲、鄂圖曼帝國、中國、日本和全世界。這些觀念應許了新的自由和繁榮國度，美國自身的成功似乎能為其作證（但也有重大限制）。正是這組民主觀念，儘管有種種不完美，仍持續激發極大量希望。

這些觀念中尤為關鍵的，是個人權利；出版、集會與宗教自由；個人與財產得到法律保障；和代議制政府等概念。這些原則絕大多數不是美國本土產物，而是十七、十八世紀歐洲所闡明的，部分原因是要打倒君權神授的理論（Divine Right）。但只有在美國，它們才得以充分體現在民主制度上，成為新國家的活生生基礎，而這個國家很快便將與大西洋另一端的強權競逐爭雄。但這些制度尚未完備。革命成功後的八十年間，奴隸制仍有其地位；黑人、印地安人和女性，在甫進入二十世紀時尚無投票權。美國用了將近兩百年，才差可走近、實現其自身原則。但整個歐洲都知道，美國的創建有深刻意義。它證明了民主在現代國家行得通，可以展示自由的準則，而人們也會基於這些準則來衡量、評價它。[3]

啟蒙運動的兩種民主觀點

對此，我們必須了解漢彌爾頓和傑佛遜的觀點；他們的觀點在當時包羅最廣。直言之，這兩個觀點投射出兩種不同的美國，彼此並無好感。二者皆源自相似素材，特別是英國的哲學和論戰著述，法國與蘇格蘭啟蒙運動思想家，以及古希臘羅馬作家。但二者各自為新國家構想了一套計畫和學說，對當時來說相當激進且迥不相侔。漢彌爾頓眼中的美國，有強大的中央權威、大規模軍隊、聯邦驅動的工業經濟，和積極的外交政策。傑佛遜則期望一個中央較弱、地方有民兵，充滿自耕農（yeoman）且「不與人結盟」的國家。這兩種觀點中，一個重視都市和擴張，一個強調農村和在地（parochial）。儘管不易共存，它們卻很快就並存到現在。聯邦與自由至上的信念、期望和幻想，直到二十一世紀都是「美國願景」（"American prospect"）的一環。從政府紓困和聯邦資助的研究，到避稅的狂熱與鬆綁，漢彌爾頓和傑佛遜都像看不見但鮮活的巨神兵，從上方俯視當下。在心靈的國

1. Freedom House 2014.
2. Pincus 2009, 292–93.
3. Wood 1992; Tilly 2007.

度，美國自身總是意見不一，搖擺於這兩位卓越人物之間。

漢彌爾頓和傑佛遜是尖刻對立的政敵。但這讓他們成為其時代的典型。[4]美國開國元勛絕非一個親密同儕稱兄道弟的組合，具備心靈與精神的統一。若對一個新國家的期望讓他們成為同路人，關於如何打造新國家的種種信念，則讓他們分崩離析。漢彌爾頓和傑佛遜視對方為敵手，但也都與約翰・亞當斯相抗。與此同時，亞當斯和富蘭克林（Benjamin Franklin）間的敵對也很傳奇。在今天，華盛頓和傑佛遜都在拉希莫山（Mount Rushmore），享有不朽的花崗岩頭像；但在生前，相較於其國務卿（傑佛遜），華盛頓更常與他的財政部長（漢彌爾頓）站在同一邊。美國第四任總統麥迪遜一開始是個傑佛遜派，但後來與漢彌爾頓一起寫了《聯邦黨人文集》（*The Federalist*）。傑佛遜的共和黨（Republican Party）毫不遮掩地痛恨美國第一任首席大法官（Chief Justice）約翰・傑伊（John Jay），以至於傑伊曾說過，他能藉自己肖像被焚燒的火光，在夜裡認路。[5]故以下這點並非偶然：環繞美國民主的國家對話，一直都更接近街頭叫囂，而非啜飲白蘭地的辯論。

漢彌爾頓和傑佛遜都很清楚，他們的觀點已越出政治藩籬。打造一個新的國家意謂建立一個新社會，建立新社會意謂重新構造生活的政治、經濟、教育和宗教等面向。凡此種種，則涉及為人類福祉創造新的可能性。那麼現代自由的諸般根本概念——這些遍布全球、推翻眾多力量強大的君主和暴政，對資本主義的進展和社會進步而言亦相當關鍵的觀念，是怎麼在一個樞紐性運動中匯聚，見諸兩個扞格難容的不同心靈呢？

有的人肯定會覺得，如此對待事情真相不免過於寬大。我們不是應該聚焦於英格蘭限制王權的長久傳統、一六八八年的光榮革命，和隨之而來的英國《權利法案》嗎？瑞士有些從中世紀以來便自治的邦（canton）呢？或者於一七五五年建立、實施普選的民主國科西嘉共和國（Corsican

Republic）呢？[6] 一七八九年法國的國民議會（National Assembly）批准的《人權宣言》（*Declaration of the Rights of Man*）又如何？這些當然都是饒富價值的例子。它們確實有其重要性，但並非最終模範。無論表裡，一八〇〇年的英格蘭很難稱之為民主。英國由四百個家庭組成的貴族階層，在之後一個世紀仍掌握實際權力；甚至到了一八六〇年，還只有不到一〇%的成年人有權投票。瑞士邦聯當然是個驚人成就，但作為小士寡民的燒杯實驗（test tube experiments），它們是這種體系在更大規模國家中行不通的「證據」。與此同時，巴斯夸．帕歐里（Pasquale Paoli）的科西嘉共和國僅存在不過十年，便被入侵的法國所打倒；法國革命則導致恐怖統治和拿破崙崛起。作為一個貨真價實的民主國家，美國並無真正先例。[7]

也會有人反對我們選擇了漢彌爾頓和傑佛遜。我們怎能忽視《美國憲法》和《權利法案》的主要起草人麥迪遜呢？那約翰．亞當斯呢？他的《關於政府的思考》（*Thoughts on Government*, 1776）奠定了兩院制和分權的概念。約翰．狄金森（John Dickinson）呢？他的《賓夕法尼亞農夫的信》（*Letters from a Farmer in Pennsylvania*, 1768）主張殖民地有權自治，在初期頗有功於統合反英情緒。而忽略新世界最博學多聞的富蘭克林，或當時最直言不諱的激進分子潘恩（Thomas Paine），算得上公道嗎？我們並沒有低估這些人的必要性。但公平地說，在上述人物中，沒有人整理出一種社

4. Ellis 2002.
5. Wood 2007.
6. Boswell 1769; Steinberg 1996.
7. Tilly 2007; Dahl 2000.

會哲學，以帶領新國家穿梭無可避免的動盪未來。漢彌爾頓和傑佛遜，則最清楚明白他們亟須這種哲學。和他們期望的國家一樣，這兩人有野心、務實、具理想主義、迫不及待且勇於自任。

但他們其實也戒慎恐懼。閱讀開國元勛的書信，讓我們最感吃驚的並非其膽識，而是他們的煩惱不安。對於美國是否能夠存續，這些人極其擔憂，沒有止境。[8]為何要如此害怕？因為其所學與經驗都告訴他們，權力很危險，暴政無所不在，自由則是暴風中飄搖的薄葉。若看看非洲、亞洲甚至歐洲，專制是人類的普遍處境。華盛頓在一七九六年的告別演說（由漢彌爾頓草擬）中，詳細說明聯盟所面臨的威脅：「〔威脅〕起因不一，來源各異，煞費苦心且千方百計地要削弱你們心中〔關於聯盟必要性〕的信念。這是你們的政治堡壘中，外敵內患的炮火將不斷積極瞄準的重點。」[9]他心中想到的，毫無疑問是當時惡劣的政黨政治；但其中也包含具體事件，如一七八三年由沒領到薪餉、半醉半醒的革命軍所發起，朝費城進軍，以暴力威脅國會集會的武裝行動。華盛頓知道（他在此完全贊同傑佛遜），常備軍隨時有能力擊潰文官權威——從拉丁美洲到中東，這個真理在現代已屢屢得到證明。

開國元勛思考未來時，不會沉溺在樂觀和確定的心理狀態中。當然，他們公開談話時，往往帶有積極振奮的論調；他們知道正面戲劇效果的必要性。柯丘斯科（Tadeusz Kościuszko）是著名的波蘭工程師，在獨立戰爭期間協助建造防禦工事。傑佛遜在一七九九年二月二十一日寫給他的信中說：「我們公民的精神……伴隨力量與尊嚴高揚……將使這個政府轉原則為實踐，成為保護人類的模範。」[10]但我們可能要問，他為什麼用「保護」（"protection"）這個詞？為何不用「解放」或「進步」？因為當時尚未能對安全問題掉以輕心。美國的特質仍是掙扎多過穩定，危機多於信心。在寫完上述文字不過兩個星期後，傑佛遜又寫了一封信給友人湯瑪士・盧米斯（Thomas Lomax），怨嘆聯盟的實際情況：「美國人民的主幹在本質上是共和派。但他們已被狡猾手法愚弄，並成為……自願給自己鍛造枷鎖的工具。」[11]當然，他在此指的，是「狡猾」（"artful"）的漢彌爾頓及其聯邦黨人。

美利堅合眾國是一個很龐大的概念。傑佛遜、漢彌爾頓、亞當斯、富蘭克林和華盛頓，都說它是一個「帝國」（"empire"）。在其他情況下，他們也會以複數型態稱之。在最一開始，它是由虛弱的勢力所聯合起來，每個州傾向各自為政，有如獨立國度。但美國是個強而有力的概念。創造它的才智之士，在此之前並沒有真正模範，得靠不確定且時或顫抖的雙手，揉捏可能性的黏土。這個計畫不僅大膽而已；對多數受教育的歐洲人來說，它還嘆為觀止、無法無天。[12]這些住在文明邊緣的鄉巴佬是誰，竟以為自己可以忽視上千年的王室傳統，甚而改進作為永恆智慧之源的古代？他們有何政治經驗？具備什麼第一手的政治與法律知識？他們豈不是像孩童一樣，在曠野徬徨漫遊？

從何而來

在非常實際的層次，抗英行動源自世界第一起全球衝突、七年戰爭（一七五四－一七六三）的結果。[13]歐洲所有主要強權都參戰了，戰火綿延到五大洲，牽連英格蘭、法國和西班牙的遼闊殖民地。俄亥俄河谷（Ohio Valley）、葡萄牙沿海、孟加拉城市鄰近、菲律賓群島等地，都發生了重要戰

8. Bailyn 2003.
9. Washington 1997, 964.
10. Jefferson and Randolph 1829, vol. 3, 430.
11. 1829, vol. 3, 432.
12. Bailyn 2003.

役。

對英國來說，這是一個世紀內第四起重大衝突，也是迄今為止所費最鉅的，不僅是金錢，還包括人員、物資和善念。英國負債累累，失去許多船艦，處理殖民地事務時傲慢以對。它當然有勝利之處，特別是在北美（北美戰場即俗知的法印戰爭）。英國獲得了新法蘭西（New France）的較大部分，加拿大東部的大片土地，並把法國勢力逐出印度。但戰爭之初，英國便已背負七千五百萬鎊的國債；到戰爭末了，更猛增至一億三千三百萬鎊。英國亟需管理和防衛廣大的新領土。那北美殖民地呢？它們從這場衝突中獲益極大。直接補貼和供給英國部隊的合約，有助殖民地人士風生水起（即便母國正深陷債務）。不少國會成員對這件事頗為光火，殖民地拒絕提供部隊以對抗法國，還不遵守英國壟斷，轉而與西印度群島的法國大種植園進行非法貿易。[14]

國會沒有其他辦法，只能更改政策。在此之前，在英國實質上第一位首相沃波爾（Robert Walpole，首相任期一七二一－一七四二）治下，政府是在自願合作、低稅和自治的基礎上，寬鬆地管理殖民地。艾德蒙・柏克有個著名說法，稱此政策為「有益的忽略」（"salutary neglect"），因為它帶給美國商人成功的貿易活動，英國也因而得到關稅。因此，殖民地已習於自我治理。但隨著沃波爾離開（卒於一七四五年），美洲的反抗態度又明顯到不容忽視，國會突然間改弦更張。政府將開始統治殖民地，不再放任。更直接的控制、更高稅負、要求服從的法律工具和其他威權手段已就緒待發。[15]

隨之而起的是一連串毫不留情的新法律，包括一七六一年允許英國海關官員搜索家內和倉庫禁運品的《協助令》（Writs of Assistance）；禁止在阿帕拉契山脈（the Appalachians）以西定居的《一七六三年公告》（Proclamation of 1763）；一七六四年對食糖、酒、咖啡和靛藍染料（indigo）

徵收新稅的《食糖法》（Sugar Act）；一七六五年命令殖民地政府為英國士兵提供食宿的《駐營法》（Quartering Act）；一七六五年（一七六六年撤廢）要求所有報紙、法律文件，甚至紙牌貼上官方印花以徵稅的《印花稅法》（Stamp Act）；一七六七年賦予國會權力，可以制定任何他們認為必要法律之《宣示法案》（Declaratory Act）；以及一七六七年對所有進口紙張、玻璃、顏料和茶葉徵稅的《湯森德法案》（Townshend Acts）。每一年都有新的負擔，沒有協商，甚少預警。美洲是個仰賴經濟的地方，長久以來享有比母國更多的自由。現在是時候，讓殖民地居民理解其地位了。一七七〇發生了波士頓屠殺（Boston Massacre）——受嘲弄的英國軍人向手無寸鐵的群眾開火，殺害了五人；此後關係變質敗壞，不見好轉。為平息眾怒，英國政府撤廢多數《湯森德法案》的稅負。但一七七三年又來個《茶稅法》（Tea Act），想要遏止美洲人從荷蘭「走私」便宜茶葉，並為英國東印度公司創造獨占事業。因之而起的波士頓茶黨（Boston Tea Party）的「野蠻行徑」（"vandalism"）嚇壞了英國人。英國政府透過一連串懲罰性的不可容忍法案（Intolerable Acts, 1774）進行報復，減縮殖民地的自由，並導致同年在費城的第一次大陸會議（Continental Congress）。在八個月內，革命便開始了。[16]

因此，導致戰爭的關鍵期短暫無鋒：在七年戰爭終了和萊星頓（Lexington）與康科德

13. Wood 1998.
14. Wood 1998; Armitage 2000; Bayly 2003.
15. Foster 2014; McCusker and Menard 1991.
16. Wood 1998; Foster 2014.

（Concord）之間開火，相距不過十年。再過六年（一七八一年），康沃利斯（Charles Cornwallis）便向華盛頓投降，新國家因此成立。他們沒有多少時間，能夠找尋、構思並蒐集可能正當化此獨立行動的一套原則，更不用說設計和落實一個嶄新類別，一個捨棄在此之前幾乎所有統治模範的國家。革命爆發時，傑佛遜是位三十三歲、教育程度很高、有家庭和事業的人；漢彌爾頓則是名精力充沛的十八歲年輕人。事件的迅速發展及其帶來的智識需要，讓他們倆成了同代人。

確實，這值得我們聚焦片刻。儘管有種種恐懼憂慮，傑佛遜、漢彌爾頓和其他開國元勛，大體上都證明自己是戮力堅定的知識分子和真正的激進派。他們想做的，遠不只是恢復「有益的忽略」的時代。他們感覺到不公與機會，驅使他們致力於真正全新的事物，將各處鬆散的殖民地，轉化為一個足以照顧自己、經濟繁榮，並為世界樹立一個自由榜樣的國家。這些都是出於自覺的目標。[17] 當然，歷史上有許多帝國在領地強施嚴苛法律和刑罰的事例。美洲殖民地之所以獨特，是他們如何在觀念的世界，為其憤怒和不平尋求合法性。略施筆墨，他們便將屹立千年的規則一筆勾銷，包括那些關於主權本質、政府之恰當目標、宗教合法性之必要性的規則。研究此時期的專家，如伯納德・貝林（Bernard Bailyn），強調當時發生了「權力世界的創意性重組」。[18] 學者亦指出一個關於成文憲法的獨特信仰：當它「得到司法機構支持，可以有效約束行政力量和民粹多數的暴政」。[19] 這般概念究竟從何而來呢？

時代的文本：美國人讀什麼？知道什麼？

自一七三〇年代以降，殖民地思想家已建立一套網羅許多作家的課程，在裝飾的火花外，扮演了智識燃料和美國政治觀念的明燈。[20] 這些作品可以區分成幾種主要類別。

第一類是從英國《權利法案》本身開始的政治著述。這是一份對國王詹姆斯二世的不滿清單（他解散國會，開始任命天主教菁英），和防止王室專斷干涉的一連串要求。同樣不可或缺的，是古典自由主義之父洛克：他的《政府論第二篇》（*Second Treatise of Civil Government*, 1689）是必讀書，發展了包含私有財產權的「不可剝奪之權利」（"unalienable rights"）觀念、法治（不然將沒有真正的自由）的必需性，以及有限立憲政府的必要性。洛克的觀念因湯瑪斯・戈登（Thomas Gordon）和約翰・特倫查德（John Trenchard）而生機勃勃。他們是最受歡迎的英國作家，也是輝格新聞界（Whig journalism）中最辛辣、善於嘲諷挖苦的才子；幾乎每位受教育的殖民地人士，書架上都有他們的《加圖來信》（*Cato's Letters*）一書。[21]另一類是古羅馬作家的作品，特別是哀悼共和衰亡的西塞羅和塔西陀。[22]時人極為仰慕他們，視之為承載智慧之人。在當時，就所有與政府有關的討論而言，古典世界仍是一個根本性的參照。同樣重要的，是處理備受尊敬的自然法（意在符合人類基本本質的法學體系）概念的作品，如格勞秀斯和普芬多夫的著作。對受過法學訓練的人來說（漢彌爾頓和傑佛遜皆然），威廉・布萊克斯通（William Blackstone）的四冊《英格蘭法律評論集》（*Commentaries on the Laws of England*, 1766）是放諸四海皆準的教科書，並對起草美國憲法產生有

17. Peterson 1975; Ellis 2002; Wood 1992.
18. Bailyn 2003, 3.
19. Bailyn 2003, 4.
20. Bailyn 1967/1992; McDonald 1978; Lutz 1992.
21. Bailyn 1967/1992.
22. McDonald 1978.

力影響。[23]若干法國作家也非常受歡迎，特別是討論自由權、自由和政治體系本質等觀念的孟德斯鳩。[24]

由此清楚可知，開國元勛絕非粗野的邊疆居民。他們是啟蒙運動的人，歐洲是其心靈原鄉。透過書籍、小冊子、雜誌和信件交流，他們和啟蒙運動一直維持聯繫。很少英國思想家像傑佛遜這麼學識廣博，或如漢彌爾頓這樣對其閱讀嚴肅以待。從十八世紀的觀點看，即使這些人居於文明生活的邊緣，他們仍與其思想核心保持互動。他們擁有啟蒙運動的優點，但不會受其有拘束的社會結構所支配。美國的觀念起自舊世界的熔爐，而非其灰燼。

開國元勛的圖書收藏中，有三樣須特別注意。洛克的《政府論第二篇》精巧地駁斥君權神授理論和霍布斯在《利維坦》（*Leviathan*）中的結論，即井然有序的社會需要一個全能的主權者（sovereign）。洛克談論的許多東西，都打中殖民地人士的心坎，如權力的本質、政府角色、個人權利、合法與不合法的領導。特別為人敬重的一段，見於〈論奴隸〉（Of Slavery）一章：

> 人的自然自由（natural liberty），就是不受人間任何上級權力的約束，不處在人們的意志或立法權威之下，僅以自然法作為其準繩。在社會中，除了經過同意在國家內奠立的立法權外，人的自由（liberty of man）不屈於任何其他立法權之下；除了立法機關根據所獲信任而制定的法律外，不受任何意志支配、不為任何法律所限。[25]

只有在其行為可以反映被統治者的贊同意見時，統治者才得配其位（這是霍布斯提出的觀念）。洛克說，當統治者沒辦法繼續做到這點、試圖對人民施加「專斷權力」（"arbitrary power"）

時，他們便開啟了「戰爭狀態」（"state of war"）；叛變則成為正當甚而必要的。

對殖民地人士來說，這些基本信條如音樂般悅耳。到一七六〇年代，殖民地人士已看了數十年母國展現的財政醜聞和舞弊。最早是一七二〇至一七二一年南海公司（South Sea Company）的災難性崩壞；這是個獲得巨大公眾投資，由政府贊助但失敗的貿易冒險，崩盤時讓極多人陷入貧窮，並涉及國會的賄賂及分贓。接著是沃波爾治下（一七二一－一七四二）偏愛汝友（favor-thy-friend）的恩蔭體制；在許多人看來，此乃身著國會長袍的第二個王朝。對每位有的放矢的批評者來說，洛克是一豐沛的泉源。[26]但就英國的腐敗而論，塔西陀和西塞羅的重要性毫不遜色——他們將獨裁的誘惑形諸筆墨。

對傑佛遜來說，塔西陀是「作家之首」（"first among writers"），但他更熱愛西塞羅。[27]傑佛遜擁有超過四十冊西塞羅的著作，並認為西塞羅為了學問、職責和在鄉間沉思的一生（也許要扣除流放和謀殺），是自己的理想。漢彌爾頓也在這位羅馬共和首要的捍衛者和演說家身上，找到一顆同胞共志的心靈。他在《聯邦黨人文集》中（如第八篇）屢屢訴諸西塞羅；和西塞羅一道的還有普魯塔克（Plutarch）和薩魯斯特（Sallust）。亞當斯、麥迪遜和約翰・馬歇爾（John Marshall）都仰慕西塞羅的思想和言辭表達。他們傾向忽略這位演說家對民主的懷疑態度，關注其他要點。尤其受人

23. Lutz 1992.
24. Bailyn 1967/1992; McDonald 1978.
25. Locke 1764, 212.
26. Foster 2014.
27. Ellis 1998.

尊敬的，是西塞羅在《論責任》（*De Officiis*）第一卷中說的話：就世界的神聖和理性秩序而言，人類得到理性和道德感，可以根據此秩序而活，認識到存在於二者間的聯繫。理性和秩序則需要創造出公正的社群、制度與國家。也就是說，遠在普芬多夫或洛克之前，西塞羅便談過「自然法」和合法政府的觀念。他也在《論國家》（*De Re Publicia*）的第三卷，說自由必須「於實於言」都加以保證。所謂「實」（"fact"），指的是強而有力且無法收買的司法制度；若想維持保障社會秩序和自由的「成文規則」（"written rules"），它是必不可少的。[28]英國知識分子亦熟知西塞羅的這些概念。但對殖民地人士來說，就賦予這些概念生命而論，英國證明了自己並沒有比羅馬好到哪去。

在殖民地人士間，最受敬慕的是《加圖來信》。湯瑪斯・戈登及其同儕約翰・特倫查德的這一百四十四篇隨筆，最初是以加圖（Cato）的筆名，出現於一七二〇年代的《倫敦新聞》（*London Journal*）和《不列顛新聞》（*British Journal*）。這個筆名欲讓人想起小加圖（Cato the Younger）的剛正不阿；他是凱撒的死對頭。這些文章集結成四冊，在倫敦和美洲屢經再版。他們先是憤慨於南海公司的大失敗和其他形式的腐敗，但進而討論與自由、自然權利、言論和出版自由、政府權力等有關的諸課題。沒有其他著作對美洲殖民地的政治觀念產生了如此大的影響。[29]理由不難想見。文體風格明智，這些短論既尖銳，又有能驅動人心的邏輯，發自戰鬥性的正直之聲：「沒有思想自由，就不會有智慧，也就沒有公眾自由……這個神聖特權對自由政府來說至關重要，以至於財產安全和言論自由總是亦步亦趨。在個人無法掌握自己口舌的悲慘國家，他罕能說任何東西是自己的。」[30]不過，要到抨擊暴政，這些文章才提升為滔滔雄辯：

在暴君之下，或在其觸手可及的範圍內，沒有任何良善或欲求之物可以留存……〔因為〕他

> 們以其人民的悲慘和虛弱，來衡量自己的幸福、安全和力量……財富散布於臣民間，經貿易和商業流通，會僱用、增加、使他們富裕，並時常連本帶利回饋其金庫；但壓迫者野蠻地從人民手中奪走財富，並普遍以之裝飾自己的宮殿、妝點馬匹大象，或點綴自己人……此乃這類怪獸致命、野蠻和無法饜足的本質，其姿態、王座和權威，是建立在理性、人性和自然的破敗之上：他奪走所有其臣民擁有的東西，並將其摧毀以得到更多。[31]

《加圖來信》將自由的語言，帶進旅店或咖啡館的日常談話中。對愛國的殖民地人士來說，這在語調和情感上，都是「人民」（"the people"）的論述。因為有這兩個作家和洛克，英格蘭孵育了最終將擊敗其軍隊的種種觀念。

漢彌爾頓：力量的必要性

亞歷山大・漢彌爾頓生於英屬西印度群島（British West Indies）的尼維斯島（Nevis）。基本上，尼維斯是個產糖的奴隸殖民地；該地僅有極少的地主貴族，大量黑奴，和居於少數的貧窮白

28. Bailyn 1967/1992.
29. Bailyn 1967/1992; Wood 1992; Lutz 1992.
30. Trenchard and Gordon 1737, vol. 1, 96.
31. 1737, vol. 3, 56, 59.

人。漢彌爾頓的母親瑞秋・佛西（Rachel Fawcett）即歸類為貧窮白人。遠在漢彌爾頓出生之前，她的一生便苦於不幸——包括惡劣的婚姻、拳腳相向的丈夫、被控猥褻（害她坐牢），和逃離尼維斯卻落得貧窮絕望。瑞秋後來遇到了詹姆士・漢彌爾頓（James Hamilton）；他是一個富裕蘇格蘭家庭的浪蕩子，在五年之間有了兩個非婚生子，詹姆士二世（James Jr. Hamilton）和亞歷山大。詹姆士・漢彌爾頓的投機事業一再失利，最終遺棄家庭。此後瑞秋在聖啟茨島（St. Kitts）經營一家小店，但在一七六八年亞歷山大僅十一歲時，她因發燒倒下，隨即離世。瑞秋和第一任丈夫從未在法律上辦理離婚；他突然出現，賣掉所有東西，只留下一個家族友人為亞歷山大保存下來的一批古典作家作品。漢彌爾頓兄弟接著短暫地被一名憂鬱纏身的表親收養，但他自我了結，讓兄弟倆再次無家可歸。正是在這個生命低谷，亞歷山大・漢彌爾頓開始時來運轉。[32]

除了貧窮、遺棄和死亡外，沒見識過太多東西的孩童漢彌爾頓，接著被一位尼維斯商人收養，在當地的貿易公司工作，習得直接的商業經驗。在數年之內，他也嘗試了文學創作。他的努力成果被刊登了，見諸一七七二年初聖克羅伊島（St. Croix）的報紙《皇家丹麥美洲公報》（*Royal Danish American Gazette*）。文章包含一篇關於加勒比海颶風頗富詞藻的記述，其後還有精巧的詩句，讓年輕的漢彌爾頓大受矚目。收養家庭的友人以這位當地神童為傲，決定送他去美洲接受進一步教育。踏上美洲殖民地時，漢彌爾頓十七歲，在紐澤西（New Jersey）一所學校就讀。即便是在這個早期階段，我們也可以從各種跡象，看見漢彌爾頓不屈不撓的信心：他申請紐澤西學院（College of New Jersey，後來的普林斯頓大學），要求用一般規定時間的一半來完成其學位。被拒絕之後，他向國王學院（King's College，現今的哥倫比亞大學）提出一樣的要求，並獲准入學。[33]

漢彌爾頓於一七七三年初進入紐約港，正值政治激情高漲之時。當時，波士頓屠殺（一七七〇）仍在公眾記憶裡翻騰。漢彌爾頓抵達後不久，爆發了《茶稅法》和波士頓茶黨事件，導致數月後不可容忍的法案，以及一七七四年初對此進行回應的第一次大陸會議。蜂擁而來的事件，讓甫開始大學生活的年輕漢彌爾頓，有機會驅策自己一股腦兒地投身行動。一七七四年的夏天，他在紐約一場群眾集會發表了轟動、未經排練的演說，並隨即在受歡迎的愛國之聲《紐約新聞》（*New York Journal*）上刊載幾封雄強有力的信件，為殖民地人士發聲。但要到牧師西伯利（Samuel Seabury）出版小冊子揶揄新的大陸會議之時，漢彌爾頓才展現出真正過人的才智。漢彌爾頓發表的反駁〈國會措施辯〉（Full Vindication of the Measures of Congress），顯示他不但對政治事件有穩固理解，對美洲的貿易關係、商業規則和自然法理論，也有扎實的知識。關於所有這些言論，他都用武斷、時或造作的小冊子文風加以包裝。他說，他會捍衛國會，抵抗「其敵人的汙衊」，並針對西伯利，「暴露……其詭辯（sophistry），駁倒其無的放矢（cavils），識破其詭策（artifices），並揶揄其智巧（wit）」。[34]

漢彌爾頓寫得像是個長久以來的同胞：「我們與母國爭論的主旨究竟為何？主旨就是，我們是否應保有自己生命與財產的安全——這是自然法……和吾人的特許狀（charters）賦予我們的；或者我們是否應將其拋還至英國下議院（British House of Commons）手中。」[35]說這個還不到二十歲、肩上還厚積遷移旅程風塵的年輕人自以為是，的確可以理解。然而，我們聽到的，是想在重要歷史時

32. Chernow 2005.
33. Chernow 2005.
34. Hamilton 2001, 10.

刻中找到自身位置，並試圖留下其印記的人的聲音。似乎可以這麼說（許多人即如此），漢彌爾頓將美洲的磨難時刻視為自己的良機。對這名綻放才華與精力的年輕人而言，美洲提供了願景，使自由成為一個智識挑戰和崛興的機會，哪怕自己有著困擾甚或可恥的過去。我們也許可以說，亞歷山大・漢彌爾頓的任務，是在美洲的未來中找到自身的未來。

戰爭和軟弱國會的挑戰

革命爆發時，漢彌爾頓獲任命為砲兵上尉，很快地在戰場和為人上嶄露頭角。華盛頓於一七七七年任命他為自己的參謀副官，軍階為中校。此時漢彌爾頓在美洲已經五年了；如果是今天，他還需要再兩年才能成為公民。

在戰爭期間，幾乎所有華盛頓的通信都是由漢彌爾頓執筆，對象包括軍官和大陸會議，擔負重要且有時具祕密性質的任務。漢彌爾頓從胡格諾派（Huguenot）的母親那裡習得流利法文，讓他得以擔任華盛頓和法國軍事代表間的聯絡人。但漢彌爾頓仍渴望領軍在戰場上正面交鋒，而非供職於將軍營帳內。他在參謀部屢屢請求帶兵作戰，但華盛頓太過仰仗漢彌爾頓，以致無法答應他。待了四年後，漢彌爾頓利用華盛頓將軍的一個小懲戒，離開了參謀部。華盛頓對此感到懊悔，但之後還是讓漢彌爾頓指揮一整個營，造就意義重大的約克鎮（Yorktown）突襲。在華盛頓的參謀部，漢彌爾頓的學習力快得驚人，自學軍事戰術、工程學、戰時財政和英國稅制。他開始自己寫信給大陸會議的成員，特別是約翰・傑伊和財政總監（superintendent of finance）羅伯・莫里斯（Robert Morris）。

一七七五年時，漢彌爾頓寫信給傑伊，表達自己對一起事件的觀點——發起波士頓茶黨事件的組織自由之子（Sons of Liberty），將愛作無稽之談的保皇派出版商詹姆士・利文頓（James Rivington）的辦公處所洗劫一空。這封信透露了許多事。漢彌爾頓也認同利文頓本性「可憎」（"detestable"），但出於一個特定理由，他不同意自由之子對利文頓採取的行動：「在如同現今這樣的動盪時代，當人類激情攀升至一個不尋常的高度，有極大危險會出現致命的極端。」[36]他接著說，「政治的舵手需要最好的技能，以維持人們穩定、有恰當分際……我對所有僅出於意志和歡愉、沒有恰當權威的事，總是或多或少有所警覺」。[37]我們可以發現，漢彌爾頓並不相信人類的內在德行，特別是群眾。其閱讀和經驗告訴他，在情緒性狀態中，認為自己在對抗暴政的人，很容易會做出專橫之舉。權威和自制，乃硬幣的正反兩面。

贏得戰爭有賴穩定與秩序——對漢彌爾頓來說，這是撥雲見日之後的關鍵主題。在一七七八年二月寫給紐約州長喬治・柯林頓（George Clinton）的信中，漢彌爾頓尖刻地抱怨軟弱且沒有組織的大陸會議，說它討好法國軍官卻讓自己人餓肚子，又無法看清讓各州控扼革命軍資金的「惡性」（"pernicious"）影響。在一七七九年三月寫給傑伊的信中，他熱切支持讓黑奴參軍，以幫助確保南方；他知道這個觀念將使聯邦權力凌駕各州。這個努力沒有成功，但就一個二十出頭的人來說，漢彌爾頓將啟蒙情感和籌算策略進行獨特混合，又一次教人驚豔：

35. 2001, 10.
36. Hamilton 2001, 44.
37. 2001, 44.

我預見這個計畫，必得與眾多來自偏見和私利的反對意見進行爭鬥。我們被教導要藐視黑人，讓我們喜愛許多並非建立在理性和經驗上的事物……但應考慮這點：如果我們不這樣利用他們，敵人或許將如此為之……這個計畫的一個本質，是伴隨其火槍而給予他們自由……為其解放開啟一扇門。[38]

漢彌爾頓時常將信件變成厚重的知識論述。其中最著名的一封，是於一七八〇年九月三日，寫給一位法學院同儕和政治家詹姆士・杜安（James Duane）。在此，漢彌爾頓展開對《邦聯條例》（*Articles of Confederation*）的詳細批評，並提出自己的修正計畫——在很大部分，這個計畫甚至在他成為美國第一任財政部長前便取得成功。他寫道，《邦聯條例》有三大患：（一）各州權力太大，它們必須提供軍隊；（二）邦聯國會軟弱，故一直在讓步；（三）國會沒有管道徵稅或招募軍隊。關於第一點，漢彌爾頓再尖銳不過：「每一州有不受控制的主權，掌握其州治安權（internal police）——此觀念將令其他賦予國會的權力作廢，並使我們的聯盟脆弱無力。」在君主國家，「危險在於主權者會擁有太多權力」，而「就我們的情況……危險正好相反」。若無法救治此缺陷，「我們將用所有可寄望的閒暇和機會，去割斷彼此的喉嚨」。[39]

何所當為？與戰爭、和平、貿易、財政、外國事務和軍事有關者，國會必須奪回主權。它必須徵收戰爭稅（和徵收的體制），以俾恰當地支援軍隊，也必須建立一個國家銀行，作為公共和私人信貸的儲備場所。這將會穩定國家經濟，讓國家得以償還債務，並在革命後提供資本。同樣至關重要的，還有指派能力卓越者去領導國家主要部門。如此一來，「吾人當可在我們的政體中結合君主制與共和的優點」。[40]

聯邦主義的盛開

隨著戰爭於一七八一年基本上終結時，漢彌爾頓離開軍隊，取得法律學位，並在紐約市執業。他為財產遭徵收的保皇派辯護，堅持這些人作為公民，不應承受報復性行動或法律之害。漢彌爾頓作為軍官和有力演說家的名聲，讓紐約州議會選上他，成為一七八二年大陸會議的州代表。在大陸會議，以及討論聯盟所面對之經濟挑戰的一七八六年安納波利斯會議（Annapolis Convention）上，他挺身而出，成為聯邦立場及其強大中央政府計畫最頭頭是道的支持者。到了此時，許多開國元勛都同意，在戰爭期間，大陸會議是個殘破的工具。華盛頓說這是個「飢腸轆轆、跛腳的政府」，麥迪遜則說「此政府……太過軟弱」。與此同時，許多站在愛國主義這方執干戈奮戰的農民，不僅沒有得到薪餉，還遭各州徵稅以支付戰債。在麻州（Massachusetts），一名商人菁英（他曾貸款給州政府）開始取消那些無法繳納新稅者的農地和住房贖回權。這引起一場國會所無法應付、怒氣洶洶的暴動，即謝司起義（Shays' Rebellion）。商人們要自行解決問題，出資讓一批民兵擊敗起義者。對此，華盛頓感到「無法言喻的羞愧」。整個歐洲都目睹一個沒出息的政府，讓很多人往漢彌爾頓這邊靠。[41]

確實，對漢彌爾頓的卓識來說，整個一七八〇年代是相當關鍵的。在寫給杜安的信中，他說要

38. Hamilton 2001, 57.
39. Hamilton 2001, 71, 72, 73.
40. 2001, 75.
41. Chernow 2005; Rossiter 1953.

「立刻召集一個所有州的集會」，以決定政府的新架構。這並未馬上發生。但一七八七年時，最重要的制憲會議（Constitutional Convention）在費城召開，並伴隨漢彌爾頓屢屢陳述的目標。首先，作為一個慘淡危險的失敗，《邦聯條例》必須被揚棄。其次，必須創立一個力量遠為強大，由最能幹的人領導的政府。第三，這個新政府需有個藍圖，一份制定其權力、責任和限制的文件。凡此種種，都透過憲法的起草而得以實現（這個任務始於五月二十五日，終於九月十七日）。

當憲法最終成形時，漢彌爾頓並不同意其所有部分——他自己的許多觀念被棄置一旁。但漢彌爾頓後來變成憲法最堅定且有力的捍衛者。要讓憲法成為這塊土地的法律，它必須得到十三州裡至少九州的批准。紐約是主要的障礙。紐約州的反對者，很快便因這份文件的「君主制」（monarchical）特質而展開攻訐，漢彌爾頓則立刻起而為之辯護。從一七八七年十月至一七八八年五月，他和傑依與麥迪遜二人合作，發表了不少於八十五篇的短論（約莫每三天便產出一篇）。這些文章皆以普布利烏斯（Publius）之筆名發表，用來解釋憲法表述的原則，何以有這些原則，以及為何需要這些原則。

這些文章後來集結成《聯邦黨人文集》，經常被視為古往今來支持民主所撰之最重要的政治理論文獻。[42]學者現在都同意，這些文章中，傑伊撰寫了五篇，麥迪遜執筆二十八或二十九篇，漢彌爾頓則寫了五十一或五十二篇；而構思整個計畫，並找來其他兩人加入的，就是漢彌爾頓。[43]《聯邦黨人文集》不僅提供價值連城的論點來支持憲法，還創造出主要代表了聯邦主義（Federalism）、民主哲學的一整套論述。麥迪遜在第五十一篇中的佳言錦句，頗可代表全書的整體意趣：「人類若都是天使，就不需要任何政府了。如果讓天使來統治人，就無須……任何控制。在籌組一個……由人來統治人的政府時，此乃最大難處：你首先必須讓政府得以控制被統治者；然後強迫讓政府控制自身。」[44]

寫得如此之快，我們可能會設想《聯邦黨人文集》有點倉卒甚而隨意。然而，其中確實有一精心謹慎的計畫引導著全體。最前面二十二篇展示了合眾國面對的威脅和不穩定，因此需要一個強而有力的聯合。這些文章標題包含〈外國勢力及影響的諸般危險〉、〈各州不和帶來的諸般危險〉和〈以聯盟防止國內派系之爭和暴亂〉。作為回應，接下來的二十九篇回答了這些考量：打造軍隊和保護人民的「一般徵稅權」；調節商業和終結州際衝突的「憲法所授權力」；展現其如何透過「恰當分權制衡」以分派並限制權力的「新政府之特殊架構」。最後一部分的三十四篇文章，則詳細考察政府的各部門，從眾議院（House of Representatives）開始，接著是參議院、行政部門，最後是司法部門（漢彌爾頓極力提倡司法獨立於其他部門）。他們特別注重行政部門，因為引起反聯邦派（anti-Federalists）借端生事的，正是總統的觀念。

在這些文章中，漢彌爾頓展現自己是少數可以充分理解強大軍隊（尤其是海軍）對國家未來重要性的人。確實，英國既是其模範，也是他所掛懷者。英國的船艦控扼海洋，保衛著史上最大的貿易帝國。他們可以成為守護者、威脅、警察和海盜。美國需要船隻來做同樣的事，以擴張並保護自己的海外商業活動、保衛海岸。漢彌爾頓看得相當清楚：海權在世界上的地位，意指美國無法透過孤立來獲得安全。兩面環海受到保護的「海島帝國」（"island empire"）形象，不過是個幻想。歐洲

42. Wood 1992.
43. Chernow 2005; Wood 2007.
44. Hamilton, Jay, and Madison 2001, 269.

各國的戰爭，如今從加勒比海地區打到印度，蔓延甚廣——這是七年戰爭的重要一課，而漢彌爾頓知之甚悉。

因此，任何妥善鑽研這些文章的人，都不會認為漢彌爾頓是個落魄貴族（aristocrat manqué）或冥頑不靈的君主論者。對那些有此傾向的觀念（無論是自己或他人的），漢彌爾頓都做出妥協或棄之不顧，如終身職的總統，或由州的立法機關選拔參議員。他並未支持富裕菁英，而是力挺代議制度。他認為「土地的墾殖者」在國內有壓倒性優勢，在政府中也理應如此，這並非因為道德原則（傑佛遜便是如此），而是出於政治真理（political truth）。他一再警告道，國王的權力無須對任何人負責，必須一直提防；憲法則是透過限制總統的任期為四年來做到此點。然而，對反聯邦派來說，這永遠不夠。

漢彌爾頓的敵人中，較清醒的一人也出現在《紐約新聞》上，用了「加圖」（"Cato"）之名（學者相信此即紐約州長喬治・柯林頓），並在其攻訐中述及偉大的希臘演說家狄摩西尼（Demosthenes）：

謹慎的人自然會有一個共同屏障，為所有人（尤其是自由的各州）之警戒和安全，抵禦暴君的侵凌。此乃何物？此即不信任（Distrust）。留心它，遵循它，小心翼翼地保存它……〔狄摩西尼的〕這個教諭的明白結論是，所有形式政府的統治者都會產生與被統治者無涉的興趣，帶來奴役被統治者的傾向。因此，要盡可能長久地阻擋邪惡……只有在你們的選民中建立不信任的原則，並在你們之間培養此情此感方能為之。45

政府權威的威脅如此之大，任何總統或國會都不應取得人民的信心。站在反聯邦派的立場，一個人對自己國家的忠貞，重要性次於對其領袖的疑心；凡此種種，要一直受懷疑的束縛所約制。這個立場的基礎，是建立在對人性的恐懼上，即人性在面對權力誘惑時的軟弱。漢彌爾頓理解此恐懼，但從一個不同的角度來看待它。

他在《聯邦黨人文集》第一篇中說，憲法的最大敵人，很可能是「每州的特定一類人，他們拒斥所有的變化，認為變化會帶來風險……削減其持有的權力」。[46] 那些支持、甚至在革命中作戰，但此刻（在州的機關）把持職位者，可能才是真正的對手。換言之，相較於權力，作為分歧力量的個人私利，對公眾利益的威脅更大。這正是需要憲法的原因：只有「種種積極有力的規定和原則」才能安全地掌舵，帶領國家穿過暴政和無政府的群礁。諸如維吉尼亞的派翠克・亨利（Patrick Henry）所領導的反聯邦派，深深擔憂個人權利的問題。透過在一七八九年第一屆美國國會上提出《權利法案》，麥迪遜在一定程度上回覆了此疑慮。但還有一個關於奠基性概念的疑問：新國家應該主要往獨立各州的同盟靠攏，或是向統一的民族國家（聯盟）看齊呢？

整部《聯邦黨人文集》毫不遲疑地支持後者。如我們所知，此觀點將會得勝。但在某種意義上，漢彌爾頓的擔憂亦是如此。在《聯邦黨人文集》中，麥迪遜和漢彌爾頓最心心念念，並且在文章裡展現這些遠見和清醒現實主義的主題，便是「派系的暴力」——它將公眾撕裂成競爭、不肯妥協，甚至絕對主義（absolutist）的諸般利益團體。這個反對民主的意見自古典時代以來即出現。在

45. Storing 1981, 125.
46. Hamilton, Jay, and Madison 2001, 2.

《聯邦黨人文集》第十篇中，麥迪遜說此乃「各地民選政府之所以消亡的不穩定與不公」根源。這些派系緣何興起？他們來自民主本身特有之「過度自由」（漢彌爾頓語），使人們傾向「某些共有的激情衝動」，如建立在恐懼上的原則、擁有個人魅力、宗教意見、社會階級間的鬥爭等。若某個利益團體成為多數，它可以在「普遍意志」（"general will"）的偽裝下，行暴政之實。麥迪遜自己如是說：「民選政府的形式……讓〔占多數的派系〕，可以為了其統治激情或利益，犧牲公眾利益和其他公民的權利。」[47]那要如何應對此危險？麥迪遜說，在大型的共和國，這問題將自尋出路。一直會有極其多樣的政黨和利益，以至於占多數者會被其他黨派的需求和代表所削弱。派系主義會變成自己的敵人。共和政府將通向頻繁妥協。然而，費了這麼多筆墨澄清危險後，這仍沒法讓讀者真正安心。

這篇文章中的另一個陳述也值得注意：「說開明政治家能夠調節這些互相衝突的利益，是徒勞無功的……開明政治家不會永遠掌握權柄。」對任何共和政體來說，最終的測試是，它們能否在不好的領袖（公眾的低劣選擇）下存續並繁榮。在《聯邦黨人文集》最後（第八十五篇），漢彌爾頓回到這一點上：

> 在極其和平的時刻，透過全民自願同意而成的憲法，乃一大壯舉；我以焦躁之心盼望其完成。我找不到任何審慎的規則，可據以放棄我們現在有的艱鉅事業……我對〔想重頭開始之〕新企圖的結果感到更加不安，因為我知道，在本州和其他州，權勢人物（powerful individuals）對所有可能形式的全國性政府，都採敵視態度。[48]

漢彌爾頓的憂慮，在他身後仍長期存在。其時美國面對許多內部大敵、一個四分五裂的經濟，以及一個有著可畏君主政體，咆哮著貪婪野心（他們渴望支配並做好開戰準備）的世界。在這樣一個世界裡，合眾國這個僅有其名的「帝國」，看起來只有脆弱和「打顫」（"trembling"）的份。

財政部長：現代國家的建造者

就其主要目標來說，《聯邦黨人文集》是個失敗。紐約州以四十六比十九票反對批准憲法。但這些文章在麥迪遜的家鄉維吉尼亞產生了影響，而維吉尼亞的重要性絕不遜於紐約。為什麼不在新罕布夏（New Hampshire）成為正式批准憲法的第九州時，便額手稱慶呢？因為所有人都知道，紐約和維吉尼亞是人口最多、最富裕且最強大的州；少了它們，新政府是無法成功的。多少因為《聯邦黨人文集》，維吉尼亞在新罕布夏後隨即跟進。紐約躊躇不前。代表間的辯論持續不休，依舊充滿火氣，甚至談及「內戰」（"civil war"）。反聯邦派要求憲法接受一條權利法案和許多其他修正；漢彌爾頓則選錯歷史陣營，反對這些修正案。但經過漢彌爾頓出力甚多的協商後，大家終於達成妥協：有限的權利法案將以修正案形式增補，滿足了許多反聯邦派。漢彌爾頓被當成英雄加以宣傳，名聲響徹紐約市。[49]

學者時常指出，關於憲法之意見不合的程度，表示只有一個人可以成為國家的首任總統。[50] 這人

---

47. Hamilton, Jay, and Madison 2001, 45.
48. Hamilton, Jay, and Madison 2001, 458.
49. Chernow 2005.

畢竟得要有卓著才幹和品德，能挺身而出，作為國家和諧的血肉與象徵。漢彌爾頓本人便如此懇求——華盛頓同意了，但要求漢彌爾頓擔任其財政部長。華盛頓明白，沒有人會比漢彌爾頓更努力、有效地處理國家極為迫切的經濟問題。他也從經驗得知，漢彌爾頓是個會引起分裂的人，極端有信心，甚至魯莽。但華盛頓也親身了解，漢彌爾頓的才能毋庸置疑。那個時刻所需要的，正是信心和大膽觀念。國家最嚴峻的挑戰，是在戰債下苦悶呻吟，有損其國外名聲。所有人都認為，這是美國存續的關鍵所在。但漢彌爾頓不這麼看。

解決當下處境，但留給未來危機重重的不確定性，是徒勞無益的。美國可以是個不錯、成功的國家，但它也可以變得偉大。因此，這是個決定性的時刻。首任財政部長有機會將國家導向正軌，在政治和金融面扶搖直上。這有賴理解歐洲強權們的走向，以及誰最有可能率先抵達目的地（答案是英國）。對美國來說，這關乎建立制度、創建官僚體系、打造貿易關係、籌組一支現代軍隊。凡此種種，漢彌爾頓都證明了自己走在所有人之前。

他關於經濟和軍事力量的觀點，見於三份主要文件（在十八個月內寫就）：公共信用（public credit）報告、需要一個國家銀行之報告，以及製造業（工業）報告。漢彌爾頓於一七八九年就任，僅僅幾個月後，便被眾議院要求提出一份關於「公共信用的恰當支持」的計畫。其時國家不僅破產，名聲還一落千丈，以至於沒有融資能力。一七九〇年一月發表的《公共信用報告》（*Report on the Public Credit*）引起了極大辯論；但它受惠於華盛頓，並與國務卿傑佛遜妥協而得到強化，使提議得以付諸法令，帶來有益的結果。[51]

漢彌爾頓不只要重拾美國財政的立足點，還要促成其轉型。用十八世紀的話來說，美國必須確保其「榮譽」（“honor”），而這有賴「絲毫不差的履行契約」，亦即清償債務。據漢彌爾頓估算，聯邦政府欠了五千四百萬元，各州（主要是北方）還多欠了兩千五百萬元。[52]但在國家資本如此稀少的條件下，要如何減輕債務呢？漢彌爾頓的計畫大膽非凡，教人目眩神迷。聯邦政府會處理自己的戰債（多數是大幅貶值的戰時債券），但也會負責各州所有的尚存債務。聯邦政府將透過複雜精細的融資體系以為之：歐洲方面的欠款會透過出售西部土地來償還；欠國內債權人的錢，則會作為對國家未來的永久投資而留著，每年會以原本債券的總價值來回報利息。除此之外，新的（相對溫和）稅制和發行政府債券，也會增加資本來源。[53]

此計畫的天才之處是，它減少金融風險，並形成「韌帶」（"ligaments"），把富裕的利益者（商人、大種植園所有者、購買原始債券的投機者）和政府直接綁在一起。正如預期，反對意見出現，來自反聯邦派和南方。在反聯邦派看來，漢彌爾頓所為，正是他們所害怕的，即擴張政府權力。南方則是已支付超過八〇%的戰債，但現在被要求承擔北方各州的部分責任。他們再次需要，也達成妥協：傑佛遜及其南方夥伴同意此計畫，但要漢彌爾頓支持把新的國會大廈設在波多馬克河（Potomac River）畔。

漢彌爾頓的計畫一旦付諸實行，成果讓人讚嘆。外債很快便減少，歐洲的投資流入國內，本地菁英也進而購買更多債券。但漢彌爾頓忠於他不知倦怠的野心，旋即著手企圖獲得國會支持，遂

---

50. Wood 1998; Ellis 2002.
51. Chernow 2005.
52. Hamilton 2001, 54–55.
53. Hamilton 2001, 553–74.

行其戰略的第二部分——建立一個國家銀行。他說，這樣的銀行有其必要性，以滿足憲法要求：聯邦政府要能徵稅、調節貿易、鑄幣，並建立、支撐一支軍隊。傑佛遜後來提出了挑戰。傑佛遜的理據是，這樣的銀行其實不合憲法，憲法並未賦予興辦一間銀行的明確權力。漢彌爾頓則訴諸憲法第一條第八款第十八段，指出國會有這個權威去「制定一切必要和適當的法律」，以履行其義務。此即後來眾所聞名的「彈性條款」（"elastic clause"），為真正（多多少少謹慎而為）的政府權力擴張，留了一扇門。華盛頓和國會批准興辦銀行；它一直運作至三十年之後（經過了漫長且殘暴的搏鬥），才為安德魯・傑克遜（Andrew Jackson）所廢止。[54]

一七九一年末在國會發表的《製造業報告》，是漢彌爾頓最令人難忘、深遠且最具影響力的文件。人們時常宣稱這份文件拒斥亞當・斯密，其實不然。《製造業報告》確實說政府應該利用關稅和補貼，以降低對國外貨物的需求，支持「國內產品」。漢彌爾頓寫道，美國的新生工業需要幫助與保護，直到它們具備相當的競爭力，而這需要一些時間。英格蘭已經透過新的機械化方式，利用「水火」去運作其紡織工廠；漢彌爾頓是當時少數預見工業革命即將來臨的人。利用適度的「獎金」（"bounties"），調節貿易可望提供歲入，透過建造道路、運河和其他基礎建設，透過「發現與發明」、科技和農業，支持土生土長的工業。這反過來將為國家帶來更多移民，有助創建真正的都市中心，有朝一日甚至可能與巴黎或倫敦並駕齊驅。[55]漢彌爾頓確實面對並拒斥那隻看不見的手。太多時候，人類都無法理解自己的利益並抗拒變化；政府那看得見的臂膀有其必要性。因此，漢彌爾頓看起來是在駁斥《國富論》。《製造業報告》的前十五頁，可謂與亞當・斯密進行逐條爭辯，但從未提及斯密之名。

但這清楚顯示，漢彌爾頓其實是斯密經濟學之子。幾乎所有主要論點，他都借重於這位蘇格蘭人。漢彌爾頓從斯密那裡，獲得了一個關鍵觀念：經濟體系有賴勞工、也就是人力資本的支持，此乃所有國家最巨大的資源。他也同意工業並非寄生於農業之上，而是透過勞動分工和革新以增益之。如同亞當・斯密，漢彌爾頓也費了許多筆墨反對一種觀點，即認為農業是唯一有生產力的勞動型態。漢彌爾頓寫道：「有人已正確地觀察到，在一個國家的經濟中，罕有比恰當的勞動分工更重要者。相較於混雜條件下所可能獲得者，職業區分讓各自得以表現得更為完美。」[56]讀過本書第二章的討論，我們肯定知道他說的是誰。就這些議題而言，漢彌爾頓可謂提供了《國富論》的注解概要（如第一卷第一、二章）。對於斯密的這個論點，他也未做絲毫更動：一個社會的穩定，有賴國家保衛自己的力量，和允許人們追求自身利益的法律體系。我們別忘了，亞當・斯密並不反對政府投資基礎建設和教育，或是利用關稅。如《國富論》說，「維持良好道路和交通聯繫的開支，肯定有益於整個社會，並且可能……在沒有不公的情況下，由整個社會的總體貢獻來支付」；[57]也說「只有當商人必須用不足以補償其資本和普通利潤的價格出售貨物的那些貿易，才需要得到獎金」。[58]

但漢彌爾頓絕非蹩腳的模仿者。在他心目中，斯密的作品是從歐洲立場出發。儘管斯密處理了殖民地議題，也支持美洲大業，他卻無法完全理解這個甫獨立的國家所面臨的處境，即人口稀少四

54. McCraw 2012; Eckes 1995.
55. Hamilton 2001, 649–64.
56. Hamilton 2001, 659.
57. *Wealth of Nations*, V.1.238.
58. *Wealth of Nations*, IV.5.2.

散，政府還在初創期，需要「榮譽」。漢彌爾頓自有其強而有力的見解：

> 除非受顯而易見、近在眼前的利益所驅動，人們一般不願拋棄現有的職業和生計而另謀他就。……聽聞其紡織品或勞工有更好價格，物資和原料便宜得多，在舊世界承擔之稅金、重負和限制的主要部分可以免除，在更平等的政府運作下享有更大程度的個人獨立和成果，以及比單純的宗教寬容珍貴得多、宗教待遇上的完全平等——受到這些因素的強大吸引，製造商將可能成群從歐洲來到美國，以發展自家生意或事業。[59]

在此，漢彌爾頓預見了美國作為「應許之地」（"promised land"）的未來。兩個多世紀後的我們都知道，這個觀點在當時極富先見之明。

總的來說，漢彌爾頓將《國富論》的許多部分帶至新世界，又添加若干自己的重要元素。漢彌爾頓的計畫培植了工業、國家融資和國家銀行，即所謂經濟學的美國學派。這當然不是自由放任的政策。但此計畫強調人力資本和科技進步；偏愛紙幣和選擇性、有目標地為了公眾利益而運用政府投資；不信任驚人財富和世襲貴族；將經濟力量與都市中心相連結；並要求公民在政府法律和保護之下，按所得比例加以貢獻、支持政府——凡此種種，都直接來自亞當・斯密。

無論怎麼看，這一切都不簡單平和。漢彌爾頓經濟學時常被公開批評。如漢彌爾頓自己的用詞便暗示，對移民的渴望絕非一種利他主義（altruistic）。漢彌爾頓想要的是有技術的勞工，一來到美國便可以讓這塊土地更加強大，而非有所需索。這或許有點諷刺：漢彌爾頓自己小時候就是個移民，但他不需要勞倦、貧窮、渴望呼吸自由空氣的人，而要找有野心、受過教育、希望發達者。公平地說，偏好有技術的新血，反映他對美國的直接擔憂。但我們仍不清楚漢彌爾頓是否會喜歡刻在自由女神像（Statue of Liberty）上、愛瑪•拉扎魯斯（Emma Lazarus）的著名詩句，不知他是否願意招納徬徨無依的歐洲民眾。

漢彌爾頓於一七九五年告別財政部長一職，回歸私人生活，支持他日漸茁長的家庭，直到九年後，他在與伯爾（Aaron Burr）的決鬥中傷重身亡。在這段期間，漢彌爾頓仍是亞當斯（他並不特別喜愛漢彌爾頓的想法）總統內閣成員的諮詢對象。但一八〇〇年選情拉鋸時，漢彌爾頓為了擊敗伯爾（他認為伯爾是個無賴），支持了反對黨領袖及其意識形態宿敵傑佛遜，並因此聲望下跌。漢彌爾頓又努力破壞伯爾想贏得紐約州長的企圖，並向朋友做出有損其名譽的評論，最終導致了那場決鬥。強烈的諷刺是，這個做出極多貢獻，使美國穩定興旺的男人，死後卻讓其妻子和七個小孩身陷沉重債務，得靠友人恩惠才得以紓困。

漢彌爾頓在死前，為自己選擇的家園又做了一件事。傑佛遜贏得選舉和路易斯安那購地（the Louisiana Purchase）事件後，新英格蘭聯邦黨人（New England Federalists）所面對的，是自己失去了極大權力，政府又欲削弱北方。前國務卿（亞當斯總統任內）皮克林（Timothy Pickering）在麻州召集一群有力的聯邦黨人，討論讓北方脫離聯邦的想法。這個新共和國將包含新英格蘭、東加拿大、紐約、紐澤西，中心則會設於紐約。這個群體以艾賽克斯黨（Essex Junto）之名為人所知，因為多數成員來自麻州的艾賽克斯郡（Essex County）。他們向漢彌爾頓提議，由他來領導脫離行動，並擔任

59. 2001, 662.

新共和國的首任總統。這個計畫讓漢彌爾頓目瞪口呆——他拒絕了。他們接著找上伯爾，伯爾則接受此議。艾賽克斯黨隨即集結其政治勢力，在伯爾於一八〇四年競選紐約州長時置身其後；漢彌爾頓知道事態緊急，日以繼夜地舉行活動，以求擊敗伯爾。這場選舉最後是由共和黨的摩根・路易斯（Morgan Lewis），以七千票的微薄差距獲勝。多數學者相信，這場選戰的挫敗，要為漢彌爾頓和伯爾的決鬥負起最大責任。[60]

傑佛遜在此晚餐

當我們瀏覽其生活與心靈，傑佛遜和漢彌爾頓是如此截然有別，以至於像是在談政治事務與物理學的反物質（anti-matter）。傑佛遜生在維吉尼亞（美洲最古老的殖民地）的一個仕紳家庭，受到極好的教育；漢彌爾頓則是一名加勒比海地區的非婚生子，移民到美洲時還沒上過學。革命期間，傑佛遜從事政治事務、照料其家庭；漢彌爾頓則是一位軍官和華盛頓的助手，為了家園如火如荼地作戰。傑佛遜沒有公眾演說的才能；漢彌爾頓的聲音則可風靡人心，教人改弦更張。傑佛遜的貴族本質，讓他傾向迴避公開衝突；漢彌爾頓如硝酸般的脾氣，則驅使他接受榮譽的挑戰。傑佛遜活得夠久，看到自己的美國觀念失敗；漢彌爾頓則死得早，無法目睹自己的想法凱旋得勝。

若說這兩人像是對方的反面，傑佛遜呈現給歷史學家的，則是教人困惑的種種不一致。[61]他宣稱厭惡作為「醜惡汙點」的奴隸制，寫下了影響至今的「人皆生而平等」云云；但他在世時是個奴隸主，死後留下兩百名奴隸，包括成年男女和幼童。作為一名重要的自由至上論者，傑佛遜要求限制政府、從嚴解釋憲法；一旦當上總統，他卻大肆跨越種種界線。他可以在第一場就職演說中，支持

「與所有國家維繫和平、商業和誠實的友誼，不與人結盟」（因而為美國的孤立主義提供讚歌）；但當歐洲因北非的巴巴里（Barbary）海盜政權而支付贖金時，傑佛遜卻發動了一場報復性戰爭。傑佛遜得到舊世界思想與藝術的滋潤，卻說美國人在三十歲以前不應造訪歐洲，以免沾染其腐敗。最讓人困惑的，可能是他在生命的最後一年為自己寫的墓誌銘：「《獨立宣言》作者、《維吉尼亞宗教自由法》（*The Statute of Virginia for Religious Freedom*）作者、維吉尼亞大學之父。」完全沒提到自己當了兩任總統。這樣看來，傑佛遜最希望後人記住的，是他最崇高的一些觀念：濃縮其自由思想的兩份簡短著述，和可能研習此思想的一個機構。

傑佛遜確實可說是歷任美國總統中智識程度最高者。他的學識相當傳奇。即便是饒富教養、見多識廣、會說多種語言的約翰・昆西・亞當斯（John Quincy Adams），面對傑佛遜也得肅然起敬。[62]在去今未遠的時代，有個知名的故事——為美國的諾貝爾獎得主們舉辦白宮晚宴，向他們致意時，約翰・甘迺迪（John F. Kennedy）如此說道：「我想，從來沒有這麼卓越非凡的人才與人類智識，於白宮齊聚一堂；可能的例外，是傑佛遜獨自用餐的時候。」跟傑佛遜相比，老羅斯福寫了更多的書，主題廣涉打獵、自然和歷史。威爾遜是個作家，也是個貨真價實的學術人，曾任普林斯頓大學校長，也是歷任唯一具有博士學位的總統。但在傑佛遜的心靈所快意優游的領域，這兩人從來都無法真正自得：這些領域包括希臘羅馬文學、法國的政治與經濟思想、英國法律史、純藝術（fine

60. Chernow 2005.
61. Ellis 1998.
62. Peterson 1975; Ellis 1998.

arts）、自然哲學（科學）、工程學、農業等。如果他能與柏拉圖對話，他也可以用同樣的激情來討論椅子的設計。傑佛遜只寫過三部書：沒有抑揚頓挫的《自傳》（*Autobiography*, 1821）、《議事規則手冊》（*Manual of Parliamentary Practice*, 1811），和極其動人的《維吉尼亞筆記》（*Notes on the State of Virginia*, 1781）。《維吉尼亞筆記》是部敘事性百科，描繪其家鄉的地理、自然資源、動植物、化石、土著、氣候、建築、商業，以至其他種種。他也促成一本重要的冊子《英屬北美權利概要》（*A Summary View of the Rights of British America*, 1774）、一份維吉尼亞的憲法草案、送交維吉尼亞立法部門的大量法案，當然，還有《獨立宣言》（一七七六）。

傑佛遜下筆最有神的，是撰寫書信，現有超過一萬九千封信。它們構成了極為多樣豐富的通信紀錄。他和許多人都有聯繫，如法國哲學家、歐陸文學人物、重要貴族和歐洲的科學家們，包括普利斯特里（Joseph Priestley）、金納（Edward Jenner），以及當時最偉大的自然史學者布馮。他也與許多女性通信，有些在美國，如艾碧該・亞當斯（Abigail Adams），有些則在歐洲，包含令人生畏的史黛爾夫人（Madame de Staël）。和漢彌爾頓一樣，傑佛遜的許多信函，記錄的是他關於重要主題的思考，橫跨其難以計數的各種興趣。這顯示他在反思、分析和談話時最怡然自得：透過語言分享其所知所思，有如舉行演說或講座。一個饒富意義的例子很清楚地說明此點。革命之後，傑佛遜在一七八五年八月二十三日，寫了封信給約翰・傑伊：

> 我們現在有足夠的土地，可以讓數不盡的人來開墾它們。開墾土地的人，是最有價值的公民。他們是最有活力、最為獨立、最有德行的人；他們與國家緊密相連，透過最持久的羈絆堅守國家的自由與利益……當他們的數量……大到超過內部和國外的需求……我應該要期望能使

> 他們轉向海洋而非製造業，因為比較了兩者的特質後，我發現前者是最有價值的公民。我認為工匠階級是罪惡的皮條客，也是大體而言藉以顛覆國家自由的工具。[63]

傑佛遜的語調不似政治人物，而更像是一名老師，受道德和觀念的（ideational）關懷所驅動。傑佛遜的這一面，即關注倫理原則，並以激勵人心、警世語言為之的能力，多多少少說明了其著述所實現的力量（甚至對今天來說亦是如此），並解釋它們何以這麼頻繁被人抽離脈絡地加以引述。

湯瑪斯・傑佛遜於一七四三年四月十三日，生於維吉尼亞州的沙德維爾（Shadwell）——藍嶺山脈（Blue Ridge Mountains）起伏不平的山麓區的一個繁榮聚落。其父彼得・傑佛遜（Peter Jefferson）是較早定居此地區的一員，自學許多技藝，包括製圖學（cartography）和測量術，並積累了一個擁有六十名奴隸（甚或更多）的大種植園。彼得進入當地政壇，成為一名法官和維吉尼亞議會（Virginia House of Burgesses）代表。彼得的妻子珍・藍道夫（Jane Randolph）來自潮水（Tidewater）區的一個望族，其高貴系譜據信可追溯自中古時期。這個家族傳說，可能在年輕的湯瑪斯・傑佛遜腦海中激起漣漪；他在九歲時便被送到威廉・道格拉斯牧師（Reverend William Douglas）的拉丁語學校，在那裡接觸了拉丁文、希臘文、法文（帶有蘇格蘭腔），並有了更高的使命感。[64]

這個田園式的開端，在彼得於一七五七年病故後起了大變化。彼得撒手人寰，讓他的十四歲兒

63. Jefferson and Randolph 1829, vol. 2, 291.
64. Kern 2010.

子成為家中的男性家長，家中成員還包括六個姊妹和一個弟弟。湯瑪斯・傑佛遜在《自傳》中是這樣描寫父親的：「其教育有闕；但他有堅強的心靈、合宜的判斷力和對資訊的渴求，故大量閱讀並提升自己。」[65]我們只能說，這實在是個單薄、古怪的說明。

在那之後兩年，湯瑪斯向「一位端正的古典學者毛瑞牧師（Reverend James Maury）」學習，直至一七六〇年進入威廉與瑪麗學院（William and Mary）。從這時開始，《自傳》才開始呈現真實生活的跡象（儘管這部書是關於「我的家庭資訊」，傑佛遜卻吝惜筆墨，對其父親、母親、兄弟姊妹和早年的老師，僅用不帶感情的十二行字帶過）。進入學院門牆後，我們開始發現有趣的事物：

> 有一件極其幸運、且可能改變我命運的事：當時的數學教授是蘇格蘭的威廉・斯莫爾（William Small）博士，他對絕大多數實用科學有很深造詣，有令人可喜的溝通能力，有正確且紳士的儀態，也有宏大且自由的心靈。他……很快便與我建立情誼，並在不忙於學校事務時，讓我做他的日常夥伴；從他的言談對話中，我第一次有了關於科學擴張，和我們置身其中之事物體系的諸般見解。[66]

威廉・斯莫爾及其兄弟羅伯・斯莫爾（Robert Small），都是蘇格蘭啟蒙運動的成員。威廉・斯莫爾於一七六四年返回英國後，被選入月亮學會（Lunar Society）；這是個聲譽卓著的團體，由科學家、哲學家、發明家和早期工業家所組成。威廉・斯莫爾還對月亮學會產生了重大影響，將其成員和會議組織成一個真正職業化的學會。傑佛遜與達爾文間的連結，正是透過斯莫爾才得以成立（達爾文的祖父伊拉斯謨，是月亮學會的會員）。從傑佛遜的評論來看，他之所以接觸如休謨和哈奇森等思想家，可能也是透過斯莫爾的介紹。哈奇森肯定對年輕的傑佛遜產生影響：傑佛遜欣然地成為哈奇森內在「道德情感」觀念的忠實信徒。[67] 斯莫爾定期邀請傑佛遜共進晚餐，並與副州長法蘭西斯・法奎伊爾（Francis Farquier）、律師喬治・威斯（George Wythe）和他本人討論一些宏大議題。此情此景的意義不可謂小：十七歲的男孩定期受到鼓勵，與席上的政治家和職業人物交流、辯論時下議題。

二十一歲時，傑佛遜達到法定年齡，繼承了二千七百五十英畝的地。自此以降，他成了地主、奴隸主，和維吉尼亞社會的一員，結識越來越多的殖民地仕紳。他研習法律，於一七六七年取得律師資格，並開始穩健的法律業務，吸引了維吉尼亞州各地的顧客上門。他的絕大多數案子與土地申訴有關，這令他經常旅行，並在其寬闊心靈的幫助下，對維吉尼亞的各方面有了淵博知識。數年後，他決定採文藝復興建築師帕拉第歐（Palladio）的風格，在一個小丘上，建造一幢由五千英畝地所環繞的鄉間居所。他給這個高雅的寓所命名為蒙蒂塞洛（Monticello），意指「小山」，並終其一生留在這裡。他的妻子瑪莎・斯格頓（Martha Skelton）於一七七二年來到這裡，加入傑佛遜，組成一個家庭。[68]

傑佛遜是個有些羞赧的追求者，傾慕這位大學同窗的遺孀瑪莎。瑪莎的父親約翰・威利斯

65. 1904, vol. 1, 4.
66. Jefferson 1904, vol. 1, 5–6.
67. Ellis 1998; Malone 1974, vol. 1.
68. Malone 1974, vol. 1.

（John Wayles）是名富裕的地主，並不特別中意傑佛遜這位紅髮、長雀斑的年輕律師。他覺得傑佛遜鋼琴彈得很好，但似乎缺乏野心，難以成為鼎鼎大名的人物。但他並沒有正式反對這段婚姻。不出十八個月，威利斯便去世了，澤及這對年輕夫妻，留給他們一萬英畝的地和一百三十名奴隸，將他們推到仕紳社會的上層。但傑佛遜也繼承了某種顯著的複雜性。作為鰥夫，威利斯在一名奴隸貝蒂・海明斯（Betty Hemings）身上尋求陪伴，並生下六名子女，是瑪莎同父異母的兄弟姊妹。在傑佛遜家中，他們是作為「僕從」（"servants"）而留下，從未被喚作「奴隸」（"slaves"）。這不單單只是種遮掩而已；「奴隸」一詞實有其法律和文化聯想。[69]

傑佛遜在這時進入政壇，於一七六九年被任命為維吉尼亞議會代表。到了此時，這份職務的要求，遠比其父當代表時來得重。英國新法點燃許多殖民地的怨憎之火，維吉尼亞乃其中之最，派翠克・亨利則成了驚人的反抗之聲。傑佛遜和派翠克・亨利的想法十分接近，在波士頓屠殺事件時有著相同的憤怒，湯森德法案的稅負撤廢時也共享同等驕傲。但就在此時，多起悲劇的第一齣揭開序幕。一七七〇年二月，傑佛遜的出生地、沙德維爾的房舍被焚為平地，損失極大量的家族私財，尤其是他的個人圖書館，包括他在威廉與瑪麗學院時細讀的珍貴書籍。傑佛遜大受打擊；他的母親和妹妹們得住在鄰近的田舍，他自己則盡力趕工，建造蒙蒂塞洛。

傑佛遜家族在一七七〇年代建好房舍，正逢國家走向戰爭。對湯瑪斯來說，這是聲名鵲起和責任加重的時候，但旋即也變成更多失去與心痛的時光，因為死亡降臨到他的年輕家庭上。革命戰爭、殖民地政治和家人死亡的諸般軌跡，無論在公眾或私人層面上，屢屢帶給這位成熟男子極大考驗。[70]不過，也正是在這段時期，傑佛遜在思想上最為豐沛、有活力，孕育出他最有影響力的各種觀念。即便傑佛遜的一生才華橫溢又充滿陰影，他從未遺棄其家庭或國家。

援筆之人

維吉尼亞圈以外的殖民地知識分子注意到傑佛遜，是他走向國家事業的開始。這源於他在一七七四年撰寫的一篇意見書——他被召至維吉尼亞議會，因為議會要挑選代表參與第一次大陸會議。傑佛遜在旅途中染上痢疾，所以沒有赴會，而是送上一本冊子，即《英屬北美權利概要》。它讓人知道有這麼一號人物，具備出乎意料的技巧和學問。

傑佛遜從英格蘭自身的歷史中取材，喊話對象不是國會（濫權新法的根源），而是國王喬治三世（George III）。他說，殖民地的效忠對象是國王，且他們仍是其忠實的臣民。但唯有當君主顧念其臣民福祉，人們才有義務效忠他。若非如此，忠誠的連結將碎落滿地。因此，傑佛遜直指要領，直接訴諸霍布斯和洛克。但傑佛遜接著採取了一些大膽做法：他向喬治國王懇求、講理，彷彿是名親近的宮廷顧問：

> 陛下，向自由和開展的思想敞開心胸吧。別讓喬治三世之名，成為歷史篇章中的一抹汙點……因此，為您自己及您的子民思考、行動，是於您有益的。所有讀者都能看懂對與錯的偉大道理。[71]

69. Bailyn 2013.
70. Malone 1974, vol. 1; Peterson 1975.
71. Jefferson 1904, vol. 2, 87.

面對這般膽大妄為，維吉尼亞的議員當然只能群起激昂、目瞪口呆。他們擁抱《英屬北美權利概要》中的激情（當時正有此需求），但並不贊同它。無論如何，在未得到傑佛遜的許可下，這本冊子還是被出版和散布（「流出」）了。

不出一年，傑佛遜已在獨立運動中闖出名號，並在人才薈萃的政界，成為迅速升空的明星。他被任命為費城大陸會議（一七七六）的一位代表，並被選為《獨立宣言》的撰稿者。他接著成為維吉尼亞議會的領銜人物（一七七六－一七七九）；革命期間擔任維吉尼亞州州長（一七七九－一七八一）；之後又作為特使前往法國（一七八四－一七八九）。不到十年，傑佛遜便翱翔於革命時期高度緊張的政治舞台；他活躍運用深邃學問和修辭學本領，以面對不同新課題的能力，顯示他對共和大業的價值。

他的妻子瑪莎身體一向不好，一旦懷孕就每下愈況。在婚後的九年間，她生了五個女兒和一個兒子，但只有一個孩子活過三歲。傑佛遜的母親也於一七七六年去世。因為這種種疾病和死喪，他多次缺席維吉尼亞議會的議事，常常因此被罰款。在十七個月大的露西（Lucy）於一七八一年夭折，瑪莎又再次染病後，傑佛遜辭去州長一職，返家照料生病的另一半。瑪莎最終在一七八二年九月六日，以三十三歲之齡離世。瑪莎在臨終前，想起自己過去受繼母虐待，害怕自己兩個仍在世的女兒遭逢同樣命運，便要傑佛遜承諾不再續弦。傑佛遜也終生未再娶妻。凡此種種，皆發生在他成為總統的十八年前。[72]

接二連三的悲劇，讓三十八歲的傑佛遜陷入抑鬱的低谷。因政治責任而花太多時間在外，讓他產生愧疚感，增添他個人的煎熬，甚至可能令他瀕於自殺邊緣。[73]他在數月之內，從這個可怕的境地、其漫長一生中最黑暗的時刻中振作起來，靠的是友人、書本的慰藉，以及日益增長的名聲所帶來的新義務。他從未停筆。相反的，他的信件持續增加，再加上《維吉尼亞筆記》，以及一七七六年戰爭爆發時，這份簡短、論證縝密、我們現在可能都相當熟悉的文獻：

> 我們認為這些真理是不證自明的：人皆生而平等，為造物者所創造，並被賦予若干不可剝奪的權利，其中包括生命權、自由權，和追求幸福的權利。為了保障這些權利，人們才在他們之間建立政府，而政府之正當權力，來自被統治者的同意。任何形式的政府，只要破壞上述目的……一貫濫用職權、強取豪奪，一成不變地追逐此目標，表明它旨在把人民置於絕對專制之下時，人民就有權利和義務推翻此政府，並為其未來安全提供新的保障。

《獨立宣言》向所有人類解釋，殖民地的脫離何以有其必要性。它細數英國的過錯，包裹著有關政府本質和人類自由的深刻陳述。這裡引用的文字，是有史以來對民主理論最簡明、有說服力和熱情的說明之一。我們可以看到，傑佛遜把這一切奠基在上帝的世界結構上。但如果權利是神的贈禮，政府的存在是要實現並保護它們。損害人們得以享有這些權利的濫權行為，有違自然和神聖法則。但上帝不會加以干涉，撥亂反正。祂把世界的運行留給人類；《獨立宣言》之神並未廁身我們之間。《美國憲法》和《權利法案》從未提到上帝。自由的責任，一直掌握在為此而受苦和成功的

72. Malone 1974, vol. 1.
73. Conkin 1993.

人手中。

傑佛遜的修辭功力在《獨立宣言》中馳騁翺翔。它是一份擲地有聲的演說，不只讓人閱讀，也教人聆聽，每句話都讓我們感受到當時的激憤：

> 他一再解散各殖民地的議會，因為它們堅定果敢地反對其侵犯人民的各項權利……他建立多種新部門，派遣一大批官員來騷擾我們的人民，蠶食民脂民膏……他掠奪我們的海域，蹂躪我們的海岸，焚燒我們的市鎮，且殘害我們人民的生命。

這份簡短文獻，會成為之後兩百年許多主權和權利宣言的模範，絕非碰巧之事。[74]

然而，傑佛遜的正當抱怨，並非全都進了最終版本的宣言。國會做了若干頗有啟迪作用的刪節。國會指派一個委員會來起草《獨立宣言》，傑佛遜名列其中。委員會還包括了約翰‧亞當斯、班傑明‧富蘭克林、羅傑‧謝曼（Roger Sherman）和羅伯‧利文斯頓（Robert Livingston）。傑佛遜撰寫初稿，亞當斯和富蘭克林做了些微編輯。之後送到國會，則被進一步大幅修改，刪去的部分高達全文的三分之一。[75]其中一則刪文，必能在今日打動我們的良知：

> 他〔國王〕向人性本身發動了殘酷戰爭，侵凌遠方民族身上，人性最神聖的生命與自由權……在另一半球逮捕他們並使其淪為奴隸，或在運送至彼的過程中導致悲慘的死喪。這一海盜般的戰爭……是英國基督教國王的戰爭。因為決心維持開放可以買賣人類的市場，他〔抑制〕所有禁止或限制此低劣交易的立法嘗試。而如今……他激怒了這些人，使其在我們之中揭

> 竿而起，欲贏得自由——這是國王透過殺害其騷擾的人民，從他們手中剝奪的自由。[76]

這一段話後來被刪去，以安撫南卡羅萊納（South Carolina）和喬治亞（Georgia），可能也包含羅德島（Rhode Island），因為它們的商人從事奴隸貿易。

因此，理解這段被刪去的文字對《獨立宣言》及其作者表明什麼，是非常重要的。當傑佛遜說「人皆生而平等」，他指的是所有種族的所有人，而不僅止於擁有財產的白人。這種普世主義是「獨立宣言」的核心。傑佛遜談的不只是美洲殖民地，更是無論何時的所有人和所有政府。

和麥迪遜、華盛頓、傑伊、派翠克・亨利、約翰・漢考克等人一樣，傑佛遜本人也蓄奴，但憎惡人身買賣（其中只有派翠克・亨利是唾棄解放奴隸的）。他們從家庭繼承了奴隸，多數人後來都讓奴隸還歸自由身。傑佛遜則從未如此。但在一七七九年，他提出一個解放奴隸的完整計畫，包括利用公帑為所有被解放者進行工作訓練。他於一七八六年提議，《邦聯條例》應禁止西北領地（Northwest Territory，賓夕法尼亞以西、俄亥俄河以北的土地）的奴隸制，以防止其擴散。他在信中說奴隸制是「道德腐敗」和「致命汙點」。若傑佛遜沒有於一七九〇年逝世，他在今天很可能會以解放奴隸的英雄之姿為人傳頌。[77]

---

74. Armitage 2007.
75. Becker 1922, 166–92.
76. Becker 1922, 180–81.
77. Davis 1975; Peterson 1975.

然而，一旦身居高位，傑佛遜在公開場合便對此主題噤聲，不像之前那樣大膽（以一名維吉尼亞人來說）。《維吉尼亞筆記》（第十四問）呈現出若干關於黑人劣勢的主流想法，如他們欠缺理性能力；儘管他在回憶中提到，黑人和白人是相同的。這些想法有科學背書，特別是傑佛遜極為尊敬的布馮；布馮的著作《人種多樣性》（*Variétés dans l'espèces humaine*, 1749）論及黑人的「愚鈍」（"simplicity"）。這樣看來，進入全國政壇後，傑佛遜認為有理由在不同價值間做出妥協。特別是在一七九〇年代，他領導了一個新政黨（但他並不在意），其議程乃抗衡聯邦主義，宣告小政府的必要性、州的權威，和私有財產的神聖性。某種程度上來說，所有這些原則都與一個觀念牴觸，即利用聯邦權力來解放奴隸。大家都知道，南方的繁榮極其仰賴以奴隸為基礎的農業活動。漢彌爾頓談過解放奴隸，但這從來不是其計畫的核心。他也為了國家穩定而遷就南方，但心懷憤恨。

歐洲也注意到，這些人並沒有處理奴隸制的問題。塞繆爾・約翰遜（Samuel Johnson）在回應《獨立宣言》的一段話中說，「有人告訴我們，征服美洲人可能會有損我們自己的自由……〔但〕若奴隸制的傳染力如此致命，我們怎會在黑人車夫間，聽到為自由而發、最響亮的嗚吠？」[78]就在那一年，美洲有將近四十五萬的奴隸，幾乎是總人口的五分之一。每當美國開國元勛的英雄形象飄然在上，約翰遜的評論便會帶來一陣刺痛，從當時到現在都是如此。[79]

改革維吉尼亞，推展民主

身為維吉尼亞議會成員和維州州長，傑佛遜的目標，是透過植根於啟蒙觀念的種種改革，為其母州帶來進步。當時社會的許多層面，還存在中世紀的概念，反映一個僵固的世界體系；傑佛遜的種種計畫，則可謂是與這類中世紀概念有著顯著斷裂。他倡議終結封建式的財產權，鼓吹與財產規模無關的代表權，倡導更有彈性和人道的刑罰、公共教育，並主張不要有官方宗教。儘管身為所謂的皮德蒙（Piedmont）寡頭政治集團的一員，傑佛遜加入漢彌爾頓及其他多數開國元勛，反對作為貴族工具的限定繼承權（限制土地未來的所有權，僅能歸屬於所有者自己的後世子孫）和長子繼承權（primogeniture）。[80] 亞當・斯密在《國富論》中，對限定繼承權的攻擊尤其嚴厲（這在英格蘭相當普遍，在美洲則程度較輕）。

和漢彌爾頓一樣，傑佛遜也極其重視教育，視之為未來進步的泉源。漢彌爾頓從未就此主題展開長篇大論，傑佛遜心目中卻有一套完整計畫，一套世俗、主要立基於其政治觀念的計畫。[81] 此計畫具見於兩份文獻：送呈給維吉尼亞議會的《知識推廣法案》（*A Bill for the More General Diffusion of Knowledge*, 1779）和《維吉尼亞筆記》的第十四問。在《知識推廣法案》中，他如此說明其計畫的正當性：

> 經驗顯示，即便是最好的（政府）型態，那些被託付以權力的人，或遲或早，經過緩慢的運作，都會墮落成暴政；人們也相信，防止此事的最有效辦法，是在可行的範圍內，啟迪全體人民的心靈，尤其是讓他們知道歷史所展現的那些事實，使其得以知曉野心的各種面貌……

78. Johnson 1913, vol. 14, 143.
79. Marx 1998.
80. Wood 2007.
81. Peterson 1975.

（尤有甚者）那些得到自然賦予之天才和德行的人，應得到值得接受的博雅教育（liberal education），能夠守護神聖的權利及其同胞公民的自由；他們應不論其財富、出生或其他偶然情況，承負此職責……並以公共支出供他們受教育。[82]

教育必須有多過於學習之處，必須使人民成為自身的守護者（guardians），對抗暴政的力量。傑佛遜是取材於洛克；洛克的《教育漫話》（*Thoughts Concerning Education*, 1693）開宗明義地說：「在我們遇到的所有人之中，無論善良邪惡、無論有益與否，十分之九的人是因其教育而成其所以。此乃造就人類巨大差異之物。」[83]但傑佛遜是從政治角度進行思考：若教育塑造了人，它也一磚一瓦地打造了社會，並守護社會，以對抗有野心的領袖。「歷史的教訓」是其中關鍵；美國人可以從這些教訓中學習辨認壓迫行為，無論壓迫是在街頭怒視或於門後低喃。但有能的博雅教育體系也可以將最好和最聰明的人，塑造成最不可能產生野心的領袖。我們也許可以說，這並不是一個為學習而學習的計畫，而是個為了培養守護者的策略。

宗教與自由

傑佛遜認為，對年輕的心靈來說，《聖經》在道德上過於困難和自相矛盾，不易研習。這有違數世紀以來的教育實踐，但不表示傑佛遜反對宗教。他的想法是，信仰有其個人面向，有助於用道德倫理的經線維繫社會團結。信仰必須作為一種權利加以捍衛，但絕不可強加或有所限制。他在《宗教自由法案》（*Bill for Establishing Religious Freedom*，初撰於一七七七年，一七八六年形諸法律）中闡發這些觀念，這也向來是傑佛遜最自豪的文獻之一。他開頭說：「全能的上帝創造出自由的心靈，並展現其至高無上的意志，欲心靈長保自由。」因此：

> 那些常犯錯和未受啟迪的人，以為自己可以主宰其他人的信仰，把自己的意見和想法，說成唯一真確和沒有錯誤的真理，並將其強加於他人身上——他們有種不虔敬的臆想，從古至今，在世界上的絕大多數地方，創立、維持了各種虛假的宗教：強迫一個人捐款，以宣傳他不相信且憎惡的意見，是罪惡和專橫之舉……我們的公民權不取決於我們的宗教見解，正如它無涉於我們關於物理學或幾何學的見解；因此，若因一個公民不表明或背棄或此或彼的宗教見解……就宣告他不值得大眾信賴，便是不明智地剝奪其特權和利益，而這些特權和利益，是他和同胞公民所共有的自然權利。[84]

這是傑佛遜少數嚴肅地使用「罪惡」（"sinful"）一詞的例子。然而，若說這是在布道，他其實是懷抱著啟蒙運動的意旨而為之。信仰是個相對的事物：「所有人都應該得以自由表明且透過論理，維持其關於宗教的見解。」[85]自由凌駕於信仰之上。傑佛遜的上帝不喜單一的詮釋。他的法令被麥迪遜寫進憲法第一修正案，標誌世俗政府的明顯勝利。它拒斥一個信念，即美國的存續，有賴共

---

82. Jefferson 1904, vol. 2, 414.
83. Locke 1824, vol. 8, 6.
84. Jefferson 1904, vol. 2, 438–39.
85. 1904, vol. 2, 441.

同的宗教實踐或信仰。

故事尚未結束。一八〇一年十月時，一個來自康乃狄克州丹柏里（Danbury）浸信會的牧師群體，寫信恭賀蒙蒂塞洛的聖人（即傑佛遜）當選總統，但也抱怨自己成為宗教歧視的受害者。據主導地位的教派公理宗（Congregationalism），實際上就像是官方信仰，致使「我們所享有的宗教特權，有如被人施惠……而非不可剝奪的權利」，其代價則是若干「貶損人的答謝」，如向其教會徵稅以支持公理會眾。因此，他們要求新總統「承認耶和華獨一無二的特權，並制定法律」以撥亂反正。[86]傑佛遜的回信（一八〇二年元旦）模稜兩可，但用字遣詞謹慎而關鍵：

> 和你們一樣，我相信宗教純然是人及其上帝之間的事……我帶著最高敬意沉思全體美國人的舉措——憲法宣告國會「不得制定有關確立一種宗教或禁止信教自由的法律」，因而在教會與國家之間，築起一堵分隔之牆。[87]

傑佛遜沒有承諾採取任何行動。作為總統，他的任何參與，都會牴觸憲法第一修正案。尤有甚者，與他之前兩任總統不同，傑佛遜在任內特意不表現出明顯的宗教立場。事實上，他寫給丹柏里浸信會眾的答覆，是在其司法部長列維．林肯（Levi Lincoln）的建議下修訂而成的（傑佛遜把原信和回信的草稿給他看）。在眾多修正中，劃時代的「分隔之牆」一語前面的「永恆」（"eternal"）一詞被拿掉了。毫無疑問，傑佛遜認為這個詞太富宗教意涵了。無論如何，隨時間遞移，經過種種司法判決（絕大多數由最高法院為之），這堵牆後來確實被樹立起來。

就他自己來說，傑佛遜沒有深刻忠於任何特定信仰。在一七六〇年代年輕的時候，他顯然曾分析許多基督教的訓誡，如神聖的三位一體（trinity），並斷定它們非真。他還用剃刀，把《新約》中他認為是忠於耶穌真實言詞的部分，裁切拼湊在一起。傑佛遜把自己的這份創作題為《拿撒勒的耶穌的生活與道德》（*The Life and Morals of Jesus of Nazareth*），裡面完全沒提到天使、奇蹟，甚至耶穌的神性。它始於耶穌誕生，止於其喪生，刪去所有超自然的部分。傑佛遜在寫給約翰・亞當斯的信中，說這本書提供了「最崇高和仁慈的道德準則；此乃人類史上首見，四十六頁純粹且樸實的學說」。[88]

就美國政治和教育的世俗化而言，傑佛遜做的比其他開國元勛都多。他強烈相信歷史的價值，時不時指出一點，即有組織的宗教並沒有引領人類公正地生活，反而經常造成偏狹和暴力。美國想避開此嚴酷事件的幽谷，靠的不是背離宗教，而是讓宗教成為自由的目標。

法案與決議案

對新生的美國來說，一七九〇年代以迄一八〇〇年的選舉，是段生硬無情的歲月。聯邦主義在此時扶搖直上，開啟激烈的對抗，將傑佛遜牽連其中。傑佛遜與麥迪遜（已轉換陣營）和門羅（James Monroe）一道，成為共和黨（Republican Party）領袖。尤有甚者，此對抗因為與法國之間的衝突而益發緊張。當時法國攫取美國商船，損害美國貿易，引起報復的聲浪。華盛頓在告別演說

---

86. Dreisbach 1997, 460.
87. Dreisbach 1997, 468–69.
88. Jefferson and Randolph 1829, vol. 4, 229.

中（一七九六），曾對「派系間輪番支配彼此，強化了報復心理，自然導致黨派分歧」一事提出警告。[89]但這番有先見之明的話，卻少有人聽得進去。

當傑佛遜還是國務卿的時候，便有蛛絲馬跡可以看出妥協的可能。他已益發明白，自耕農無法支撐國家。手工業者和商人有其必要性，且值得加以鼓舞。他也認可漢彌爾頓的公共信用計畫，確實對國家有些益處。傑佛遜對自由貿易的觀念也絕不陌生；他閱讀亞當・斯密時便學到了，並在自己一七九三年撰寫的《關於商業的報告》（*Report on Commerce*）中，熱切地支持其觀點：「有別於透過一大堆調節法令、關稅和禁令來為難商業，〔我們〕可以解開其枷鎖……盡可能大量生產那些有助於人類生活和幸福的物品。」[90]

然而，短短幾年間，這兩人轉而成為敵人。他們的政黨都剛成立不久，好勇鬥狠，以經常是毀謗性刊物的汙衊加以武裝，像兩艘戰艦一樣彼此咆哮開火。我們可以從文字的煙塵中瞥見，衝突的核心是有關政府權力的想法——聯邦派認為政府應強大但受控扼，共和派則認為政府應跛腳和軟弱乏力。一七九六年四月二十四日，傑佛遜寫信給身在巴黎的友人菲利浦・馬翠（Philip Mazzei），表達其憂慮：「取代對自由的高貴之愛和帶領我們贏得戰爭的共和政府，現在出現的英國國教派君主和貴族政黨，它們宣稱的目標……是把英國政府的實質加於我們之上。」傑佛遜認為自己身旁環繞著「膽小之徒」，他們「偏好專制的風平浪靜，而非自由的喧囂之海」。但其中也有一絲背叛感：「如果我指名道姓那些變節者，會教你發熱激動。他們改變立場，倒向那些異端；他們是戰場上的參孫（Samson）和議會中的所羅門（Solomon），但被娼妓般的英格蘭給削髮剃頭。」[91]傑佛遜在這裡指的是誰，應無太大疑問。

這是個有影響力又可利用的意象：漢彌爾頓和聯邦黨人讓美國瀕於英格蘭政府結構之惡、近來的自由之敵。聯邦黨人則在自己的刊物上誹謗傑佛遜，因為他支持轉變成恐怖統治的法國革命。無所不用其極的編輯，接著便揭露漢彌爾頓多年前曾沉溺放蕩，又指控傑佛遜是莎莉・海明斯（Sally Hemings）孩子們的生父——莎莉是名奴隸，也是傑佛遜妻子的同父異母妹妹。傑佛遜稱一八〇〇年的選舉是「一八〇〇革命」（“the revolution of 1800”），因為它將決定國家是要倒向暴政，或再次擁抱革命的真自由。兩黨的忠貞成員，都非常擔心這會成為合眾國的最後一次選舉，而國家會被撕裂，再也無法統一。[92]尤有甚者，因法國對美國船隻加強攻擊所帶來的戰爭狂熱和偏執，更把這種焦慮推向險峻的邊緣。

這種歇斯底里在一七九八年達到高峰：當年國會通過、並由亞當斯總統簽署了惡名昭彰的《外國人與煽動法》（*Alien and Sedition Acts*）。這個法案讓想成為美國公民的移民，需要花費的時間從五年提高至十四年。法案也讓總統得以將任何被認為是「對和平與安全……有危險性」，或其母國正與美國交戰的外國居民驅逐出境。它也讓針對政府，出版或表達「虛造、中傷和惡意」事物的行為，成為貨真價實的一種罪。共和黨人已看出，這些法律會被聯邦黨人所支配的國會和行政機關利用，以固守自身，並恫嚇共和黨的支持者。事實說明，他們是對的（舉例來說，只有共和黨的編輯會遭到逮捕）。漢彌爾頓起初曾阻擋這個法案，說它們極端、足以引發內戰，但最後仍支持最終修

89. Washington 1997, 969.
90. Jefferson 1984, 443.
91. Jefferson 1904, vol. 8, 238–41.
92. Larson 2007.

改過的版本。[93]

暴怒的傑佛遜，立刻認定這些法令乃違憲，是聯邦黨人的伎倆。但為了讓它們失去效力，傑佛遜的所作所為同樣出格。爭取到麥迪遜的幫助後，傑佛遜祕密地為肯塔基（Kentucky）和維吉尼亞的議會草擬了決議案，宣告憲法並非真的是全國之法，而是諸州間的「契約」，僅只是「為了特殊目的建立一個一般性政府」。[94]任何該契約未嚴格賦予的權力，都在各州手上，各州得以裁斷甚至廢除聯邦法律。傑佛遜甚至為肯塔基州提供了一套威脅的說詞：若認為有任何國會通過的法律應當加以抵抗，它將會脫離聯盟。這般來自現任副總統的說詞，很容易會被視為叛國並招致彈劾。寫作《獨立宣言》的人，竟會被迫採取一些極端到足以摧毀美國的行動，讓我們理解到那個歷史性時刻有多麼棘手激烈。

肯塔基和維吉尼亞批准這些決議案，但其他州並未跟風。「第二次革命」並沒有發生。但這些決議案，成為州權利政府理論的基礎。它們以「一七九八原則」（"Principles of '98"）聞名於世，是有關奴隸制導致分裂之辯論的直接靈感來源。要到美國內戰後，最高法院才成為決定立法合憲性的最後權威。儘管「有創意」，傑佛遜的策略「侵害權力」的程度，最後卻比其宿敵漢彌爾頓所提出、被認為具「貴族性格」的任何行為或政策更為厲害。

傑佛遜當上總統後又是如何？他對美國不再抱持田園式、權力被剝奪的見解。因為過去兩年間目睹的醜惡，傑佛遜在一八〇一年三月四日的第一次就職演說中，已展現出更為老練圓熟的觀點。他談及國家團結的必要性，「在亂世中種種相互衝突的要素間，安全地掌舵我們同乘共濟的舟船」。[95]傑佛遜宣告他們需要「一個有智慧且儉約的政府——它應當防止人們互相傷害，應當讓人們自由地管理自身對勤勞和改善的追求，且不應從勞動者的嘴邊奪走其掙得的麵包」。[96]他支持的是這些事：

> 擁護各州政府的一切權利，以之為處理國內事務最有效能的機關，和對抗反共和傾向最堅實的屏障；維護一般性政府的全部憲政活力，以之為確保我們國內和平和海外安全的船錨；謹慎地愛護人民選舉的權利……；一支訓練精良的民兵，作為和平與戰爭初肇始時的倚靠，直到有常備兵可以取代他們；讓文官的權威凌駕軍方；節約公共支出，減輕勞工之負擔；誠實地償清我們的債務，神聖地維護公眾的信心；鼓勵農業及作為其婢女的商業；……宗教自由；出版自由；人身保護令（habeas corpus）保障的個人自由，和由公正選出之陪審團進行裁判。[97]

簡言之，就是州的權利、低稅、小額公債、農工業混合的經濟，和嚴格遵守《權利法案》。此乃傑佛遜的成熟統治原則。坐上總統大位後，他有沒有妥善遵照這些原則呢？

從紀錄來看，可謂一半一半。傑佛遜確實以他的方式行事，撤廢若干稅負（例如威士忌的稅），並降低軍事開銷以減少國債。但他很快地便開始做出漢彌爾頓式的決定。傑佛遜沒有更動美國銀行（Bank of America），又持續漢彌爾頓溫和的關稅計畫，因為二者都運作得很好。他向北非

93. Chernow 2005, 715.
94. Jefferson 1984, 449.
95. Jefferson 1984, 492.
96. 1984, 494.
97. 1984, 494–95.

的巴巴里海盜開戰，也對法國和英國的貿易實施災難性的禁運，打造更多船艦以巡視東海岸。傑佛遜以一千五百萬美元完成路易斯安那購地，讓國家變成原本的兩倍大；他知道憲法中沒有條文能准許此舉（他曾考慮以修正案方式為之，但因時間不夠而放棄此想法），也知道此舉是相當大程度地擴增聯邦權力。他接著用公共基金，派遣由梅里魏瑟・路易斯（Meriwether Lewis）和威廉・克拉克（William Clark）帶領的探險隊探索西部領土，也批准了澤布隆・派克（Zebulon Pike）的類似努力。一八〇五年時，傑佛遜還想在路易斯安那購地的成功基礎上，進一步向西班牙購買西佛羅里達（West Florida），即路易斯安那的沿海地區、密西西比（Mississippi）、阿拉巴馬（Alabama）和佛羅里達走廊（Florida panhandle）。

傑佛遜早年是位嚴格的憲法解釋者（constructionist），但隨著時間流逝，他捨棄了這個觀點。他於一八一六年七月十二日七十三歲時，寫了封信給友人克契瓦爾（Samuel Kercheval），其中便可見這段教人吃驚的文字：

> 有些人帶著道貌岸然的敬意凝望憲法，認為憲法有如約櫃（Ark of the Covenant，編按：放置了上帝和以色列人所立契約的櫃子，是古代以色列民族的聖物），神聖得不可觸碰。他們賦予前面時代的人超過人類的智慧，假定其所作所為是無須修正的。我很了解那個時代；我屬於該時代，隨之勤奮實幹。它理應得到其國家……但我也知道，法律和制度必須與人類心智的進步亦步亦趨。當它變得益發開化……如創獲新發現、揭露新真理、態度和看法隨情境變化而更易，制度也必須有所進步，跟上時代的步伐。我們倒不如要求一個成年男子，穿上他小時候的合身外套，就像要求一個文明社會，繼續置身於其野蠻祖先的支配下……（因此），讓我們利

用我們的理性與經驗，去改正吾人第一個且缺乏經驗之議會的粗糙嘗試——即便議會睿智、有德且立意良善。[98]

傑佛遜說，憲法是一份文件，由凡人寫就。若把它當成一個神聖書板，它將如同死去，就像鐫刻在巍峨的大理石上。「理性和經驗」要我們隨時間調整自己的詮釋，而非尋求難以捉摸的「原意」的鬼魂，因為就連對作者本人來說，「原意」也極少是清晰明朗的。

秩序的形式：重新考慮傑佛遜和漢彌爾頓

在死前的某天，傑佛遜在蒙蒂塞洛門廳的一側，擺放了自己的半身像，並在另一側放了漢彌爾頓的半身像。他說，這麼做是要讓他們倆「死亦如生」地作對。傑佛遜的半身像呈現簡易的殖民地裝束，眼神高貴且凝望上方，是個平民但富有遠見。漢彌爾頓的半身像則單肩披著長袍，面容嚴肅，精於算計，非常像古典時代著名的凱撒（Julius Caesar）像（現收藏於梵蒂岡博物館）。事實上，傑佛遜的舊世界貴族朋友要比漢彌爾頓多得多，漢彌爾頓自己則認為凱撒是個殘忍暴君——但就在大理石上打造神話來說，這些都無關緊要。

漢彌爾頓死於一八〇四年。一年後，來自田納西（Tennessee）身為大種植園主和蓄奴主的政

98. Jefferson and Randolph 1829, vol. 4, 298.

治家，又是共和黨忠貞成員的安德魯・傑克遜，大張旗鼓地歡迎殺害漢彌爾頓的人來到納許維爾（Nashville）。這正是兩個政黨間的深刻苦難：透過殺死漢彌爾頓，伯爾得以重建自己身為一名共和派的名聲。之後數十年的發展，慘烈程度較漢彌爾頓的形象有過之而無不及。傑佛遜當上總統後，接棒的是麥迪遜、門羅、約翰・昆西・亞當斯，再接著是傑克遜，聯邦主義走上最後的衰亡。漢彌爾頓變成千篇一律的貴族象徵，直到十九世紀的最後幾十年，他才終於平反榮歸，成為貨真價實的開國元勛。[99]

文字墨水的川流，已浸至界定這兩人的差異和敵對。[100]但某種程度上來說，他們所共享的東西同樣重要。他們倆都理解，自由是絕對的善；免於壓迫的自由，是人類發現和發展其天賦能力的絕對必備條件。美國的偉大，在於為全人類立下了以之為模範的機會。因此，他們倆都視權力為問題，解決之道是加以控制。他們都認為，憂慮的最根本原因是人性；人類與生俱來的德行能力，被天生的軟弱所抵銷。這有賴政府結構加以處理。對傑佛遜來說，權力意味著走向暴政的無止境誘惑；越是直接取決於人民，權力就越是分散，越不易產生集權和威脅。漢彌爾頓也認為權力有魅惑性，需要設下界線。對他而言，危險來自於給予人過多的直接權威，不管是教育程度較低的「群眾」（"multitude"），還是那些謀私利、對收益和權勢的渴求可能有礙公眾自由的有錢人。也就是說，二人的目標都是自由。但只有自由不夠。人民需要教育、健康、職業、法治、安全。兩人都知道亞里斯多德（Aristotle）在《政治學》（*Politics*）中提出的警告：任何淪為貧窮、不幸和無家可歸的人，都不再自由；他們會失去信心，且必定趨向暴力。這也是人性，或用洛克的話來說，是遺棄的結果。如漢彌爾頓在《製造業報告》中所言，沒有興旺繁榮，自由只是個單詞而已。傑佛遜會高昂地談論富裕，但甚少談及貧窮。漢彌爾頓則出身自更廣袤的世界，明白貧窮帶來的剝奪與依賴。他以務實的眼光看待富人，認為他們唯有接受公民責任時才有價值。強盜大亨或億萬富翁的金融家，與蠱惑人心者同樣有害。

他們還共享了另一個基本觀念。這主要來自他們所閱讀的希臘羅馬思想家。他們都認為，國家不僅是一個保護生命和財產的機器。它是個聯邦，讓其公民可以成為更正派（「有德行」）和富有的人。政治和倫理萬不可全然區分。如華盛頓所言，如果德行是大眾政府的必要泉源，此政府必須透過保護德行的可能性加以報答。

漢彌爾頓和傑佛遜也是自己原則的受害者。謝司起義（就在費城大陸會議前爆發）的時候，漢彌爾頓提議道，為了打擊這種「過度民主」，總統和參議院應為終身職，總統的權力則應擴張，得以任命所有州長。這般有欠思慮的提議震驚了許多人，他們此後也一直是漢彌爾頓的對手。傑佛遜從法國寫信給威廉・史密斯（William Smith）上校，他的回應是為起義背書，但並非著眼於其起因。他寫道，「但願我們不會長達二十年都沒有這樣的造反」。「如果統治者沒有時不時地得到警告，知道其人民保留了反抗精神，哪有國家可以保留其自由呢？……喪失數條生命意味著什麼……？自由之樹，必須時不時地以愛國者和暴君之血澆新。此乃其天然肥料」。[101] 傑佛遜這番話可謂相當天真和麻木不仁。

美國的「實驗」，是在內部極大緊張下開始的。戰勝英國並未帶來和平。美國與法國的革命，

---

99. Knott 2002.
100. 例如Cunningham 2000; Ferling 2013。
101. Jefferson and Randolph 1829, vol. 2, 268.

證明了新政府甚至新社會，可以建立在觀念的基礎上。但這意味著更少而非更多的安全性。在歐洲，因菁英對法國發生的事採取反動回應，這意味了反動和迅即而來的壓迫，但也表露出對烏托邦的哲學渴望。這並未發生在美國——無論傑佛遜還是漢彌爾頓，都不相信馬克思思想後來所宣告的那種轉型。他們各自懷抱一種觀點，視美國為歷史的一座燈塔，而非一種可以從中碾磨出天堂的體系。

漢彌爾頓看見的是一個未來的世界強權，調整英國體系（歐洲最成功者）最好的那些層面，以適應民主的脈絡。其政府和信用體系將進行中央化，並由受最好教育和具公民心靈的個人構成的「自然貴族」（"natural aristocracy"）來運作。其司法和（某種程度來說）行政，會與大眾意志的善變激情相隔絕。隨時間發展，當國家成熟，又出現未曾預見的狀況時，憲法需要再做詮釋，甚至可以有些鬆散地為之。美國無與倫比的自由，仍會吸引有企圖心和進取的人，吸引全世界不自由國家中的有能之士，加入其豐饒的城市、生機勃勃的農業部門，和最富生產力及效率的工業，而這全都得到最進步的科學與科技的幫助。其政府會伸出援手，滋養這一切，為新觀念、新研究和新發明，提供立法和財政資助。漢彌爾頓式的美國是個大政府，權力可導向增益財富、知識和軍事能力。它以溫和的方式利用關稅，幫助還在創始階段的工業。它的經濟會製造出高品質、供全球出口的貨物，其貿易關係會延伸至全球每個角落。[102] 這是一個超級強權，敢對之發動攻擊者必招致悲慘後果。但這個美國不會捨棄其窮人、殘疾者或需要幫助的人，因為這麼做會創造一個不幸悲慘的階級，此乃國家失敗的徵兆。

傑佛遜的美國則是一個不同國度。如果我們堅守傑佛遜當總統前的觀念，我們可以說，他偏好小鎮型態的王國，充滿自食其力的栽培者、商人、匠人和手工生產者。幾乎人人都可擁有土地；

國家將會廣大、遼闊和豐饒。有別於利用極大量原料，以生產高度進步國家所需之貨物的大規模工業，傑佛遜的手工業生產者會專注於農業、居住生活和商業部門所需的輕工業產品。會有若干大城市，但遍布各州的是上百萬的家庭農場、牧場和大種植園（沒有奴隸），為所有人提供基本所需，和可供出口至世界許多地方的剩餘資源。政治權力將聚焦於州的層次；聯邦政府主要利用稅金來支持一支合理的防禦軍力、清償國債，和資助跨州的基礎建設。國會和行政部門是大眾意志的僕從，憲法是立法和法律事務嚴格且最後的判準（也許除了特定的緊急狀況）。各州民兵將持續存在；公民可以進行武裝，但不可過度。作為和平的國家，美利堅合眾國會有一個最低限度但訓練有素的外交單位，主要的海外關係是繁忙的貿易往來。美國不會是全球強權，而會秉持自給自足的模範。

重訪美國：傑佛遜民主和漢彌爾頓民主的對抗簡史

過去兩百年已經證明，傑佛遜和漢彌爾頓的觀念仍在很大程度上統治著美國這塊土地。他們倆關於自由、權力、政府和經濟命運的觀點有所扞格，和革命後數年的光景一樣，其拚搏在今天仍予人啟發、充滿活力。一八〇〇年的選舉，人們擔憂的是國家處於危急之秋，有被撕裂之虞，無法取得妥協；二〇〇八年的選舉，因為一位黑人參選並贏得總統大位，同樣可見此般焦慮。

從一八〇〇至二〇〇八年，關於美國民主究竟如何的觀點衝突從未停歇。勝利（若我們能如此名之）不斷易手，從未塵埃落定。若要用幾句話簡化這段歷史，我們得從漢彌爾頓的觀念看起。它

102. Eckes 1995.

們為後世轉譯，從工業資本主義到軍事，協助打造美國絕大多數的現代制度和體制。十九世紀晚期的多數時候，和幾乎整個二十世紀，共和黨人和民主黨人都極力主張漢彌爾頓式的資本主義。鼓動支持它的，包括要求聯邦保護的商業既得利益者；要求法律規定以保護勞工的進步人士；希冀獲得政府土地轉讓的企業和鐵路公司；成長為全球勢力的防衛建設；以及在艱困時刻向政府尋求幫助的數百萬公民。漢彌爾頓的政策，會利用聯邦與州的資金來興辦基礎建設，如道路、運河、橋梁、港口、高速公路、機場等，都是美國經濟的命脈，且如漢彌爾頓所預見的，這是讓美國團結一體的手段。讓政府成為科學與科技的一個主要支持者，也是漢彌爾頓洞見的一環；人們經常認為這是受到德國的啟發，但其實《製造業報告》中已直接提及這點。

傑佛遜主義者則會哀嘆此段歷史。直至南北戰爭，當美國在事實和心態上仍主要染著鄉村色彩，他們都是毫無疑問的勝利者。在傑佛遜擔任總統期間，聯邦主義遭逢突如其來的死亡，而對許多人來說，「漢彌爾頓」成為一個和貴族與特權有關的壞字眼——「擁護君主制的人」（"monarchist"）。安德魯・傑克遜更是做了許多強化此趨勢的事。但就如歷史學者們所能證實的，他極大地擴大政府規模，並將自己人馬安置在好位子上。他也扼殺了國家銀行，即漢彌爾頓制度中最為成功的案例之一。在這段時期，傑佛遜的觀念被廣為接納，尤其是滲透進南方，被用以捍衛州的權利和「特別的」奴隸經濟。奴隸制是傑克遜自身財富的來源，他靠近納許維爾的大種植園「莊園」（the Hermitage），生產棉花作為現金作物；奴隸制也仍舊與州的權利議題密切相關。一八二〇年的密蘇里妥協案（Missouri Compromise）可以為證：它禁止大部分路易斯安那領地（Louisiana Territory）內的奴隸制，除了提出（並接受）此議的密蘇里州。一八五四年的堪薩斯—內布拉斯加法案（Kansas-Nebraska Act），則要求允許各州人民自行投票，以決定奴隸制是否合法。即便在南北戰爭的多年後，作為傑佛遜主義的一個強力要素，地方主權仍是美國大部分地區的一種主導觀念。和奴隸制之間的關係，讓此觀念在南方尤其經久不衰，後來還與宗教保守主義（這是與傑佛遜最不相侔的要素）交織在一起。

但就全國來說，作為對聯邦權威的一種抵抗和王牌，地方自治的理想終歸失敗。它當然為一七八七年的大陸會議所拒斥，工業化則讓它奄奄一息。工業化向外國貿易和外部世界，開啟了美國經濟的大門。內戰和第十三、十四和十五修正案，又再一次否定此理想。憲法的這些新內容剝奪奴隸制的法律效力，從州的手中奪走某種終極權力，讓他們不得對公民的權利採差別待遇。對此，傑佛遜可能會額手稱慶。但看到政府利用戰爭，在各州（包括他的維吉尼亞）身上強加其意志，他也會為之震顫。在很大程度上，內戰暴露了傑佛遜諸般概念的終極缺陷和侷限。為了維繫聯盟，亞伯拉罕·林肯（Abraham Lincoln）不得不訴諸大幅擴張中央政府的權力，包括新的戰時官僚體制、徵兵、不合憲的所得稅，以及暫時中止若干憲法保障的自由。事實上，林肯樹立了一個模式，既追隨漢彌爾頓的原則，又投合面向所有來自「人民」的傑佛遜情感——這都見於蓋茲堡演說（Gettysburg Address），即「民有、民治、民享的政府」。最終結果是，數百萬黑人的自由得以擴大。這是傑佛遜和漢彌爾頓都歡迎的；但那些以州之權利為名行事，和持南方例外論（Southern exceptionalism）的人，還會再花上整整一個世紀，激烈地對抗此變化。[103]

到了一八八〇年，美國人口已達五千二百萬，比任何歐洲國家（除了俄國）都龐大。在此之後

103. Marx 1998.

不過三十年，因為高出生率、改善後的公共衛生以及大量移民，這個數字翻了接近一倍。社會與經濟的規模和複雜性，加上工業主義在工人間造成日益增長的市民騷亂和暴力，以及來自公司企業的野蠻回應，都需要擴大聯邦干涉來加以處理。鍍金時代（Gilded Age）讓漢彌爾頓回歸，成為其英雄象徵（雖然多半是出於錯誤理由）。有關於漢彌爾頓的論文和著作成倍增加，宣稱他有先見之明，洞燭富裕資本家貴族階級的必要性，並錯誤地說他在一場晚宴上，評論一般人民是「一隻巨獸」。[104] 這種誤用，在大半個二十世紀中頗有損於漢彌爾頓的名聲，即便其觀念持續占主導地位。

進步主義（Progressivism）的理想大量運用漢彌爾頓觀點，欲利用政府權力來減少不平等，推動平權（包含女性和黑人）以凌駕州的法律。這包括創建聯邦所得稅的第十六修正案，和賦予女性投票權的第十九修正案。此外也出現了打擊童工和企業壟斷的聯邦法律。堅持地方主權的傑佛遜保守主義者，和偏好自由放任的企業菁英，都反對這些變化。其他鍾情於「嚴格憲法解釋論」（"strict constructionism"）的人（傑佛遜本人已拋棄此議），亦論辯說這些法律已超出憲法所允許的有限權力。[105]

面對這種針對變化的敵意，漢彌爾頓會開心地加以挖苦，因為它忽視了美國已變成什麼模樣。在一次世界大戰結束之時，美國已轉型成世界舞台上的一尊巨像。不管存在什麼否認之舉，美國已是一個高度工業化和都市化的國家，極為富裕且幅員廣大，充斥族群多樣性和成長帶來的大量社會問題。即便沒有進步主義，這種規模的全球強權，不大可能循田園式的自由至上主義政策運作。美國必須著手各種事務：包括業務量增加的外交、國外政策和軍事準備；監督國家經濟和聯邦預算；處理工人階級間的暴力和墮落；減低政治和企業腐敗的威脅；探索並管理聯邦管轄下的擴增土地；評估其自然資源；以及其他種種。

一八九三年和一九〇七年的重大金融恐慌，顯示出美國複雜經濟體系的脆弱。但它們也突出了中央權力在調節和終結這種危機時所具備的能力。到了一九一三年，漢彌爾頓的國家銀行觀念得到重振，成立了聯邦儲備系統（Federal Reserve）。保護公共福祉有其必要性，包括減少不安全的工作條件、改善排水和公共衛生狀況、消除不平等教育，以及打擊跨州犯罪。換言之，這是個新的美國，其主要挑戰已變得極為複雜、散亂和歧異。漢彌爾頓可能會因大眾社會的出現和影響而感到困擾，傑佛遜則會覺得政府的手長得太大太重。

然而，當美國在一九三〇年代面對經濟大恐慌時，聯邦政府膨脹得更為巨大。這給自由資本主義帶來無與倫比的危機，和關於民主本身之未來的實際質疑。數百萬尋求協助的人，和各式各樣慘敗的企業，讓不插手的傑佛遜式政策變得毫無可能。透過許多推展公共工程的計畫，美國政府讓非常大量的人投身工作，並提供包含社會安全（Social Security）的社會安全網，試圖保護公眾免於匱乏和亞里斯多德警告過的「悲慘」（"wretchedness"）。但小羅斯福（Franklin Roosevelt）的漢彌爾頓式新政，本身也有其複雜性。它沒有一個真正的融貫計畫，而是幾乎每年都在嘗試新東西，有些不錯，有些則有害。最不具漢彌爾頓色彩的作為，是讓上千間銀行倒閉，造成次級的信用危機，傷害整體交易活動。但援助仍流入全國各地，尤其是南方——小羅斯福在那建立許多軍事基地，鄰近還有各種聯邦防衛設施和相關工業（這讓南方多處變得「民主」，也使美國軍事文化的大部分內容具有「南方」色彩）。國會中的南方力量，給予小羅斯福他想要的東西，直至隔離和種族問題相

---

104. Knott 2002, 73–74.

105. Moreno 2013.

混。新政中任何試圖改變吉姆・克勞法（Jim Crow laws）的部分，都面對一堵抵抗之牆。新政和杜魯門（Harry Truman）於二次戰後實行的公政（Fair Deal），在這個難以撼動的對象面前都只能退縮。[106]傑佛遜的州主權原則，牢牢地固守於「南方生活方式」中，屹立不搖，且多少是作為種族主義的掩飾。

不過，小羅斯福成就了某些漢彌爾頓和傑佛遜都會為之欽佩的事。透過人格和領導力量，小羅斯福得到為數最眾之美國人民的信心和效忠。其結果是對自由民主的希望和信仰復歸。革命世代的人，無論男女，尤其是經歷一八〇〇年選舉者，都不會質疑此成就的價值。事實上，小羅斯福的部分訴求，是追隨林肯的先例。在追求漢彌爾頓式政策的過程中，小羅斯福以傑佛遜為民主黨的偶像，委託建造傑佛遜紀念堂（Jefferson Memorial），將傑佛遜的臉孔刻於廣受歡迎的鎳幣上，甚至將這位蒙蒂塞洛聖人的生平故事放上國會圖書館的壁畫。小羅斯福的「魔力」（或聰明之處），即在於找到一個方式，將漢彌爾頓和傑佛遜拉在一起。

很少美國人會公開、驕傲地視自己為漢彌爾頓主義者。某種程度上來說，這個諷刺相當驚人：傑佛遜出身自鄉紳階層，享有特權，漢彌爾頓卻體現了「白手起家者」（"self-made individual"）的最高訓示。除了漢彌爾頓，沒有任何一位開國元勛起自這麼低的階層：一個沒有前景和國家歸屬的非婚生子。無論在當時還是別的時代，沒有其他政治人物，像他一樣體現了從「自己的出身地位」崛升的可能性。人們經常忽略一個重大事實：漢彌爾頓的不幸，有朝一日卻對美國的肇端和啟程有所幫助。有別於傑佛遜所懼怕的，漢彌爾頓的資本主義並未削弱民主和強化暴政。二十世紀的美國比十九世紀民主得多，二十一世紀又再往前推進。不單是女性和少數族群享有了完整的公民權，人們也被授予其他諸多自由（如工人集會示威的權利），並發現新型態的自由，立法禁止年齡、種族、性別或性向歧視。那些強烈支持傑佛遜的小政府觀念及其早期自由至上主義衝動的人，往往反對所有這些讓美國民主更加兼容並蓄的努力。傑佛遜學養深厚、思考深邃，是《獨立宣言》的作者，並登上了總統的高位——想到這些特質，我們很難相信他會去同意那些拒斥上述努力的人。

換言之，漢彌爾頓主義和傑佛遜主義，都不是由固執不變的最終政策所構成的純粹觀點。它們所共有的，是對啟蒙運動之自由、民主和理性原則的信仰。只要其核心價值觀得以維持，它們都理解妥協的價值和力量。傑佛遜主義代表傑佛遜的早期思想，希冀保持革命以前便存在的地方主義。然而，傑佛遜擔任總統時的現實，迫使許多想法僅止於其年輕時的知識玩物。傑佛遜在任時，透過許多決定棄絕自己二十年前的說法，即要以民主反抗者之血澆灌「自由之樹」。在一八〇八年十一月八日最後一場國情咨文中，他談的不是政府門牆內蔓延的暴政，而是「我們所處時代的非凡特質」，「吾人的注意力，應不間斷地鎖定於我們國家的安全」，而這有賴一隻強大軍隊和堅毅果敢的政府。[107]

雖然有許多不完美，在整個十九世紀，美國仍比其他任何國家都來得民主。這一點，歐洲也看在眼裡。法國觀察家托克維爾於一八三〇年代至美國遊歷，並有此結論：對法國以至整個歐洲，最好的做法是像美國人所為，讓自己適應「民主的到來」。對自己的見聞，托克維爾一向是個敏銳的詮釋者。在他看來，美國革命不是一場歷時八年的戰爭，而是一個在當時還遠未完成的政治、法律、社會和思想演化過程。對他而言，民主衝動的注入和民主制度的躊躇成長（從自由觀念和投票

106. Katznelson 2013.
107. Jefferson 1984, 547; Crackel 1989.

權的開端，以至更加專斷和挑剔的出版界），都象徵著一場無可避免、將改變世界本質的變化。[108] 對此，他在《美國的民主》（*Democracy in America*）行將終了時的一段話相當打動人心：

新興的世界，還有一半正陷在衰敗中世界的斷垣殘壁下，而在人類事務的巨大混亂中，誰也說不出哪些古老的制度和習俗還會留存下來……儘管社會狀態、法律、觀念和人的情感方面發生的革命還遠未結束，但很清楚的是，它造成的後果，已遠非世界上迄今發生的任何事情可比。我一個世紀一個世紀地往前回顧，一直追溯到古代，也沒有發現任何與我現在看到的東西有所相似者。[109]

美國事例的影響力，在十九世紀的其餘時間持續增長，雖然是混合的方式，但有一種不斷積累的確定性。確實，美國本身並未過多地闖進全球想像中。美國一直是個遙遠的國度，直到十九世紀末，當人們已無法再忽視其工業和經濟力量為止。然而，從那時起，對世界各地那些受啟蒙運動的個人和集體自由原則所吸引，以及認為美國是那些原則最好且最繁榮之體現者（儘管有許多缺陷和衝突）的人來說，美國益發成為一個模範。一次大戰後法西斯主義和極權共產主義興起，則為此觀念帶來重大挑戰。但這些挑戰並未長存；二次世界大戰後，美國成為某種接近全球性的自由救星。杜魯門、艾森豪（Dwight David Eisenhower）和甘迺迪等總統，都成功維持美國的民主案例，教人想起傑佛遜的預測，即美國將作為「自由燈塔」而巍然聳立。但我們知道，這也沒有持續下去。到了二十一世紀的頭十年，這座燈塔因國外政策和世界各地對啟蒙自由主義的廣泛質疑而為之黯淡。到了二〇一〇年的新世紀，國內的傑佛遜觀念和漢彌爾頓觀念之爭，可能也變得比自內戰以來的任何時候都更加尖銳和執拗。

辯論持續：二十世紀末和二十一世紀初

打從一開始，即便在其最頑強執拗的時刻，傑佛遜和漢彌爾頓對美國最應體現什麼，有著相同的核心觀念。在這些觀念中，最重要的包括個人自由、法律之前人人平等、宗教寬容、人民主權、權力分立。他們兩人相背之處，在於更為明確的詮釋，和為了將這些觀念付諸實行所提出的政策。這其中肯定還是有若干重要的重疊。他們都不相信憲法是個神聖不朽的文獻；身為真正的知識分子，他們都知道，未來的歷史會要求對憲法做出改變。就奴隸制來說，雖然傑佛遜身為總統，對此議題保持緘默不免讓人遺憾，但他從未自欺欺人，認為美國可以在上百萬人深陷束縛的情況下走得長久。要靠慘烈的內戰來終結奴隸制，黑人的基本權利得再等一整個世紀才能發揮實效——這會讓傑佛遜和漢彌爾頓都羞愧地低下頭去。毫無疑問的是，面對更近期的發展，對於基本教義派宗教的力量在政治圈擴張（第六章將討論此議題），他們也會感到不安；對於有些民選官員否定現代科學的許多部分，他們亦會為之膽寒。

但是，傑佛遜與漢彌爾頓間的這種同調雖然重要，卻不足以緩和二人深刻歧見的激烈程度。他們的反目不和各有其哲學基礎，即便進入新世紀，依舊是美國政治文化的核心課題。

必須一提的是，人們經常錯誤地詮釋他們二人的觀念，並誤解二者歧見的基礎和共有的價值

108. De Tocqueville 2004.
109. De Tocqueville 2004, 831.

觀。若能珍視它們，依循其理路來提出我們的政治論點，而非轉向傑佛遜和漢彌爾頓都不會接受的極端，我們當可漸入佳境。

到最後，留給我們的是這樣一種理解：傑佛遜和漢彌爾頓的觀念之間，雖然可以找到很強的意見一致，但我們最多只能給出非常片面的綜合。事實上，這些觀念代表啟蒙運動自由概念中兩個重疊但又相衝突的向度。最清楚闡釋此分野的，也許是以撒・伯林（二十世紀最偉大的自由主義哲學家之一）的知名論文〈自由的兩種概念〉。[110] 若採納其定義，我們可以說傑佛遜的觀點近似伯林的「消極自由」概念，意即一個人的行動沒有任何外在限制和障礙，導出一個容許最大程度個人自由的弱勢國家。另一方面，漢彌爾頓會更支持伯林的「積極自由」概念，也就是存在著若干控制，一個人會嘗試在控制下自我引導，因而要的是一個較強勢的國家，要求限制某些自由以獲取所有人的更大自由。

啟蒙理想一直存在於更為平衡的傑佛遜和漢彌爾頓路線中，這已經屢屢拯救美國免於全面衰退，未來可能也將如此。任一組觀念都無法缺少另一方。這依舊是美國最有力的傳統之一。當然，其中也有重大的自欺之處，即置身漢彌爾頓的土地，卻夸談傑佛遜的理想。

現在，讓我們最後回眸，考慮導向並包含一八〇〇年選舉的尖銳苦難。這是傑佛遜和漢彌爾頓哲學的根本衝突，他們都視彼此為一種恥辱和對國家存續的威脅。黨派戰爭不足以描述這個歷史時刻的毛骨悚然。它撕裂革命世代——那些人從英國手中，確保國家的存在和自由。它從漢彌爾頓身旁奪走麥迪遜（他們曾一起執筆《聯邦黨人文集》），並使麥迪遜加入傑佛遜的陣營。傑佛遜不再與華盛頓溝通，甚而沒有參加其葬禮。亞當斯並未受邀參加傑佛遜的就職典禮。眾議院裡上演打鬥，且短短幾年內，在職的副總統伯爾還在決鬥中殺死了前財政部長漢彌爾頓。言論甚至到了提議將國家對半分，兩黨各得其一。

當曠日持久的一八〇〇年選舉終於塵埃落定，兩方人馬都接受此結果。毫無疑問，苦難仍持續著，燒上了國會堂廊。但權力轉移確實發生了。漢彌爾頓的聯邦黨人輸給傑佛遜的共和黨人，從此一蹶不振；不過聯邦黨人的諸多觀念，會在美國歷史的多數時候統治著國家。

美國二十一世紀初的政治分裂，並未到（至少還沒）這般程度，更沒到一八五〇年代導致內戰的那種仇恨。但這是很大的諷刺，和他們觀念持久力量的證明：今日美國的深刻分裂，和超過兩個世紀以前，讓傑佛遜和漢彌爾頓反目成仇的發展十分類似。我們似乎可以合理地希望，這次的結果也會和過去相似，透過回歸明智的妥協而告一段落，一如漢彌爾頓最終擁護傑佛遜為總統，拒絕參與任何分離主義運動。

傑佛遜、漢彌爾頓，以及兩人間充滿焦慮的鬥爭，永遠不會消失在美國的政治舞台上。這一點值得留心；學者們如梅里爾・彼得森（Merrill Peterson）和史蒂芬・納特（Stephen Knott）已充分證明，[111]在過去兩百年間，人們已從陵墓中找回許多版本的「傑佛遜」和「漢彌爾頓」，為他們梳妝打扮，讓他們說出支持各種可能和不可能立場的警語。在時間之流中，我們可以發現，正是傑佛遜與漢彌爾頓帶來的觀念緊張，以及這些觀念要求共存之必要妥協和生機盎然的平衡，給予了美國長程活力，讓美國即使麻煩叢生、間或停擺，仍致力於他們兩人所共有的期望。

110. Berlin 2002a.
111. Peterson, 1975; Knott, 2002.

第二部分

反啟蒙的世俗與宗教反動

第五章

反啟蒙：從反現代主義到法西斯

唯有戰爭，方能為人類的所有能量，帶來最高張力，
並為有勇氣促成戰爭的人，打上高貴的印記。

———墨索里尼（Benito Mussolini），
〈法西斯主義的政治與社會原理〉（The Political and Social Doctrine of Fascism）

因此，德意志人民在統一過程中的種族相似性，乃德意志民族政治領導之概念，
所不可或缺的前提和基礎。……少了同類相似性的原則，
國家社會主義國家（National Socialist，即納粹）即無法存在。
它將立刻把其所有制度，交還給自由主義和馬克思主義等敵人……
新的德國法律（必須）完全意識到，
此族系相似性概念具有的、穿透所有體系化司法考慮的力量。

———卡爾・施密特（Carl Schmitt），
《國家、運動、人民》（*Staat, Bewegung, Volk*）

迄今為止，我們考察的所有主要思想家，都是啟蒙運動的產物。法國人稱啟蒙為光明的世紀（le siècle des lumières），這是個慶賀的詞，認為在十七世紀後半的進步，以及真正理性科學地探究世界以前，事物多籠罩在黑暗中。概括地看，啟蒙運動約始於一六五〇年代，直到十九世紀初；不過更嚴格地說，這個「世紀」主要是十八世紀。這個詞暗示一個這樣的未來，即人類社會看見了益發光明的可能性，也許將走向一種接近烏托邦的境界。這顯然並未發生。確實，二十世紀帶給我們的，是某種趨近於黑暗的對立面，文明本身將近毀滅。

我們必須解釋它如何及為何發生。如此強力且毀滅性地對抗啟蒙觀念的，是哪些概念和觀點？是否正如許多人所言，啟蒙運動本身的某些面向，實際上與其自由原則背道而馳？我們可以指出哪些最重要、有影響力的反現代主義（anti-modernism）形式？時至今日，它們是否持續有忠實的支持者呢？

為了解答這些和其他相關問題，我們使用「反啟蒙」（"Counter-Enlightenment"）一詞，將其定義為可囊括一套可辨認且加以追溯的反動回應。若干回應始於十八世紀，在法國大革命和拿破崙戰爭的極端中，獲得更多的曳引力。它們在十九世紀發展成熟，最後在二十世紀時，成為一種羽翼飽滿、針對個人自由和其他啟蒙世紀核心信念所抱持的強烈敵意。

確實，正是在社會和政治領域，啟蒙運動在西方世界面臨了最大且持續不斷的抵抗。有一點很關鍵：這些抵抗，主要並非來自教育程度較低的大眾，不是源於他們的非理性恐懼和不假思索的憤怒。相反的，這是某些知識分子的施展範圍：他們構思可以通俗化、並為反動政治菁英所利用的觀念。康德冀望自我依靠理性，可以強化所有地方的啟蒙運動，這個期待依舊遙不可及。

現代反動政治的誕生

打從一開始，歐洲的啟蒙運動便遭到抵抗。我們可以清楚看到，之所以會如此，是因為天主教會早期對新科學的排拒。常被提及的伽利略（Galileo Galilei, 1564-1642）故事，可以提醒我們這點。教會在一六三三年，因為伽利略堅持地球繞行太陽而譴責他，此乃保持教會權威的廣泛嘗試之一環。這不僅僅是《聖經》是否說地球位於太陽系中心、固定不動的問題。〈約書亞記〉（Book of Joshua）間接涉及此點：太陽被創造為靜止不動以延長白日；但對《聖經》的作者們來說，人們普遍相信太陽繞著地球運行，以致無須明白指出。更重要的是，作為人類的家園，地球必須置於宇宙的中心，因為它直接彰顯凡人如何身處上帝計畫的核心。伽利略公開支持哥白尼式的太陽系觀點，挑戰的不僅是神意的安排；它還成為一個測試案例，檢驗教會權威在多大程度上可以被挑戰。這位佛羅倫斯天文學家刻意激怒教會，以推動此議題，但無助於其立場。[1]不過，伽利略利用一種最早的望遠鏡得出的天文觀測，改變了我們對宇宙的看法。月亮突然變成一個充滿岩石的世界，有著和地球一樣的特徵。透過觀測可以看到，有四個小光點環繞木星運行，即它自己的衛星。恆星的數量極大幅擴張，說明宇宙比之前所想像的要巨大得多。對一些人來說，這些資訊是難以吸收的。十七世紀法國的偉大數學家和哲學家巴斯卡（Blaise Pascal），在回應新發現的時候寫道，「無限太空的永恆寂靜嚇壞了我」。[2]

1. Wootton 2010.
2. Shapin 1996, 28.

即便在這個早期階段，科學也不是唯一招致懷疑和抵抗的領域。荷蘭的猶太社群，就出於相似理由將史賓諾莎（Baruch Spinoza, 1632-1677）逐出教會，因為他質疑聖典的神聖權威。相較於其先行者，史賓諾莎對教條主義的拒斥走得更遠，要求在省察人類時，不要透過一種理想化的宗教方式，而要以人類是什麼的角度加以進行。他也將聖典當作人類撰作的文獻進行分析，從而開啟現代的《聖經》研究。終其一生，史賓諾莎都遭受清教徒、猶太教徒和天主教會的辱罵。若不是因為身處相對寬容的荷蘭，他很可能會為此付出慘痛代價。但事實上，他得以持續以磨鏡片為業，不受打擾地撰寫著作，直到離開人世。根據以瑟列的研究，史賓諾莎饒富影響力的著作，為啟蒙運動奠定基礎。有些人認為笛卡兒（René Descartes）是最重要的原初啟蒙思想家，但無論是否同意，史賓諾莎具有關鍵影響，是毋庸置疑的。[3]

獨裁權威的一個共同回應，是壓制異議聲浪（經常頗為粗暴），宗教權威也是如此，至今猶然。但在許多例子中，這些聲音終獲凱旋，特別是在現代。自由的啟蒙思想如何且為何能逐步風靡西歐，本身便是一段複雜的故事，和整體西方經濟與權力的興起息息相關。[4]在此我們要說的是，到了十八世紀後期，這個思想領域不只為人所接受，還得到西方許多知識中心的積極推動。我們在兩個偉大且促成世界政治轉型的激進事件，亦即美國與法國革命中，看到其蹤影。然而，動搖歐洲大地的，是法國大革命：它點燃的回應，後來發展成一支現代反動思想；它拒斥所有啟蒙哲學所代表的事物；它最終導向二十世紀若干災難性的政治結果。這個難以動搖的敵意存續至今，是抵抗啟蒙運動自由主義的強大根基。

在美國，結束於一七八三年的革命，落實了那些反對世襲特權、支持財產權的信念，也接納出版自由、保護個人權利和宗教自由。凡此種種，以及美國人所建立的政府體系，受啟蒙運動的啟發甚大。宗教自由源於這個想法（之前已在英國出現）：宗教戰爭在十六、十七世紀給歐洲帶來大麻煩，而寬容是避免宗教戰爭的唯一法門。然而，美國走得比洛克更遠。美國並未排除天主教徒；而英國人仍認為，從本質上來說，天主教徒不忠於他們的國家。美國這個新興國家不認可世襲貴族帶來的世襲特權，但保障財產積累而成的財富。因為美洲殖民地已經有高度商業化的經濟，要捍衛財產權（洛克和亞當・斯密都說，這是政府必須做的）並不困難。

美國革命發生在當時的一個獨特社會。它不僅具備以英國法律與傳統為基礎的自治政府，還少了一個真正的貴族階層。在這個遙遠邊疆建立一個更民主、自由和寬容的秩序，比在歐洲容易許多。我們在上一章談美國建立時已看到，這個新國家的領袖們，受啟蒙運動的啟發甚鉅。他們意見不同之處，更多在於如何加以貫徹，而非其本質為何。

然而，作為建立美國的一個必須條件，他們接受奴隸制；如果沒有奴隸制，南方諸州將不會加入聯盟。開國元勛希望隨時間流逝，奴隸制的實踐終會衰退和消失。但這並未發生，啟蒙自由主義和根深柢固的奴隸文化間的激烈牴觸，導致八十年後毀滅性的血腥內戰。但即便是內戰，也沒能解決一直以來困擾美國的種族主義問題。[5] 這是一個民主國家中，所能想像之最深刻的矛盾。在此之後，其他侵害啟蒙運動自由和人道價值的要素，會製造更多矛盾，為現代世界帶來經久不衰的難題。

3. Israel 2001, 159–74; Lasker and Steinberg in Melamed and Rosenthal 2010, 68–71, 220–21.
4. McNeill 1963; Mokyr 2010.
5. Hartz 1955; Marx 1998.

因為美國革命並未帶來巨大社會變動，而毋寧是一場政治轉型，某些歷史學者，尤其是馬克思主義史家，否認它是一場「真正的」革命。一七八九年以來法國的一連串事件，則全然不同。[6]

歐洲的啟蒙知識分子普遍樂見美國革命，一開始也歡迎法國大革命。然而，英國—愛爾蘭的社會保守主義者艾德蒙・柏克提出了警告。在柏克看來，美洲試圖爭取英國人更好的對待，有其優點；但他很早便察覺法國革命走得太過，步上錯誤的方向，終將導致災難。他寫道，美洲人希望透過母國「有益的忽略」，保存他們享有了數十年的自由。有別於此，法國一夕之間丟棄所有社會與政治的制度和傳統，而這些是國家及其穩定賴以為基礎的元素。事件開始不過一年，柏克的《反思法國大革命》（*Reflections on the Revolution in France*, 1790）便問世了。當時路易十六（Louis XVI）仍是國王（尚保有首級），恐怖統治及要人命的過激行為還未開始，人們尚懷抱希望，期待民主可以大行其道。但柏克預見了即將到來的種種麻煩。他說，利用抽象的啟蒙哲學來創建一個全新的社會秩序，卻泯除「對古代的敬畏原則」，必定會墮落至混亂與暴力。柏克支持對傳統抱持敬意，反對所有劇烈、革命性的變化，他說，「當古代的見解和生活規則被奪走，損失之大是無從估計的」。對法國大革命敵視宗教這點，柏克則如是說：

> 我們知道，且驕傲地知道，人就天性而言，是一種宗教的動物；無神論違背的不僅是我們的理性，還有我們的本能……但若在暴亂時刻，迷醉譫妄於地獄的蒸餾器產生的燒酒中（此時此刻，法國正如此火熱沸騰），我們拋棄了迄今為止所自豪和安慰，作為我們文明一個偉大泉源的基督教……我們就要擔憂……某些粗野、有害和墮落的迷信，將取代其地位。[7]

令人吃驚的，不僅是柏克對穩定性的冀求和對傳統的利用，還有他對可能發生之事的恐懼：如果這些都被摒斥，轉而支持人造、好像理性卻著實危險且行不通的變化，後果可能不堪設想。柏克想警告英國人，不要追隨法國的前例：「我也不會排斥變化，但即便我改變，也是出於保存……我應追隨我們祖宗的先例……站在英國憲法的堅實基礎上。」[8]

事實證明，柏克洞燭先機，看出法國一股腦嘗試捨棄過去和所有明確權威的極端主義。不出兩年，革命落到了由羅伯斯庇爾（Maximilien Robespierre）領導的極端雅各賓派（Jacobins）手中。國王及其家庭遭到逮捕，貴族和天主教會立刻被摧毀。國內許多地方爆發抵抗，兩萬名「革命之敵」遭處死，因後續的內戰而喪生者更遠超過十萬人。易言之，法國是現代世界嘗試利用政治理論強行建立一個極權體制的首例，並以一種突如其來、革命性的方式為之。對歐洲絕大多數地方來說，這不僅是有形的殺戮，還是一個猛地落入深淵的驚人想法；其動力是破壞一切既有的社會秩序構造，引起恐懼與憤怒。

是故，法國大革命對歐洲如何回應啟蒙觀念造成巨大影響，也就不足為奇了。柏克最壞的恐懼成真之後，對大革命及其原則的攻訐，有了不同的論調。很自然的是，在早期知識分子回應中，最有影響力的來自法國本身。批評聲浪不只呼籲回歸溫和中庸，還要求重建舊秩序，包括天主教會的權力，和壓迫性的絕對君主制。自由主義作為一個整體，遭到領銜的革命批評者全然拒斥；摒棄的

6. Hobsbawm 1962.
7. Burke 1790, 見Muller 1997, 105, 108。
8. 1790, Muller 1997, 122.

不只是極端版本，還直指其本質。

反動知識分子中，最傑出、具想像力和雄辯滔滔的是邁斯特（Joseph de Maistre, 1753-1821）。邁斯特附和柏克的優美論述，指出要創建一個理性的憲法，作為變革的政治指南，是不可能的事。他說，「憲法是神聖之作……無法加以寫就」，意指上帝、君主制和傳統彼此呼應，為社會秩序提供絕無僅有的真正基礎。法國的自由思想家、哲士相信，人類可以利用根據理性而生的法律和規則來重塑社會；邁斯特則認為，他們應遭到譴責：「承諾、約定和誓言，只不過是文字罷了；切斷這些無力的連結，和編造它們一樣容易。少了立法定律之上帝的信條，所有道德義務都是空談妄想。」[9]社會由講邏輯、自我引導的個人所組成，得以決定自己如何被統治、被誰統治——這樣的觀念，是個有害的向壁虛造。有別於此，人類深嵌於秩序和權威之網中，它們來自諸般文化傳統，並以服從宗教權威作為後盾。啟蒙哲士將理性神聖化，犯了糟糕透頂的罪：他們摧毀文明社會的真正根基，又釋放出不信神的混亂，無可避免地造成了恐怖統治。邁斯特堅持具神聖合法性的君主制，主張有權以武力來支持道德準則。他的想法受到某些人的歡迎；這些人認為，法國大革命的恐怖，是啟蒙運動合乎邏輯之結果，而非偏離其高尚自由原則的不幸發展。

邁斯特並未止步於此。他甚至認為，恐怖統治是一種神聖的懲罰。邁斯特非常了解啟蒙運動，他知道自己必須抨擊科學與理性，因為它們是政治與社會自由主義的核心。他認為科學並未掌握通往真理的唯一鑰匙，又缺乏倫理內涵。根據史蒂芬・荷姆斯的闡述，對邁斯特來說，「科學讓人變得冷酷，枯竭其心。科學家會成為惡質公民和毫不足取的政治人物」。[10]與此同時，理性本身在道德上是空洞的，會讓個人以自己的判斷，取代經年累月的智慧和上帝的指引。萬不能以科學取代《聖經》及其構築的世界，因為這將泯滅上帝的角色，和上帝給人類的訓誡。科學發現應該要與一般公眾隔絕，因為這些發現在本質上是有害的（在之後兩章，我們將會看到，這和我們自己時代中反自由主義最力的若干基督教和穆斯林觀點，其實非常相似）。

邁斯特所相信的許多東西，成為歐洲保守知識分子的基礎，某種程度上來說，也影響後來美洲的知識分子。他的作品在十九世紀被廣泛閱讀，非常多拒斥啟蒙自由主義的人，也選擇性地吸收其觀念。邁斯特宣稱，自由派相信人類可以理性和自律地統治自身，並假定人類可以在沒有道德強制下恰當地作為，這些都是天真幼稚的想法。自由派錯誤地以為，人類有些權利，可以獨立於受傳統所支配的社會。他們駁斥既有且長久以來受人尊崇的宗教信條，則為邪惡開了方便之門。[11]

但在法國，在拿破崙於一八一五年覆敗之後，絕對君主制的復辟不再有力。路易十六的最後一位兄弟、無可救藥的反動派查理十世（Charles X），於一八三〇年被人推翻。在那個時候，法國自由主義的智識英雄班傑明・康斯坦（Benjamin Constant, 1767-1830）負有盛名，因為他在許多自己公開出版的著作中，堅定不移地如此主張：大革命的原初動力是正確的；恐怖統治既非必然也非無可避免，而是一種背離自由原則和個人權利的表現。[12] 然而，即便受人讚譽，康斯坦並未大獲全勝。相反的，我們看到的是，走向民主之路限制很多、蹣跚畏縮，其後在一八四八年又發生另一場革命，結局則是一八五二年拿破崙三世的新獨裁政權。康斯坦這一支自由主義，要到十九世紀後半的第三

9. 1814, selection in Muller 1997, 136–37.
10. Holmes 1993, 23.
11. Holmes 1993, 25–36.
12. Manent 1995, 84–92; Rosenblatt 2009, 351–58.

共和（Third Republic）期間，才會再一次成為法國的一套官方思想；這已是拿破崙三世在一八七〇年慘敗於普魯士，以及巴黎公社的血腥激進主義之後的事。即便到了那時，法國的自由主義依舊眾聲喧譁、異議紛紜，一方面是保守勢力，一方面是更為激進的左翼。這個狀況，一直持續到二十世紀後半。[13]

往更大程度的個人自由（康德所願和康斯坦所倡議者）邁進，絕非肯定無疑的發展，因為拿破崙於一八一五年覆敗後，支配歐洲數十年的，是一種政治上反動的保守主義。但自由主義對此情勢的抵抗，也得到擴大。在工業革命和康斯坦這類人著述的推波助瀾下，反動政治最終在橫掃歐陸的一八四八年革命起義中瓦解。然而，對新歐洲而言，接著出現的事物，距離期望還很遙遠。只有在英國，且最後到了美國，啟蒙運動的自由主義才取得巨大優勢（但亦非完全勝利）。

約翰・彌爾是十九世紀英國最有影響力的自由主義思想家。彌爾捍衛個人權利和思想自由，毫不妥協。他在擴充啟蒙運動自由概念的同時，也考慮了因工業化而起的許多複雜狀況，和一八〇〇年以來出現的巨大社會變遷。在他最著名的文章〈論自由〉（On Liberty）中，彌爾主張有必要對所有公認的觀念進行辯論，以檢測其價值：

> 我們之所以能因行動之故，假定一個意見的真確，是因為有反對和駁斥它的完全自由作為條件；沒有其他條件，可以讓一個具備人類官能的存在，擁有任何變得正確的理性保證。[14]

這番話重複康德的呼籲，即獨立思考和摒斥教條。

彌爾代表一個關鍵性的影響。他倡議擴大民主、婦女解放，和更多的社會良知與介入，以幫助有需要的人。彌爾捍衛愛爾蘭農民，並將他們的貧困歸咎於英國的統治不當；他還在晚年時，撰文批評殖民暴虐行為的不公義。在幾乎所有領域，彌爾都是最真摯的自由主義改革家，除了一個方面。他從未完全譴責殖民統治，而是指出殖民統治應該更公正、少點腐敗，並以提升「較不文明者」至更高階段為目標。簡言之，愛爾蘭人得到相當程度的敬意；但這在殖民地，特別是在印度，是被完全否定的。此時的自由主義，仍受「較優越」的歐洲種族和文化，及其強加的帝國主義所束縛。饒富意義的是，彌爾的〈論自由〉和達爾文的《物種起源》於同年問世，後者在無意中，使種族位階（racial hierarchies）的概念實體化。

在此，我們必須轉向美國奴隸制的議題。英國人在一八三三年立法禁止奴隸制。法國人在大革命期間，短暫地立法禁止奴隸制，隨即為拿破崙所恢復；但在一八四九年，奴隸制又再次且永不復返地遭禁。在美國，廣泛不同的群體雖益發表達反對，奴隸制仍繼續合法運作。聽聞下面這件事，我們不應感到驚訝：一支顯著的反啟蒙思想在美國南方發展，捍衛奴隸制度。這股思潮不僅有著「特殊經濟處境」的尋常託辭，和宣稱上帝與自然意欲黑人成為奴隸的種族計畫；它還反對自由社會的觀念；因為自由社會的自然觀點是，所有人都是生而自由、權利平等的。

喬治・費（George Fitzhugh, 1806-1881）便體現了許多這種情感。他是維吉尼亞人，在一八五〇年代發起一場保衛奴隸制的猛烈後防行動，採納邁斯特和柏克的若干論題。喬治・費爭辯道，相較於奴隸，所謂自由的工業勞動者，其實悽慘得多；他宣稱奴隸都得到其主人們的關愛：

13. Agulhon 1990.
14. Mill 1956, 24.

我們的理論是，他們（美國奴隸）不是自由的，因為上帝和自然、全體利益和他們自身的利益，都是要讓他們成為奴隸……在南方，他們得到良善的統治和保護……自由勞工沒有這樣的安全保證。對雇主來說，盡速消滅勞工才是其利益所在，雇主們也從未失敗。我們不是要說黑奴享受自由。我們要說的是，他被良善且恰當地統治著，以最好的方式增進他自己和社會的利益。[15]

但他也主張，作為一個整體的自由社會，無論就觀念還是實踐，都是個詐欺，是無窮貪婪的藉口：

我們這個時代的道德哲學……是從自由社會裡人與人的既存關係中推論出來的……如果這個社會體系是錯的、如果其關係是虛假的，由此而來的哲學必定會沾上其謬誤和虛偽。另一方面，如果它是真確的，奴隸制就必定是錯的，因為此哲學與奴隸制水火不容。我們無法成功地為奴隸制辯護，直到我們可以成功地駁斥，或使自由社會賴以存在的諸般原則失去效力。事實上，所有的開枝散葉，不過是政治經濟學的擴大和應用——即「自由放任」或「任它去」（"Let alone"）。一種不折不扣的自私體系，在倫理、政治和經濟科學等所有領域大行其道、大顯威風。[16]

整個歐洲和北美，都在此哲學的掌握中，催促個體忽視他人，攫取所有自己能得到的東西；這是個沒有社會連結（social bonds）的社會。只有在南方，由於其鄉村本質，才保存了自然和上帝的法則。在此，自然被假定的角色相當重要。反動思想存在一個理念，即自然秩序本身是反對自由主義的。自由主義體現的觀念和期望不僅異常，還無可避免地具毀滅性和破壞性（柏克稱其為「窮凶極惡」）。無論出發點是考慮到上帝的計畫、種族的生物位階，或是作為先例的傳統，自由主義都符合標準，是合宜秩序的敵人、「傲慢的反宗教」（又是柏克的話），有違人性。不知怎地，如果受父權式的菁英統治，又不過分質疑可敬的規範與宗教，人們總是會過得更好、得到更佳的保護。

然而，在十九世紀中期的美國，洛克式自由主義的捍衛者，尤其是饒富影響力的勞夫・華多・愛默生（Ralph Waldo Emerson, 1803-1882），贏得了北方多數人的心。接著是林肯當選總統，以及據最新估計戕害了七十五萬人（當時人口是三千萬）的內戰。[17] 蓋瑞・威爾斯（Garry Wills）認為，正是因為內戰，尤其是林肯一八六三年的蓋茲堡演說（關於美國自由主義最偉大的陳述之一），才將美國重新導正回《獨立宣言》中的那些啟蒙原則。[18]

儘管就反自由主義來說，美國有奴隸制，英國有殖民主義，但隨著十九世紀的進展，二者社會還是逐漸、不甚平均、具特定動力，朝更大程度的自由和民主邁進。這些變化，是這些社會採納之自由主義所與生俱來的。特別在美國，供奉於《獨立宣言》中的理想，提供了一個恆久標準，可衡量政治現實，發現其不足。在某些方面，這些價值會和其他事物起衝突，如工業主義，如被認為

15. Fitzhugh 1857/1960, 77–78.
16. Fitzhugh 1857/1960, 52.
17. Hacker 2011.
18. Wills 1992.

應維持屈從地位，卻大型且益發組織化的工人階級。但英國和美國的菁英也慢慢調整自己，將政治過程開放給更多人。啟蒙運動的理想，已堅實地盤踞在想法和制度中，無法拋棄了。不過，這並不是一個普世性的趨勢。即便在這些觀念得到傳布的西歐和中歐，還是有激烈反對啟蒙運動的想法意見，且數量可觀。

反自由主義的大眾回應：民族主義的角色

儘管存在抵抗，希望維持或回歸賦予世襲貴族和君主特權的舊秩序；儘管教條主義的基督教會支持傳統政治體系；隨著社會現代化，反動信念不能再堅守那些看來益發老舊的觀念。艾德蒙・柏克（卒於一七九七年）可能會建議，沉思社會變遷時要「無限慎重」，但在所有十九世紀的進步國家，工業化和都市化都迫使這些變遷發生。反自由主義必須調整適應。其中一個理由，是益發都市化的工業工人階級的成長。他們漸漸變得更有主見，創立工會和社會主義政黨。另一個原因是，中產階級要求政治權利和更多民主，以從專制和貴族統治中解放出來。新科技不僅改善通訊、旅行和印刷，在國家景觀從農地轉型為市鎮的過程中，也帶來期望更高程度大眾教育的壓力。

這些變遷之中有一個最清楚的結果，是歐洲國家（和美國）刻意地提倡民族主義。學校日益頻繁地講授民族主義，報紙和書籍散布民族主義，尋求動員大眾的政治領袖則利用民族主義。民族主義宣稱，所有被國家統治的人，其實都是一個更大家庭的一部分，彼此的關係建立在共同文化、共有價值，以及共同的祖先上（在歐洲絕大多地方）。民族主義歷史被捏造出來，以說服人們相信上述看法。[19]

即便是強權中最反自由、反民主國家的統治者，特別是普魯士和俄國，也認為民族主義是必要的。他們維持君主統治的權利，讓土地貴族有權保有優越地位和不相稱的權力；他們也提倡將民族主義作為一種必要之物，以維繫權力、運用現代戰爭所需的人力和資源。[20]

因此，民族主義源於自由主義的理想主義，即讓所有人民可以發聲，並為了自由大業動員人民，這使民族主義在歐洲許多地方，成為一種現代版本的反動工具。俄國、普魯士和最終的德國（一八七一年普魯士統一後），都利用民族主義作為統一其人民的策略；此舉改變了這些國家保守主義的本質。在一開始，民族主義是以法國大革命意識形態之姿，成為一股強大力量，並和自由的啟蒙價值有所牽連，至少是這些觀念的戰鬥性和軍事化版本。一旦人們看出，它可以為反自由主義的菁英所散布和運用，以動員群眾、灌輸對國家的忠誠感，民族主義就轉變成一種意識形態，可以有效地對抗自由主義、社會主義，甚至更進一步的民主化。如此，民族主義擴大其吸引力，不僅迎合原本懷疑民族主義的貴族和君主，還包括了群眾：他們應該要接納和合法化有錢有權者的統治，因為這些人是仁慈的國家保護者。

到了十九世紀末和二十世紀初，所有主要國家都認知到，為了維持強大，他們需要經濟現代化、灌輸民族主義、並動員群眾支持。此時，這個觀念已從西方傳播至亞洲，特別是日本。在日本，社會保守主義菁英和專制政權的保存，越來越以軍事化的極端民族主義（ultranationalism）為基礎。[21]稍後我們會看到，這個高度神話色彩、似乎很傳統，但實際上相當新穎神祕的版本，如何在

19. Gellner 1983; Anderson 1983.
20. Hobsbawm 1962; Tilly 1992.

一九三〇年代，成為法西斯日本的官方教義。[22]

有一個內容豐富的史學傳統，將民族主義區分成「西方」和「東方」兩種類型。[23]據此，「東方的」俄國和德國宣揚民族主義，仰仗的是遺傳的親屬關係或共同血脈之神話，民族主義則透過階級區別，支持其專制、反動作為（這個分析可以輕易地將日本包括在內。但因為民族主義研究的發端者嫻熟的是歐洲歷史，「東方」一般而言並未詳論歐洲以外的地方）。作為一個優越的、統一的「家庭」，民族應該要服從父親般的君王，並保護自己，抵禦外部世界。沒有同樣血脈者、外國人、猶太人，和其他被視為不忠的少數族群，將被排除在外。「西方的」法國和英國（以及英國的旁系美國）則被認為有所不同，因為他們的民族主義依賴人為的公民統合。因此，只要學習適當的文化，外來者也得以融入民族；民主組織可以被容忍甚至得到鼓勵，因為他們能成為更進一步民族統合的基礎，民主共識則可確保此統合。[24]

在沙皇統治下，俄國是壓迫、專制的國家，後來更演變成更加殘暴的共產暴政。德國則製造出所有歐洲意識形態中，反啟蒙最力的納粹主義。考慮到這些狀況，上述的歷史決定論一直有些道理。

不幸的是，這是一種事後追溯的推論，誤導性很強。因為迄十九世紀晚期，整個歐洲都出現強大的思想潮流；它們結合民族主義，和非常敵視啟蒙運動自由面的諸般觀念。其中較極端者走向了法西斯主義。但即便在英國、法國和美國，種族主義類型的民族主義，和越來越具侵略性的民族主義，也變得更為流行。毫無疑問，這種態度在歐洲助長諸國間的敵意，導致第一次世界大戰；它也讓美國的公眾意見，越來越反對沒有管制的移民，並支持海外的帝國主義擴張。

事實上，這類反自由、超民族主義者（hypernationalist）觀念，至今仍以許多不同型態為人所廣泛接受，並宣揚相似的偏狹、反民主、非常反自由的政治運動和政權。如果它只發生在俄國、德國和一些較小的歐洲國家，這些觀念不會得到這麼廣泛的迴響；甚至在更為穩固的民主國家和被認為是自由的社會中，也可見其蹤影。若僅發生在小國家，它們也不會在今日世界的廣大地區，仍舊有其生命力，作為反啟蒙運動的基礎而持續存在。

法西斯主義的知識根源

啟發共產主義的源頭十分清楚，即馬克思和他的追隨者。自由主義的系譜更廣，但同樣清晰可辨，即亞當・斯密、康德、美國開國元勛、班傑明・康斯坦和約翰・彌爾。有別於共產主義和自由主義，法西斯主義從未具備一套統一的智識祖先。不過，它也來自這樣一個源頭，即那些尋求自由主義和馬克思社會主義之外可能性的知識分子心靈。

各種型態的法西斯主義，都有些共同特質，包括讚揚暴力和直接行動；光榮化傳統習俗、褒揚民族神祕起源及其種族純淨性（尤其是鄉村的部分）的極端民族主義；以及崇拜英雄式的民族領袖，認為他的意志和近乎神聖的特質，可合法化其權力，作為民族意志的代言人。在這個意識形態

21. Bix 2000, 27–36.
22.《国体の本義》，1937/1949。
23. Kohn 1944, 1955.
24. Greenfeld 1993.

中，極端民族主義是不可或缺的，但只有它並不足以充分解釋，因為並非所有民族主義者，都接受這個意識形態方向的其他內涵。同樣重要的，是一種對民主資本主義的唾棄感，因為它被認為是由商業心靈、愚鈍的布爾喬亞所支配，這些人更關心錢，而非民族光榮或榮譽。法西斯主義者認為，民主統治是由卑劣、撒謊成性且肯定不具英雄色彩的政治人物所控制；因此，對民主統治的反感，便正當化強人專制甚至絕對獨裁遠優於軟弱的民主。他們認為有一種神祕的集體感，無法用純粹理性的話語去解釋，但可以在深層的情緒層次強烈感知，將民族中的不同階級和利益團體纏結在一塊兒。為了增強民族的經濟與軍事力量，他們可以接納某些現代科技和科學；但關於民族神聖起源的公認教條，和認定何為古代傳統的神祕正當性，必須照單全收。由此，他們也對現代科學的道德價值投以很深的懷疑，特別是自由主義面對許多新觀念時的開放性。

其中一個關鍵，是這樣一種感受，即歐洲進步地區的現代化已走入歧途，啟蒙運動的自由主義也不再是未來進步的圓滿模範。相信這點的人，有些轉向馬克思主義，或其他形式的激進反資本主義。但對那些厭惡社會主義概念，或認為歐洲日益增長的社會主義政黨，本身便是腐敗的資本主義體系的一環、不忠於民族和國家的人（因為社會主義是國際性的「外來」輸入），他們要的是其他解決方案。

因此，法西斯主義的根源，在於拒斥資本主義的過度個人主義和自私，擔憂這會將社會分隔成敵對的諸多階級，並相信它將摧毀健康、「有機」（"organic"）的集體價值和民族統一。這又增加了一種恐懼，懼怕那些被認為具汙染性的觀念和習俗，特別是有著被視作「外來的」和不純淨種族要素者。[25]

十九世紀末和二十世紀初，有這麼多知識分子拒斥啟蒙理性、懷疑科學的價值，可能有點奇怪，因為當下正是科技進步相當顯著和迅速的時刻。醫學發現、電燈普及、通訊與交通發展、廣泛的經濟成長……這些都大幅改善進步國家中多數人的生活。這也是一個長時段的結束：在這段時期，從拿破崙失敗以來，歐洲沒有發生災難性的戰爭，除了相當短暫的普法戰爭和克里米亞戰爭。在十九世紀的多數時候，歐洲的戰爭，都發生在遙遠的殖民地。

但不知何故，如一次大戰以前法國最受歡迎、可能也是全歐洲最受歡迎的哲學家柏格森（Henri Bergson, 1859-1941）所論，當時人們的自發性（spontaneity）、直覺和情緒也更為真實、具創造力。法國的極端民族主義者熱切地借用其觀念；他們訴諸這種神祕的情緒團結，澄清並刷新民族主義熱情，以重振法國的愛國主義。[26] 這不是說柏格森是名法西斯主義者；事實上，作為一名猶太人，他在生命末了（一九三〇年代）時，直截了當地拒斥歐洲倒向反猶主義和法西斯主義的趨勢。但柏格森的觀念，是其時智識環境的一環，即偏離啟蒙運動的理性主義，轉而支持更直覺的宗教性和非理性的自發性。對那些尋求出路，欲擺脫布爾喬亞唯物主義的遲鈍，和資本主義現代化帶來之區別與衝突的人來說，這種宗教性和自發性得到很高的推崇。[27]

尼采（一八四四－一九〇〇）重要且廣受讚賞的著作，已捕捉了許多這類感受。稱尼采為原始法西斯主義者（proto-fascist）是錯的，因為他肯定會拒斥轉變為實際法西斯運動的那些事。但他對似乎支配著西方的寬容、自由唯物主義深惡痛絕，肯定鼓舞其他人朝法西斯的方向走去。他稱頌英

---

25. Sternhell, Sznajder, and Ashéri 1994.
26. Sorel and Jennings 1999, xxviii–xxix.
27. Hughes 1961, 113–25.

雄般的「金髮野獸、荷馬英雄的貴族暴力……搗碎一切，並為一切事物濺上鮮血」。[28]尼采譴責他所謂溫和基督教的奴隸心態、周遭現代世界的軟弱，特別是民主英國的狹隘功利主義。他不屑英國的科學和哲學，認為它們很平庸，也鄙夷其國會體制。尼采認為，他在農民和土地貴族身上，看到其高貴理想的殘留；尼采讚許歐洲的軍事化，視其為一種積極的善。[29]

這些主題，在更清楚可視作法西斯知識分子那些人之間，變得相當受歡迎，其中便包括墨索里尼。不過，相較於尼采，深受尼采影響的索瑞爾（Georges Sorel, 1847-1922），對墨索里尼有更直接的影響。後來，墨索里尼從社會主義轉向軍國主義的民族主義，並創造了「法西斯主義」一詞。[30]

新反猶主義和歐洲對自由主義日益增長的排拒

然而，尼采並未受反猶主義或反斯拉夫的種族主義所誘惑。在他看來，知識分子和德國民族主義者採納的正是這些元素，而四十年後，這些元素成為納粹的主要成分之一。事實上，尼采還因自己曾不夠嚴肅、玩弄這些觀念，表達過歉意。[31]這是尼采拒斥音樂天才華格納（Richard Wagner）的部分原因：華格納惡名昭彰的反猶主義，和光耀原始、前基督教時期的日耳曼英雄主義，後來極強烈地吸引了希特勒。[32]

所有型態的法西斯主義，都有某些種族主義情感，會光榮化「我們的」國族，貶損他們認為在種族上較次等的「他者」。在歐洲絕大多數的地方，反猶主義尤其重要；不過，這在義大利的嚴重程度，遠不如西歐、中歐和東歐。

反猶主義非常古老，它源自針對猶太人的宗教敵意。猶太人不接受基督教（在穆斯林世界，則是不接受伊斯蘭教），因為他們拒斥耶穌基督（或穆罕默德）的神性和作為先知的合法性。但啟蒙觀念宣揚宗教寬容、質疑舊的宗教教條，故摒棄反猶主義。到了十九世紀前半，猶太人逐漸免於諸般限制性的法律（除了在俄國和其他一些東歐地區），歐洲的反猶主義似乎迅速衰退。而在美國，無論尚存有什麼偏見，從建國之初就沒有任何反猶太的法律。

但到了十九世紀後半，這個趨勢倒轉過來了。反猶主義在法國、德國、羅馬尼亞、俄國等如此不同的國家，成為右翼民族主義的重要成分，並影響西方世界其他各處的保守主義觀點。

反猶新論點的本質是，他們需為資本主義現代化的弊病負責。猶太人在中世紀有城市商人和放貸的角色，據此，舊有的偏見助長了這樣一種形象，即猶太人是貪婪、財迷心竅、殺害耶穌基督的人。新的版本利用了舊有偏見，認為猶太人不成比例地出現在城市和市場相關的行業，是透過現代資本主義擴散，為世界帶來腐敗和流離失所的根源。尤有甚者，猶太人是個文化上顯著不同的群體，他們不接受基督教，又和其他國家猶太社群維持聯繫。對新近動員、珍視自己的共同特性和團結的民族國家來說，猶太人的忠貞頗成疑問。在此之上，因為猶太宗教文化特別重視經典學習和族人的識讀能力，一旦得到解放，平均而言，他們更有可能在識字率日益增長的都市環境中表現良好，而這種環境正在變成商業和工業中心。從不識字家庭移居至這些城市的農民，或有著貴族式自負、瞧不起商業和金融的菁英，表現得沒有這麼好；但在民族主義者眼裡，對剛覺醒的民族國家而

---

28. 1954, *Genealogy* 652–53.
29. 1954, *Beyond Good and Evil* 565–66; *Genealogy* 800–804.
30. Sternhell, Sznajder, and Ashéri 1994, 199–200.
31. 1954, *Beyond Good and Evil* 562–64.
32. Emden 2010, 308–12.

言，他們是更純潔、未受破壞的成分。是故，當整個歐洲的城市，因工業化和迅速的人口成長而發展蓬勃時，許多都市人，包括許多胸懷大志的中產階級，覺得自己處於不利位置，因為「外來」的猶太人有某些神祕和不公平的優勢。[33]

很顯然，這種偏見絕非全新，肯定也不限於反猶主義。被稱作「少數中間商」（“middlemen minorities”）的人，在各地出現並持續挑起偏見。他們是文化上顯著不同、被視作外國人，但在城市和經商事業中表現良好者，最著名的包括東南亞的華人、東非的印度移民、奈及利亞的伊博族（Igbo）、西非的黎巴嫩人，以及其他種種例子。[34]

在現代化以前，社會是由擁有土地的貴族和卑躬屈膝的農民所支配。官方宗教的功能，是合法化這種社會體系，進而加以強化。當然，過去也有城市、商人和匠人階級，但他們的力量較弱，除了在少數幾個極重要的商業城市。十九世紀的迅速社會變遷源於西歐，並擴散至各處，它在經濟上是由兩股力量所支配：努力奮鬥的資本家和教育程度高的都市菁英，以及日益茁壯、較貧困的工人階級。二者都要求在政治上有更多發言權，也似乎與啟蒙自由主義或社會主義更為合拍，而不喜任何傳統或宗教性的神聖統治。

對許多認為這些變遷教人不安，以及覺得新社會是無根、不公平和具威脅性的人來說，他們會很輕易地將矛頭指向猶太人，指責那些稱頌自由市場和啟蒙民主的新自由觀念。對傳統的保守主義者而言，這是個開端——他們拒斥自由主義，但又需要群眾的支持，以維繫政治權力。

我們必須強調，反猶主義不僅來自反啟蒙運動的右翼。如第二章所指出的，馬克思寫下了十九世紀中期最惡毒之一的反猶論著，即〈論猶太人問題〉。[35]他在文章中運用了所有傳統反猶太主義的刻板印象，指控猶太人不過是群貪婪的資本家。

我們已經提過，這個理論在馬克思的時代非常流行，並利用生物學建立其合法性。斯賓塞是十九世紀晚期最有影響力的思想家之一，他提出的社會演化觀念，也為上述理論提供極大支持。斯賓塞學識極為淵博，是名自由派的功利主義者；在他看來，社會就是一種有機體，會朝更複雜的狀態演進，工業社會則是所有社會中最複雜和演化程度最高者。斯賓塞的著作明白指出，他認為社會之所以存在，是為了其成員的利益，而非反之；但他響亮的用語「最適者生存」，卻讓非常多人將其見解與達爾文的觀點混為一談，並將其理論詮釋為倡議現代國家間奮鬥求生的自然狀態。簡言之，人們（錯誤地）以為，斯賓塞為有機的民族主義（organic nationalism），提供了「科學」的支持——即國家作為一個活體，可以健健康康也可能遭受感染。

這又與一個西歐真正的科學偉人的發現相結合。這名偉人是巴斯德（Louis Pasteur），他建立了疾病的細菌理論。巴斯德在一八六〇年代和一八七〇年代的研究，證明微生物要為許多疾病負起責任。它們的運作就像汙染物，會透過髒空氣、不乾淨的手、受汙染的食物如牛奶和啤酒而散播。反猶主義的發言人們，很快便透過隱喻來利用巴斯德的發現。猶太人不僅是供應商，提供搗亂的資本主義和冒犯人的現代觀念；他們還是種族汙染源，透過與純潔和更為健康的種族相混，散播看不見但致命的退化。[36]

33. Muller 2010.
34. Chirot and Reid 1997.
35. 1844, in McLellan 1977.
36. Chirot 1996, 52–53.

在此之前，法國的古比諾（Joseph Arthur de Gobineau, 1816-1882）已提出過種族「理論」。他的《論人種不平等》（*An Essay on the Inequality of the Human Races*, 1853-1855）被認為是現代「科學」種族主義的奠基文本。古比諾不是科學家，而是名小說家。他從其他作家那裡（只有一些人是知名的科學家），選擇性地蒐羅了有關人種及其排序的觀念。在他的書中，古比諾給不同人種貼上標籤：南歐人是退化的種族；非歐洲人都是次等的；北歐人則是優越的亞利安種族後裔，根源來自日耳曼。古比諾本人並非反猶者，但他對歐洲其他地方的人產生巨大影響，在英國亦然。英國曾想將猶太人，置於「次等」種族之列。

但在法國，要到愛德華・杜蒙（Édouard Drumont）於一八八六年出版的《法國的猶太人》（*La France juive*）成為暢銷書，反猶主義的想法才變得更為流行。此書嚴厲斥責猶太人，認為他們使法國腐敗、詐騙了法國。極為富有的歐洲猶太銀行家族羅斯柴爾德（Rothschilds），是他最喜愛的惡棍角色。他這麼寫道：

> 羅斯柴爾德家族光法國這一支，恐怕就擁有三十億資產；但他們剛到法國時，並沒有這些資產。他們沒有發現新東西、沒有找到新礦源、沒有清整新土地，所以他們從法國身上拿走了這三十億，沒有給予任何回報……若不採取行動制止，過五十年、或最多一個世紀，所有歐洲社會都將被綁縛拳掌，交到幾百個猶太銀行家手中。37

資本主義雖遭到來自左派和右翼的攻擊，但只有反動右翼會拿反猶主義作為計畫柱石，欲使法國維持全然的「法國性」。這得到其他人的支持，包括保守派菁英、天主教會，以及從未接受民主之第三共和，甚或法國大革命的傳統君主制擁護者。[38]

這因而爆發了德雷福斯事件（Dreyfus affair, 1894-1906）。事件起因是法國的猶太軍官阿弗烈・德雷福斯（Alfred Dreyfus），因完全捏造的叛國指控而入獄。法國公眾意見分成兩個陣營：一邊是天主教、傳統主義者、反共和的右翼，另一邊是支持民主共和、反教權、自由主義和社會主義的左派。兩者都宣稱自己是民族主義者和愛國者。但意欲為此的是右翼，他們想要更貴族性的軍隊、傳統宗教，以及反自由主義的國家。此後四十年，法國各式各樣定義其抗爭政治（contentious politics）的運動，都形塑自這場大戲。事件最後的判決，是德雷福斯完全無罪，但這並未解決事件引起的尖銳分化問題。[39]

在德國，新種族主義也由具領導地位的知識分子，從頂端開始傳播。阿道夫・施托克（Adolf Stoecker）便是一例。施托克是德皇威廉二世（Wilhelm II）的路德派宮廷牧師，也是名受歡迎的演講者。他抨擊猶太人，說「（他們的）神殿是證券交易所……（他們）把柏林變成一個猶太城鎮」。但尤具影響力和啟示性的，是傑出且極受尊崇的德國歷史學家特萊奇克（Heinrich von Treitschke, 1834-1896）於一八八〇年撰寫的短論〈關於我們的猶太人〉（A Word about Our Jews）。特萊奇克是位熱中政治的學者，擔任民族自由黨（National Liberal Party）的國會代表。在其生涯之初，他是名自由主義者，然後變得越來越傾向民族主義，並在一八七一年德國統一後，關心「外來

---

37. 1886, 2.
38. Caron 1985, 459–62.
39. Begley 2009.

要素」（"alien elements"）的問題。特萊奇克的生涯，是一個教人信服的例子，說明在民族主義情緒熱潮下，自由主義如何墮落。在他的短論中，特萊奇克承認自己有「許多猶太朋友」，並說「當我斷言道……猶太圈子中出現一種危險的傲慢精神，他們都會勉強承認，但帶有深深的懊悔」。這種「傲慢」的本質相當簡單：「對於詐欺式生意活動的蠻橫貪婪，這些活動造就我們今日物質主義的基礎……閃族人（Semites）有很強的內疚感。」對於把自己鑄造成優越者，他們一樣感到內疚。解決方案，是讓所有的猶太人都「變成德國人」。但特萊奇克又說：「這項任務永遠無法徹底完成。西方（Occidental）和閃族的本質間，永遠存在一道裂痕……永遠都會有這樣一群猶太人：他們不過是說著德語的東方人（Orientals）。」[40]

在今天讀來，這篇文章未經潤飾，偏執而醜陋，並不特別明確有力。但對當時的德國讀者而言，特別是其他學界中人、大學生和受過教育的中產階級，〈關於我們的猶太人〉就像一份戰鬥號召，寫得簡單直接；其作者知識極為豐富，從雲端下凡，為同胞帶來極為重要的訊息。在更深的層次（許多讀者都能理解），特萊奇克指責德國自己的鬆緩法律和過度寬容，而這兩者都是受自由主義所啟發。他說，自由主義思想斥責非常多德國傳統，包括基督教，讓猶太人認為自己也能這麼做。特萊奇克特別指出，猶太人確實是德國最自由的一群人。以流行程度來說，〈關於我們的猶太人〉的銷量比其他短論和書籍都高，出版首年就有了三版，一八八一年還迎來第四版。它流傳於德國所有主要大學，釋放一整串關於「猶太威脅」（"Jewish threat"）的公共辯論。有段話在其後數十年都能找到共鳴，最後還出現在希特勒的演說中：特萊奇克宣告，「猶太人是我們的不幸！」一八八一年時，多達二十二萬五千名德國人向他們的首相俾斯麥簽名請願，要求禁止東方的猶太人移民至德國。[41]

德國東境有波蘭（為德國、奧匈帝國和俄羅斯帝國瓜分）、東歐其餘部分和俄羅斯帝國。在此，啟蒙觀念和反猶主義也有不同的轉譯。十八世紀的君主，如普魯士的腓特烈大帝（Frederick the Great）、神聖羅馬帝國的瑪麗亞・泰瑞莎（Maria Theresa）和約瑟夫二世（Joseph II）、俄羅斯的凱薩琳大帝，都選擇性地採納啟蒙運動的政治與法律概念，以強化其專制統治。在俄國，這也有助西化當時中古性格仍很強的社會，讓國家得以與歐洲列強比肩而立。當然有若干嫁接自由主義諸面向的嘗試，如部分的言論和出版自由、有限制的私有財產權，甚至宗教寬容。在奧地利，這些變遷確有其事；但在其他地區，這些都是薄弱、有條件、常常只是暫時性的，俄國尤其如此。時間證明了，「開明專制」（"Enlightened despotism"）就字面和實際而言，都是扞格矛盾的。尤有甚者，更東邊的歐洲地區，直到很晚才經歷高程度的工業化和都市化。但他們從進步的德國和法國，輸入了極端民族主義、反現代主義等觀念和其他反啟蒙信念，這些觀念也在十九世紀中得到廣泛散播。俄國為自己找了一個意象，即俄國是斯拉夫民族的偉大保護者，與腐敗、墮落的西歐對立。到了尼古拉二世（歐洲最後一位專制君主）的時候，許多俄國菁英（包括尼古拉）已徹底敵視各種「頹廢的」（"decadent"）自由主義觀念。

至於反猶主義，俄國也是個特殊例子，因為它仍維持歧視性極強的反猶法律，這在更遙遠的西方卻已經消失了。這也成為一份影響力極大的文本的根源：由俄羅斯警察委託完成的《錫安長老會紀要》（*Protocols of the Elders of Zion*）。它最早出版於一九〇三年，自此以降，一直是世界各地反

40. Treitschke 1879.
41. Carsten 1967, 23–24.

猶主義者的一份參考著作。這份文獻完全是向壁虛造，卻宣稱是一八九七年一場會議的紀錄。它涉及在瑞士的重要猶太人物，說他們密謀策畫，欲透過陰謀破壞各處非猶太人的道德士氣、控制銀行與經濟，以及攫取報刊機構，取得全球性支配。《錫安長老會紀要》有許多俄文版本，後來進入歐洲其他地區，被翻譯成許多語文，包括英文。一九二〇年時，即便英國記者已揭露這份文獻是虛構的，汽車製造商福特還是出資贊助其出版，並印行五十萬份，於美國流通。希特勒視其為真理加以接受；在最近幾年，許多穆斯林國家進一步將其翻譯、重新編輯，得到許多人嚴肅以對。42

帝國主義和菁英理論的腐蝕影響

挑戰自由寬容的，不僅是反猶主義而已。即便是最自由的美國和英國，廣受接納之帝國主義的影響，及其認定歐洲種族不知為何在生物上更優越的必然結果，也在這些國家的中心，扮演重要角色。因此，廣泛流行的達爾文主義和社會達爾文主義，可以被左派（在自由派之中）和右派以各種方式加以詮釋。一旦與種族純潔性和「種族」間無可避免的衝突等觀念相結合，它就引發反動、反啟蒙和反自由主義的意識形態，不僅稱頌反猶主義，還讚揚普遍的種族主義和侵略性的軍國主義。歐洲帝國主義在十九世紀後半擴散至非洲與亞洲，不只增強主要歐洲強權在擴張其帝國時的競爭關係，也實體化那些適合極端民族主義的種族性觀念。一位德國帝國主義者便在一八七九年寫道：

> 所有具男子氣概的民族，都建立了殖民政權……所有達到其力量頂峰的真正國家，都想在野蠻人的土地上，打上自己的標記；那些無法參與這個偉大競爭的國家，將來只能扮演可憐的角色。對所有偉大國家來說，殖民衝動成為一個生死攸關的問題。43

這絕不是德國才有的情緒。帝國主義、「我們的」種族的優越感、大部分歐洲人口與非個人資本力量的疏離、十九世紀晚期歐洲迅速升溫的軍備競賽……這種種要素的結合，增強了如特萊奇克和杜蒙這些知識分子的影響力；他們提供解釋，說明什麼出了錯，以及如何進行對抗，以促進民族國家的榮耀。

美國從墨西哥手中併吞西部土地，驅逐當地土著，建立一個大陸帝國。而到了十九世紀末，美國也被一種侵略性更強、對外的帝國主義所把持。老羅斯福總統亦表達其美國帝國主義觀點。他說，「男子漢」和精力充沛的擴張是有必要的。[44]

在義大利，在由密歇爾（Roberto Michels）——他有一半德國血統、一半法國血統，但義大利是其鍾愛的家園——帕雷托（Vilfredo Pareto）、莫斯卡（Gaetano Mosca）等人領銜、饒富影響力的分析家之間，社會學的表現形式，接近一種「啟蒙菁英主義」（"enlightened elitism"）。

密歇爾在他最著名的著作《政黨》（*Political Parties*, 1915）中，提出這個看法：有一條「寡頭鐵律」，即就算是民主傾向最強的運動，如社會主義政黨，也會被數量上較少但有權力的菁英所接管。因此，菁英統治是無可避免的。

帕雷托起初受訓成為一位工程師，但後來變成知名的經濟學家和政治哲學家，衡量、解釋社會

42. Filiu 2011, xii–xiii.
43. Fieldhouse 1972, 120.
44. Morris 2001，尤其是473。

財富與權力的分配。他研究義大利時，發現二〇%的人擁有八〇%的土地，而這個「八〇／二〇法則」（"80/20 Rule"），或至今仍為人所知的帕雷托原理（Pareto Principle），大體上是正確的。在任何國家中，一小部分的菁英，總是擁有並控制著極大多數的資本和政治影響力。因此，所有社會的特質都是惡劣的不平等，大多數人居於底層。他的結論是，此乃一「社會法則」（"social law"），起因是才能不同的人類之間，一種原始的達爾文式競爭所造成的。民主主義這樣的理論，尋求平等地對待人們，並為他們提供均等的成功機會；但這其實是錯誤虛假的，因為這有違人性的鐵律。統治階級的存在是必然的，永遠會崛興、占據大部分好處，並讓大多數人變得更加貧窮虛弱。晚年的時候，帕雷托擁護墨索里尼，及其欲使義大利更強大和減少腐敗的早期計畫。但他過世得早，沒能看見法西斯統治的真正面貌。[45]

莫斯卡也頗費心力，點出風行於世的西方民主的缺陷、腐敗和含糊。一次世界大戰後的二十年，他確立一個與帕雷托相似的理論，不過是從政治史的觀點加以說明。初版於一八九六年的《政治學原理》（*Elementi di scienza politica*），後來譯成英語的《統治階級》（*The Ruling Class*, 1939）認為，不管宗教性、軍事性、貴族性或其他階級，社會一向是被少數人統治；這些菁英的形成絕非偶然。大眾太不理性，尚未準備好統治自身，也太容易受不良的意識形態引誘。他寫道，即便在那些「自由主義原則流行」的國家，「我們也能發現在專制體制中看到的兩層統治階級。第一層比例很小，第二層（透過庇蔭獲得的次要官職）則廣泛得多……事實上，選舉體制無法防止形成多多少少有些封閉的派系，這些派系相互競爭最高位階的官職」。[46]因此，和帕雷托的看法一樣，莫斯卡認為民主多半是個騙局，「人民的意志」則是個神話。尤有甚者，選舉出來的官員往往是腐敗的，只關心其自身權力，無法統治得宜。唯一的解決方案，是接受這點：人們需要一個有權力、訓練有素的上層階級來引導國家。但這樣的菁英不是透過世襲繼承而僵化，而是靠才智超凡者和來自下層的意志不斷翻新。[47]可能有些諷刺的是，莫斯卡在此主要採取了其古羅馬同胞西塞羅的觀點。西塞羅也認為，民主政府是個危險的「暴民統治」，除非政府是由優秀的個人組成的貴族階層所領導，引領人民朝他們自己的最大利益邁進。

確實，面對新物質主義的異化和愚昧面向，以及既有民主的種種不當，即便是政治上較溫和謹慎的思想家，如涂爾幹和韋伯，也表達了他們的不安。涂爾幹（他是名猶太人）被視為其中一位現代社會學之父，他也相信種族之間有著內在的生物學差異；但另一位現代社會學之父，即更為保守的韋伯，則不這麼想。然而，兩人都為現代生活的疏離感到擔憂。[48]我們不能控訴他們二人倡議某些可轉化為法西斯意識形態的觀念，但他們確實都置身於對既有秩序的普遍幻滅中。

從這些想法到催生法西斯主義，還有很多環節。但許多社會和政治分析家嫌惡布爾喬亞民主的腐敗，也促成自由主義和資本主義民主喪失合法性。對那些接受某種形式的社會達爾文主義和菁英理論的人，民主自由主義的內在問題有兩方面：它拒絕接受自然的驅使，即區別強弱和優劣；這樣一來，它擁抱較低階層，讓最優秀的人無法攀升至頂點，因而讓國家在需要力量的時候變得衰弱。這多少反映一個真理，即知識分子多來自富足的背景。但它也來自某些我們討論過的其他情感

45. Hughes 1961, 270–74.
46. Mosca 1939, 410.
47. Hughes 1961, 249–74.
48. Hughes 1961, 278–335.

要素，如民族主義、帝國主義、種族觀念、世紀末悲觀主義，以及這種普遍看法：文明在無情的資本主義力量下瓦解，切斷所有與過去之間親近、富滋養性的羈絆。在這種氛圍中，渴望強大、精力充沛的領袖，可能是必然的結果，就和許多人受到民族本質和命運的神話所吸引一樣。同樣重要的是，現代性的進展為傳統信念和制度帶來的驚人破壞，讓許多思想家置身於一種真空狀態，緊抓原始概念，盼望權力與秩序的徵兆，並容易受暴力引誘，視之為一種變化的保證。剩下的關鍵要素，是將這些全部統整在一起的理論。需要有個突如其來的事件，以讓人接受新型態社會的必要性。

列寧在一九一六年對第一次世界大戰進行分析時，可能誇大了主要強權間帝國主義競爭所扮演的角色，但他肯定不是全然錯誤（見第二章）。在耗費巨資且危險、建造更大和更昂貴之海軍的競賽背後，就是列寧說的競爭，尤其是崛起中的德國，和曾有支配地位但衰落中的英國間的競爭。[49]德國的崛起，以及感到自己可能會被法俄同盟圍困，阻礙其帝國成長，都為德國的偏執和日益成長的軍國主義火上加油。[50]社會達爾文主義的散布、民族國家與生物種族觀念的混合，以及相信只有最富活力和具擴張性的國族可以存續……這些要素在世界各地促成了危機感和軍備競賽，最終導致大災難。沒有第一次世界大戰，就不會有法西斯主義。但早在戰爭之前，法西斯主義的知識基礎，便已灌輸進高層次智識論述和大眾意見中。災難性的戰爭，則讓這個種籽發芽生長。

法西斯主義的出現：義大利和德國

斯坦海爾（Zeev Sternhell）認為，在法國和義大利發展起來的法西斯意識形態「非左非右」（“neither left nor right”）。這個爭議性主張，是理解法西斯主義的關鍵。儘管在掌權後，法西斯主義被說成極右派，但考慮到其原初意圖，和它成功吸引了各種各樣的歐洲人、亞洲人、拉丁美洲人，甚至若干中東的民族主義知識分子和政治活動家，如果我們堅持長久以來但錯誤的馬克思主義詮釋，即法西斯主義不過是瀕臨滅亡、壟斷式資本主義的最後一口氣，以及資本家財閥統治欲防止社會主義革命的嘗試，那麼，我們就無法理解這些現象。[51]法西斯主義源於法國、義大利和德國意識形態的結合。這些意識形態是革命性的，欲推翻既有的布爾喬亞階層（資產階級），創造一個能夠解決現代工業社會矛盾的新世界，而不屈服於國際性的馬克思主義和共產主義。一種極端的社會達爾文主義，是這些意識形態的主要組成要素，它強調國家和民族必須爭鬥得勝以求存續，且非常流行。但與此同時，法西斯主義也需要一種情緒：欲重建民族國家，革命性且暴力的動盪，是必要的第一步。

斯坦海爾認為，提倡暴力革命的法國理論家索瑞爾，對創建第一個法西斯國家的墨索里尼，產生了很大的影響。索瑞爾譴責反猶主義，並自稱是馬克思的追隨者。他在其《對暴力的反思》（*Reflections on Violence*，最初於一九〇五和一九〇六年以一系列文章出版）中主張，民主和傳統社會主義政黨，不過是讓腐敗的布爾喬亞得以持續長存。為了解放自己，工人階級群眾必須參與暴力的總罷工，打垮整個體系，為一個更平等、現代的社會創造基礎。《對暴力的反思》的後續版本，收錄索瑞爾的其他文章和想法，討論馬克思主義、革命，以及激勵革命之建構神話（constructive

49. Kennedy 1980.
50. Kennan 1979.
51. Sternhell 1986, 4; Poulantzas 1974有條廣泛徵引的馬克思主義解釋。

myths）的力量。在一九一九年的版本中，他還添上了對列寧的布爾什維克革命的讚美。說索瑞爾多少是種偏向大資本家利益的學說，是不得要領的。

這在義大利法西斯主義另一位重要的智識先行者馬里內蒂（Filippo Tommaso Marinetti, 1876-1944）身上也說得通。馬里內蒂於一九〇九年的未來主義宣言中，在一定程度上，呼籲大膽的現代藝術和美學，以及一整套新的生活方式。他這麼寫道：

> 我們要吟唱危險之歌……我們將榮耀戰爭——世界唯一的衛生保健法——軍國主義、愛國主義、帶來自由者的毀滅性姿態、值得為其喪命的美麗觀念，以及對女性的藐視……我們將摧毀博物館、圖書館、任何種類的學校，我們將對抗道德主義、女性主義、所有投機或功利主義的懦弱。[52]

一旦掌權，墨索里尼便從未來主義的藝術面退下，但肯定把它關於戰爭、暴力、愛國主義和男子氣概侵略的想法，當成其計畫意象的核心，並嘗試付諸實行。

對創建義大利法西斯主義產生影響的，還有詩人與戰爭英雄鄧南遮（Gabriele D'Annunzio, 1863-1938）。鄧南遮起初是地方菁英，後來變成一位執迷不悟的民族主義者。他以義大利的「戰士詩人」聞名，有著國家自豪感，其著作受到如普魯斯特（Marcel Proust）和喬伊斯（James Joyce）等不同作家的讚美。他的個性複雜且裝腔作勢，後來著迷於尼采的超人（übermensch）概念。因此，戰爭於一九一四年爆發時，鄧南遮因義大利要捨棄中立而感到欣喜。一年後，他開始以戲劇化的演講來進行遊說，想要點燃民族熱情，讓義大利接受這個「血腥的審判」。他在羅馬告訴群眾，那些在國會中，反對這個考驗國家男子氣概的審判的人，殺死他們只是剛好而已。他口若懸河地說，「如果煽動民眾從事暴力是個罪，我會為這樁罪而自豪，獨自承擔責任」。[53]當義大利在一九一五年決定參加第一次世界大戰，鄧南遮便為這個美好的發展而歡呼，讚頌道「義大利應透過征服而更加偉大，不要帶著羞恥購置領土，而要伴隨血的代價和榮耀……在長年的民族羞辱後，上帝歡欣地為我們的特殊血脈賦予證明」。雖然鄧南遮太過歇斯底里，無法成為好的政治人物，但他在戰爭期間的英雄主義，以及之後要求領土擴張的舉動，贏得許多民族主義者，墨索里尼也得以一邊聰明地加以利用，一邊設法為自己取得權力。[54]

當然，戰爭的真實情況是完全不同的，義大利也因組織不良、領導無方、軍隊配備不足而損失慘重。相較於鄧南遮、墨索里尼和義大利民族主義者所醉心的神話創造，海明威（Ernest Hemingway）的半自傳小說《戰地春夢》（*A Farewell to Arms*），更能讓我們理解義大利戰爭的抑鬱真相。這本書初版於一九二九年，寫的是海明威在戰爭期間於義大利軍隊擔任志願兵的時光。但話說回來，就如索瑞爾自己在《對暴力的反思》中所言，強大的神話，影響力比真實歷史大得多。

第一次世界大戰的災難粉碎了啟蒙運動承諾的永恆進步幻想，又引發威脅全歐洲既有秩序的革命運動。在此之後，根深柢固、從智識上對自由主義、民主、資產階級的腐敗和猶太人陰謀的責難，便大舉得勢（不過，在義大利，反猶主義和法西斯主義的興起關係不大）。一旦慣於極端暴

52. Sternhell, Sznajder, and Ashéri 1994, 28–29.
53. Kramer 2009, 36–37.
54. Carsten 1967, 47–49.

力，許多對應當建立的新自由秩序之缺陷感到嫌惡的返國軍人，便加入提倡革命性和粗暴淨化行為的各種運動。

新興的法西斯主義運動想像出各種陰謀理論，以解釋這場慘烈戰爭和破壞為何發生，為何它沒能取得更好結果，以及遭到懷疑、相當合理、穩健的舊意識形態，為何已無法撥亂反正。啟蒙自由主義不過是個騙局，削弱民族決心，其偽善也被揭露了。列寧的俄國提供一個國際性的革命模範，可以吸引左派人士。但那些不買帳、不接受廢止民族主義以支持抽象馬克思學說，但又尋求激烈革命以解決其社會問題的人呢？除了心懷恐懼的上層和中產階級，還有更普遍的所有階級人士（他們認為自己參戰是要保護民族國家，並仍舊懷有激烈的民族主義情緒），也都在找尋一個不同、非共產主義的解答。

墨索里尼補上的正是這個缺口。他曾是一流的社會主義記者和政治人物，後來變成極端民族主義者，支持暴力革命，認為唯有這樣才能激勵義大利，使其列入強權之林。他訴諸保守勢力。雖然保守勢力對革命觀念頗不自安，但相較於墨索里尼的法西斯主義，他們更害怕馬列的革命觀；法西斯則許諾讓義大利變得強大，同時又打擊那些仍信奉馬克思主義觀念的社會主義工會。因此，菁英們和墨索里尼討價還價，法西斯主義（最早使用這個詞的就是義大利，伴隨極權主義一詞）則成為一種古怪、混雜、自相矛盾的政府型態。一旦掌權，法西斯主義便無孔不入。它保護特權，又要求劇烈變化；它支持舊菁英（只要他們力挺新秩序），又扶植新的社會勢力；最教人困惑的是，它以暴力作為淨化的解決方案，卻又宣稱會維持保守分子要求的秩序。[55]

解決這些矛盾的統一性觀念，是殘忍、淨化性的極端民族主義，和對陰謀理論的接納，將所有現代社會的悲慘，包括第一次世界大戰的災難，都怪到外部勢力頭上。對內，暴力可以用來打擊那些削弱國家的人；對外，暴力也用來對抗那些妨礙「我們」國家在國際秩序中應有位置的敵手。尤有甚者，要確保國家統一，靠的不是過去舊有、髒汙和失敗的政黨聯盟，而是仰賴不會犯錯、幾乎像神的人的領導，讓他們掌權以拯救國家，使其重返偉大。這會取代半癱瘓、無止境爭吵、由民主方式選舉出的國會統治，並吸引各種不同意識形態的人：從尼采哲學的仰慕者，到厭惡舊秩序的人，以至感覺遭其權勢領袖背叛、怨恨的退役軍人們。[56]

納粹屠殺猶太人之舉太令人髮指，以致我們很容易忘記其他法西斯政權邪惡、但多少程度略輕的殘暴。與納粹德國相比，法西斯義大利在國內和之後的歐洲征服中，沒有那麼殘忍。但在一九二〇年代末、一九三〇年代初，墨索里尼在利比亞發動一場滅絕性的殖民戰爭，屠殺了其三分之一的人口，在利比亞東部省分席蘭尼加（Cyrenaica），可能還高達一半。[57]墨索里尼後來侵略衣索比亞，在那兒使用毒氣，又為了法西斯目標，派遣軍隊參與西班牙內戰。其後，當希特勒似乎建立對歐洲多數地區的霸權控制後，墨索里尼也對希臘和英國控制下的埃及，發動屬於自己但沒必要的戰爭。[58]

墨索里尼曾是名知識分子，也當過記者，嫻熟歐洲哲學；希特勒卻完全不同。希特勒年輕時確實讀了不少書，特別是一次大戰前在維也納和慕尼黑時，但其閱讀可能多限於通俗歷史和其他輕薄的精神食糧。對年輕的希特勒來說，最大的智識影響來自華格納的歌劇（華格納生於一八一三

---

55. Sassoon 2007.
56. Passmore 2009; Kramer 2009; Bessel 2009; Sluga 2009; Gregor 1969, 75–175.
57. Ahmida 2005, 35–54.
58. Rodogno 2009.

年，卒於一八八三年）。希特勒主要回應的，不是華格納音樂與戲劇中的眾多藝術創新，而是華格納加入其作品中，若干更強大的反動觀念和情感。最吸引希特勒的要素，是混雜一種神祕形式之英雄式民族主義、還魂復活的古代日耳曼神話。事實上，正是在這點上，這位未來的納粹領導人，最終視自己為一名華格納式的英雄，注定要成為日耳曼種族的帕西法爾（Parsifal）。[59]希特勒在維也納的時光，又將此浮誇美夢向前推進一步；他於一九〇八至一九一三年間住在維也納，浸淫在原始法西斯主義的觀念中。舉例來說，這種情感恣意地從施尼勒（Ritter von Schönerer, 1842-1921）的口中流淌而出。施尼勒是著名的奧地利政治領袖，打動了年輕的希特勒。施尼勒自稱為「元首」（"Führer"），並要其追隨者以「萬歲」（"Heil"）讚頌自己；這些後來都為希特勒所採納。同樣重要的，是維也納的民粹市長盧埃格（Karl Lueger, 1844-1910）。他將對猶太人的仇恨，與中產階級的大眾訴求相結合；他們覺得大資本家、移工和猶太金融家威脅到了自己。盧埃格有個著名的說法：只要把猶太人送進大船、沉入海裡，「猶太人問題」便可輕易解決。[60]另一個可能的影響，來自維也納的雜誌《奧絲塔拉》（*Ostara*）。它從日耳曼、印度教甚至佛教神話中取材，以榮耀亞利安的優等種族。雜誌的創辦人，本身就是圭多・馮・李斯特（Guido von List）的追隨者。圭多・馮・李斯特是第一個提出印度的「卍」乃「亞利安」符號的人。[61]這不是尼采的高深哲學，而是庸俗化種族主義和民族主義幻想的雜燴。但對年輕的希特勒來說，它們的影響力並不因此而稍減。

還有維也納的角色：它是個現代新聞業、藝術、文學和科學中心。猶太人在此尤其顯赫，在經濟中亦然，這引發許多怨憎。[62]猶太人這種表面上的支配性，對一個想當藝術家、如希特勒這樣的鄉下青年，在形塑其想法上發揮了決定性作用。但希特勒世界觀中的這些思路，要等他搬至慕尼黑後，才會同流匯合。在慕尼黑時，希特勒歡欣地加入德國軍隊，參與第一次世界大戰，之後則因德國戰敗而煩悶痛苦。這個經驗，加上德國隨即遭到同盟國羞辱，讓希特勒開始竭力尋找原因，解釋到底哪裡出了問題。

希特勒認為，猶太人的影響與力量，是問題的核心；這讓德國的法西斯主義執迷於種族滅絕式的反猶主義。但讓他取得大眾歡心的（人們確實真心誠意），還不只這樣。在一九三〇年代早期經濟大恐慌，絕望、不安全和政治不穩定的時候，希特勒說服許多德國人他可以改善經濟、恢復秩序、重拾德國的偉大，並防止馬克思主義坐大。在一九三二年的國會選舉，納粹成為最大黨，但從未取得絕對多數。一九三三年掌權後，希特勒便著手實踐其承諾。他開始重整軍備，終結失業問題和經濟恐慌；他重新武裝德國，使其再次成為強權；他還透過消滅所有其他政黨，以終結政治不穩定。對極多德國人來說，希特勒證明了強權民主國家的弱點：他起初直接違背凡爾賽合約（Versailles Treaty）、軍事化萊茵地區，接著併吞奧地利和捷克斯洛伐克，都沒有遭遇任何實質抵抗。這並不是說德國的群眾支持毫無異議，或者說所有社會、經濟和政治問題都煙消雲散。正好相反，對納粹的所作所為，仍有持反對意見者。但納粹的廣泛人氣，加上他們殘暴地抑制不同意見，讓希特勒政權得以在對外的時候，擺出一張全體一致的臉孔以及對其領導的崇拜。[63]

然而，儘管希特勒明顯具有個人魅力並且取得成功，然而將所有事都歸諸於一個人，是不正

59. Kershaw 1999, 42–43.
60. Kershaw 1999, 33–35.
61. Kershaw 1999, 49–50.
62. Beller 1989.
63. Peukert 1987.

確的。希特勒的崛起掌權，從來都不是肯定或注定的，這還有賴其他政治人物和軍事當局的錯誤算計。學者現在普遍同意，若沒犯下這些大錯，在一九三三年取得權力的不會是希特勒，而是軍方。軍方會行軍事獨裁，並重整軍備、奪回一次世界大戰後落入波蘭手中的領土。這會讓歷史有所不同。戰爭可能仍會發生，但不會有大屠殺，英法可能也不會介入拯救波蘭。但與此同時，當道的反自由主義氣氛仍不會消散。亨利・透納（Henry Turner）有部著作討論希特勒取得權力的過程。它是份重要材料，讓我們理解這個過程絕非無可避免。但透納也承認，如果這麼多德國知識分子與菁英，不是如此堅決地反自由主義，敵視啟蒙運動的個人自由與民主理想，希特勒在建立其獨裁政權時，不會這麼迅速、全面、得到這麼多群眾的認可。若沒有這些支持，即便希特勒取得權力，納粹黨也很難如此輕易地將德國變成一個極權主義、進行種族滅絕的怪獸。[64]

暴力崇拜；渴望強大和果斷的領導；極端民族主義和「男子氣概」的侵略性；拒斥「懦弱」地容忍不同觀念和謹慎小心考慮的理性……在義大利和德國，這些要素環繞全知全能的領袖，亦即「領袖」（"duce"）墨索里尼和「元首」（"führer"）希特勒，黏結了眾多不同的民族主義意識形態，甚至互相矛盾的經濟與社會目標。敵視啟蒙的知識分子早在一次世界大戰以前提出的觀念，透過較簡化、通俗的出版品散播，為之後法西斯主義的興起鋪路，並在一九三〇年代，繼續為其散布提供了合法性基礎。

法西斯主義的多樣性：從歐洲到東亞、拉丁美洲和中東

法西斯意識形態的變化本質及其許多不同樣態，可能會讓人覺得它們並沒有一個共同的意識

形態基礎。但情況並非如此。如果我們不僅觀察義大利和德國，還看看世界上其他可稱作法西斯的運動和政權，我們就能更清楚發現，儘管各地政治文化在細節上有所不同，它們仍有若干重要的共同元素，合而觀之，可以定義法西斯主義的本質。尤有甚者，在一九二〇和一九三〇年代，義大利和希特勒掌權後的德國，是全世界希冀建構相似社會者的模範。從那時起，法西斯主義背後的觀念並未消失，但法西斯強權於第二次世界大戰被擊敗，則讓以墨索里尼和希特勒為模範的想法變得過時。

由血結合、不會犯錯的父親領袖指導的社群

所有法西斯政權都賴以為基礎的基本觀念是什麼？最根本的，是拒斥任何接受階級戰爭是資本主義工業化自然結果的意識形態。因此，即便革命性的法西斯運動時常譴責高級金融（high finance），這主要是與其像是外來的存在或「猶太」特質有關。「納粹」（"Nazi"）一詞，是國家社會主義（Nationalsozialismus）的簡稱，命名自希特勒政黨之官方名稱「國家社會主義工人黨」（Nationalsozialistische Deutsche Arbeiterpartei）。一九二〇和一九三〇年代的社會主義，無論是在民主傾向的社會民主國家還是共產國家，都被納粹猛烈摒斥，因為這樣的社會主義，靠的是內部階級衝突，會削弱最要緊的國家團結。納粹也因而痛恨獨立工會。他們尋求的反而是某種民族國家，一向以種族為基礎的共同聯盟，即德國右翼所理想化、不易說明解釋的民族共同體

64. Turner 1996, 163–83.

（Völksgemeinschaft）。Völk指的是民族成員，須透過血脈關係，和以為是共同但實際上神話性的祖源，才能成為其中一分子。Gemeinschaft是溫暖、家庭式、小型的社群，其中的位置是由性別、年齡、傳統和緊密的個人紐帶所決定，而不是非個人、官僚和冰冷的形式上的關係——這種關係被視作現代公司和社會的特質（Gemeinschaft也是德文現代企業公司的意思）。

強調家庭式的緊密社群，以此補救現代生活的疏離和不重人情（impersonality），是法西斯主義的一個普遍現象。一九三七年，日本已成為貨真價實的法西斯政權，該年出版、日本最重要的官方意識形態表述《国体の本義》（亦即國家身體的基本原理），也強調了這點。《国体の本義》強調皇室有神性，萬世一系未曾中斷；日本人有責任接受如父親般全知全能的天皇所指引。除此之外，它還「強調家庭、國家、家園和祖先的中心地位」。「国体」和德文的Völk相似，是由共同血緣連結成國族家庭的一個民族。《国体の本義》將日本文化理想化，認為它比愚鈍、異化的西方個人主義更為純潔、高貴，並強調日本是「密切一致、單一龐大的國家和社會」之神話。[65]

日本的哲學家九鬼周造，曾師從法國和德國的反理性和反現代民族主義哲學家，如海德格（Martin Heidegger, 1889-1976）。受他們啟發，九鬼周造認可這個取向，認可日本「文化民族」的優越性，和日本有權以武力將其優越「純潔」文化強加於中國。[66]

通讀《国体の本義》，我們可以發現一九一四年以前便出現，後來啟發法西斯主義者的智識著述和觀念的所有元素，包括強調皇室源於神祇，其統治延綿不斷。這是某種更具日本特色的事物，意在取代實質上具神性和不會犯錯的元首或領袖，並堅持日本種族的內在統一和優越性。混淆古代傳說與十九世紀晚期對前佛教時代傳統神道的詮釋，又在細節上有著獨特的日本性，這與墨索里尼謳歌羅馬，和希特勒著迷於日耳曼和「亞利安」神話，在意圖上並無多大不同。當然，《国体の本義》接受一點：維持在科技上強大、現代的社會，有其必要性；但抵銷這點的是，他們全然藐視西方啟蒙運動似乎失敗無效的自由個人主義。[67]完全服從國家和天皇崇拜，後來合法化日本帝國主義的暴虐，其頂點則是社會的徹底軍事化，並發動一系列戰爭，至一九四五年方休。[68]歷史學者華特・斯基亞（Walter Skya）記述了傳統神道如何調整為榮耀天皇，並為擴張日本帝國的聖戰提供正當性的一個新宗教。他用了「反啟蒙運動」（"disenlightenment"）一詞，可應用於兩次大戰之間增生的所有法西斯運動和政黨。[69]

在羅馬尼亞，惡毒反猶的國家基督徒防衛同盟（League of the National Christian Defense），及其後來更為成功的對手——一九二〇和一九三〇年代的鐵衛團（Iron Guard），都宣揚這些要素，包括一種東正教的仇外情緒；崇拜純粹羅馬尼亞人的血緣（即家庭）紐帶；理想化一種幾乎是全因民族主義詩人、作家和哲學家而長存的農社團結；並堅持羅馬尼亞文化比鄰近地區更為優越。羅馬尼亞眾多不同的法西斯運動，都稱頌其領導人，最知名的，是本來有可能成為羅馬尼亞領袖、鐵衛團的領導人柯德里亞努（Corneliu Zelea Codreanu）；但他於一九三八年，被羅馬尼亞的獨裁國王卡羅二世（Carol II）殺害。一個在地的變化，是羅馬尼亞法西斯主義宣示的基督教角色，及其與羅馬尼亞東正教會的結盟。當然，羅馬尼亞無法贏得如德國、義大利和日本那樣的強權地位，但它也盡其全

65. Bix 2000, 313–15.
66. Pincus 1996, 229–32.
67. *Kokutai No Hongi* 1937/1949.
68. Kersten 2009；更廣泛的討論見Maruyama and Morris 1969; Bix 2000, 317–85。
69. Skya 2009, 263.

力。一九四〇至一九四四年，安東內斯庫（Marshal Ion Antonescu）是公開的法西斯軍事獨裁者，稱自己為「元首」（"conducător"）。在他的統治期間，羅馬尼亞與納粹德國結盟，與德國人一起侵略蘇聯，並嘗試併吞蘇聯領土，遠至黑海邊的奧德薩（Odessa）。羅馬尼亞也發動全國的種族淨化，下令在各地大規模屠殺猶太人，包括其東部省分摩爾多瓦（Moldova）、比薩拉比亞（Bessarabia，主要是今天的摩爾多瓦共和國），及其短暫併吞稱之為外涅斯特里亞（Transnistria）的烏克蘭領土。法西斯主義在羅馬尼亞的人氣，和兩個現象有很大關係。首先，該國從十九世紀中期以來便有強大的反猶傳統。羅馬尼亞知識分子普遍有一幻想，認為他們似乎混合「拉丁」與「達西安」（"Dacian"）、即羅馬以前的色雷斯人（Thracians）的族源和純粹性，是獨一無二的。同樣重要的，是強烈的憎恨、妒忌和劣等感。之所以出現這些情緒，是因為羅馬尼亞相對衰弱，國家之偉大沒有得到主要歐洲強權的充分認可。[70]

在一九三〇年代，若干重要的羅馬尼亞知識分子——有些人後來還享有國際名聲，如伊利亞德（Mircea Eliade）和蕭沆（Emil Cioran）——以及多數非猶太的知識階層，都追隨了這股國家崇拜、反猶主義，並蔑視鄰近那些不使用以拉丁語為基礎的羅馬尼亞語，而操持斯拉夫語或匈牙利語的民族。羅馬尼亞也出了一位國際聞名的法西斯社團主義（fascist corporatism）經濟理論家馬諾伊烈（Mihail Manoilescu），他的作品影響了後來巴西和阿根廷的經濟學者。馬諾伊烈敬慕墨索里尼的「社團」（"corporatist"）國家，倡議經濟自給自足、獨裁和國家團結，是克服落後的法門。[71]

羅馬尼亞法西斯主義的一個有趣面向是，在它崩潰並且被蘇聯共產主義所取代的二十五年後，羅馬尼亞的共產領導人西奧塞古（Nicolae Ceaușescu），開始復興關於一九三〇年代那些極端民族主義法西斯意識形態擁護者的記憶，並讓羅馬尼亞朝著當年這些人希望創建的，以種族為基礎的自給自足國家邁進。當然，這到底是法西斯主義或共產主義，一定程度上是個定義問題，但二者的相似性絕非巧合。二者都希望藉共同、團結的社會型態，克服工業社會的階級衝突和異化。而隨時間流逝，羅馬尼亞共產主義更加仰賴如法西斯主義這樣、相同的極端民族主義，並榮耀其領導人，提倡一段神話過的歷史，宣稱羅馬尼亞在西方文明中有個顯著位置，應該得到認可。[72]

在最極端的共產案例，如恩維爾・霍查（Enver Hoxha）的阿爾巴尼亞、史達林的蘇聯、毛澤東的中國、西奧塞古的羅馬尼亞、金氏家族的北韓，領導人取代了馬克思，成為所有智慧與知識的泉源，法西斯主義和共產主義的差異，也因而大幅縮減。[73]

法西斯社團主義：永遠行不通的理論

社團主義帶出另一個全世界法西斯意識形態的主要共同點，同時也是法西斯主義的一個基本矛盾，即「社團主義」（"corporatism"）。「社團主義」這個字眼會讓人有點困惑，因為它不是用以描述現代大公司，而是一個非常不同的意涵。但在法西斯意識形態中，尤其是在最一開始發展的地方，即一九三〇年代墨索里尼的義大利，此意涵相當清楚。其目標是克服工人階級和農場勞工與企業和農場主人間的階級衝突，手段是創立以功效為基礎的制度，將雇主和雇員整合於和諧的「社

70. Ioanid 2000; Solonari 2010; Weber 1966.
71. Love 1996.
72. Verdery 1991.
73. Tismaneanu 2012; Chirot 1980; Cumings 1982.

團」中。這些社團會根據工業和職業類型，結合成更大的團體，法西斯國家則會調解它們之間的衝突。長此以往，經濟會一直得到國家調節，創造一個非馬克思或「新」（"neo"）社會主義，專注於成就國家的自足（也就是經濟自給自足的政策），以及社會和諧。當然，在實踐上，這意謂摧毀所有獨立的工會，取悅墨索里尼的保守盟友。[74]

納粹黨最初的「社會主義」，就和這些觀念有關，得到黨內左翼人士的提倡，他們在希特勒取得權力以前便清楚表明其理念。擔負此任務的主要納粹理論家是費德爾（Gottfried Feder）。但這些觀念無法吸引德國實業家。希特勒的目標，主要還是帝國擴張、作為備戰手段的經濟自給自足，以及種族淨化。如有必要，他可以將模糊的社會主義概念給丟掉——希特勒掌權後，費德爾的觀念就被擱置一旁。[75]希特勒在一九三四年殺害或棄用許多納粹黨的左翼領袖，以安撫更為保守的勢力（尤其是德國軍方），鞏固自己的權力。在此之後，納粹的「社會主義」面便消失了，但經濟中央化的動力仍持續下去，並為戰爭服務。[76]

社團制度在義大利從未真正發揮功能。要到墨索里尼於一九四三年遭推翻、囚禁、為德國所搭救並在北義大利成為德國傀儡後，他才嘗試重建社團主義的目標。至此，社團主義不過是個幻想，墨索里尼描繪的社團主義觀念，也沒有任何真實意涵。[77]

然而，對歐洲、拉丁美洲，甚至亞洲一些地方的反自由主義知識分子而言，社團主義的觀念非常有吸引力。因為它似乎可以解決現代階級衝突的問題，同時又強化國家統一，促成他們都想要的東西，也就是國家的中央集權及不受影響的經濟成長：不受英國、法國以及角色日益增強的美國所支配的國際資本主義體系所影響。墨索里尼有個想法，最初源自寇拉迪尼（Enrico Coradini）於一次世界大戰前提出的觀念。他宣稱義大利法西斯主義會將「無產階級的」（"proletarian"）義大利提升至其應有的地位，對抗支配世界的「財閥」（"plutocratic"）富裕國家。[78]這裡的重點在於，社團主義要將馬克思的階級衝突觀念，從國家內部的衝突關係，轉化為國與國之間的衝突；一邊是值得且服從的國家，一邊是配不上且墮落的國家。就此而論，國家顯然必須統一團結，為戰爭做準備。

事後想想，這一點著實有趣：在二十世紀後半，將馬克思階級衝突觀念，轉化成較貧窮或「邊緣」的國家與較富裕或「核心」的國家間拚搏的想法，成為許多左翼理論的主要內容。[79]就如同採納極端民族主義，和崇拜無所不知的父家長領袖，在許多例子中，極左派常常讓自己肖似他們先前所嫌惡的敵人，也就是法西斯主義。

法西斯主義在歐洲的擴散

所有歐洲國家都有法西斯運動，但至少在德國征服大半歐陸以前，最極端的法西斯主義僅在德國（一九三三）、義大利（一九二二）和西班牙（一九三九）取得權力。然而，幾乎在所有南歐、中歐和東歐地區，都有包含若干法西斯意識形態面向的獨裁政權：如蔑視民主、抑制勞工運動、專制領導、處決社會主義者和共產主義者、由輝煌過去之神話所合法化的極端民族主義、淨化式的種

74. Gregor 1969, 293–303.
75. Neumann 1944/1963, 228–34.
76. Kershaw 1999, 506–17.
77. Morgan 2009, 154–65; Gregor 1969, 306–9.
78. Berend 1998, 70–71.
79. Love 1996; Packenham 1992.

族主義，以及對國家公敵的怨憎。[80]到了一九三八年初，除了西歐（法國、英國、比利時、盧森堡、荷蘭、瑞士和北歐五國），歐洲只剩下一個民主政權，即捷克斯洛伐克，但它很快便於一九三八年被希特勒的德國所瓜分。除了極端暴虐的共產獨裁者史達林統治下的蘇聯，引導所有其他國家的意識形態中，多少（若非完全）都有些法西斯成分。即便在民主的西歐，多數國家也存在力量不一、有法西斯色彩的政黨，尤其是法國和比利時。[81]

並非所有研究法西斯主義的歷史學家都意見一致。華特・拉克（Walter Laqueur）在其法西斯主義的比較研究著作中，一開始便斷言「二十世紀的獨裁政權令人厭惡，但他們不必然是法西斯。一九三〇年代的日本不是法西斯國家，凱末爾（Mustafa Kemal Atatürk）的土耳其、畢蘇斯基（Józef Piłsudski）的波蘭、佛朗哥（Francisco Franco）的西班牙也都不是」。[82]此論並不正確。他們當然都不一樣，但仍共同具備某些特質，如法西斯式的暴力；鎮壓工人階級社會主義和共產主義運動；反自由主義；極端民族主義；淨化式的種族主義；領袖崇拜；甚至在多數例子中，還有若干模糊、未能實現之自給自足的社團主義主張。

與其堅持只有德國和義大利（甚或只有義大利，因為它發明了法西斯主義這個詞）是法西斯政權，派斯頓（Robert Paxton）對法西斯運動的簡要定義，提供一個更好的取徑：

〔法西斯運動的〕標誌，是深沉著迷於社群墮落、恥辱或受害感，以及補償性的統一、精力和純潔崇拜。在運動中，忠貞國族主義鬥士的大眾政黨，會不自在但有效地與傳統菁英合作，捨棄民主自由，追求救贖性的暴力，沒有倫理或法律限制，以內部清洗和外部擴張為目標。[83]

尤有甚者，即便法西斯意識形態須透過各種不同方式加以想像和描述，運動本身卻是「鄙夷人類理性和智識探詢」。因此，和那些作為自由主義和社會主義基礎的意識形態不同，法西斯主義訴諸的是本能情緒，而非融貫的學說。[84]

舉例來說，在西班牙，法西斯的長槍黨（Falange Party）便要求淨化式的暴力和反民主的獨裁統治，以將國家從混亂的政府和經濟弊病中拯救出來。和羅馬尼亞的鐵衛團一樣，它也和反動的宗教情感相連，不過在此相連的是西班牙天主教會。關於西班牙法西斯主義的爭論，主要是因為長槍黨最終並未取得權力。有別於此，於一九三六年發動內戰，並於一九三九年推翻西班牙共和國（Spanish Republic）的，是佛朗哥所領導的軍方。在這場腥風血雨的戰爭中，若沒有墨索里尼和希特勒的重要援助，佛朗哥可能無法獲勝（他最終以獨裁者之姿進行統治，直到一九七五年離世）；而共和國則漸漸落入共產主義者的手中，因為史達林的蘇聯是唯一願意伸出援手的主要強權。長槍黨起先與佛朗哥結盟，但佛朗哥取得勝利後，逐漸排擠長槍黨。在一九六〇和一九七〇年代其統治的末了，西班牙毅然決然地走向一個更開放、較不暴力、較不具侵略性的獨裁政權。至於長槍黨計畫中的社團主義，西班牙則從未認真加以嘗試。[85]

---

80. Rogger and Weber 1966.
81. Riley 2010; De Wever 2009; Rogger and Weber 1966; Nolte 1965.
82. Laqueur 1996, 13.
83. Paxton 2009, 549.
84. Paxton 2009, 554.
85. Payne 1966, 203–5; and more generally, Payne 1999.

然而，在一九三九年和一九四〇年，當佛朗哥嘗試爭取納粹德國協助，以實現其民族主義目標，並殘暴血洗戰敗的共和國支持者時，其政權已具備法西斯主義的所有特徵。據此，佛朗哥要求希特勒把法國西非殖民帝國的大把土地交給西班牙，計畫向英國開戰以奪取直布羅陀（Gibraltar），甚至認真規畫侵略葡萄牙一事。這一切都因幾個要素而沒有成功，包括德國認為西班牙衰弱、經濟發展滯後，又有太多其他事，無法協助西班牙。多少因為此失敗，最親近佛朗哥的長槍黨人失去了影響力。希特勒於一九四一年六月入侵蘇聯後，許多最狂熱的年輕人（他們是突擊隊的主要組成）受到鼓舞，加入一個特殊的西班牙分隊以對抗蘇聯，多數人死於戰場。到一九四三年初，當事態明朗，看得出希特勒和墨索里尼終將戰敗時，佛朗哥便聰明地改弦更張，創建一個真正法西斯政權的願景也因此消失。[86] 到最後，佛朗哥是希特勒和墨索里尼唯一能在戰後保有權力的朋友。但話說回來，若第二次世界大戰的結局有所不同，若法西斯強權贏得戰爭，我們似乎可以確定西班牙會變成一個更完全的法西斯國家，而非一個略有改革、宗教上守舊的保守君主政體——佛朗哥試圖把這當作自己的遺產，但沒有成功。

當然，法西斯主義並不侷限於歐洲和日本。在世界其他地方，在墨索里尼的範例特別具魅惑力之處，法西斯主義也得到人們的欽慕和部分模仿。這是因為它旨在讓相對貧窮的國家，轉變成偉大的現代強權，又榮耀國族傳統，保護菁英免於社會主義革命的危險。細述其他許多例子會花太多時間，但我們可以再談談若干個案。

阿根廷：拉丁美洲版本的法西斯主義

從一九四三年到一九五五年，在胡安・裴隆（Juan Perón）統治下，尤其是其統治前期，阿根廷離名副其實的法西斯相去不遠。裴隆本人公開表示景仰墨索里尼和納粹德國，並嘗試建造一個社團主義國家。但相較於歐洲的法西斯主義者，他更關心如何真正改善工人階級。裴隆所支持的阿根廷工會運動，到今天仍相當感念他。因此，和法西斯義大利與納粹德國相比，裴隆的觀點在某些方面更為民粹，也更加敵視企業和地主菁英。在這層意義上，他更接近墨索里尼的法西斯主義（甚至希特勒的納粹主義）的原初衝動，而非那些掌權後模樣更一目了然的法西斯政權。[87]

法西斯義大利和納粹德國崩潰後，裴隆多少偏離了掌權之初的極權法西斯路線，但他從未完全捨棄其意識形態。對外國支配的國族主義怨恨，是其中一個主要成分。在當時的阿根廷，怨恨源自與英國有關的挫敗感：英國控制許多阿根廷的投資，又是阿根廷小麥和牛肉的主要進口者。民族主義和一種睥睨拉丁美洲其他地區的優越感，在當時被廣泛接受——不僅裴隆，他的敵人（懷抱同等的民族主義情緒）也是如此。天主教會起初是支持他的，但隨後便感到不安，因為裴隆及其富有個人魅力的妻子伊娃（María Eva Duarte de Perón）——大眾稱她作艾薇塔（Evita）——提倡一種神祕、情感強烈的獨裁者崇拜。教會最後變成裴隆的敵人，因為裴隆嘗試以對他本人的崇拜，取代對教會教義的忠誠。這讓人民開始反對裴隆，令軍方得以在一九五五年政變中推翻他。[88]

我們無須細述阿根廷的政治史，只要強調法西斯觀念對許多阿根廷人非常有吸引力。信仰暴力、偉大領袖崇拜、找尋自由資本主義和社會主義之外的替代方案、培養憎恨的國族主義……在拉

86. Payne 2008; Vincent 2009.
87. Rock 1993, 145–56.
88. Rock 1993, 149–83.

丁美洲其他地方，這些想法也有吸引力，但在阿根廷發展得尤為徹底。

阿根廷也有拉丁美洲最大的猶太社群，其右翼傾向則包含強烈的反猶要素，並拒斥啟蒙運動。一九四〇年代重要的民族主義理論家薩爾瓦多・費爾拉（Salvador Ferla）寫道，民族主義拒斥「始自笛卡兒，在康德身上達到高峰的現代謬誤」。他也譴責民主，說它是「猶太人的工具」，並高聲反對賦予女性投票權。[89]這不只是一名邊緣知識分子的幻想，而是阿根廷反啟蒙思想主流的一環。裴隆於一九七三年重返權力後發生的事，可說明此點。裴隆在一九七三年返國，年邁且行將就木，隨即由全然無能的妻子伊莎貝兒（Isabel）接班（伊娃已於一九五二年死於癌症）。伊莎貝兒在一九七六年的軍事政變中被推翻。接下來的軍政府，則採取過去法西斯政權許多同樣惡劣的觀念和作為。

軍方不是裴隆的工會之友，但他們殘忍、暴力、獨裁，敵視任何形式的啟蒙自由主義，且具備侵略性的民族主義。他們的主要智識月刊《教會堂》（*Cabildo*），支持天主教會的一個反叛性支派。這支派是由法國樞機主教馬歇爾・勒費弗爾（Marcel Lefebvre）領導，否定大屠殺的真實性，並拒斥一九六五年成為官方教義、第二屆梵諦岡大公會議（Vatican II）的自由改革。《教會堂》「將猶太人、馬克思主義者、佛洛伊德派、耶和華見證人、基督復臨安息日會（Seventh-Day Adventists）和摩門教徒的學說」視為敵人，換言之，即可能威脅到天主教會最反動要素的宗教霸權之類的東西。[90]軍政府發動內部戰爭，打擊任何可能的反對力量，凌虐、殺害成千上萬人，並在一九八二年與英國開戰，以實現對福克蘭群島的主權。[91]

知名的猶太記者雅各布・提默曼（Jacobo Timerman）遭到囚禁、拷打，他之所以能保命，純粹是因為他在國際上享有盛名，軍政府遭受要求釋放他的壓力。提默曼在回憶錄中寫下其經歷。他的獄卒說過這段話：

> 阿根廷有三個主要敵人：馬克思，因為他嘗試摧毀基督教的社會概念；佛洛伊德，因為他嘗試摧毀基督教的家庭概念；還有愛因斯坦，因為他嘗試摧毀基督教的時空概念。[92]

無須多言！全是這三個重要猶太知識分子的錯！

針對福克蘭群島——阿根廷人稱之為馬維納斯群島（Los Malvinas）——的行動領導無方，最後變成一場災難，統治國家的軍事集團也遭推翻。但阿根廷仍聲稱群島主權，並繼續推選裴隆主義者（Perónists）當總統。

作為反殖民知識分子靈感來源的法西斯主義

中東的阿拉伯世界也有仰慕法西斯主義的人。那些想將法西斯觀念與現代化阿拉伯民族主義計畫加以結合的知識分子，也對當地的政治進程產生極大影響。但我們必須非常謹慎，不要將所有型態的反自由主義，都貼上法西斯主義的標籤。如果這樣做，法西斯主義一詞可能會喪失其內涵。

重要的不是堅持找出一個適當標籤，而是認知作為法西斯主義基礎的那些理想，如何在極廣泛

---

89. 引自Rock 1993, 168。
90. Rock 1993, 227.
91. 《永遠不再》（*Nunca Más*）1986; Rock 1993, 224–31。
92. Timerman 1982, 130.

不同的案例中，產生很大吸引力。直至二十世紀中都被歐洲人殖民支配的地區，會出現帶著恨意和怒氣的民族主義，並與以暴力洗清既有腐敗政治體系（它被視為國族救贖的障礙）的欲望結合，是可以理解的。這種情感幾乎毫無例外地來自教育程度相對較高的少數人，但也吸引了運氣沒那麼好的大眾，以及因自己民族受欺壓而憤怒的年輕知識分子。因此，人們很容易如此主張：相較於未受教育的大眾，革命菁英可以更好地解讀國家的需求。正因如此，真正的民主是由菁英統治，因為這才是貨真價實的「民主」，勝過西方稱之為「民主」的腐敗與邪惡。這確實有法西斯主義的特徵，但也適用於共產主義和其他形式的獨裁民族主義。

阿拉伯民族主義漸漸發生轉變。從一九二〇和一九三〇年代，傳統菁英對歐洲殖民主義的抵抗，轉變為由受過西方教育的年輕人領導的運動，希望一方面對抗西方支配，一方面又使自己的社會現代化。儘管曾在利比亞犯下暴行，墨索里尼的義大利仍是一個顯而易見的模範。[93]從一九一八年戰敗到一九三〇年代成為強權，納粹德國的興起也吸引了日益增長的阿拉伯民族主義者。對一些人而言，希特勒似乎是個模範的民族主義者，可以動員其民族，成就偉大。[94]

阿弗拉克（Michel Aflaq, 1910-1989）是來自大馬士革（Damascus）的基督徒，在法國受教育。他在一九三〇年代末提出一套泛阿拉伯民族主義（pan-Arab nationalism）學說，這套學說在一九四七年變成了阿拉伯復興社會黨（Ba'ath Party）。等到阿拉伯復興社會黨於一九六三年控制了敘利亞和伊拉克，阿弗拉克在政治上已經頗為邊緣；但他仍在智識上鼓舞伊拉克的阿拉伯民族復興主義（Ba'athism），並以上賓身分死於海珊（Saddam Hussein）的伊拉克。阿弗拉克和阿拉伯民族復興主義者的意識形態，常被人貼上法西斯標籤，特別是那些樂於把阿拉伯民族主義對以色列（甚至普遍的猶太人）的恨意，與納粹做連結的人。[95]這樣做的問題，是把所有反以色列的阿拉伯人，甚或與此相關的穆斯林情感，都變成「法西斯」。

在之後關於伊斯蘭宗教基本教義派的章節中，我們會處理這個特別議題。但我們必須指出一點：把阿拉伯民族主義，與法西斯主義和納粹的種族主義相連結，雖非全無根據，但這樣一來，會忽略阿拉伯民族主義者何以如此討厭以色列的某些理由。

阿弗拉克最後的家園，也就是海珊的伊拉克，毫無疑問是邪惡、暴力、富侵略性的。伊拉克結合了某種國家主導但仍多多少少允許私有和腐敗的經濟，這正是歐洲法西斯國家經濟的特徵。它也將反以色列的阿拉伯民族主義，與只能稱之為種族性反猶主義的東西相混合。就如同運作方式相近、持阿拉伯民族復興主義的敘利亞，伊拉克的官方意識形態，取材自共產主義、好戰的第三世界主義，以及更古老的法西斯觀念[96]（關於「第三世界」一詞的起源和意涵，更完整的敘述請見本書第二章）。在二次世界大戰前，阿弗拉克對法西斯主義的仰慕顯而易見；他在後來修訂的作品中，刪去早先提到法西斯主義之處，但箇中觀念仍原封不動。[97]但這和歐洲法西斯主義一樣嗎？

華特・拉克在分析阿拉伯的反猶主義時寫道，「穆斯林的反猶主義，是阿拉伯在態度上敵視以色列的結果，而非其理由……在歐洲，猶太人的刻板形象是寄生蟲，但在阿拉伯世界……尤其是一九四八年之後，其形象則是侵略者、殺手和好戰分子」。猶太人先前被認為是軟弱、怯懦和卑

93. Ajami 1998, 224–25.
94. Dawisha 2009, 98.
95. 如Patterson 2011, 225–38。
96. Makiya 1989.
97. Makiya 1989, 223.

躬屈膝，這下子變得讓人完全無法接受，搶奪阿拉伯土地的可怕強盜。[98] 如果以色列不存在，反猶主義在阿拉伯民族復興主義和其他阿拉伯民族主義意識形態中，很可能不會扮演如此重要的角色。就連耶路撒冷的穆夫提（mufti，即精通伊斯蘭法典的學者）阿明・侯賽尼（Amin al-Husayni, 1897-1974），也因為敵視英國在巴勒斯坦的統治和猶太移民進入此地區，而走上這條路：他曾在二次大戰期間於德國負傷，得以與希特勒和其他納粹領袖對話，欲合作摧毀猶太人建立家園的可能性。[99]

拉席德・阿里（Rashid Ali）的情況也是如此。他是名伊拉克將軍，曾於一九四〇和一九四一年短暫奪得伊拉克大權。拉席德・阿里嘗試與希特勒結盟，以利驅除英國的影響，並公開仰慕納粹的軍國主義。當時其他很多伊拉克軍方人物都有此傾向，他們認為法西斯主義是個模範，可以清洗社會的腐敗，將社會從歐洲的支配中解放出來，加以整合並現代化。但在這之後，英國便入侵伊拉克，推翻拉席德・阿里的統治，復立一個親英的王國，直至一九五八年才被血腥推翻。[100]

類似的一連串事件，也發生於鄰近的伊朗。伊朗曾為李查汗（Mohammad Reza Pahlavi Shah）所統治。他是名軍官，在一九二五年自立為王（shah；大汗）；他建立的巴勒維王朝（Pahlavi dynasty），要到一九七九年其子被伊朗革命推翻才告終結。李查汗有意使伊朗現代化，一九三〇年代時，他越來越把德國當作其模範。納粹德國看起來相當現代、有秩序，也顯示獨裁比自由民主更有效率。尤有甚者，德國在當時也是與英國抗衡的砝碼，因為英國常規性地干預伊朗事務，並控制其石油生產。希特勒則認可伊朗在種族上屬於優越的亞利安人（伊朗和亞利安來自同一個梵文字，意指「高貴」），讓李查汗相當滿意受用。但隨著第二次世界大戰的爆發，德國在伊朗的強大經濟和政治影響力，對英國產生威脅；希特勒入侵蘇聯後，這種影響力也威脅到了俄國。蘇聯和英國軍隊在一九四一年九月入侵伊朗，推翻李查汗，讓他兒子繼位，並在戰爭期間有效地接管國家。就像在其他地區，法西斯意識形態在伊朗，也像是條有希望的途徑，可以促成快速的經濟發展，脫離歐洲殖民強權。[101]

簡言之，我們不能說中東所有曾採取若干法西斯元素的反殖民政黨和政權，都可明確地稱作法西斯主義者。但同樣無法否認的是，當我們觀察在一開始為這些運動提供各種觀念的知識分子時，他們很明顯受到了歐洲幾個重要法西斯強權的影響。

這顯然不僅是個中東現象，世界其他各處也值得留意。不消說，共產主義這種極端社會主義，以及歐洲的法西斯主義，對非歐洲世界的知識分子頗有吸引力。蘇聯就是個模範，從一個貧窮、邊緣的歐洲大國，讓自己改頭換面，變成一個好像可以效法的對象，展現如何回擊西方的偽善和支配。但義大利、尤其德國，還有德國的敵人、即英國與法國，也同樣如此——它們都是影響遍及非洲和亞洲的主要殖民強權。

到了一九三〇年代，世界各地已有許多運動，混雜了對共產主義者的仰慕和使社會現代化的法西斯策略。但對許多人而言，一旦結合國族驕傲，右翼觀點似乎更佳。除了我們已經看過的例子，在一九三〇年代中期以至後期，在土耳其和國民黨時期的中國，也可見對納粹德國的公開欽慕。[102]然

98. Laqueur 2006, 196–97.
99. Mattar 1988, 100–104, 140–53；亦見Segev 2000, 462–64。
100. Wien 2006; Makiya 1989.
101. Keddie and Richard 2006, 101–6.
102. Kirby 1984, chapters 5 and 6; Adanır 2001.

而，在二次世界大戰後，承認受到墨索里尼和希特勒啟發，已不再是件流行的事。法西斯主義背後革命且年輕氣盛的衝動，則成為左派，開始鼓舞第三世界。

重要的是，不管極左還是極右，二者的智識啟發，都極仰賴一些西方思想家。他們開啟了這些運動，其觀念可以輕易地為反殖民、現代化的民族主義做出變通。但到了一九五〇和一九六〇年代，則總是與左派聯繫在一起。[103]

第三世界的民族主義，以及支配中東多處、殘暴的現代化獨裁和軍事領導人，包括阿爾及利亞、格達費（Muammar Qaddafi）統治的利比亞、納瑟領導的埃及，以及阿拉伯民族復興主義的敘利亞和伊拉克，肯定從法西斯和共產主義者那裡取得許多妝點之資，但沒有完全變成法西斯主義或共產主義。他們都認為自己是左派，決心推翻腐敗的舊菁英，並對抗西方帝國主義，以色列則成為令人厭憎的其中一脈。這些第三世界主義者，也確實更進一步嘗試摧毀那些曾與歐洲殖民主義合作的舊菁英。但最終他們創造出自己的腐敗經濟菁英，行不通的自給自足經濟政策，以及讓許多人民轉而反抗的內部暴力鎮壓。他們全失敗了。[104]但此乃這些二十世紀革命政權的共同命運；無論左派還是右翼，他們太仰賴反啟蒙的觀念與實踐。

法西斯主義的哲學支持及其持續誘惑

乍看之下或許不明顯，但討論歐洲以外的法西斯和半法西斯主義運動，可以提供洞見，幫助我們理解德國法西斯主義一個很有爭議，又非常教人困惑的面向：它何以能吸引一些非常知名、傑出的知識分子。

我們其實不難理解，為什麼在一次世界大戰以前，會有這麼多不同意識形態立場的歐洲知識分子，對社會變遷感到極為灰心沮喪。物質上的福祉不斷提升，但伴隨的是持續增長的階級衝突；都市化和工業化，似乎在削弱傳統家庭和社群紐帶；更好的教育條件，讓更多人察覺到一直以來、甚或變本加厲的巨大不平等；傳統宗教似乎不再能就其效力提出解答，尤其是科學進展不斷地質疑宗教信條的價值；最後，以啟蒙運動許諾的事來說，它雖確實帶來巨大的科技進展，卻沒能建立任何趨近其普遍個人自由理想的東西。簡言之，現代化並未實現其諾言。

針對反動現代古典啟蒙自由主義的政治回應，赫胥曼找出三個巨大浪潮。第一個是反對法國大革命的過激行為；第二個是此處所要談的，在十九世紀末，抨擊現代化和工業化帶來的社會變遷和民主化；第三個則是一九八〇年代開始，對貌似過度官僚化的西方福利國家提出反彈，並持續反對日益增強的全球化。[105]十九世紀末的版本（和今天一樣），既有左派因子，希望走向更平均的社會主義，也有右派元素，欲拒斥現代性中最教人不安的那些影響。此即為什麼在最一開始，法西斯主義的根源便如斯坦海爾所說（之前已提及），是「非左非右」的。

第一次世界大戰只會加劇對自由啟蒙運動的幻滅。進步與自由，並沒有成功預防這場巨大、毫無意義的悲劇。在歐洲，反動一方的不滿人士很快便發現，保守勢力是其潛在盟友，因為他們拒斥社會主義和共產主義，認為二者都是外來和反民族的力量，從階級衝突中獲得養分，而非專注於重

103. Kautsky 1967.
104. Malley 1996, 168–203; Dawisha 2003, 214–313.
105. Hirschman 1991, 3–8.

建統一和保存國族傳統。部分知識分子既是民族主義者，亦敵視激進社會主義觀念和失敗的自由主義，但認為無法回到過去那樣，較簡單、宗教性和保守地信任傳統統治者和菁英。對這些知識分子來說，最終成為法西斯主義的那個東西，是他們所樂見的解決方案。它結合反動回應與大眾訴求，但不為腐敗的民主背書。它反社會主義，在理想上又欲提振所有經濟階級的總體福祉和統一。它訴諸年輕人的熱情，以將國家從迎合潮流和無能的政客手中拯救出來。

這和後來導致第三世界主義運動的那些情感一樣，相當廣泛地吸引了歐洲之外的革命知識分子。他們也在為一個相似問題尋求解答：當啟蒙運動自由主義似乎不再能提供一個好的答案，究竟要如何處理現代性的種種矛盾？對此，極左的共產主義，極右的法西斯主義，或二者的某種結合，看起來都相當可為。

這和卡爾・施密特（Carl Schmitt, 1888-1985）和海德格，兩位二十世紀最卓越的德國知識分子，有什麼關係呢？無論我們是否同意他們的意識形態，對他們來說，轉向法西斯主義是完全合理、有吸引力的選項。因為德國在一次大戰及戰後的失敗，讓他們感到深刻挫折和憤怒，而這些觀念似乎可以提供解決之道。在他們看來，共產主義太異國和國際化，與民族主義激情及其文化傳統相距過遠，無法提供解答。

施密特是法律學者，出色且有說服力地抨擊了一次戰後威瑪（Weimar）憲法的自由主義基礎。他說，協約國強加於德國的自由主義民主沒有效率，是外來的。它必須被一個可以引導德國重返偉大的強大國家所取代。對於施密特的取徑，德國歷史學家布拉赫（Karl-Dietrich Bracher）這麼寫道：「比較了一個在理論上理想化的議會民主，和威瑪共和權力的經驗後，他在多元民主內部建構出一個無法解決的矛盾，因而在最後回到初衷，為極權國家提供正當性基礎。」此乃「具災難性影響力的一條路」。[106]施密特敵視個人主義，並為現代生活的墮落、道德懦弱和物質主義感到憂慮。他寫道，「生命的價值並非源於理性能力；它起自戰爭狀態——人類受神話鼓舞而戰鬥」。[107]納粹甫掌權，施密特就加入納粹黨，並在一九三八年出版關於霍布斯的一本著作中說，「猶太人……觀察地上的人類如何殺害彼此。對他們來說，這種相互屠宰是合法且『可吃』（"kosher"，意指符合戒律）的。據此，他們食用被屠殺者的肉，並賴其維生」。[108]

奇怪的是（可能也沒那麼奇怪），對不少二次大戰後的左派反自由主義者來說，施密特變成他們的寵兒。如曾為新左派，現在只是反自由主義的季刊《目的》（*Telos*），便在一九六八至二〇一三年間，出版了七十四篇標題出現「卡爾‧施密特」的文章，和多份致力於施密特的專號。雖然承認施密特從一九三三年以來的納粹身分，但其中許多文章都多少為其辯解，並欽慕他對自由主義民主所做的批評。[109]

作為一名哲學家，海德格被視為二十世紀最有影響力的一位，這點尤其重要。海德格倡議一個更統一、強大的德國，對整個啟蒙運動抱持很深的敵意。對他來說，現代科技證明人類已經「淪喪其道」。[110]他可謂反啟蒙傳統的一環，即我們所追溯從反動法國大革命以至二十世紀的傳統。這和浪

106. Bracher 1995, 247.
107. 引自Holmes 1993, 42。
108. 引自Holmes 1993, 51；亦見本章開頭的引文。
109. 一個很好的例子見於issue 142, Spring 2008，尤其是Emden 2008。
110. Holmes 1993, 123.

漫派的德國神祕主義絲絲入扣，而這種神祕主義正是納粹的吸引力之一。[111]和許多在政治上稚嫩、缺乏經驗的知識分子一樣，就討納粹歡心以確保自己較佳的地位而言，海德格並不是特別成功，不過他仍是一名受尊敬且有影響力，並支持納粹的學術型哲學家。二次世界大戰後，海德格的看法並沒有多大變化，還認為「對歐洲文明來說，在技術化（technologization）和整齊大眾（mass leveling）的過程中，歐洲是被美國還是俄國所籠罩窒息，並沒有什麼差別」。[112]

因為海德格影響了二次大戰後世界各地的哲學，其納粹主義和反啟蒙著述一直充滿爭議性。舉例來說，他對法國思想帶來很大影響，特別是德希達（Jacques Derrida）。德希達是左派後現代解構主義的一位英雄，此思潮的核心是反對自由主義現代化和物質主義的後果。和另一位後現代主義英雄大衛・哈維（David Harvey）一樣，德希達極力將海德格的納粹主義，與他更「有用」的現代性批評拆解開來。[113]這並不是說德希達、哈維，或後現代主義本身就是法西斯（但後現代主義的某些開創者確實如此）。它點出來的，是面對自由主義和現代性價值時，反啟蒙懷疑主義所具有的持續吸引力。在一個系統性消解這些價值的文化氛圍中，一旦反啟蒙觀念成為政治行動的基礎，便可能帶來駭人結果。

在此要說的，不是如施密特和海德格這樣的著名知識分子形塑了納粹主義。所有型態法西斯主義的思想基礎，早在這些人動筆前便已奠立。應該反過來說：他們的著述，有助納粹在外貌上取得更強的思想合法性。更重要的是，儘管施密特和海德格才華洋溢且學識淵博，他們卻受到希特勒和納粹主義的誘惑，並成為其代言人。對此，我們不必完全認同費伊（Emmanuel Faye）的論點；費伊嘗試說明，海德格的哲學成就和施密特的法學造詣，並不妨礙我們同意他的這個結論：

> 我們必須留心，在法學「淵博」和政治「視野」的面具背後，施密特的著作標誌了正義之死……而在哲學的「偉大」掩蔽之下，海德格的著作瞄準的，是哲學的毀滅與人類意義的根除……他們所拚命的目標，是根絕哲學所貢獻的所有思想與人類進步。[114]

這裡的危險之處，並非反啟蒙觀念沒有道理。正好相反。當這些觀念開始變成拒斥啟蒙運動的基礎，無論不流於庸俗化和簡化地加以詮釋有多麼困難，都會產生深遠影響。這些觀念的原始型態，可以魅惑最淵博和有影響力的知識分子。其簡化版本，則能吸引更多的人。自由民主制度的領袖太易犯錯；許多人已認清這些領袖的無能、腐敗及其不良決策。我們不應低估前述觀念對這些人的吸引力。但更為關鍵的，是切記我們必須嚴肅分析各種反啟蒙意識形態，並投以同樣博學和具說服力的論點。若非如此，這些觀念會毒害一整個時代，就如它們在二十世紀前半於歐洲多處，並至今持續在世界各地所為那樣。

---

111. Gray 1996, 133; Berlin 2002, 206–7.
112. Bracher 1995, 210.
113. Harvey 1990, 207–10; Faye 2009, 171.
114. Faye 2009, 322.

第六章

基督宗教的基本教義派：美國的上帝政治

他又對他們說，你們往普天下去、傳福音給所有受造物聽。信而受洗的必然得救。不信的必被定罪。信的人必有神蹟隨著他們：即奉我的名驅趕惡魔，說新方言。他們手能拿蛇；若喝了什麼毒物，也必不受害；手按病人，病人就必定康復了。

——〈馬可福音〉（Mark），16:15-18

他們時常聽聞，轉化是個力量巨大的工作，它向靈魂展現的，是人和天使都無法給予的堅信。但在他們看來，這些東西極為簡單明白、合於理性，任何人都能看見。

——強納森．愛德華茲（Jonathan Edwards），
《上帝神妙工作的忠實記述》（*A Faithful Narrative of the Surprising Work of God*）

在沒有很久以前，現代性曾意謂上帝最終的消逝遠去。在十九和二十世紀，現代西方社會越來越世俗化、面向此世，科學也建立在演化的基礎上，確信智人來自一個更為原始的祖先。現在我們已知道，上帝並未真的遠去。事實上，在很大程度上，我們看到的是相反發展。不僅宗教本身，武斷、基本教義派的宗教也興起了，並散播至世界各地，包括中東、非洲、南亞、以色列，當然還有美洲。這可能讓某些人失望，而讓另一些人欣喜。它是個不容否認，二十一世紀的一個真相。

在現代世界的形成過程中，作為一種觀念的上帝已扮演其角色，儘管不是到哪裡都受人歡迎。此時此刻，關於信仰在社會中角色和地位之爭鬥，其迫切程度絕不下於過去二百五十年間的任何時候。在美國（遠過於其他任何進步國家），保守的宗教信念，尤其是福音派新教及其旁支基本教義派，從十八世紀中期以來，便一直是意義、制度建設和政治參與的重要源泉，目前也看不到終結的蹤影。新教是基督宗教中最有活力、成長最快，在政治上又最為複雜的一環，特別是以《聖經》為神聖真理，突出靈性「重生」（"rebirth"）之必要性，並強調拯救所有個體的支裔。確實，若視之為整體，新教在神學上的保守面，已轉化為一種全球信仰，在發展中國家擁有數億新信徒。

澄清一點至關重要：基督教福音主義和基本教義派，並非同一個現象的兩種稱謂。二者都極力強調個人的轉化（「重生」的經驗），強調基督在十字架上犧牲，強調必須依福音書的原理生活，並將其益處傳給其他人。然而，基本教義派的傾向，是對《聖經》字面上的真理不容妥協，並認為其他宗教毫不可信、沒有價值。他們否定大量的現代科學，並將其置於各種末世思想中；這些末世思想建立在一個神聖的開展上，其中關鍵事件是基督的第二次降臨。有些宗教史學者主張，基本教義派是一種好戰和反現代的新教，將自身與基督宗教的其他信仰區別開來。[1] 但如馬丁・馬提（Martin Marty）等其他學者所指出的，基本教義派是個於一九〇〇年代早期出現的信仰，我們更應該將其視為現代主義的一個分支，旨在根據過去的神聖世界意象，重塑社會的方方面面。[2]

基督教基本教義派，是更巨大的福音信仰的一個支脈。大體而言，在革命之前的美國，福音派已包含了極為多樣和適應力很強的信念。在二十世紀，作為一種嚴格的宗教信仰（尤其是在南方），它日漸成為都市智識菁英所批評的對象，造成憤怒與排拒；基本教義派的元素因而滲透進福音派社群的許多方面，致使我們越來越難在二者間劃出一道清晰界線。隨事態發展，這在政治場域尤其如此。在此，保守的福音派與基本教義派，已成為親密夥伴。但我們也將看到，更廣大的福音派社群，已經往許多不同的方向發展，其中包括與基本教義派觀點相對，維持更進步傳統的那些路線。

「福音」（“evangelical”）一詞來自希臘文euangelion，意指「好消息」。這裡的「消息」，指的是《新約》的《福音書》，以及耶穌基督為所有罪人帶來救贖的可能性：欲獲得拯救，須在耶穌的憐憫與饒恕中重生。最先在著述中廣泛使用「福音」一詞者，是激烈如火的馬丁・路德（Martin Luther）。他使用這個詞，是為了將新教從羅馬天主教及其巨大邪惡中做出區別。它後來還包含了這樣的意涵：服從《聖經》，以之為最終權威和個體虔誠的核心。最重要的是，它意指通過在基督中重生，以達到靈性更新（spiritual renewal）。這是信仰的骨幹，在此之外，信仰的血肉則有各種多變型態。[3]

---

1. Marsden 1991.
2. Marty and Appleby 1992.
3. Marsden 1991.

我們所知的福音主義，其神學起源可追溯自十七世紀後期的德國，就在三十年戰爭之後不久。它起自虔敬主義（Pietism），其肇端者施本爾（Philipp Jakob Spener, 1635-1705），是名沉靜的路德派人文學者。施本爾不是路德和宗教改革的普通產物。他認為至要之火已經消逝，教會（特別是路德教派）已習慣於世俗權力死氣沉沉、時常腐敗的禮儀，迫切需要進行更新與清洗，因此亟需革命性的改變。[4]

如施本爾所述，虔敬主義強調了四個主要需求：對《聖經》進行逐字逐句的字面閱讀；傳教工作；虔敬的生活方式；以及最重要的，賦予充溢激情和情緒之重生經驗一個核心角色——它完全屬於個人，不假牧師的見證或指引。最激進的一個面向是，它要求「普世祭司職」（"universal priesthood"），接受一般信徒的傳教。這樣一來，他們取消了牧師和教派作為靈性領袖的最終權威。施本爾也支持小型的《聖經》團體，以自行研究和討論聖典，並倡議將傳教事業擴張到新教群體之外。這些觀念摒棄了體制化路德教會的大量內容。對既有宗教權威如此缺乏敬意，讓虔敬主義的信徒在德國諸邦遭到迫害。確實，就數字上來說，此運動從未真的非常壯大。但其影響得以擴散，先是傳播至德國的其他地區，再進入瑞士、丹麥和波希米亞（位於捷克西部）。到了十八世紀初，此運動的代表人物先移居到英國，再遷徙至美洲殖民地，並產生波瀾壯闊的結果。

背景與脈絡

今天的基督教基本教義派，有著一個貨真價實的全球脈絡。其傳教士取得極大成就；或者說，在那些宗教傳統和美國完全不同的國家，基本教義派的觀念吸引了非常多追隨者。在二十世紀頭幾年，絕大多數的新教徒住在美國、加拿大和歐洲。到了二〇一〇年，至少有六七%的新教徒居住於世界的其他地區：三七%的人居於撒哈拉以南的非洲，一七%在亞太地區，一三%在拉丁美洲。[5]一九七九年的《耶穌傳》（*The Jesus Film*），是一支關於基督生平與死亡的影片，後來重製為DVD版本，並可於網路上取得。它可能是歷史上最廣為流傳的電影，被翻譯成超過一千一百種語言（見http://www.jesusfilm.org/）。這些語言中，絕大多數是非書寫的地方口語，DVD則是此努力的一環，欲將《聖經》翻譯成所有既存的語言。

從一九八〇年代以來，基督新教是全世界成長最快的信仰，毫無疑義。但這種成長，壓倒性地集中在五旬節派（Pentecostal）和靈恩派（Charismatic）上（現在已經超過五億五千多萬人）。他們有著特別豐富，過去稱作「宗教狂熱」的要素，也就是情感迸發和超自然主義。他們和基本教義派有許多相同之處。他們都強調這些東西：聖靈充滿；在不同程度上，以神聖治癒的形式出現之神蹟和徵兆；可以說方言（言語不清）；預言能力；奇蹟（上帝的主動和立即之手）；以及《聖經》的字面詮釋。西方的批評家都想知道，這些「落後」和「倒退」的教派，何以能產生這麼強大的吸引力。一種解釋主張，超自然主義很適合撒哈拉以南非洲地區的萬物有靈論（animistic）傳統，其本質本來就是反現代的。但其他人如菲利浦・詹金斯（Philip Jenkins），則有很不一樣的看法。他認為在非洲國家，《聖經》不是一部關於古代故事和遙遠歷史的文本，而是當下活生生現實的映照。[6]《舊

4. Stoeffler 1965; Noll 1992, 2010.
5. Pew Forum on Religion and Public Life 2011.
6. Jenkins 2002.

約》描繪了一個部族和血祭的世界，有著族群忠貞和復仇，以及長期戰爭和野蠻的正義。對數百萬非洲人而言，這些是他們第一手直接經驗的事物。

那基督教福音派是否也有某些現代化面向呢？釐清某些歷史，有助於理解這個問題。非洲和拉丁美洲的絕大多數暴力和苦難，源自於不平等、貧窮、腐敗，以及可追溯自殖民甚至前殖民時期的權力競逐。在這些地方，福音派提供了一個混雜各種希望的目標。新教派中最廣為流傳的五旬節主義，一直在要求社會與政治改革。其牧師鼓勵自我成長、改善經濟、反對腐敗，並幫助貧困者。我們可以看到救助病人的醫療福音主義；幫助全人的總體福音主義；以及關注兒童與教育的福音派非營利組織。但也出現了針對同性戀者的暴力行為；譴責使用保險套；拒斥家庭計畫；以及不接納穆斯林，令伊斯蘭教和基督教間的皈依競爭激烈凶暴。和基本教義派一樣，許多全球南方（Global South）的牧師覺得，《聖經》應成為塵世的法律；以「律法書」聞名的《舊約》前五章應用以指引法律體系，因為它們包含上帝透過摩西所授予的規則。舉例來說，通姦應懲以監禁甚或死刑。皮尤研究中心（Pew Research Center）在二〇〇六年，針對一百六十六個不同國家進行調查，其結果顯示，這些牧師認為世俗化、消費主義和大眾文化，是全體人類所面臨的最大威脅。[7]

就美國來說，學者如馬克・諾爾（Mark Noll）、喬治・馬斯登（George Marsden）和凱倫・阿姆斯壯（Karen Armstrong）都強調，保守的福音派和基本教義派非常現代，而且不大可能消失。[8]這些信仰教派是專家，可以利用媒體來達成其目的，並從募款以至連記投票（block voting），進一步採取許多有組織的政治行動。尤有甚者，在他們這麼做的同時，主流新教教會的成員人數正逐年減少，美國年輕人（十八至二十九歲）選擇不信教的比例，也從一九七二年的一二％，猛增至二〇一〇年的二六％。有的人可能會想，這種信仰衰落也會削弱保守新教徒的地位，但事實不然。傾向基本教義派的福音派，包括巨型教會（megachurches），其成員人數是增長的。到了二〇一〇年，其整體比例還增至所有美國新教教會的五五%。[9]如今，數千名牧師有著自己專屬的會眾，提供「個人」版本的福音派／基本教義派學說和實踐。從電視福音布道（televangelism）到網際網路，對通訊科技的高度使用，為上述社群的繁衍起了極大幫助。確實，大量的網站、部落格、郵寄清單（listservs）、光鮮亮麗的期刊、行動應用程式（app）、禮品店等，清楚說明了一點：傾向基本教義派的福音派，成功地讓自己變成上帝話語的科技專家。

但這裡需要暫時打住。即便他們如此善於運用科技，美國的許多保守福音派人士，和幾乎所有的基本教義派分子，都摒棄催生那些科技的這個社會。所有這些群體中最大者，人數多達數千萬，包含一個非常有影響力的反動政治團體，拒絕接受現代西方社會的許多自由，即便他們其實受益於其他各種自由。事實上，「拒絕」一詞尚不足以準確捕捉其意。基本教義派甚至否定這些自由的有效性，並時常指責它們應為西方的道德墮落負起責任。這些信徒在二十世紀末和二十一世紀初，對美國的政治和社會生活產生顯著影響。這反映了一個明確的難題，和許多至關重要的問題。

肇端：虔敬主義在美國的力量

當虔敬主義傳入新拓墾的美洲時，循道宗（Methodists，即衛理教會）、浸禮宗（Baptists）、長

7. Pew Forum on Religion and Public Life 2011.
8. Noll 1992; Marsden 2006; Armstrong 2000.
9. Pew Forum on Religion and Public Life 2011.

老教會（Presbyterians）、公理宗（Congregationalists）和其他支派，都如飢似渴地採納福音話語。它在一七三〇和一七四〇年代靈性迸發的大覺醒運動（Great Awakening）中，點燃了熊熊大火。這裡的「覺醒」一詞，指的是宗教激情的振興。它從一七三〇年代到一七七〇年代，透過一連串脈動，襲捲殖民地長達四十年。這股熱情最初以新英格蘭地區為中心，再擴散至中大西洋和南方的殖民地，最後則在對抗君主制和聖公會英國的革命激情中，發揮了作用。它起初是地方性和偶發的，是一連串情緒張力很強的重生事件，如強納森・愛德華茲（Jonathan Edwards, 1703-1758）在麻州北安普敦（Northampton）教區所看到的那般。

愛德華茲不是一般的牧師，他是那個世紀美洲最偉大的宗教知識分子。但他發現，自己面對那些重生事件時，混雜了喜樂、敬畏和焦慮之情，情感傾瀉已達頂點。認知自己的罪惡時，人們會陷入悲慘的沮喪狀態；擁抱耶穌的犧牲而感受到重生後，他們會飛升至渾身戰慄的狂喜。當時出現了神聖的顯靈和預兆，也看到一些教民尖叫或神思恍惚，甚至在禮拜過程中亦是如此。這些都被說成是聖靈的傑作，慈愛地緊握住每個靈魂。愛德華茲目睹數十起這樣的轉化（其中包括孩童），並將這些事詳細地寫進《上帝神妙工作的忠實記述》（*A Faithful Narrative of the Surprising Work of God*, 1737）中。愛德華茲認為，在這種情感迸發過去後，他有必要將其記錄下來。在他的教區，這股激情在數星期後，相當突然地黯淡下去，因為當時有人自殺，社群的氛圍倏地冷清。

但這個運動持續發展，在一七四〇至一七四一年喬治・懷特斐（George Whitefield, 1714-1771）從英格蘭來到美洲後，更燃起燎原大火。二十出頭的時候，懷特斐便已經是第一流的演說家，也在美洲證明了此點。他在曠野空地、市政廳和教堂等處向數千人宣講，是第一位轟動全國的講道者。他的訊息總是簡單直接：在上帝眼中，所有人、所有個體都是罪人，可能會因其塵世的行為而下地獄，或透過基督亦即上帝的恩典和愛而得救。他傳達這個訊息時妙語如珠、出口成章，即便如休謨和富蘭克林這樣的懷疑論者，也全然為之著迷。富蘭克林在《自傳》中寫道，自己曾為懷特斐的一次布道所傾倒，即便萬般不願，當奉獻盆傳到他這兒時，還是掏出了口袋的每一分錢。[10]懷特斐的影響力，常常因有技巧的宣傳和當地報紙廣告而增強，這是宗教文化的一個顯著革新，直至二十世紀仍一再被採用。搶著聽懷特斐布道的群眾，遍及所有背景、年齡、種族和教派，有富人也有窮人，包含有受洗和沒受洗者，也包括土生土長的本地人和移民者。[11]在十八世紀的美洲，唯有在這個場合，「人民」才有這般露臉的機會。

因此，福音主義在美洲殖民地的開端，和在歐洲完全不同。在歐洲，福音主義一開始是私密的，擴張緩慢，後來又遭到迫害。在新英格蘭和後來的中大西洋地區殖民地，最初的福音主義是個草根性運動，由具創業精神的溝通者所領導。它何以成功？歷史學者點出了兩個觀念。第一，美洲成為上帝選中的應許之地，是新的以色列（New Israel），美洲人因而在神聖計畫中扮演了一個更重要的角色。第二，在這個新的以色列，所有男女和孩童，無論其背景和種族，在基督之前都是平等、可以得救的。[12]

這一切如何與革命背後的共和價值，也就是美洲啟蒙運動有所互動？我們也許可以猜想，它們相當樂於共享若干觀念。關注個體靈魂和拒斥教派的至高地位，意味著啟蒙自由主義和福音信仰甚

10. Noll 2005, 2010.
11. Maxson 2006.
12. Miller 1953; Cherry 1998.

可相容。這麼說並不過分：在新共和國的早期階段，當政府機構還為數不多時，啟蒙理想和福音主義實踐的混合，是新社會的一個重要組成部分。[13]

如之前所說，宗教共和主義有一相伴觀念，以推動其大業。打從登陸詹姆斯鎮（Jamestown）和普利茅斯（Plymouth）開始，美洲作為上帝應許之地的敘事，便是信徒間的重要話題。[14]在十七世紀和十八世紀初，當時最卓越的清教徒因克瑞斯・馬瑟（Increase Mather）及其子柯頓（Cotton Mather），便把這種情緒寫進它們的著述裡。強納森・愛德華茲在其著名的布道〈後期的榮耀或將始於美洲〉（The Latter-Day Glory Is Probably to Begin in America, 1745）中，認為大覺醒運動彰顯了這點：

> 這個上帝聖靈的工作如此卓越美好，是那個輝煌工作的曙光，或至少是其序曲……聖典中極為頻繁地預言此事——其進展與結果，將會更新人類的世界……從許多事可知，這項工作可能將從美洲開始。[15]

因此，美洲是上帝選中之地，由此開始最深刻的靈性更新。隨著革命逼近、戰爭爆發和最終的勝利，美洲具有神聖天命的主張甚囂塵上。這個想法極為平常，以至於華盛頓認為有必要把它放進一七八九年的就職演說中：「沒有人能比美國人更堅定地承認和崇敬那看不見的手，也就是掌管人類事務的上帝。美國人在邁向獨立國家的進程中，似乎每一步都有某種天佑的跡象。」[16]

因此，福音派成為這個美國宗教民族主義的根柢與分支。他們注意到，上帝出現在《獨立宣言》中，但沒有出現在憲法裡。此外，雖然傑佛遜認為基督是個偉大教師而非神靈，又厭惡超自然主義，甚至拿刀片把《新約》裁開，重新編排一個自己的版本，但在粗暴的一八〇〇年大選中，福音派仍大多把票投給了他。何以如此？他們受傑佛遜吸引，正是因為其政治語言中，帶有他們所喜愛的靈性意涵。傑佛遜反對獨裁的約束、反對歐洲對宗教自由的限制、反對任何單一教派的統治。他也支持這樣一種想法，即世俗權利與權力都來自上帝，並極其肯定地擁護個人責任。[17] 如同他們轉向自由以拒斥舊世界那種教會暴政，福音派也對約翰・亞當斯（傑佛遜的對手）的形象心生反感，因為聯邦黨人成功地把亞當斯與國教會和力量強大的中央集權政府連在一起。

傑佛遜卸任後，福音派因為教會與州分離的爭論，進一步向共和黨靠攏。因為第一修正案僅適用於聯邦政府，而非州政府；在新英格蘭的許多州——佛蒙特（Vermont）、康乃狄克、新罕布夏和麻州——公理宗仍是實際上的官方宗教，得到地方稅金的支持。為了從多數的聯邦黨人手中奪得這些州，共和黨人運用傑佛遜關於宗教自由和自決的語言，讓宗教脫離州的控制變成一個火熱議題。這個策略極為成功。到了一八一八年，佛蒙特、康乃狄克和新罕布夏都已政教分離，麻州也在十五年後跟進。

然而，我們如果根據上述，以為福音派也有宗教與政治連結變弱的現象，那便大錯特錯。正好相反。在很大程度上和各種方面，以視野而言，福音派打從一開始就是共和主義者（但反之未必如

13. Marty 1989; Noll 2005; Howe 2007.
14. Hall 1990.
15. Edwards 1839, vol. 1, 381.
16. Washington 1997, 731.
17. Noll 2010.

此）。就此而論，他們不僅和其宗教先驅清教徒不同，也有異於歐洲及其信仰傳統。福音派是信仰觀念的革新者，原創性毫不遜於美國的開國元勛。

十九世紀的福音主義

到了十九世紀的頭十年，美國福音主義的所有元素皆已就緒。十七世紀虔敬主義創始者施本爾的宗教理想，已經找到一個最佳歸宿。但這個歸宿後來也分化了，與自身相悖。信仰與政治，亦即聖典文字和世俗啟蒙運動，分離成兩個巨大領域。一開始的時候，這個和諧是貨真價實的。但在之後數十年，因為第二波復興的傳播，以及奴隸制議題益發帶有宗教意涵，這個和諧開始淡化和消失。

新復興又被稱為第二次大覺醒（Second Great Awakening），從一七九〇年代起可發現其蹤跡，特別是在南方。到了此時，上教堂人數已經下滑，人們關心的主要是物質和經濟問題。復興的起點，是特定教派嘗試提振他們的成員人數。但要到一八一〇年以後的數十年，尤其是傑克遜總統任內，這個新發展才會在全國各地綻放——因為傑克遜總統任內有著激烈的政治衝突、暴力，以及帶來廣泛不確定性與不安的早期工業化。

和一七四〇年代的先驅一樣，第二次大覺醒也是個草根和靈性運動，致力於轉化，由巡迴布道者所推動，其中許多人發展出極富魅力的演說能力。循道宗和浸禮宗是最主要的群體，迄一八四〇年，已增加數百萬新成員。而隨時間遞移，浸禮宗越來越將重心放在南方。不過，這個現象其實高度地跨教派，往往是地方性的，其中若干最有活力和影響力的領袖，還脫離最初教派，以追求拯救靈魂的新途徑。這有助於讓第二次大覺醒，成為凡俗布道者和非官方組織的運動。在國內，數千人涉險進入南北方的鄉村地區、西部邊境的拓荒聚落和東海岸城鎮進行傳教。根源於這樣的志願和自薦，有的學者把這場復興詮釋成「美國基督教的民主大眾化」。[18]然而，我們也可以從另一方面加以理解：它是美國最廣泛流行的新教本土化（nativization）運動。即便不是國家宗教，福音派新教卻成為全國性信仰。它和政治的糾葛從未遠離人們目光，還時常公開可見。這可見於當時的許多語言表述中。如萊曼・比徹（Lyman Beecher），當時一位靈性領袖，便說那些新的布道者和志願組織是「道德的民兵」。[19]

受到比徹和其他有影響力的開路先鋒、尤其是查爾斯・芬尼（Charles Finney）所啟發，這場新運動非常嚴肅地看待其任務，也就是將社會打造成虔敬生活的體現。這包含為所有個人提供靈性關懷，無論男女、黑人或白人、貧窮或是富有、受過教育還是目不識丁。拯救靈魂也意味著保存自由，雖然這在南方和北方的意涵並不相同。到了一八三〇年代，在所有層次的政治過程中，福音派都極為活躍。福音派形塑公眾意見的力量，與他們利用和發展新通訊形式有很大的關係。印刷技術的進展，讓書刊、報紙和福音傳單的生產變得更為迅速、廉價，並很快地促成雜誌、週刊、手冊等媒介的蜂擁出現。一七九二年的《郵政法》（Postal Act）建立起現代郵政系統，為報紙提供特殊費率，並使郵局數量大增，從最初不到兩百間，到一八三〇年成長至將近八千間，且都由政府買單。

福音派把這些都變成自己的優勢。教師、牧師和家長在每一個社區建立主日學（Sunday school），並興辦組織，發送《聖經》到所有城市、農場和邊疆城鎮。全美的福音出版組織聯合地方

18. Hatch 1991.
19. Howe 2007, 167.

社會，開始創設自己的報紙，並有系統、廉價甚至免費地發送宣傳冊、手冊、雜誌與《聖經》。在許多方面，這是美國大眾媒體的真正開端。[20]但這也意欲以耶穌之名，擴大識字能力和自主學習。這個努力極為成功，其傳教工作非常熱烈且廣泛，以至於到了一八五〇年，有四〇%至五〇%的美國人（包括許多政治人物），都隸屬於福音派教會，而南方各州的人數遠過於北方。[21]

對二十一世紀的讀者來說，這個時代呈現一個非常醒目的事實。十九世紀的絕大多數時候，特別是南北戰爭前，福音派在美國，是社會上最進步，最具成效的改革者。最極力敦促美國擴大自由、保護一般人民的，不是社會主義者或烏托邦主義者，也不是自由派的輝格黨人甚至勞工政黨，而是宗教上覺醒的福音派人士。福音團體在一八〇〇至一八七五年間擁護的諸般目標，會讓今天的自由派不安於其席位：其中包括廢奴、女權、扶貧、防止家庭暴力、禁酒（以應對暴力和破碎家庭）、改善工作條件、減少死刑、妥善治療精神病患者和酗酒者、改進環境衛生、普遍教育等。福音派為社會上被蹂躪的人而戰，為窮人和無依無靠者而戰，為病人和受奴役者而戰；在工業猛進和城市膨脹的美國，這些人的數量已巨幅成長。福音派努力賦予富人良知，並嘗試迫使政府為所有公民擔起責任。衡量其成就的一個指標，是滲透進政治演說中的宗教內容：它們包含《聖經》引文，而且經常帶有正義熱情與改革論調。[22]

復興的目標，一向是要建立一個基督教社會，而政治是一個手段。這個社會要由守紀律和有道德的個人組成，自由地在基督中結合，也因此是在向上提升的社會行動中結合。從歷史角度論，這將是歐洲前所未見，全然不同的一種宗教社會。亦即信仰和國家分離，每個人都可以按其所欲，從新學院和大型的反奴隸協會，到循道宗的小型聚會（類似施本爾提倡的《聖經》研讀團體），自由地打造任何型態的虔敬組織。然而，考慮到工業社會的殘忍和不平等，欲拯救美國社會，便須從政治和法律上進行改革、重拾活力。如托克維爾所言，這項天命感召，是要創建一個「仁慈的帝國」。[23]

但仁慈總有另一面。宗教熱情的興起，伴隨的是可資利用的敵人。福音派把一八四〇年代和一八五〇年代，從愛爾蘭移民來的大批天主教徒（這些人苦於愛爾蘭大饑荒，和國內持續不斷的壓迫和貧窮問題）視為重大威脅，宣稱他們「非美國」（"un-American"），是國家的危害。福音派採取傳統清教徒的懷疑論，認為天主教徒只忠於「羅馬之王」（即教宗），並把這種不信任轉譯成對美國民主平等和個人自由等價值的威脅。面對大批移民，福音派在重新定義「美國性」（"Americanness"）的過程中，扮演一個核心角色。晚至一八三〇年，美國超過九八%的非奴隸人口都是本地出生，白人占壓倒性多數，而且是新教徒；這個情況之後便開始快速改變。[24]在本土主義（nativism）的醜陋轉變中，福音派站在第一線的位置。他們不僅敵視天主教徒，也反對非新教徒的新移民和摩門教徒（Mormons）。摩門教信仰本身，其實是第二次大覺醒運動的產物。另一個帶有破壞性的面向，直接來自宗教熱情和政治的混合。這經常讓妥協成為不可能之事。政治議題變成道德聖戰，反對者被說成心腸惡毒的叛教者，違背上帝與憲法。[25]辯論變成有義者和罪人之間的象

---

20. Nord 2004.
21. Marsden 1991; Hatch 1991; Noll 2005.
22. Howe 2007.
23. McLoughlin 1980.
24. Howe 2007.
25. Goldfield 2012.

黴性戰役。根據其宗教資格，公職候選人不是得到洗禮，就是受到譴責。而奴隸制問題，變成一種進行評判的終極指標。南方認為奴隸制得到《舊約》的認可；北方則依據《新約》，將其視為「主眼中的可憎之事」。到一八四〇年代，福音派自身分化成地區性派別：奴隸制使北方和中西部的循道宗、浸禮宗和長老教會，與南方有所分別（教會領袖在南方經常是奴隸主）。一八四五年時，浸禮宗在喬治亞州的奧古斯塔（Augusta）聚會，成立美南浸信會（Southern Baptist Convention），後來成長為擁有數百萬南方福音派人士的組織。因此，當時的宗教—政治氛圍，環繞著神聖的最後通牒。不管對信徒還是非信徒而言，神聖聯盟看來像是艘觸礁的船。這甚至可以在林肯一八五八年的知名演講〈分裂之家〉（House Divided）中見出端倪。當時他接受共和黨提名競選參議院，並直接黴引〈馬可福音〉（Mark）第三章二十五節中耶穌的話：

「若一家自相紛爭，那家就站立不住。」我相信這個政府無法在半奴隸半自由的狀態下長存。我不希望這個國家分崩離析——我不希望這個家傾覆——但我確實希望它終止分裂的狀態。……要不就是反對奴隸制的人遏止其進一步蔓延，讓公眾之心得到休息，相信奴隸制最終會走向滅絕；要不就是鼓吹奴隸制的人將其傳播四方，直至奴隸制從北至南，在新舊各州皆獲得合法地位。[26]

林肯暗示美國確實是上帝之家，但這個家的麻煩，已溢出政治之外，達到最高的靈性層次。南北戰爭對福音主義帶來什麼衝擊？這場衝突，的確涉及軍事、政治文化和宗教之戰。這意味著關於《聖經》、上帝，和上帝對美國的安排（design）等觀念之鬥爭。[27]在南方，福音主義是奴隸制的核心支持者。南方福音派相信，《聖經》的教誨主張奴隸是神聖安排的一環，尤其在美國。他們也維持自決（傑佛遜式的概念）、講榮譽的男性文化、騎士精神、父權制和暴力等原則。與此同時，北方的福音派認為，基督要所有人都是自由的，奴隸制則給美國打上一樁棘手的罪，必須清洗乾淨。唯有擊敗邦聯派（Confederacy），才能確保上帝的王國在人群間實現，美國也不會辜負其民主理想和基督教價值明燈的神聖角色。北方的勝利證實了這點。南方的福音派則認為邦聯是個重生，戰敗是種神聖懲罰，一種浴血的淨化。因此，戰爭既強化了福音主義，又使其進一步分化。如果說南方福音派退守至地方社群並抵抗變化，北方福音派則擁抱其勝利，視之為靈性與工業進展的徵兆。這個啟示說明美國得到進步的賜福，並邁向國家偉大的新時代。換言之，南方輸掉的，遠遠超過南北戰爭。此後數十年，南方放棄了美國現代化大戲過程中的任何中心角色，退守至一個有著神聖但破碎理想的過去。這是個貧窮、隔離和疏離的國度，全由宗教來賦予一種偏狹的合法性。[28]

但對黑人福音主義來說，情況並非如此。當南方經歷重建（Reconstruction），並產生更種族歧視的觀點時，黑人「得以掌控自己的宗教生活」，[29]建立非常多獨立且自力更生的教會，成為社區認同和支援的中心。黑人是兩次大覺醒運動的重要組成；十九世紀初時，也在白人的浸禮宗和循道宗教會中有一席之地。然而，在一八三一年奈特・杜納（Nat Turner）於維吉尼亞領導的奴隸暴亂後，

26. Lincoln 1858.
27. Rable 2010.
28. Howe 1991; Goldfield 2012.
29. Noll 2010, 336.

白人威權主義和排他主義又帶著報復捲土重來。黑人教會在城市地區持續成長，經常是由世俗的黑人布道者領導；地下或「看不見」的教會，則在大種植園地區發展。信念的重心是個人轉化，在上帝眼前所有基督徒平等，以及這樣一種承諾：有朝一日，上帝會賜福給被奴役者，給予他們自由。耶穌一開始是個救世主，但在南北戰爭前的那段歲月，演變成同樣受苦受難的人。因為多數奴隸不識字，對許多教會來說，《聖經》無誤（inerrancy），即《聖經》完全不會有錯的觀念，並非他們的核心原則。又因為白人在南方利用這種無誤觀念來正當化奴隸制，在北方則以其為據，視黑人為「上帝的小孩」（"God's children"），亦即較不夠格的公民，這個觀念一直相當邊緣。但在邁向二十世紀的漫長過程中，對許多美國黑人及其社群而言，福音主義確實是活力和正向分離的泉源，也是爭取自由和生存的一個關鍵力量。[30] 其中一個理由是，這和存在於白人社會中的信仰並不相同。南北戰爭後的數十年間，多數黑人仍居住在鄉村地區，尤其是在南方。這讓他們與國內其他地方發生的巨大變遷，保持了一定距離。

確實，到了一八七七年重建時期結束之際，美國已不再是個以農莊與田地為主的國家，而是點綴著城市與工廠。美國成為一個主要的工業國，社會中充滿廣大都市群眾和種種挑戰。數據可為這個歷史事實增色：一八三〇年時，美國人口為一千二百八十萬人，其中九二％住在鄉村地區。五十年後，人口已超過五千萬。到了一九〇〇年則有八千萬人，且超過三分之一居住在城市裡。[31]

新時代重塑了美國社會的許多部分。社會流動；世俗教育；與歐洲連結，引入更為世界性的時尚和心態；商業與金融擴張；企業的角色；以及科學與科技的地位……凡此種種，都是一八六五年後數十年間現代化的內容。對較大的福音派社群來說，面對所有這些發展，欲維持不變實在希望渺茫。這個新的科學時代，以及日常生活中許多面向越來越世俗化，讓福音運動又進一步分裂。在政治、文化、特別是宗教上，福音運動分化成三個廣大支派：自由的、保守的，以及未決的（undecided）。[32]

自由主義福音派以基督之名，試圖重振改革的傳統。他們為自己的努力，鑄造了「社會福音」（"social gospel"）一詞，進行組織並致力於減輕新都市中心顯而易見的種種失敗，包括從貧窮和疾病，到童工和酗酒等問題。

他們對進步抱持很強的信念，不僅視之為物質進步的指標，也認為這彰顯了靈性的提升。就他們的動機而言，後千禧年（postmillennialism）學說非常關鍵。這個學說主張，上帝的王國曾出現在人間，但並未徹底完成。因此，直到社會洗淨其邪惡前，基督不會再臨，天堂也不會向有義的人開啟。不過，自由主義福音派是接受現代科學的。尤有甚者，他們接受「高等批判」（"Higher Criticism"）。這是一種由德國學者發端，以語言分析為基礎的《聖經》詮釋。「高等批判」顯示，《聖經》乃經由眾手、歷經不同時期而成，是一種啟迪激勵的文學，而非神的口授。因此，這些自由派是現代主義者，不把《聖經》視作上帝絕對無誤的話語。他們將耶穌從天堂帶至人世，讓耶穌變成一個數百萬人間的道德領袖，甚至成為一個理想的美國人。亨利・沃德・比徹（Henry Ward Beecher）的《耶穌基督的一生》（*Life of Jesus, the Christ*, 1871），是一部得到廣泛閱讀和講授的作

30. Sernett 1975.
31. U.S. Census Bureau 2014.
32. Noll 2005.
33. Henry Ward Beecher 343.

品。他在這部書中，明確地表達了上述想法：

> 耶穌是個公民。他明白勞動的辛勞，飽受貧窮之苦的考驗，和來自實際生意行為的誘惑。在人群中，他過著天真清白的社會生活，有著活潑、隨和、最能贏得人心的本性。33

在充斥大量財富和不平等的時代，耶穌被轉化成一個平民，過著底層階級的生活。所以我們不應為此感到驚訝：在二十世紀初的進步運動（Progressive Movement）中，社會福音是不可或缺的一環。

保守主義福音派則否定並痛恨這一切。他們覺得演化論和地質史這樣的科學，是不可能且極其可恨的。但他們認為，更大的敵人是自由主義的新教徒，因為這些人詆毀真正的信仰，並帶來威脅，如疾病般傳播。保守主義福音派堅守《聖經》無誤論，將之視為信仰的必要條件（sine qua non），並認為高等批判尤其惹人嫌，是種有敵意且毀滅性的無神論。以人數論，他們在南方的浸禮宗和循道宗之間特別具優勢，但北方仍可發現其蹤跡。這些人當中，有許多受過良好教育的中產階級信徒，包括學者和其他宗教知識分子。他們也包含新近形成的聖潔運動（Holiness Movement）之成員。這個運動在福音主義原則之上，增添第二次轉化經驗（重生）的觀念，以淨化信徒所有未來的罪。二十世紀初，一個新的五旬節運動（Pentecostalism）脫胎於此，深深埋首於信仰治療、說方言（言語不清）、奇蹟的運作，以及其他顯示上帝直接臨在（immediate presence）的超自然徵兆。保守主義福音派並非全然無視新城市的問題，但其宗教意義的引導觀念，將這些社會的惡視為墮落和衰退的徵象。他們也抱持上帝的人間王國和第二次降臨的看法，但將其建立在這樣的預言上：文明的衰亡及其熾烈，乃終結於基督之手。我們稍後將會更詳細討論這個稱作前千禧年主義（premillennialism）的觀點，因為它對延續至今的保守福音主義而言非常重要。在此，我們只須先談一點：根據這個觀點，耶穌絕對不是一個平民，而是有著無限權力、嚴厲審判和終結世界力量的神祇。從抱持這些信念的福音派中，出現了一個最為好戰的群體，即基本教義派。[34]

鍍金時代是個轉捩點。從一八六〇年代至一八九〇年代，宗教在美國的地位，有著超乎預期的轉變。若僅用幾行字來評估轉變的程度，我們可以看看卡內基的著名文章〈財富〉（Wealth, 1889）。卡內基寫「關於財富的真正福音」時，鑄造了「財富的福音」（"gospel of wealth"）這個詞，希望可以說動其他的富裕階級（opulenta classis）。他的主張很簡單：獲取大量財富有一個神聖的任務，就是做慈善。為了改善社會付出大筆財富，會讓富人取得通往天堂的門票。有別於引述耶穌的話，這個觀念完全反轉了耶穌最廣為人知的一句名言，即「駱駝穿過針的眼，比財主進神的國還容易」（〈馬太福音〉第十九章二十四節）。對強盜般的資本家來說，天堂是開放且預備好的。他們萬事俱備，只欠慷慨的施捨。此外還有查爾斯・威廉・艾略特（Charles William Eliot）。他是位科學家，於一八六九年獲選為哈佛大學校長，結束了這所美國最古老大學兩百年來都由教會領導的局面。但艾略特不單只是新時代的象徵。他很快便著手改革哈佛僵化的課程，提升科學地位，創建新科系，以德國模式為據，將哈佛改頭換面為一個現代大學。過去是核心科目的宗教，變成了選修。艾略特後來又打造《哈佛經典》（*Harvard Classics*），是由從古至今的「偉大著述」（"great

34. Marsden 1991, 2006.

works”）中編選出的五十一冊選集。這套書出版於一九〇九年，在頭二十年內，賣出了三十五萬套。我們當然會期待其中包含《聖經》。確實如此，不過是片段零星的。這些片段內容與其他東西混在一起，包括儒家、佛教、印度教和伊斯蘭等宗教作品選粹。對現代美國心靈而言，《聖經》是「世界宗教作品」中的一項。

基本教義派的誕生：激進好戰的替代方案

因此，面對世俗主義和科學的新時代，某些憤怒好戰的反動回應，似乎是無可避免的。對那些生活與信念都浸淫在較傳統之福音主義中的人來說，這個時代太過快速、徹底地要求捨棄太多東西了。

置身於變遷的漩渦中，保守主義福音派緊守最力的，是《聖經》無誤的原則。這個原則由來已數世紀，現在則成為信仰的鐵閘門。放棄上帝話語的完美性，意謂捨棄一個神聖意涵與權威的領域，而這本來可以引領人度過紛擾、失去方向的時代。對自由主義福音派，如亨利・沃德・比徹，他們可以主張達爾文與牛頓發現了上帝運作的法則；但對保守派來說，這不啻是放棄了聖域。保守派認為，我們不可將〈創世紀〉視為故事或隱喻。科學不可成為《聖經》真理的替代方案。上帝的造物不能去靈性化，被貶損為單純的物質。天文學、地質學和生物學可以咆哮並聲稱其眾多發現，但只要與上帝的計畫牴觸，有違鐫刻在《聖經》神聖話語中的證據，這些發現就不是永恆不變的。

於此，我們可以看到其智識層次最高的回應。至遲到了一八八〇年代，仍有許多福音派人士置身於學術界，其中多數是在南北戰爭前養成的。在那個時候，科學仍是「自然哲學」，物種仍是上帝的創造而固定不變，地質學圈子外的人也還沒聽過達爾文的名字。但在充滿進步與發現的新工業時代，學術界的福音派認為，宗教必須如普林斯頓神學院（Princeton Theological Seminary）院長查爾斯・賀智（Charles Hodge）所言，「為自己的性命奮鬥」，對抗新的科學人階級。成就此事的方法，是運用科學的力量，來證明《聖經》的絕對無誤。賀智是這麼定義的：

> 大自然的事實，都因物理法則而全數相連，並由其決定。《聖經》的事實，同樣都因上帝的本質而全數相連，並由其決定……上帝的意志，是要人類研究其作品……也正是上帝的意志，要我們研究其話語，並有如看待星辰那樣，了解其真理並非孤立的點，而是體系、循環、周轉的圓，有著無盡的和諧與莊嚴。[35]

並非所有科學都能被接受；賀智稱達爾文的天擇法則為一條「通往無神論的路」。達爾文主義把上帝從自然界移除。關於《聖經》的科學研究，亦即「科學神學」（"scientific theology"），則是要尋回上帝。

在科學神學誕生的同時，許多保守主義福音派開始浸淫在前千禧年時代論（premillennial Dispensationalism）中。時代論受愛爾蘭神學家約翰・達祕（John Darby, 1800-1888）所啟發，並因威廉・布萊克斯通的《耶穌要來了》（*Jesus Is Coming*, 1878）而流行。時代論直接反對地質學和生

35. Hodge 2005, 21.

物學，提出另一個以紀元（era）為基礎，植根於《聖經》預言的地球與生命史。它主張有七個大紀元，每個紀元都是天啟，測試人類是否服從上帝意志的特定啟示。人類每每無法通過測試，因此遭受神聖的審判和懲罰。第一個紀元始於伊甸園，止於人類的墮落；第二個紀元帶來大洪水；第三個紀元造成巴別塔（Tower of Babel）。人類目前正處於第六個，或謂「教會」紀元；在此之前是耶穌受難，為世界帶來基督教信仰和恩典（耶穌為了人類的罪而喪生）。時代論主張，第六個紀元也不會有善終。當上帝覺得時候到了，世界將會出現七天的大災難，亦即「苦難」（"Tribulation"）。以色列屆時將認可基督的彌賽亞身分，耶穌則會回歸，建立「千年王國」（"Millennial Kingdom"），即一千年的統治，並從耶路撒冷發號施令。無論生人或死者，只要接受基督是救世主，就可在「被提」（"Rapture"）的最後復活中升天。凡此種種，何時會發生？上帝將會提供可以解讀的徵兆，如以色列的建立。儘管試圖去做各種預測，沒人能真的說清「末日」（"end of days"）將於何時開始。以色列扮演一個重要角色，猶太人是上帝的第一選民。因此，任何形式的反猶主義都必須禁絕。與科學有關的是，眾多不同的自然現象，也會是這起事件的一部分：

> 那些日子的苦難一過去，日頭就變黑了，月亮也不放光，眾星要從天上墜落，天勢都要震動。那時……他們（全都）會看見人子，有能力，有大榮耀，駕著天上的雲降臨。（〈馬太福音〉第二十四章二十九—三十九節）

面對上帝的計畫，科學必須靜默，並接受自己無足輕重。

作為一個信仰體系，前千禧年主義在十九世紀末穩定地成長。但要到一九〇〇年後，因為司可福（Cyrus I. Scofield, 1843-1921）的著作，尤其是《司可福串註聖經》（*Scofield Reference Bible*, 1909，一九一七年修訂），它才真的在保守主義福音派中取得重要地位。在美國新教史上，這份文獻有著巨大影響力。這部書為《聖經》的每一章提供大量解釋性的注解，風格平易近人，展現淵博學識，很快便成為詮釋、研究上帝時代論計畫的新基礎。它廣受歡迎和歷久不衰的另一個原因，是其複雜、形形色色的敘事。它為福音派群眾推廣時代論的同時，既接受某些科學，又排斥其中若干部分，並修正或倡議特定元素，如地球非常年輕的觀念。根據司可福，這個世界的年齡大約是六千歲。這個推斷，建立在最早由愛爾蘭聖公會主教詹姆斯・烏雪（James Ussher）確立的日期上。根據烏雪的計算（最早出版於一六五〇年），地球創立於西元前四〇〇四年十月二十三日的星期日早上。必須指出的是，這個計算和其他許多基督教與猶太教學者的估計，是協調一致的。[36]

本質上來說，司可福將《聖經》現代化了。他試圖調和《聖經》與科學，並將其變成一本教科書。終其一生，司可福就像個捉摸不定的靈魂，不斷尋找和侍奉上帝。他在南北戰爭中為南方作戰，後來讓自己成為一名顧慮不確定性的律師。司可福極好飲酒，因為財務方面瀆職而被指控。辭去堪薩斯的地區檢察官後，他離棄了第一個家庭。他皈依信仰的時間頗晚，一八八三年四十歲時才被授予聖職，然而他也顯示自己是〈福音書〉的熱忱代理人和受歡迎的教師。司可福行文遣詞風格猶如律師，撰寫俐落、清晰分明的書籍和短論，建立自己的追隨者，又利用函授課程自修，最終催生出《司可福串註聖經》一書。這部書由牛津大學出版社出版，讓它增添不少權威。這部書確實

36. Newport 2000.

學識淵博，有許多微妙之處。司可福的注解範圍廣泛，從希臘文詞彙的定義到文學分析皆在其中。但當他論及科學議題，另一面便跑出來了。值得注意的一個例子，是司可福關於〈創世紀〉第一章二十六節的注解（「神說，我們要照著我們的形象，按著我們的樣式造人」）：

人類是被創造，而非演化的。這（a）明確的聲明，且為基督所認證（〈馬太福音〉第十九章四節；〈馬可福音〉第十章六節）；（b）最低等的人和最高等的野獸之間「巨大的鴻溝」實際上是無限的歧異」（赫胥黎語），證實了此點；（c）即便最高等的野獸，也沒有任何上帝意識（God-consciousness）的蹤跡，即宗教本性；（d）科學和發現，未能得以橫跨這個「鴻溝」。[37]

這是個關鍵段落，展現司可福和作為整體的保守主義福音派與演化論劃清界線。作為宗教知識分子，司可福同意科學神學的信念，並嘗試透過要求證據來調和科學。

但其實什麼都沒有。在《司可福串註聖經》中，「證據」取決於《聖經》引文、簡單的聲明、和誤解與不精確陳述的古怪混合。在關於〈創世紀〉的段落中，我們可以看到所有這一切，包括來自〈馬太福音〉第十九章四節的證明（「那起初造人的，是造男造女」）；斷章取義徵引赫胥黎關於動物心理學的假定；以及錯誤的觀察（司可福不是生物學家）。最驚人的是，在他口中，耶穌基督和赫胥黎都否定人類演化。在司可福饒富影響力的手中，面對聖典的真理，科學與發現喪失了解釋的力量。

從福音主義到基本教義派，司可福標誌了歷史性的一步。《司可福串註聖經》的巨大成功，有助於在各地保守主義福音派間推廣前千禧年主義，並因此建立一個灘頭堡，對抗自由主義宗教和現代世俗主義。採取下一步的是學術界的時代論者，他們為更激進憤怒的抵禦鋪平了道路。

在此，普林斯頓神學院仍有首屈一指的重要性。到了十九世紀末，這個備受尊敬的機構，成為許多保守主義清教徒的智識中心。事實上，他們的教員堅守一個傳統，混合喀爾文主義（Calvinism）和長老教會的諸般面向，後來以「普林斯頓神學」（"Princeton Theology"）之名為人所知。如宗教史家馬克・諾爾所述，其優先考慮是捍衛上帝的榮耀（而非人類幸福或福祉）；肯定聖靈在轉化過程中的角色；並堅持聖典中的信仰是神學之基礎、上帝的神聖話語。[38] 根據諾爾的看法，前面提過的查爾斯・賀智，是神學院中領袖群倫的明燈，為時超過五十年，並「曾驕傲地說，在普林斯頓，從來沒有什麼新觀念；他的意思是，普林斯頓旨在傳遞……十六、十七世紀所定義的信仰」。[39]

從一九一〇年至一九一五年，普林斯頓神學院的教授和其他機構的同僚，撰寫了一部共十二冊、集結九十篇文章的著作，題為《基本信條：真理的見證》（*The Fundamentals: A Testimony to the Truth*）。這些文章的期望，是透過回到「最初的原則」（"first principles"）為傳統辯護，定義正統教義。這意味著基督生平和復活的超自然面向；處女之子和第二次降臨；《新約》中的奇蹟；以及上帝恩典的必要性。這套書的出版，得到了一筆資助：來自聯合石油（Union Oil）的共同創辦人萊

37. Scofield 1917, 5.
38. Noll 2010, 237.
39. Noll 2010, 237.

曼・史都華（Lyman Stewart）及其哥哥彌爾頓・史都華（Milton Stewart），和萊曼・史都華創設之洛杉磯《聖經》學院（*Bible Institute of Los Angeles*）。因為這筆錢，這部書印了三十萬套，免費分送給全國的牧師、傳教士、神學教授和學生、主日學校長、YMCA和YWCA的主管、新教組織等。任何散播上帝話語的人，都會很快接觸到《基本信條：真理的見證》。與此同時，「基本教義派」（"Fundamentalist"）一詞最早見於一九二〇年代初，指的並非這些原創性的學界作者，而是更一般的庶民，主要是南方人。他們贊同《基本信條：真理的見證》的信條，尤其欲對自由主義基督教尋釁啟戰。[40]

總的來說，這些文章表現出一種悲嘆，控訴那些離經叛道和迷途基督徒的邪惡。《基本信條：真理的見證》賦予此類作品一種冷靜、教訓式的風格，有別於情緒激烈的清教徒版本。它源於普林斯頓，即科學神學的溫室，也疾呼要有「證明」、「證據」、「演示和例證」。通觀全書，我們可以聽見理性與證據的訴求。不過，一提到人類的創造，它與司可福的關聯顯而易見：

> 人類是被創造，而非演化的。也就是說，人類並非源於原生質（protoplasmic）的泥塊或海底淤泥中的深水生物（bathybian），也不是來自魚類、青蛙、馬或猿。人類是一下子、直接且完全成形地源自上帝。當你讀到一些自稱信神的作家，談及人類及其野獸起源時，你的肩膀會不自覺地垮下；你的頭會垂下；你的心會感到厭倦作嘔。你的自尊受到了傷害。當你閱讀〈創世紀〉，你會立起雙肩，挺起胸膛。你會因身為人類而感到驕傲。你會心志奮發，抬起頭來。《聖經》公開反對人類的演化發展，和人類是由動物，經萬古逐漸演變而來的說法。[41]

因此，上帝造人的信仰，為人類自己作為一個特殊的存在，提供了信心之源。少了這點，人類不過是種動物，在世界的開展中，並沒有比魚類或青蛙重要。接受一個如天擇這樣非道德、反靈性的過程，就是在貶低人類，剝奪人類身上所有獨特和神聖的要素。《基本信條：真理的見證》屢屢斷言，人類不僅在上帝的計畫中居於核心位置，還是其原因（reason）。基督的犧牲、其純潔的誕生與復活、每個時代紀元、第二次降臨等，只有考慮到人類需要被拯救，這一切才有意義。《聖經》宇宙生成論（cosmogony）的存在，完全是為了推動此目的。若容許達爾文，這一切將會崩塌，徹底化為灰燼與塵土。因此，《基本信條：真理的見證》告訴了我們，為何十年之後（一九二五）的猴子審判，對信徒而言會是個極大潰敗。

二十世紀：基本教義派的成熟、消退與復返

基本教義派的思想根源可能在新英格蘭，其現代表述可能在普林斯頓。但在南方，它的土壤更加肥沃。南方白人福音派仍舊忠於《聖經》無誤論，並持續吸收前千禧年時代論。在很大程度上，他們的信仰，已經非常接近今天所說的「基本教義派」。唯一缺少的東西，是對抗現代社會更為好戰的言辭，和相應的政治議程。基本教義派最終擴散至包羅全國各地的保守福音派，但其核心區仍在南方，因為南方長期以來對北方及北方大都市存有各式各樣的新仇舊恨。崛興的戰鬥性在新一波

40. Marsden 1991, 2006.
41. Dixon 1910, vol. 8, 82.

移民潮中找到理由，終止了傳統新教美國的支配。它也在通往一次世界大戰的歲月中成長。宗教愛國主義開始對德國深惡痛絕，因為德國是高等批判、反《聖經》科學和社會主義的根源。對抗這些現代瀆神之舉的，是《聖經》與《獨立宣言》，後者由南方人傑佛遜撰寫，指出美國是「自然之造物主」（"Nature's God"）所鍾愛的國度。南方認為，這些威脅正在削弱美國；傑佛遜的其他言論（關於宗教「迷信」，和他自己刪去耶穌施行奇蹟的《新約》版本），則和此想法無甚關係。

戰爭之後，這個擴張中的基本教義派信徒群體，有很大一部分投入政治運動，尤其抓緊了教育的議題。特別是公立學校講授的演化論，最能挑起他們的憤怒與恐懼。[42]我們可能會問何以如此？在南方，義務教育是個新東西，已被抗拒了數十年。義務教育最早於一八五二年，因赫拉斯・曼（Horace Mann）的努力而設置，但直到一九一〇年代前，都未在南方各州取得成功。人們認為，要求孩童上學，是政府權力對家庭和社區的極大侵害，導致家庭和教會喪失其重要領土。特別在鄉村地區，這種教育將孩童帶離其父母，讓他們無法幫忙家務和協助家庭農場的活兒。它假定遙遠城市中的官員，知道什麼對各地年輕人的心靈是最好的，並有權利施加其意志。而這種「最好」（"best"）的安排，染上現代科學和拒斥《聖經》教誨的汙點，則讓人們益發強烈地覺得受侵害。

到了一九二〇年，基本教義派運動水漲船高，吸引了數百萬人。幾年後，它和暴力反動組織，如三K黨（Ku Klux Klan），有了共同目標。如今，他們不僅反對現代科學、政府侵害和自由主義基督教，還對抗移民、工會和布爾什維克主義。許多受基本教義派好戰性格吸引的福音派，對賦予女性投票權的第十九修正案感到憤怒，認為這會瓦解傳統家庭，也害怕在戰爭期間移民至南方城市工廠工作的黑人。他們也對爵士時代（Jazz Age）甚為反感，因為其公然的性傾向和世俗化的青年文化。除了這些發生於上帝應許之地的明顯墮落，還有一個有力的神學要素，即一個出現連串悲慘事件的世界，包括第一次世界大戰、一九一七年的俄國革命，和一九一八年的大流感（influenza pandemic）。這些事件在短短幾年內接踵而來，造成巨大的破壞與死傷，被視作上帝天譴的明確徵兆，或者苦難的來臨，或者反基督，又或者其他形式的神罰。

最後，基本教義派從一位具個人魅力但不幸的領袖身上獲益極大。這個角色是詹寧斯・布萊恩（Jennings Bryan），威爾遜總統的國務卿，三度競選總統，是名虔誠基督徒，也是一流的演說家。事實上，詹寧斯・布萊恩本人雖然非常虔誠，卻不是一名基本教義派信徒。就職業生涯來說，他是位民粹民主主義者，支持許多進步的目標，對現代科學也沒有太多不滿。跟達爾文相比，詹寧斯・布萊恩更反對達爾文主義，也就是反對將演化論應用到社會上。他相信這些觀念破壞了德國的道德標準，「強權就是公理」的氛圍則促成戰爭。詹寧斯・布萊恩願意加入基本教義派的大業，將其視為預防這些事在美國發生的一個方法，並導正與喪失傳統信仰有關的風俗衰敗。在他看來，基本教義派是個茁壯中的運動，不僅風靡南方，可能還會席捲全國多數地區，復興虔敬之情，更新道德品格。對基本教義派來說，有詹寧斯・布萊恩這種地位的人作為代言人，也不是件討厭的事。基本教義派本來就有能力讓十一個州的議會採納並批准反演化論的法案。但有了詹寧斯・布萊恩，他們便得到入場券，可以獲取更高層級的政治接觸與影響。[43]

所有事物在一九二五年的夏天水到渠成。當年有許多媒體出席田納西州代頓市的猴子審判，而這起事件最後有如滑鐵盧時刻，影響重大。確實，透過新媒介收音機，審判變成一場全國和國際性

42. Laats 2011; Lambert 2008.

的好戲。但對基本教義派和詹寧斯・布萊恩來說，這場戲卻是悲劇收尾。約翰・史珂普因為在高中生物課上講授演化論，違反了田納西州的法律，被定罪罰款。但判決後來被推翻，整起事件也成為一個餘興節目。《聖經》無誤論和有機演化論之間的真正對決，其結果是詹寧斯・布萊恩被有科學素養的克拉倫斯・丹諾（Clarence Darrow）大肆羞辱。事實上，丹諾把詹寧斯・布萊恩這位偉大平民（Great Commoner），貶低成一個鬼迷心竅的反現代主義老頭。至少這是被廣泛報導的內容。審判的一週內，詹寧斯・布萊恩就過世了，但他仍被從此岸到彼岸的媒體所諷刺。最可惡和有影響力的描繪，肯定是出自亨利・路易斯・孟肯（H. L. Mencken）。他殘暴地將基本教義派挖苦為「尼安德塔人」和「愚人」（"homo boobiens"），又汙名化詹寧斯・布萊恩，將其塑造成「無知、執迷不悟、被幼稚神學欺騙」的人。[44]

對整個基本教義派來說，最終的結果是個重大挫敗。他們喪失了偉大領袖，遭到全國報刊洪水般的譏嘲，整起運動很快地退出公眾生活，長達半個世紀之久。欲通過法律禁止教導演化論的進一步嘗試並沒有成功，但在一些州（包括田納西），這仍是正式法律。總的來說，保守主義福音派仍是美國宗教的一個重要存在，但是個巨大而邊緣的次文化。他們建立許多學校和學院、媒體機構和傳教項目，但多半遠離全國的鎂光燈。然而，這意謂的是，當基本教義派在一九七〇年代末認為時候已到，可以重新進入政治圈時，他們有良好的基礎建設得以運用。後來證明，這種基礎建設至關重要。

基本教義派的復興：一九四〇年代至一九七〇年代

確實，儘管他們偏離主流政治，其人數的成長卻教人印象深刻。在一九四五年至一九八〇年間，南美浸信會，全國首屈一指的福音派組織，成員從不滿五百萬猛增至超過一千四百萬人。有這樣的人數基礎，白人福音派不大可能長時間遠離政治。但若干特定的事件，才是驅動基本教義派復興政治行動的最主要原因。這些事件的發生時間橫跨三十年，在一九七〇年代建立某種高潮，結合了與社會、文化和宗教變遷有關的各種深層焦慮。

在這些挑選出來的事件中，一九四八年以色列的建立尤其至關重要。因為以色列的建立預示苦難（Tribulation）和接續發生的事，包括末日（Armageddon）、第二次降臨（基督再臨）（Second Coming）、審判日（Judgment Day），它鼓舞了蜂湧而出、過於強烈，關於其他世界末日徵兆的預測和討論。冷戰將世界切割成兩個敵對勢力，一邊是有信仰和民主的，另一邊的敵人則是不信神的共產主義者；這個局勢的出現看起來正是時候。[45]對許多人來說，蘇聯顯然是〈以西結書〉（Ezekiel）第三十八和三十九章所述的歌革（Gog）之地：從「北方的極處」來的大敵，會聯合其他國家（中東的阿拉伯世界）侵略以色列，釋放上帝的天罰，降下「冰雹、烈火和硫磺」。幾乎恰好同時，在一九五〇年代和一九六〇年代，「核浩劫」（"nuclear Armageddon"）一詞因美國主流媒體而變得普及流行。從一九四〇年代晚期開始，關於《聖經》預言，預測人類正處於最後高潮時刻的書籍，在數量和讀者人數上都有所增長。這類書的高峰，是在六日戰爭（the Six-Day War）後出現，福音派人士何・凌西（Hal Lindsey）與卡蘿・卡森（Carol C. Carson）的《曲終人散》（*The Late*

43. Numbers 2006.
44. Mencken 2006, 109.
45. Leffler 2007.

Great Planet Earth, 1970）。這本書再版多次，是二十世紀最暢銷的英文書籍之一。[46]

這些事件提供了背景，讓基本教義派得以構想一個美國衰敗的新階段。面對這樣的墮落，信徒們並未長久消極以待。儘管上帝的計畫固定無疑，為了到來中的鬥爭，美國仍必須在道德上堅實強健，以合神意。[47]基本教義派的福音派人士看到所有型態的威脅，許多威脅反映的是傳統敵人和危險的強力復興。其中一個威脅，來自天主教持續取得的成功。此時的天主教徒已經相當富有，可以成立自己的學校、學院和出版社。隨著甘迺迪當選為第一位天主教總統，天主教的權威也較過去更顯而易見。尤有甚者，基本教義派內部也產生分化；以葛理翰（Billy Graham）為首，所謂的新福音派（neo-evangelist），便追求與主流美國文化媒合的溫和路線。[48]

一九五四年，美國最高法院於布朗訴托皮卡教育局案（Brown v. Board of Education of Topeka）中，宣布種族隔離違憲。對南方福音派來說，這意謂聯邦政府意欲奪走地方對公立學校的所有控制。一九五七年的小岩城（Little Rock Nine）事件，似乎證實了此點。當時有九名黑人學生嘗試進入小岩城中央高中就讀，引起數千名阿肯色州的白人衝上街頭阻止他們，州長奧瓦爾・福布斯（Orval Faubus）還令國民警衛隊圍住學校，阻擋出入口。對此，艾森豪總統派遣第一〇一空降師去恢復秩序，護送學生進入學校。軍人在那兒待了一整個學年，保護黑人學生。對多數南方人來說，這算得上是政府對自治社區的非法突襲。地方群情激憤，甚至指控艾森豪這位二次世界大戰的盟軍最高司令使用了「納粹策略」。除了這些荒謬和醜陋之處，這起事件確實有助於將基本教義派的目標搬上政治舞台。在南北戰爭結束一世紀後，保守主義福音派仍是種族隔離和反政府情緒的支持者。

但一波未平，一波又起。民權運動才剛剛開始。用馬丁・路德・金恩（Martin Luther King Jr.）的話來說，這時民權運動的黑人宗教領袖，宣稱他們接下了嘗試「拯救美國靈魂」的任務。本質上來說，這場運動向所有美國人揭露那些反對廢止隔離、卻認為自己是上帝真正代理者的人，在道德上有很深的缺失。一九六〇年代的文化動盪，又增添許多新的威脅和侮辱。保守主義的白人福音派，覺得自己被許多事物所冒犯，因而感到憤慨，包括性革命、女性解放，以及年輕人廣泛擁抱新時代靈修主義（New Age spiritualism）和東方宗教。基本教義派又一次被自由派媒體所譏嘲。這一回，媒體不只極力批評福音信仰；在福音派人士看來，它還痛批愛國心本身。

但最後一根稻草，來自最高法院的次一輪決定。這些決定中，一九六二年的恩格爾訴維塔萊案（Engel v. Vitale）判定在課堂上祈禱不合法；一九七〇年的勒蒙訴柯茲曼案（Lemon v. Kurtzman）強制政教分離（尚不只此例）；一九七三年的米勒訴加州案（Miller v. California）則確認若干型態的情色作品為「言論自由」。對基本教義派而言，美國顯然正經歷一場靈性衰退。駱駝的背脊，最終在一九七四年被壓斷。這回又是教育議題。兩個基本教義派學院，其中一所是著名的鮑伯・瓊斯大學（Bob Jones University），因沒有廢止隔離，被剝奪免稅的資格。兩所學校提起訴訟並獲勝，但判決被聯邦上訴法院和最高法院所推翻，此即一九七四年的鮑伯・瓊斯大學訴賽門案（Bob Jones University v. Simon）。到了這時，在基本教義派看來，政府很明顯是要奪走他們在這個重要領域中的所有權利。猴子審判後的數十年，即使經歷經濟大恐慌和戰爭，南方的學校都相對地自行發展。吉姆・克勞法占據優勢，演化論並未得到廣泛講授。在布朗訴托皮卡教育局案及其餘波後，華盛頓

---

46. Marsden 2006.
47. Lambert 2008.
48. Noll 2010.

當局展現決心，欲抓緊教育這塊（必要時不惜訴諸武力），並去除讓福音派得以按自己想像運作學校的種種保護。對鮑伯・瓊斯大學的攻擊，似乎也是對各地的基督教學校宣戰。對大規模的政治回應來說，現在只差領袖人物了：能夠控扼、組織宗教保守人士的巨大恐懼、受傷和憎恨的領袖。

這樣的領袖不久便出現了。在這個關鍵時刻挺身而出的人裡面，效果最好的是電視布道者傑瑞・法威爾（Jerry Falwell, 1933-2007）。法威爾嫻熟媒體，坦率且具挑釁性，因各種活動而精力十足。他採取過去偉大福音派講道者的先例，知悉布道要如何風靡人心：不斷重複簡單訊息，並聲若洪鐘地加以傳達。較早期的領袖必須巡迴活動，以取得充分影響。法威爾掌握科技的力量，並且巧妙地加以運用，包括收音機、電視、影片、錄影帶、許多形式的印刷品，以及現場直播布道，都為他建立起巨大的全國性存在感。和許多同儕多次激烈討論後，他於一九七九年成立道德多數派（Moral Majority）。這是個南方取向的草根組織，有明確的目標：支持家庭、支持生命、支持國家防禦、支持以色列。這個組織非常成功。一九八〇年，道德多數派為雷根的總統大選，投入數百萬保守派選票，促成美國史上其中一場最壓倒性的勝利。一場新的政治—宗教復興已然展開。

新的崛起：一九八〇年代至二十一世紀

福音派熱切關注個人的虔誠，和美國社會作為上帝在塵世所選擇之國的地位。因此，他們一直在尋求找出一個政治向度。這個向度隨時間變化，如從捍衛共和理想，到與公共教育有關的政治活動。但在某些時候，宗教與政治目標的混融，卻違背傑佛遜、富蘭克林、漢彌爾頓和麥迪遜等人設想的民主過程。這些人不信任宗教「狂熱」會是形成政治決定的刺激。他們擔憂的是，如果教派的目標是對國家建立其野心，將會導致怒火和無法妥協。二十世紀末的基本教義派復興，顯示他們的擔憂有其道理。

人們常說，雷根時代的共和黨人，出於自身目的利用基督教右派（Christian Right）。雷根本人對福音派的主張持溫和的同情，但他自己不是一位基本教義派信徒。他是一名實際的保守派，關心經濟和國家防務，是個有技巧的演說家，會在國家和上帝在《聖經》的語言上做文章，以贏得支持。[49]他在一九八〇年接受提名的演講中，用了這些話：「聖靈像一條幽深且非凡的河，流淌貫穿我們國家的歷史」、「廣袤的大陸，是上帝造物所授與我們的部分」。雷根打造一個激勵人心、傳達偉大理念的訊息，可以在一九七〇年代的慘淡經濟和戰爭失敗後拉美國一把。這個訊息強而有力，包裹在希望和道德責任的修辭中。

雷根及其團隊沒有充分理解的是，共和黨本身後來也會被基本教義派所利用。和其他有政治關係的宗教領袖一樣——如帕特・羅勃遜（Pat Robertson）、黎曦庭（Tim LaHaye）、詹姆斯・道布森（James Dobson）——法威爾認為大體而言，民主黨和自由派要為美國的墮落，以及犯下有違上帝和《聖經》真理的驚人罪愆負起責任。對宗教保守分子來說，共和黨提供一個途徑，可以透過政治變遷來拯救國家。這意謂廢除某些法律，即違背信仰驅使，和給予政府太多權力，凌駕社會、個人、宗教，以至於凌駕上帝之國的法律。在一九九〇年代，保守主義新教徒是國會中快速成長的一個派系，右翼論述則採用基本教義派的論調，也就是控訴、憤怒、甚至拒斥科學。到了二十一世紀，共和黨平台已採納宗教右派（Religious Right）的所有主要議題。對政黨候選人來說，他們現在必須宣

49. Domke and Coe 2010.

告自己支持在校園祈禱、支持傳統家庭、捍衛婚姻（反同性戀）、支持上帝在政府中、支持創造論（Creationism）、質疑氣候變遷，當然還有反墮胎。

這些議題反映保守主義福音派所關懷的事物得到了復興，而它們是保守主義福音派從十九世紀末開始便念茲在茲的，包括教育、作為道德中心的家庭，和以信仰引領統治的必要性。同性戀呢？在一八八〇年或一九一五年，這是個被禁止的話題。但同性戀在二十一世紀之所以冒犯人，是因為有人認為它否定婚姻的神聖和傳統家庭。如我們所見，反科學的立場，向來是基本教義派信仰的一部分。創造論及其更精緻的智能設計論（Intelligent Design/ID），是「科學神學」遺產的構造物。他們也宣稱有一個神學論點，可以拒斥氣候變遷。由康沃爾聯盟（Cornwall Alliance）所撰，知名的〈關於全球暖化的福音聲明〉（Evangelical Declaration on Global Warming）即為一例。這篇文章說：

> 地球及其生態系，是由上帝的智能設計和無盡力量所創造，並由祂忠信的護佑所維繫。他們強健、有復原力、可自我調節且自我修正……我們不同意（它們）是脆弱、不穩定的偶發性產物，會因為大氣化學中的極小變化，遭受危險的改變。

他們也引用《聖經》段落，如〈創世紀〉第八章二十一節，說上帝在大洪水後宣告：「我不再咒詛大地……也不再按著我剛行的來滅各種活物了。」

墮胎是個不同且重要的故事。人們普遍認為，對保守主義福音派而言，墮胎是數十年來的一個核心議題，但其實不然。一九七九年之前，墮胎議題並未得到廣泛討論。一九七九年的羅訴韋德案（Roe v. Wade），在當時也不被視為一個關鍵決定。基本教義派和五旬節派的領袖，如卡爾・亨利（Carl Henry）、帕特・羅勃遜、D・詹姆斯・甘迺迪（D. James Kennedy），甚至法威爾，在特定狀況下，對墮胎並沒有太多意見，如畸胎、強暴、亂倫或當母親生命受到威脅時。美南浸信會在一九七六年通過一個反墮胎決議，並於一九七八年重申之，但這個決議只說反對「出於自私、非治療理由」的墮胎行為。確實，對一九七三年美國天主教成立的生命權（Right to Life）運動而言，墮胎曾是核心議題。保守的新教社群，還未將胎兒當作壓倒性結果的犧牲品。那時，國會裡最忠實的捍衛者，其實是麻州的自由派參議員愛德華・甘迺迪（Edward Kennedy）。艾德・道布森（Ed Dobson）是法威爾的同儕，兩人過從甚密。他告訴我們：「新右派（New Right）並不是源於墮胎的考慮。我和道德多數派坐在擠滿不吸菸者的密室；坦白說，我不記得墮胎曾被人提及，當成我們應該做些什麼事的理由。」[50]

是什麼造成情勢變化？主要是法蘭西斯・沙弗（Francis Schaeffer）的論點，深刻影響了法威爾和其他福音派的公眾人物。沙弗是位雄辯、不落俗套的基督教衛道牧師。他認為美國社會不僅道德衰敗，還在「世俗人文主義」的影響下，有著機械化和要命的特質。墮胎就是個決定性的徵兆，標誌人命價值的失落。沙弗的牧師生涯很長，始於一九四〇年代。他從一九六〇年代開始出書和放言高論，將自己打造成某種基督教導師，留著長髮與山羊鬍。他從民權和學生運動中得到暗示，倡議政治行動，視之為通向必要變化的一條路，又和他之前的福音派一樣，有效地利用各種媒體。沙弗與酷伯（C. Everett Koop，後來成為雷根總統的衛生署長）協同製作的書籍和電影《人類究竟發生了

50. Balmer 2007, 16.

什麼》（*Whatever Happened to the Human Race*），便聚焦墮胎，使用了業餘、俗氣但相當有效的意象。這部電影於一九七九年在二十個主要都市巡迴放映，獲得全國注意，並對部分福音派社群產生重大影響。在這部作品中，墮胎就是國家批准的殺嬰罪，由據稱是愛好自由的政府所執行（這個政府最近不久才發動戰爭，以阻止法西斯主義的恐怖行徑），殺害了數百萬無辜生命。這些想法可畏可怖，和法威爾對美國困境的理解一拍即合。他們還打動南方保守浸禮派的心坎。這些保守派對過去二十年間美南浸信會逐步趨向溫和立場，感到越來越憤怒。他們還在一九七九年於休士頓的集會上發起一場「政變」，設置一個更偏向基本教義派的行政機關，很快地解僱或消除任何殘存的「自由」元素。不到兩年內，墮胎（不論出於何種理由、在什麼情況下）便成為要抵抗和採取行動的課題。

很清楚的是，墮胎應該要成為基本教義派的關鍵議題。法威爾認為，採納「未生的孩子」和「墮胎即謀殺」等論述是精準且必要的。這將幫助人們發現，國家已陷入何等深淵中。後來證明他這些直覺很準確。一旦加進道德多數派的目標，「維護生命」（"pro-life"）在各地的保守主義福音派耳裡，聽起來真實可靠，是個嚇人且至關重要的議題。墮胎像個大磁鐵，吸附基本教義派在二十世紀所認定的極多邪惡，包括政府權力的侵害、孩童的脆弱、性革命（「沒有責任的性」）、女性主義和同性戀（不道德的不孕），當然，還有對傳統家庭的攻擊。所有這一切問題，都在「未生的孩子」（"unborn child"）上找到神聖化的憑藉，因為「未生的孩子」是上帝造物中最天真無辜的，面對現代野蠻主義時最為脆弱，在無神的社會中被最粗暴地對待。

對福音派來說，墮胎很快便成為一個決定性議題。從一九八〇年代開始，福音派聚集基督教右派的政治行動，嘗試在州和國家的層次上，撤銷羅訴韋德案的決議，並推動修憲以永遠禁止墮胎。它逐漸變成一種考驗（較不這麼官方），測試任何有意於公職的保守主義候選人。它動員激進暴力的群體，如成立於一九八〇年代的上帝之軍（Army of God）和成立於一九八六年的拯救行動（Operation Rescue）。他們蓄意破壞許多墮胎診所，又騷擾女性病患。在最極端的狀況，墮胎還被拿來正當化毆打、槍擊、縱火、謀殺等行為。美國全國墮胎聯合會（National Abortion Federation）提供的檔案顯示，從一九七七年到二〇一二年，有三千二百四十起針對墮胎工作者和診所的肢體暴力，其中超過九五%發生在一九八〇年後，包括八起謀殺和十七起謀殺未遂。[51] 基本教義派領袖如例行故事般譴責這種國內恐怖主義，但這些行為和宣稱數百萬「未生的孩子」遭「謀殺」的邏輯，其實完全相符。事實上，完美表達此邏輯的，是最早由拯救行動所使用的口號：「若你相信墮胎即謀殺，用行動說明這是謀殺。」[52]

但神學上來說，這裡有一個問題。在《聖經》中，沒有任何地方清楚地將胎兒等同於孩童。最直接反映《聖經》如何評價胎兒的，是〈出埃及記〉（Exodus）第二十一章二十二節：「人若彼此爭鬥，傷害有孕的婦人，甚至墮胎……他總要按婦人丈夫所要的、照審判官所斷的受罰。」另一方面，上帝顯然也會下令殺死孕婦，如果這些孕婦是以色列的敵人（如〈民數記〉第三十一章十七節）。基本教義派很少提到《聖經》的這些段落。在大程度上，這些段落無關宏旨。

基督教保守主義分子並不反對暴力甚至殺人。有別於第二次大覺醒的福音派，他們對槍枝暴力、家庭暴力、死刑或貧窮的殘酷等重要議題不感興趣。他們絕大多數人擁護持槍權，以及處刑和

51. National Abortion Federation 2010.
52. Hadley 1996, 163.

國外戰爭等型態的國家暴力。說到底，《舊約》中就有大量的國外戰爭。摩西本人便宣告，「主是一名戰士」（〈出埃及記〉第十五章三節）。《舊約》中還有很多地方說上帝下令大屠殺，如祂對亞瑪力人（Amalekites）和迦南人（Canaanites）所為。

因此，就墮胎來說，取人性命不是真正的問題；「維護生命」的標籤其實另有所指。我們可以從一份材料中，略見其真正指涉的東西。在羅訴韋德案決議的四十週年時，美南浸信會發布了一則聲明：

這是個悲劇的里程碑，讓我們悔恨、流淚。（數百萬）未生的孩子是人類中最脆弱的，但社會沒有為他們提供保護……我們永遠不能接受自願墮胎變成新的常態。墮胎乃殺害無辜未出生的人，會給這麼做的女性帶來極大摧殘，讓我們的文化對人命價值感到麻木不仁，並使我們的國家遭到上帝審判。[53]

陰影的幽谷：今日美國的基本教義派和福音主義

美國持續地世俗化，在非宗教的環境中教育年輕人，以數不清的方式獎勵科學。每過十年，美國也會發展出新的選項，替代傳統信仰。那麼，在這樣的美國，基本教義派觀念的角色究竟為何？

對此，我們可以再次回歸歷史。毫無疑問，從十九世紀末以來，福音基督教在美國，有以下幾個意義最深遠的發展：（一）排除較進步的元素，尤其是社會福音；（二）基本教義派誕生，其觀念散播至更廣大的福音派群體；（三）近期重拾活力，造就從小型街坊聚會到巨型教會，許多新形式的福音崇拜。在這裡，我們可以嘗試從社會福音開始，用某種方式將這三個趨勢串聯在一起。

二十世紀頭幾年，社會福音運動的追隨者，重振對啟蒙運動共和主義與基督教團契的同理心。這當然曾給美國革命提供支持，並在接下去的十九世紀中，幫助解放美國社會。如今，它捲土重來，代表勞工和其他需求而奮鬥作戰。這個新運動的一位主要領袖是華特・饒申布士（Walter Rauschenbusch）。他撰寫《社會福音的神學》（*A Theology for the Social Gospel*, 1917）一書，談到有必要運用耶穌關於憐憫、濟世、正義等教訓，改善其所謂「社會秩序的罪愆」。饒申布士認為，現代人欲望和行動的結合，在大城市中力求成功，將為許多人創造不道德的條件。這些人無可避免地淪於貧窮、疾病、不安全的工作環境，或各種形式的壓迫。緩解這些「集體的罪」，將有助於推動上帝之國。他解釋道，「社會福音尋求讓人悔改其集體的罪，並創造一個更敏感和現代的良知。它要我們訴諸古老先知的信仰，即相信國家可以得救」。[54]然而，這不表示他們對所有事物都持自由態度。忠於社會福音的人，並不覺得優生學有什麼錯，也強烈支持禁酒令。不過，他們欲減輕苦難的訊息，確實成為主流新教的一個標準。

作為一股勢力，社會福音在第一次世界大戰後結束。但自由主義的白人福音派從未絕跡。他們因基本教義派的興起而被壓抑，在一九六〇年代開始加入公民權運動，並為與社會正義有關的目標奮鬥。基督教右派的興起，又使這些人失色，並讓他們的聲音變得微弱。但在二〇〇〇年以前，他

53. Duke 2013.
54. Rauschenbusch 1917, 53.

們已成長到如吉姆・沃利斯（Jim Wallis）這樣的領袖，可以公開批評基本教義派的目標。沃利斯用一種激勵人心的方式更新社會福音，以包羅當代行動主義的概念。他說，一個真正的福音運動，不會因墮胎和校園祈禱等議題而凍結；相反的，它會將《聖經》信仰連結至社會轉型；將個人轉化連結至為窮人哭喊；將神學反思連結至關懷環境；將核心宗教價值連結至新的經濟優先事項；將社群的訴求連結至種族和性別正義；將道德連結至對外政策；將靈性連結至政治；且最好能超越自由主義與保守主義的範疇。[55]

沃利斯期待一個「進步的福音主義」，可以積極參與各種推動社會正義的事業。

進入二十一世紀，這種行動主義開始擴大。因為對基本教義派靜滯、充滿憤怒的觀點心生反感，又關心人類和環境的狀態，出現了一連串新的福音群體，如綠色福音運動（Green Evangelical Movement）、福音派社會行動聯盟（Evangelicals for Social Action）、基督教進步聯盟（Christian Alliance for Progress）、整全使命（Misión Integral）等。數百萬年輕基督徒離開保守主義的教會，以打造或加入類似上述性質的新教派。受基督教組織的全球性人道工作啟發，如聚焦幫助孩童的世界展望會（World Vision），他們採納更為靈活的信仰，把政治留給個人良知，對同性戀、女性主義者、科學和其他議題，有著更開放（但程度不一）的態度。某些非基本教義派信徒，開始願意用更圓融的觀點考慮《聖經》無誤論，接受《聖經》使用了詩性、隱喻的語言來傳達上帝的真理；然而，這仍舊是真理。

另一方面，即便對進步的基督徒來說，墮胎仍是個艱難議題。多數人持續反對墮胎，並加上其他形式的「剝奪生命」，如死刑。但這些較新的福音派，拒絕加入基督教右派僵固的維護生命目標及其共和黨支持者。他們說，復興社會福音主張的真正問題，在於非預期懷孕的數量，尤其是窮人的非預期懷孕。

二〇一〇年以來仍舊強大且在政治上非常活躍的基本教義派，則拒斥這種社會參與。大體而言，他們看待美國福音社群的活力時，眼神並不友善：因為這些福音派不計其數、在地化，崇拜和聚會形式一直在變；他們有數千名單獨、富有魅力的牧師（無論是否被任命），其中有男有女，對各種議題和《聖經》詮釋有自己的說法，並經常巡迴於不同教區。基本教義派的牧師（全數為男性），嘗試抵抗所有這些調整。雖然在自己的群體間常有差異，他們仍持續信奉《基本信條：真理的見證》立下的主要原則，包括時代論。以政治而論，在墮胎、同性戀、不容納其他信仰、譴責絕大多數現代科學等問題上，他們也維持絕對的立場。

因此，我們必須要問：考慮到他們的政治行動和要求，如果基本教義派取得權力大位，美國社會將是怎樣的光景？這會是什麼樣的美國？且讓我們一一訴說。

我們先從政府開始。所有政策決定，不管國內或對外，都將從聖典中尋求指引和合法性。統治國家時，《聖經》會和憲法一樣重要。公職候選人，無論何種層級，都要先檢測是否忠於基督教原則，才能得到競選許可。法律會要求總統進行公共祈禱，以慶祝基督教節日，並在處理任何重要事項前，出席白宮和國會大廈舉行的儀式。牧師會在所有典禮上做基督教禱告；他將不會承認任何其他信仰。女性可以擔任公職，但不可能成為總統，也不會得到國會中的領袖位置。對外政策會重新導向，確認哪些國家站在正確的，上帝和《摩西五經》這邊；其他國家則會被分成潛在敵人和撒旦

55. Wallis 1995, 39.

所掌控的國家。美國會立刻退出聯合國，因為聯合國是全球接管的先驅，欲建立單一的反基督世界政府。

就社會規範來說，所有墮胎的權利與途徑可能被廢止，墮胎成為犯法行為，任何形式的安樂死（「死亡的權利」）亦是如此。避孕行為將被縮限，甚至可能成為犯法之舉。同性戀會被重新定義為病理狀態（不是第一次了），而同性婚姻就和墮胎一樣，將被憲法修正案所禁止。表達的自由會被削減，因為那些被認為是色情或猥褻，或冒犯宗教觀點的材料，將會遭到禁止，無法出現在電影、印刷物、文學、音樂、藝術、戲劇、社群媒體和公開言論中。死刑會更常執行，還可能會以對《聖經》的解釋為基礎，增加額外的罪行。在學校，開始上課和下課都將伴隨基督教祈禱，課程會包含研讀和背誦聖典，無論學生的族群或宗教背景為何。所有被認為支持「世俗人文主義」和不宜「年輕基督徒心靈」的材料，將遭遇嚴厲審查。他們會根據創造論的「真理」，重新構想地質學、生物學和天文學。體罰會重出江湖。不遵守這些規範的學校，會失去所有的政府補助。各州和地方社群可以設置自己的學校標準，前提是他們要遵守基督教的規誡。

以大學而言，我們將看到重新界定的前述學科——根據智能設計或自然神學所重新界定。類似的改變，也將見於所有處理空間與時間的科學（考古學、宇宙學、粒子物理學等）。教科書將討論奇蹟、預兆、聖痕和超自然事件，並強調上帝有能力隨時推翻或改變自然法則。可以研究環境保護主義、生物多樣性和氣候變遷，但這些研究只能得到很少、甚或無法取得政府支持。所有運用胎兒和胚胎素材的研究，如胚胎幹細胞、胎兒組織移植，可能還包括人工受孕，都會被禁止。絕大多數涉及人類的基因工程也將被禁止。利用到人類的其他類型研究（如心理學），也會逐漸消失。

我們可以就此打住。這些不過是基本教義派最終會要求的一部分變化，但已可以讓我們略知其苦果。美國不會因此變成神權統治，或由「基督教法西斯主義」統治的國家。但它將會成為一個自由殘缺不全的國度。宗教偏狹、不寬容和性別不平等，將成為其規範。他們可能不會宣告一個國家宗教的存在（因為有第一修正案），但實際上卻是如此統治。對非基督教世界（尤其是伊斯蘭世界）的好戰態度將占上風。在科學上，美國肯定會倒退以至落後。人文學的情況不會較好，或許還更糟。美國大學之前躋身於最佳之林；基本教義派如掌權，大學將會變成紙上機構，渴求資助，在智識上毫無生氣。開國元勛如麥迪遜、亞當斯、傑佛遜、漢彌爾頓、華盛頓和富蘭克林，會被重塑為高貴的基督徒。但假使能復返，他們會覺得這是個完全陌生、令人厭惡的國家。美國將不顧全世界的諸般文化成就。

這種共有的反智主義，不能僅看作是一個選項。何以如此？因為它普遍存在於所有型態的基本教義派觀念中。換言之，無論不同信仰間、甚或同一宗教中有任何差異，這些觀念都有一個基本認識。最重要的是，他們想為世界的起源和命運找到一個最終的敘事，關乎人類應如何建構自己的心靈、活出自己的生命，並在失敗時接受此乃一種懲罰。他們渴求純潔，因為欲彰顯首要的絕對真理，須直接接觸神聖的事物。它的另外一面是痛恨現在，對腐敗、被破壞的世界感到恐懼和憤怒。純淨化（Purgation）必不可少。在他們眼中，反對者惡毒凶狠，否定真理者則是其假說的障礙。純粹性的信仰，就和世俗性的法西斯主義、極權主義和毛澤東主義一樣，本質上是聽不進意見、狂熱和暴力的。他們一旦獲取政治權力，很快便會出現極端主義。

因此，基督教基本教義派和伊斯蘭基本教義派，共同擁有若干關鍵特徵，尤其是封閉的心靈、反自由主義和憤怒。但他們也有些極為重要的不同點。首先，基督教基本教義派的追隨者人數遠為龐大，光在美國便有數百萬人，也因此融入社會，而非與之隔離。其次，他們避免大規模的恐怖主義暴力，如我們並沒看到新教的基地組織（al-Qaeda）。之所以如此，幾乎可以確定是因為美國廣大的民主價值文化，以及對個人與政治處理程序根深柢固的敬意。打從一開始，美國南方的基本教義派便尋求利用立法與司法體系，而非摧毀體系或謀殺在任的領袖。他們持續將選舉、法庭、公民不服從和媒體，視為施加其意志的主要工具，而非透過自殺炸彈攻擊和暗殺。因此，儘管基本教義派的旨歸和對世俗社會的控訴，確實說明推翻既有秩序的必要性，這種傾向卻遭遇民主制度公民倫理的強力抵抗。而在絕大多數的伊斯蘭世界，這種公民權從未存在。

這種反思也帶出一點：基本教義派為美國規畫的主要目標，為何極有可能會繼續失敗？這個擁有數百萬人的群體，要的是透過國家權力和公共資源，以私人道德的形式管制個人自由。他們也希望可以掌控選擇權，為數億人決定哪些個人行為應被重新界定成犯罪或離經叛道。也就是說，基本教義派希望藉由此方式，成為社會的道德警察，但美國的民主根源和歷史並不認可這樣的立場。

另一個造成限制的因素，和現代科學有關。嘗試否定科學效度，支持《聖經》無誤論的做法已經注定失敗。猴子審判時他們便已失敗，一個世紀後更是注定如此。說好聽一點，《聖經》關於世界本質的論點，其存在的意義標準和科學全然無關，是個有著不同大氣和引力常數的星球。我們匆匆瞥過的《司可福串註聖經》已足夠說明此點。換個方式講，我們不大可能從《聖經》段落，更不用說從創造論或智能設計「研究」中，得到治療瘧疾、理解不同感染原如何變異和適應抗生素，或預測格陵蘭冰川融化影響的新技術。同樣的，基本教義派在地方學校委員會，就演化論或氣候變遷所取得的短暫勝利，並非實際或靈性上的勝利。他們並沒有真正削弱科學，或散播耶穌基督的福音。過去兩百年的發展毫不含糊：物理現實的真理，屬於職業科學的領地。現代科學既非毫無謬誤，也不是最終答案，但就製造知識的力量而言，著實史無前例。這些知識可靠、可檢證、常常伴隨巨大利益，且永遠往前推進。科學的地位在全球已然牢固，各地政府都提供財務和制度上的支持，將其視為進步和發展的泉源。

哲學家查爾斯・泰勒（Charles Taylor）指出，基本教義派社會不必然是個宗教社會，也就是說，不一定是滿足靈性需求和渴望的社會。尤有甚者，世俗社會也未必是個無神論的社會。他認為「世俗」一詞，應理解為信仰型態上的流動和多元。即便教會成員和上教堂人數落在歷史低點，仍有極大量美國人持續說自己相信上帝。但這和泰勒的觀點並無衝突。在美國，制度化教堂已不再是信仰的中心。世俗社會讓人們有自由去探索、修正自己追求信仰的方式，甚至發明新信仰。泰勒暗示道，沒有其他東西比這種探索更具美國特質了——可能只有基本教義派轉變而成的威權回應是個例外。

進步的福音主義在許多形式和偽裝下，很可能在未來取得新的優勢。但墮胎議題仍會是個癥結。一邊認為墮胎是女性權利，另一邊則將其視為殺嬰行徑，二者之間幾乎沒有共同基礎。然而，福音派直到一九八〇年代才發現此議題，並且是在憤怒和擔心受怕的領袖催促下才有此發展，這暗示未來情況仍可能有所變化。《聖經》也可以訴說非常多的事。長期來看，那些重新致力於平等，為社會地位低下者奉獻，並從環境角度關懷「上帝應許之地」的福音派，更有可能在一個需要靈活性與協商解決方案的世界中，做出積極正面的貢獻。同樣的，他們將更接近革命世代所預想的「正義之地」和「仁慈的帝國」。這樣的美國，不是一個失敗的靈性國家，或一個心胸狹窄、不知變通、懷疑猜忌的社會。這樣的美國，是一個持續探索自由、知識和改善社會方式的國家，並將它們視為上帝所交付的責任。

第七章

淨化伊斯蘭：穆斯林對西方啟蒙運動的反動

這個世代——「薩拉菲」（“Salaf”）或穆罕默德最早的追隨者——只取法這個根源（《古蘭經》），並在歷史上取得某些獨特的東西。然而，這個根源隨即與其他諸般影響相混合。是故，此後繼起的世代取法各種來源，諸如希臘哲學與邏輯、波斯神話及其觀念、猶太典籍和基督教神學，和其他文明與文化的殘渣。凡此種種，皆與《古蘭經》注疏、伊斯蘭神學和法學原則相混。因此，後來繼起世代所受教的，是一個腐化的根源，如同第一個那樣的世代從未再出現過。

———薩義德．庫特卜（Sayyid Qutb），《里程碑》（*Milestones*）

無論其特定信仰為何，宗教極端主義有許多共同的核心特徵。其中可能包含哪些呢？以下是最主要的幾點：堅持只有他們擁有神命的真理；藐視否定此點的外人；對群體內的個人，拒斥他們質疑真理或偏離正統實踐的權利。其中也有關鍵差異。某些極端主義者欲人改宗（proselytizers），某些不會。某些在強制或施加其信仰上更為暴力，某些則程度較輕，甚或絕不如此。某些將其正統，建立在長久以來的文獻分析和智識程度頗高的注釋傳統上。某些則更仰賴露骨的情緒，或結合兩種形式的自我界定（self-definition）來鼓動其追隨者。即使在大量的虔誠基督徒和穆斯林中，也存在非常不同的「真」信仰，彼此經常沒有多少共同點，除了下面這點：對基督徒來說，他們普遍接受耶穌基督的神聖性及其在塵世的任務；對穆斯林來說，他們的絕對真理是，穆罕默德有個神所決定的角色，即最後一位先知。

很明顯的是，這兩種信仰的追隨者中，並非所有甚至多數人，可以歸類為我們這裡考察的極端主義者。在這兩個傳統中，也有許多人的信仰可與自由主義的啟蒙理想互相調和。但毫無疑問，無論西方（特別是美國）的若干基督徒如何抗拒啟蒙的科學和社會自由主義，這些人在西方社會仍是少數，這種性質的基督教，也一直無法推翻十八世紀以來發展的啟蒙傳統。事實上，啟蒙傳統在二十世紀的最大威脅，來自兩個歐洲的反宗教運動，也就是納粹和共產主義。

啟蒙運動在穆斯林世界更顯艱辛，即便多數的反對意見，並沒有暴力的薩拉菲主義者（他們於二十世紀晚期才為人所悉）那樣極端。「薩拉菲」一詞，比「基本教義派」更適合用於伊斯蘭，因為他們的計畫直接提到穆罕默德的第一代追隨者。但就回歸宗教「基本」的觀念來說，二者的確非常相似。部分的解釋是，啟蒙運動是個西方和歐洲的發明，因而是受到汙染的外國欺詐，時常伴隨殖民主義來到。但這個解釋並不充分。因為至少部分的啟蒙運動要素（在某些例子中甚至是相當一部分），已成功進入某些亞洲社會；也因為一個世紀前，當歐洲殖民主義如日中天時，這似乎也相當有可能發生在穆斯林世界。有些傑出的穆斯林思想家嘗試找出妥協之道，接受現代甚而部分的自由觀念，並將它們與宗教信仰進行融合。尤有甚者，也有世俗主義知識分子採行自由啟蒙運動的絕大多數規畫，更加渴望西化其社會。但在今天，相較於過去任何時候，這種想法更難在穆斯林社會取得成功。

當代穆斯林世界反啟蒙宗教性格的興起之所以教人吃驚，一部分是因為在更遙遠的過去，當中世紀歐洲還沒有任何啟蒙思想的線索時，伊斯蘭便造就眾多思想家和一整個思想潮流，有潛力發展成類似啟蒙運動的開放性，接受新觀念和科學探索，並質疑既有的宗教傳統。因此，想回到其奠基性文本《古蘭經》和聖訓（Hadith，是關於穆罕默德言談和行動，而未收進《古蘭經》的故事。它們成文較晚，但被當成對宗教律法和實踐的神啟說明），以找出伊斯蘭何以發生這些變化，將會是個死胡同。如果這些原初文獻完全阻絕開放的探索，伊斯蘭思想史將不會如此豐富。應該補充的是，如一些人所為，嘗試在最古老的基督教奠基文本中，找尋與啟蒙運動對立的種子，也一樣會徒勞無功。關於過去數世紀教人震驚的諸般轉型（見於迄今討論的知識分子之思想和影響），它們幾乎無法給我們任何有用線索。

試著想像一個中國學者，在十世紀末造訪穆斯林的巴格達（Baghdad）或哥多華（Cordoba），再到基督教的羅馬或巴黎。相較於基督教世界，他肯定會因穆斯林知識分子的文雅和知識淵博而印象深刻。九百年後，一位中國學者造訪倫敦和巴黎，再到巴格達和德黑蘭，他將會因正好相反的差異而大吃一驚。要解釋何以如此，遠超過我們在此所欲嘗試的。但我們必須指出此點，特別是要反駁一些人的這種想法：他們認為伊斯蘭僵固於反啟蒙的古代文獻上，基督教則不是如此。

為什麼伊斯蘭學術和科學的這個「黃金時代」到了十四世紀無法持續，以至於衰退成小細流，學界已有許多解釋。[1]一種解釋歸咎於蒙古入侵帶來的巨大破壞，特別是一二五八年包圍巴格達之役。這場戰役導致慘烈的屠城，許多學者遭殺害，雄偉的圖書館和知名的智慧宮（House of Wisdom）也被徹底摧毀。然而，現代歷史學者強調，其他伊斯蘭文化的繁榮地區，如西班牙，並未受到影響。另一個解釋聚焦於波斯之阿拉伯哲學家安薩里（Abu-Hamid al-Ghazali, 1058-1111）的巨大影響。安薩里極為淵博的著述有此結論：歸根結柢，除了非常有限的幾點，絕大多數受希臘啟發的高級阿拉伯哲學都沒有價值，因為它們不能用以證實伊斯蘭真理或灌輸信仰，只能帶來過多質疑。當代知名的埃及哲學教授哈桑・哈乃菲（Hasan Hanafi）總結安薩里的影響，指出「安薩里開始了一個保守主義革命，讓（此前的）多元主義窒息，並根據一種絕對和國家強制的學說來轉化伊斯蘭文化與社會」。[2]但安薩里雖否定哲學思考在支持信仰上的實用性，他對哲學在數學和天文方面的進展仍充滿敬意，並未徹底譴責它，而是說只有可以恰當理解哲學及其侷限的人才能學習它。[3]另一個關於伊斯蘭「黃金時代」衰退的想法，認為它缺乏社會空間，極少贊助者，沒有法人型態的實體（如大學）來支持這種超宗教的研究，故無法針對自然發展出更中性的探索活動。[4]最後，還有另一個關鍵影響，也就是翻譯的問題。早期伊斯蘭學術和科學的興起，直接得益於偉大的翻譯時代，取資於希臘、敘利亞，以及較次要的印度和波斯來源。到了十五世紀，這個過程久已結束，同時通曉阿拉伯文和拉丁文或任何歐洲方言的人極為稀少。即便要貿易，他們也須仰賴來自西方的難民。[5]西方書籍幾乎沒有再被翻譯，直到十九世紀。歐洲的文藝復興和科學革命，伊斯蘭世界基本上一無所知。

在安薩里之後，伊斯蘭哲學、甚至質疑傳統宗教正統之舉，並未完全止步。這在西班牙和馬格里布（Maghreb）尤其如此，它們發展出或多或少獨立於巴格達和波斯的智識文化。西班牙的阿拉伯哲學家伊本・魯世德（Ibn Rushd, 1126-1198）——在歐洲以阿威羅伊（Averroes）之名為人所知——他完成亞里斯多德作品和柏拉圖《理想國》（*Republic*）的傑出注釋。伊本・魯世德進而開始從事史賓諾莎和其他人後來在歐洲所做的事。他寫道，《古蘭經》的某些內容是譬喻；如果這些內容牴觸透過哲學探索而得的真理，我們便不應墨守文字。甚至到一個世紀後，科學方面仍可見偉大思想家，如博學的納西爾丁・圖西（Nasir al-Din al-Tusi, 1201-1274）。納西爾丁・圖西寫出許多重要的數學與天文學著作，改進托勒密的太陽系模型，但並未將太陽擺在中心位置。但總的來說，伊本・魯世德和納西爾丁・圖西，都處於偉大學術和科學時代的尾巴。伊本・魯世德的舉動尤其大膽，受到重要的薩拉菲思想家強烈排拒，直至今日，其中最著者便是薩義德・庫特卜（Sayyid Qutb）。諷刺的是，在自己的伊斯蘭社會中，伊本・魯世德的影響有限。這和他在歐洲取得的巨大衝擊完全相反：他助長復興了歐洲人對希臘哲學和科學的學術興趣。[6]

在第二個千年初，伊斯蘭世界的政治，變得更反對開放的智識思考，而這正是阿拉伯文明高點的重要特徵。之所以如此，是因為一波接一波、相對而言較晚皈依伊斯蘭的部落游牧民，他們征服

1. Huff 1993; Lewis 1982/2001.
2. Hanafi 2002, 72.
3. Hodgson 1974, vol. 2, 180–83.
4. Huff 1993, 47–84.
5. Lewis 2002, 7, 45–47.
6. Hourani 2002, 172–75.

許多伊斯蘭中心，並尋求與保守的都市烏拉瑪（ulama，字面上的意思是「有知識的人」，即有學問的法學學者，也經常是有影響力的領袖）結盟來合法化自身。因此，這些教育程度較低的遊牧民（其中最重要的是土耳其部落），強行推動了更為拘謹、有限制和更封閉的伊斯蘭教，以顯示自己是優秀的穆斯林。欲重拾之前開放性的間歇嘗試當然存在。但一般而言，政治權威支持的，是對抗這種思辨的絕對信仰，主要城市中的虔誠都市大眾亦是如此。[7]

在這之後的數世紀，當歐洲發生文藝復興、宗教改革和啟蒙運動等重大轉型時，伊斯蘭的學問卻停滯不前，沒有創新或吸收許多外部學問。即便是突尼西亞的阿拉伯政治家、哲學家、經濟學家、歷史學家、原創性思想家伊本・赫勒敦（Ibn Khaldūn, 1332-1406），也沒有產生持久影響。和十五世紀文藝復興偉大的義大利人馬基維利（Niccolò Machiavelli）一樣，伊本・赫勒敦打破過去從神的影響來解釋歷史的觀點，轉而著眼於變化和人所驅動的社會結構。[8]他也認為，在自己的那個時代，地中海另一邊的歐洲人，正取得令人欽慕的重要哲學進展。但直到十九世紀，在絕大多數的伊斯蘭世界，人們對歐洲人在想什麼、寫什麼，並沒有多大興趣。[9]

鄂圖曼帝國（Ottoman Empire）在十六、十七世紀力量鼎盛，統治了整個中東、北非和東南歐。帝國的知識分子開始注意到，他們的軍事科技和更進步的歐洲人之間的差距越來越大。十七世紀結束之際，鄂圖曼人已嘗到軍事力量翻轉的嚴重苦果，感到憂心忡忡。他們甚至回到伊本・赫勒敦的理論以解釋問題：為什麼精力充沛的遊牧民所建立的定居帝國，後來多會軟弱、衰敗。[10]但這並沒有讓他們更理解真相，因為給革新提供動力的，是少數西方社會中朝向寬容與公開探索的逐步變遷。直到十九世紀，改革的嘗試才不限於「尋求支撐早期鄂圖曼世紀的舊形式」。在那之前，中樞一直無意推動會讓宗教權威不悅以及多數菁英可能不喜歡的改革。[11]

更普遍地說，到了此時，刻意在知識上與基督教歐洲隔絕，包括缺乏翻譯，已經造成傷害。尤有甚者，根據經濟學者庫蘭（Timur Kuran）的說法，伊斯蘭社會過度仰賴讓人愚鈍的傳統教育，不鼓勵原創思想。社會習俗的共同性太強，不鼓勵能帶來革新性企業活動（有別於既定的賺錢方式）的個人主義。即便在商業程度最高的城市，商人也從未取得如義大利、荷蘭和之後其他西方主要城市商人所建立的那種政治權力。行會利用其政治權勢來限制革新與競爭，阻礙了變遷。[12]

這並不是說在西歐和世界各地的農業王國和帝國，便沒有這些反對變遷的壓力。歐洲所發生的，是諸般要素互相結合，包括更大程度的個人主義、都市商人的獨立性、若干更為寬容和鼓勵知識思考的空間等，突破了上述限制。[13]這是某些令人印象深刻的科技變遷的開端。社會越進步，就會越富裕、越有力量，並讓推動革新的動機益發強烈。若無這些變化，無論是史賓諾莎、笛卡兒、牛頓、孟德斯鳩、休謨、亞當・斯密還是達爾文，沒有任何天才可以造成多大改變，甚或得以自由寫作。這些革新家充其量只會被隔離，甚至因異端而遭到處決。

這個簡要描繪，自然無法提供一個完整解釋，說明西方的獨特之處。但它確實說明，我們必須

---

7. Gellner 1983, 77–81.
8. Gellner 1983, 86–90; Ibn Khaldūn 1967, vii–xiv.
9. Kuran 2004, 134, 137–38.
10. Kasaba 2009, 65; Lewis 1982/2001, 527–30 in Ayalon and Sharon 1986.
11. Faroqhi et al. 1994, 640.
12. Kuran 2004, 139–47.
13. Chirot 1985.

從歷史的角度思考這個現象：在十八、十九世紀，當伊斯蘭世界與歐洲殖民主義粗暴地接觸時，其科學發展明顯落後，並發現自己比原本想像的更加脆弱。

伊斯蘭現代主義

進入十九世紀，穆斯林思想家清楚知道，他們必須做些什麼以趕上西方。在這之後的一百年間，當歐洲強權幾乎控制了整個穆斯林世界，這一點變得尤為明顯。俄羅斯征服了中亞和穆斯林的高加索地區。英國擴張其統治，囊括整個印度，其中包含大量的穆斯林人口，也接管撒哈拉以南非洲、馬來亞、波斯灣邦國等廣大穆斯林地區，又取得對埃及和蘇丹的有效控制。荷蘭擴張其東印度帝國，囊括今日印尼的所有地區。法國征服了未受英國控制的北非和非洲穆斯林領地。義大利攫取利比亞和部分的索馬利亞（Somalia）。第一次世界大戰後，法國與英國瓜分了鄂圖曼帝國在阿拉伯地區剩下的部分。維持獨立的，只剩土耳其、沙烏地阿拉伯、葉門、伊朗和阿富汗，但後二者就像理論上獨立的埃及一樣，實際上受英國所支配。這對過去的歷史而言，是個羞辱人的徹底翻轉，因為穆斯林的力量曾與西方並駕齊驅。很明顯的是，穆斯林必須重新考慮傳統宗教信念的有效性。

嘗試將伊斯蘭現代化的學者中，最傑出的是阿富汗尼（Jamal al-Din al-Afghani, 1838-1898）。他採取阿富汗尼這個名字，是要隱瞞他出生時是名波斯的什葉派（Shi'a）。因為在伊斯蘭世界的遜尼派（Sunni）地區（接近全體穆斯林的九〇％），一名什葉派人士的著述可能較難為人所接受。阿富汗尼的生涯多在建議遜尼派政府改革教育，並試著展示西方科學與教育可與伊斯蘭相容不悖。他在印度、阿富汗、鄂圖曼帝國和埃及最為活躍，但他也在巴黎待過一陣子，在那兒學習更多西方事物、寫作和演講。他嘗試說服穆斯林，伊斯蘭早期的科學和哲學進展值得驕傲，必須回到那番光景。阿富汗尼也堅持西方是新知識的泉源，不能放過。[14]他在一八八二年印度加爾各答的一場演講中說：

> 哲學是門處理外部存在狀態的科學，也處理其成因、理由、需求和要件。奇怪的是，我們的烏拉瑪閱讀……（阿富汗尼引用一對十六、十七世紀的正統保守派穆斯林學者；他們仍被人用來正當化在傳統上排拒「哲學」的理由）……並狂妄地稱自己是聖人；除此之外，他們還無法分辨自己的左右手，也不會問這個問題：我們是誰、什麼對我們而言是正確和適當的？他們從來不問電、蒸汽船和鐵路的成因。[15]

一八八三年，知名的法國歷史學者和東方學家勒南（Ernest Renan）在一場公開演講中，主張在穆斯林科學的黃金時代，做出關鍵貢獻的是希臘與波斯的影響，而非阿拉伯傳統。這之所以能成功，是因為作為宗教的伊斯蘭，當時對自身還抱持相對的不確定感，也較為脆弱。[16]更為穩固和強大後，伊斯蘭便拒斥這種世界主義的影響。阿富汗尼那時正住在巴黎，並做出回應。他同意勒南，認為穆斯林社會在科學上已然落後。但他也反駁說，基督教社會也曾經如此，穆斯林要現代化亦完全

14. Kurzman 2002, 103–10.
15. 引自Kurzman 2002, 105–6。
16. Renan 1883.

可能。他如此寫道：

確實，對科學發展來說，穆斯林宗教是個障礙。但有人可以斷言這個障礙某天不會消失嗎？在這點上，穆斯林宗教和其他宗教有何不同？所有宗教都是不寬容的，各行其道。基督宗教……源自我提到的第一個時期；之後的自由和獨立，讓它看來迅速地朝進步和科學之路前進……我不禁希望穆罕默德的（Muhammadan，現已不再使用這個詞，但不久前還為人所接受）社會，某天可以成功打破其束縛，毅然決然地……以西方社會的方式向前邁進。[17]

並不全然教人意外的是，阿富汗尼屢屢被逐出他擔任顧問的穆斯林國家。無論他多麼有名，又有若干穆斯林菁英同意其想法，阿富汗尼有時聽起來更像是休謨，而非虔誠的穆斯林。他宣稱自己是名真正的穆斯林，但我們不難理解，何以後來的基本教義派如庫特卜，會堅持回到這個議題，徹底拒斥希臘與波斯的汙染性影響，並譴責久已逝去、伊斯蘭具文化優勢的時代。

阿富汗尼絕不獨特。查爾斯・庫茲曼（Charles Kurzman）蒐羅一八四〇年至一九四〇年之間，他稱作「現代主義伊斯蘭主義者」（"modernist Islamists"）的著述，囊括大量穆斯林世界的知識分子。其中有些人較虔誠，有些人沒那麼宗教性；但他們都知道，如果穆斯林要面對西方侵略性殖民主義的競爭，並與之對抗，某些事情必須改變。他們全都同意，重點不是拒斥伊斯蘭或宗教，而是令其做出調整。那現代化的計畫為什麼會失敗呢？

一九三〇年代出現了分歧。穆斯林社會的現代化趨勢，為公開的世俗意識形態所把持，包括民族主義、法西斯主義和社會主義。另一方面，也存在著重新肯定保守宗教性的強烈回應，拒斥模仿西方的必要性。[18]一九二八年，穆斯林兄弟會（Muslim Brotherhood）在埃及成立，提倡保守的伊斯蘭價值觀，並動員它們以抵抗英國殖民主義。與此同時，在一九二〇和一九三〇年代，透過伊本・紹德（Ibn Saud）與王國結合，非常保守的瓦哈比派（Wahhabi Islam）鞏固了在沙烏地阿拉伯的地位。第二次世界大戰後，沙烏地阿拉伯因石油而富庶，得以派遣傳教人員，影響其自身品牌伊斯蘭教的發展。但現代化伊斯蘭教的嘗試並非突然被扼殺。它在印尼得以存續，有所發展，與反殖民的民族主義目標結盟，現今也存在於其他地方。[19]然而，它的許多潛在支持者，倒向了世俗意識形態，尤其是法西斯主義於第二次世界大戰被擊敗後，許多人投向了社會民族主義和馬列共產主義。有一段時間，特別是一九四〇年代至一九六〇年代末，這些世俗的現代化人士，似乎有望戰勝宗教保守主義，但他們終究未能成功。相反的，絕大多數的世俗現代化計畫，尤其是在阿拉伯中東、伊朗和巴基斯坦，都未能帶來原先許諾的益處，反而製造不少公共之惡，如腐敗、壓迫、貧窮，以及面對西方、尤其是對以色列的強大經濟與軍事成功時所顯現的脆弱。這一切為保守主義伊斯蘭教的興起廓清道路，包括極端薩拉菲主義的興起，欲取代世俗現代化的選項。

---

17. 引自Kurzman 2002, 108。
18. Kurzman 2002, 26.
19. Hefner 2000, 2005.

世俗民族主義現代化的興衰

中東穆斯林社會的悲劇是，除了在土耳其取得顯著成就，世俗現代化在絕大多數方面都失敗了。這在阿拉伯社會最為明顯，但也適用於伊朗和南亞。在東南亞與土耳其，現代化和若干形式的世俗改革，確實在一定程度上取得成功，但問題仍未完全解決。

就阿拉伯來說，現代民族主義是對英國和法國殖民主義的回應。從一次大戰後直至一九四〇年代，民族主義的支持者——最著者為胡蘇里（Sati al-Husri, 1882-1968）——發展出一種泛阿拉伯（pan-Arabic）哲學，宣告阿拉伯人必須聯合成一個反殖民、獨立且單一的民族國家。從一九二〇年代至一九四〇年代，胡蘇里先在伊拉克、後於敘利亞，被任命創建學校體系，教導學生成為泛阿拉伯的民族主義者，拒斥歐洲支配。胡蘇里受到德國民族主義理論啟發。此理論最早於十八世紀晚期，由德國哲學家赫德（Johann Gottfried Herder）倡議，強調有著相同血脈、語言和需求的人應統合起來，所有這樣的民族都應有自己的統一國家。胡蘇里也認為，即便多數阿拉伯人是穆斯林，其中仍存在不同種類的穆斯林，還有身為阿拉伯人的基督徒。在現代世界，共同血脈和語言比宗教更為重要。[20]

在埃及、北非和中東各地，強調必須有某種統合和現代化以克服殖民強權的阿拉伯民族主義，源自受英國和法國訓練的知識分子。他們了解歐洲殖民主義，並迫切想讓同胞加入其目標。因為殖民時期也見證城市的迅速成長，城市中可被動員的失根移民人口也大量增加，反殖民主義最終勢必會結合足夠數量的阿拉伯人，把歐洲人趕走。但這只是第一步。獲得解放的民族必須更加繁榮強大。在泛阿拉伯意識形態和更為地方化、尤其是埃及的民族主義間，一直存在緊張關係。然而，新的學校體系、更廣泛的教育和反西方的熱情，在各處都取得優勢。二次大戰後，猶太人的以色列崛興，被認定為歐洲殖民主義的前哨站，又進而提供一個泛阿拉伯統合的共同目標。[21]

一九四七年，三個人一起成立了阿拉伯復興社會黨（Arab Socialist Ba’ath Party），包括阿弗拉克（已見於第五章），一位出生於大馬士革，受法國教育的基督教知識分子；他的朋友薩拉赫丁・比塔爾（Salah al-Din al-Bitar），來自大馬士革的遜尼派穆斯林，曾到過巴黎索邦大學（Sorbonne）；以及札奇・阿爾蘇基（Zaki Arsuzi），一位敘利亞的阿拉維派（Alawite），也曾當過索邦大學學生。[22]這是個世俗性、多宗派、泛阿拉伯和社會主義的政黨（阿拉維派被視為一支異端的什葉派，結合了伊斯蘭、基督教和其自身實踐等元素）。這個例子再清楚不過，顯示一個教育程度很高、打造新政治哲學的知識分子團體，如何直接影響政治。在短短數十年內，阿拉伯復興社會黨便在敘利亞和伊拉克取得權力。在敘利亞，一個阿拉維派家庭阿薩德（Assads）以阿拉伯復興社會黨之名，於一九七〇年取得控制權，並持續統治絕大多數的敘利亞地區（但在我們寫作的此時，其統治有些岌岌可危）。在伊拉克，阿拉伯復興社會黨最早於一九六三年取得政府的控制權，其中一位成員受到阿弗拉克著述的啟發，從一九七九年開始統治伊拉克，直到二〇〇三年美國入侵將其推翻為止。這個人就是海珊。

復興主義（Ba’athism）不是唯一取得權力的現代化世俗政黨。納瑟於一九五二年推翻腐敗的埃

20. Dawisha 2003, 49–74.
21. Dawisha 2003, 75–134.
22. Makiya 1989, 185–89.

及君主，一九五四年變成埃及的獨裁者，直到一九七〇年離世。他也擁護類似的社會主義和民族主義哲學，並成為在阿拉伯人效忠復興主義上的主要對手。但對埃及而言，悲哀的是，納瑟的觀念也有著相同的致命缺陷。復興主義欽慕蘇聯，但排拒阿拉伯共產黨，因為阿拉伯共產黨不是忠誠的民族主義者，或對伊斯蘭抱持足夠敬意。[23]納瑟的作為如出一轍，但和復興主義者有所區別。這主要不是因為任何重大的意識形態歧異，而是因為二者都宣稱要成為阿拉伯世界的領袖。

社會主義不只在埃及、敘利亞和伊拉克成為一種理想。非洲、亞洲和拉丁美洲的整個第三世界運動，都因社會主義的承諾而興高采烈。無論光芒閃耀於何處，這點都沒有疑問，毛澤東時代的中國如此、蘇聯如此、狄托在南斯拉夫倡議的更精微版本也是如此。但實際上，第三世界政權的真正作為違背許多人民意志，把其經濟若干較有效率的部分國家化，使國營企業和採購委員會變成無能腐敗的官僚機構。典型的結果是經濟停滯和合法性崩落，讓政權必須通過更多鎮壓來維持權力。伊拉克尚能因石油財富而暫時逃過這個問題，但敘利亞、埃及和多數第三世界國家則無此條件。打從一開始，所有這些運動都相信，革命菁英理所當然應管理事務，舉辦真正的選舉只會帶來反作用。納瑟曾說，埃及群眾是「迷失在錯誤道路上的商隊」，因此，「我們的責任是引領隊伍回到正途……使其得以繼續前進」。[24]

在埃及和復興主義國家，新哲學中極端民族主義的那一面，導致軍國主義化和面對以色列的侵略姿態，被用來作為一種戰鬥口號。這鼓動了對以色列的一系列戰爭，最戲劇化的莫過於一九六七年的戰爭。這場戰爭讓納瑟顏面盡失，因為他誇口自己已讓埃及做好萬全準備，以面對這場衝突。問題在於，統率阿拉伯軍隊的就是負責經濟事務的那群人。他們腐敗、無能，是獨裁者的政治盟友。他們善於鎮壓主要由手無寸鐵的平民發起的內部異議，但無法面對現代軍隊和空軍。[25]

種種失敗讓這些政權變得益發殘暴和傾向壓制，因為這是維持權力的唯一辦法。這為某些事物打開一道門，但和世俗化現代化人士希冀的事物非常不同。簡言之，越來越清楚的是，這些倡議現代化的人，並不非常了解自己的社會，忽略了一個很強大的內部要素。也就是說，過不了多久，伊斯蘭宗教激情便成長、擴大，拒斥腐敗、壓迫和宗教上不純潔的獨裁政權。[26]

必須強調的是，由其獨裁大汗（即國王，雖然他稱自己是「萬王之王」）領導，伊朗反社會主義和益發反伊斯蘭的現代化嘗試，最終也沒有成功。相反的，大汗的現代化從上做起，給相對少數的菁英帶來好處，但激怒依然虔誠的大多數人口，也證明了是場災難。在某種程度上，當它開始有所成果，創造出一個現代化的中產階級時，大汗的政權卻傲慢、奢靡、行鎮壓性的軍國主義，又有著糟糕的祕密警察，迫害希望得到更多民主的人。因為這些問題，原本應該成為大汗支持者的中產階級也與其疏離了。[27]大汗被推翻時，取得權力者是虔誠的什葉派編制，由知名的穆斯林保守主義學者和神學家、阿亞圖拉（Ayatollah）何梅尼（Ruhollah Khomeini, 1902-1989）所領導。在支配伊朗的什葉派傳統中，阿亞圖拉是最崇高、最有學問和思想的伊斯蘭教詮釋者，也是最超群的宗教領袖。遜尼派沒有這種在結構化和神學上富有權威的階層。

其他類似的失敗，也導致極端主義穆斯林勢力的興起，即便並非所有勢力都能攫取權力。在

23. Makiya 1989, 250–53.
24. Malley 1996, 102–3.
25. Ajami 1981.
26. Malley 1996, 204–49; Owen 2012.
27. McDaniel 1996; Keddie and Richard 2006.

阿爾及利亞，一九九〇年代發生慘烈內戰，一邊是腐敗的軍事勢力，一邊是從政權失敗中獲得力量的激進伊斯蘭主義者。[28]在巴基斯坦，無能軍事統治的輪番較量、與印度作戰遭擊敗、政府業務崩壞、極大不平等，以及大規模腐敗，也在那些感覺現代化和民族主義承諾業已破產的人之間，滋養了宗教極端主義。[29]即便在相對成功的突尼西亞，威權和越來越腐敗的世俗獨裁者，也在阿拉伯之春（Arab Spring）的一開始便遭到推翻——這場運動始於二〇一〇年，並散播至整個中東地區。[30]在最世俗化、最進步的中東穆斯林國家土耳其，虔誠、從鄉村遷徙至都市的新移民潮，也為伊斯蘭主義政黨的勝選鋪平道路。相較於中東其他地區的伊斯蘭主義政黨，土耳其的較為溫和。話雖如此，世俗現代化人士和伊斯蘭主義者未來的關係，仍競爭激烈且危機重重。[31]

一個縈繞著這些發展的問題，是石油的角色。說到底，這是西方對這個地區感興趣的首要原因，也是許多穆斯林國家經濟成長的主要來源。伊朗、伊拉克、阿爾及利亞、利比亞、沙烏地阿拉伯、科威特、卡達、阿拉伯聯合大公國、阿曼和蘇丹（較晚）皆是如此；石油在突尼西亞、葉門、埃及和敘利亞的角色沒那麼吃重，但仍有重要影響。在一九七〇至二〇一〇年的四十年間，這些國家從石油上獲得超過十二兆美元的歲入，[32]但仍有廣泛的貧窮問題，現代化也非常參差不齊。在這些國家，石油財富與其說是種「詛咒」，更像是領袖們的工具。石油本身並沒有什麼內在的「惡」，也沒有什麼必然的石油「詛咒」。相反的，負面效應反映的是拙劣領導、讓當權者得以控制所有稅收的歪斜所有權結構，以及脆弱的制度。[33]財富主要落入這些地方：皇室、政治領袖及其親信、購買軍武、各種形式的舞弊。在許多例子中，如沙烏地阿拉伯和伊朗，財富也變成公眾的大量津貼（食物、水、電力和燃料），以妨礙政治和社會改革的訴求。因此，這個地區的巨大自然財富為政權撐腰、使其富裕，但政權為其人民創造的重要機會非常稀少。很重要的是，石油財富讓政府可以免於打造現代經濟、教育體系、擴大就業機會和高層次的科學與工程文化。人民並沒有放過這個現實。由此而生的沮喪與挫折也產生影響，讓不少人走向宗教極端主義。

因此，這種極端主義有許多特定的影響。但位居中心的是這個事實：在超過一個半世紀的宗教改革嘗試、諸般現代化實驗、世俗民族主義（無論是不是社會主義）興衰，以及誇口即將成功之後，其主要目標仍未達成。穆斯林經濟體系中，罕有能為大量年輕人找到就業機會者。沒有人能宣稱已趕上更進步的西方，或對中東的阿拉伯人宣稱已趕上他們痛恨的、猶太人的以色列。即使在最成功的穆斯林社會，特別是土耳其、馬來西亞和近期的印尼，世俗主義和伊斯蘭之間的衝突仍遠未解決。阿拉伯半島的富庶石油國家也是如此，尤其是沙烏地阿拉伯；在這些地方，財富被用以維繫某種僵固保守的伊斯蘭統治。

新薩拉菲主義的興起：從現代主義到庫特卜與基地組織

和基督教一樣，伊斯蘭長久以來也有個傳統，嘗試淨化許多人視為腐敗和較不可靠的信仰傾

28. Malley 1996; Souaïdia 2001.
29. Talbot 2012.
30. Noueihed and Warren 2012; Owen 2012.
31. White 2013.
32. British Petroleum 2014.
33. Luong and Weinthal 2010.

向。這類運動都以奠基性文本為基礎，如《聖經》或《古蘭經》，宣稱要回到宗教的某些基本、原初和真正的型態。這些淨化、基本教義派的嘗試，每次都會遭遇各種勢力的反對。從掌權者的正統（遭到改革者的挑戰）到許多不同種類的非正統信仰，這些勢力依附於該宗教的所有不同版本。然而隨時間遞移，基本教義派的活動實際上是在回應它們賴以興起的當下處境，並在很大程度上為這些處境所形塑。新的淨化式改革興起的途徑，無論是遜尼派，或非常不合乎傳統的什葉派伊朗，其實並無不同。

如前所述，薩拉菲主義指的是「薩拉菲」，即先知穆罕默德的最早追隨者。這些人被認為是最好、最不腐敗的真正穆斯林。他們為早期廣大的穆斯林帝國建立基礎，並廣泛傳播伊斯蘭教，這些驚人成就，被歸功於其信仰的純潔。薩拉菲主義者希望穆斯林回歸他們所認為的、七世紀的伊斯蘭教。

但就像美國許多形式的基督教基本教義派，事實上是現代和相對近期的發展，許多導致強烈暴力，欲淨化、復興和散播真正伊斯蘭信仰的運動亦是如此。薩拉菲主義者也許會宣稱自己是傳統主義者，但他們的力量在於如何回應現代化的壓力，及其當代社會呈現的弱點。就像基督教的例子一樣，這些改革運動絕大多數的原初動力，來自有學問的知識分子的著述和改宗行為，直到他們的訊息為更廣大的公眾所知，並贏得重要追隨者。提倡伊斯蘭改革的學術著述，必須展現自己全然接受《古蘭經》聖典，雖然做到這點可能會飽受爭議。[34]

二十世紀薩拉菲主義的前現代開端，是伊本・泰米葉（Ahmad Ibn Taymiyyah, 1263-1328）的著述。伊本・泰米葉居住於大馬士革，那是一個尤其擾攘的時代。面對蒙古人，伊斯蘭教遭遇其有史以來最大的敗仗。蒙古人即便在皈依伊斯蘭教後，仍被視為異國的外來者。他們征服了穆斯林的波斯，並於一二五八年摧毀巴格達的最後一個阿拔斯王朝哈里發（Abbasid Caliphate）。但埃及和敘利亞落入馬穆魯克人（Mamluks）手中。他們是奴隸軍人，主要由黑海一帶或中亞說突厥語的男性組成，阿拉伯城邦普遍以他們為傭兵。馬穆魯克人尋求宗教合法性，拉攏都市的烏拉瑪；相較於鄉村農民人口，都市烏拉瑪的伊斯蘭信仰是保守且相對純潔的。一二六〇年，馬穆魯克人在巴勒斯坦擊退入侵的蒙古軍隊，之後又與蒙古人進行一連串戰爭。事實證明，蒙古人無法打敗馬穆魯克人。

這也是基督教十字軍東征的晚期。當時這些西歐人仍控制巴勒斯坦臨海地區的大半部分和黎巴嫩。經過一連串戰爭，馬穆魯克人也驅逐了這些基督教十字軍。

因此，十三世紀晚期充斥著與這兩支外來者的對抗。對此，伊本・泰米葉堅持人們只能實踐非常純潔、原初型態的伊斯蘭教，以重建穆斯林的偉大。包含統治者在內的所有人，只要不遵守這個訓示，就不是真正的穆斯林，而是禍害。到了二十世紀，蒙古人和馬穆魯克人都退出舞台，但以出手干預的歐洲（後來變成美國）強權型態出現的十字軍仍歷歷在目。穆斯林（和若干展開侵略的西方人）把這波新的歐洲入侵，視為一種新的基督教十字軍。伊本・泰米葉的著作再次變得有用。現代的薩拉菲主義者，尤其是庫特卜，和庫特卜仰慕的印度巴基斯坦穆斯林毛杜迪（Abul A'la Mawdudi, 1903-1979），他們徵引伊本・泰米葉的著作，以之為穆斯林的指引，尋求淨化伊斯蘭教，以有效回擊捲土重來的異教徒。[35]

但我們不可能把伊本・泰米葉直接連到現代，即便其著述確實是個靈感來源。奇怪的是，與當

34. Cook 2000, 109–15.

35. Toth 2013, 64, 70, 195–96, 306n32; Euben and Zaman 2009, 79–85.

代伊斯蘭基本教義派更為相關、直接且有影響力的思想根源，來自阿富汗尼一位現代主義、相對來說傾向自由派的主要門徒——穆罕默德・阿布都（Muhammad Abduh, 1849-1905）。但這可能也沒那麼奇怪。說到底，當代美國反動福音思想的祖先，就是十九世紀的新教社會自由主義者。他們領導反奴隸運動，並尋求調和宗教與現代科學。

阿布都在埃及向阿富汗尼學習，之後又於一八八四年在巴黎跟隨他。阿布都最後回到他的出生地埃及，被任命為艾資哈爾大學（Al-Azhar University）的領袖，這是當時（現在依舊是）遜尼派伊斯蘭教最聲譽卓著且最具影響力的神學大學。他提倡許多改革，其中一個是回歸更純粹地理解《古蘭經》。他主張（阿富汗尼亦是如此）對《古蘭經》的真正閱讀會顯示，聖典要求人理性地檢視世界，要有能力針對既存和變化中的種種處境調整法律。他也因此主張，許多僵化的穆斯林想法和實踐，其實並非真正的伊斯蘭教。[36] 關於科學，他如此寫道：

> 穆斯林何以甘於這麼點東西，許多人還關閉、阻擋知識之門，假想上帝會因無知和輕忽研究其神妙作品而欣喜？……如果伊斯蘭教歡迎人探究其內涵，為什麼人們只是吟誦而非真正閱讀《古蘭經》，甚至多數受教育的宗教人士，也僅約略理解它呢？[37]

阿布都希望教育女性，讓艾資哈爾大學的課程現代化，並讓穆斯林知道，《古蘭經》對知識和論述持開放態度：不是要背棄宗教，而是回到其原初特質。認知到改革埃及有多困難，或讓埃及免於英國統治有多艱辛，阿布都最終放棄了，死的時候滿是失望。[38] 到了二十世紀後半，那些希望回到《古蘭經》，找出正確、原初詮釋的流行觀點，和阿布都一開始所期望的，卻幾乎完全相反。

這樣的逆轉，部分是多數穆斯林社會在鄂圖曼帝國崩潰，有哈里發稱號的最後一位皇帝被消滅後，對自身益發依賴和明顯脆弱處境的回應。漸進改革看來不再足以克服殖民主義與落後。尤有甚者，世俗民族主義的興起從內部威脅伊斯蘭教的基礎，故在一些人看來，現代化本身即是個敵人。但不僅如此，整個穆斯林世界還發生了一場深遠的社會變遷。

城市伊斯蘭益趨重要

蓋爾納（Ernest Gellner）對現代阿爾及利亞的分析，為伊斯蘭社會發生的變化提供了一個社會學解釋。[39]在很長一段時間，都市地區是更淵博、純潔之正統伊斯蘭教的中心。包括游牧和農業的鄉村社會，傾向於追隨各種地方聖人和講道者的領導。這些人的宗教領導經常是非正統，或立基於地方信仰和實踐；它們與部落忠誠重疊，讓社群團結，但無法被更廣泛地接受。如前所論，從游牧起源的征服者部落聯盟，或自身沒有內在合法性的奴隸傭兵，往往會變成嚴厲的正統派，以加強其吸引力，爭取更廣大的支持者，包含必須加以控制的都市中心。伊斯蘭教一直極為尊敬學者，故即便不識字的鄉村部落民，也會拜倒在非常有說服力的學者之下。事實上，許多最成功的宗教兄弟會是由烏拉瑪發端。這些人在城市地區的主要知識中心學習，再回頭集結鄉村性格較強的部落民，並讓

36. Kurzman 2002, 50–60.
37. 引自Kurzman 2002, 59。
38. Toth 2013, 251–53.
39. Gellner 1983, 149–73.

部落民轉向正統性更強的信仰。這個模式在伊斯蘭世界創造出永久的緊張關係——正統程度不同的實踐之間的緊張，以及城市中心更純潔的信仰和更地方性、部落性信仰之間的緊張。

二十世紀開始，一場根本的人口變遷改變了這個古代的對立情況。曾主要是鄉村社會的地方，變得非常城市化，因為鄉村移民受到城市更多的工作與流動機會所吸引。曾廣泛分布的游牧生活也極大幅地縮水，因為這在現代世界越來越難維持下去。因此，當伊斯蘭社會走向都市化，更嚴格、正統的伊斯蘭教支配也較過去為甚。發生這個變化的同時，多數穆斯林社會的世俗現代化似乎也失敗了。西方世界，一開始是歐洲，然後是美國，及被視作其衛星國的以色列，變得比穆斯林國家遠為富裕和強大。越接近現在，這些國家（從撒哈拉以南的非洲到巴基斯坦，也遠至東南亞某些地方）的若干特徵便益發明顯，包括都市青年普遍失業、經濟挫折，和某種令人窒息的停滯。上述發展因而開啟了一條路，讓人更加堅持一種更純潔、正統、較無變化的伊斯蘭教。這也意謂在信仰者間，對較不嚴格和較不服正統者的容忍程度降低了。

瓦哈比派的變異

在二〇〇一年九月十一日針對紐約與華盛頓特區的攻擊行動後，全世界注意到，涉入其中的十九名恐怖分子中，有十五名來自沙烏地阿拉伯。在沙烏地阿拉伯，主流的穆斯林教義受到穆罕默德‧阿布多‧瓦哈比（Muhammad Abd al-Wahhab, 1703-1792）的啟發。瓦哈比是一位十八世紀的阿拉伯學者，也是名在政治上活躍、極端拘謹的薩拉菲主義講道者。在那個時候，開始成為沙烏地阿拉伯皇室的那群人，原先是地方酋長；他們的領袖穆罕默德‧本‧紹德（Muhammad bin Saud）和瓦哈比達成協議，由瓦哈比為沙烏地王朝征服多數阿拉伯地區之舉，提供合法性支持。其名義是淨化伊斯蘭教，並使其返本歸真，回到根源處。最早的沙烏地國家即建立在此基礎上。雖然日後有摩擦，但國家與瓦哈比派信念和實踐的緊密關係一直存在，至今猶然。十九世紀時，埃及和鄂圖曼統治者都與沙烏地競逐領導地位，沙烏地的權力大減。但在阿布杜勒・伊本・紹德（Abdulaziz Ibn Saud, 1876-1953）的領導下，皇室命運得到重生，重新征服絕大多數的阿拉伯地區，以至於在一九三二年建立了今天的沙烏地王國，瓦哈比派則成為其官方宗教學說。由於這個學說從那時起便統治著沙烏地的靈性生活，沙烏地阿拉伯又是個王朝（阿布杜勒・伊本・紹德死於一九五三年，其後由他的許多兒子相繼統治），伊斯蘭恐怖主義和瓦哈比派的連結確有其道理。

但現實比這複雜得多。一些分析家已指出，[40]瓦哈比的實際著述，並沒有像引導奧薩瑪・賓拉登（Osama bin Laden）及其基地組織恐怖分子的那種伊斯蘭教那樣嗜血。且無論如何，十八世紀極端拘謹的訴求，欲回到早期伊斯蘭教的基本實踐，和西方也無甚關係。瓦哈比責備的並非歐洲，而是鄂圖曼的腐敗和鬆散（確有其正當性）。確實，最能鼓動沙烏地原初征戰的目標，是把鄂圖曼的影響趕出聖城麥加（Mecca）和麥地那（Medina）。瓦哈比的改革主義，是十八世紀晚期和十九世紀初，從西非到東印度群島的爪哇，穆斯林世界整個類似宗教改革（Reformation-type）運動的一環。這些運動是在回應一個想法：伊斯蘭教正在偏離其原始的純潔性。[41]

這絕對不是伊斯蘭歷史上第一波改革潮流。九世紀和十世紀便出現罕百利（Hanbali）法學傳統，建立了最嚴格的伊斯蘭法學學派，瓦哈比正是此學派中人。其他例子還有很多，從十二世紀摩

40. 如DeLong-Bas 2004。
41. Robinson 1982, 118–19.

洛哥和西班牙南部的阿摩哈德王朝（Almohad Caliphate），以至十七世紀印度的蒙兀兒（Mughal）皇帝奧朗則布（Aurangzeb）：奧朗則布轉向強調更純潔伊斯蘭教的納斯班迪（Naqshbandi）教團。[42]和瓦哈比派一樣，幾乎在所有例子中，基本教義派學者和講道者都尋求領導拘謹極端的改革運動，譴責變得鬆散或更能接納非伊斯蘭傳統的穆斯林。這包括讓統治者改宗，如奧朗則布之例；有時候也會在較不虔誠的部落民中組建自己的軍隊，令其皈依並引導他們成立新國家，如阿摩哈德王朝動員摩洛哥柏柏人（Berber）部落之例。一個更晚的例子發生在北奈及利亞。十九世紀初，一名城市的富拉尼（Fulani）學者奧斯曼・丹・福迪奧（Usman dan Fodio, 1754-1817）集結該地游牧性格最強的富拉尼人，征服了「腐敗」的豪薩（Hausa）城邦，建立富拉尼帝國（Fulani Empire）。這些個案均非針對西方興起所做的現代回應。但到了十九世紀初，大環境迅速發生變化。

此時，瓦哈比派已經多少趕不上變化。他們仍關注較不虔誠的穆斯林，其領袖沒能察覺，歐洲擴張是當時伊斯蘭面對的最主要挑戰，可能（也著實如此）導致整個穆斯林世界都被殖民。確實，此時若干較洞悉情況的改革運動，十分明白這個新發展。到了二十世紀初，瓦哈比派更顯落伍，特別其信仰實踐是在沙烏地王國。[43]若沙烏地王國沒有在後來發現石油，使皇室得到巨大財富，瓦哈比派可能永遠不會變成一個全球現象，影響世界各地的穆斯林。

現在的瓦哈比宗教領袖可能會宣稱他們是純粹的傳統主義者，但他們實踐的卻並非最初版本。這是某種更新和現代的東西，源自二十世紀後半，並以一種最奇特的方式嫁接在傳統的沙烏地瓦哈比派上。在此過程中，庫特卜的著述和其他極端薩拉菲主義文本，產生了重要影響。庫特卜和其他現代薩拉菲主義如何施加極大力量，影響這麼多穆斯林心靈，是暴力的反西方主義和反現代主義繁盛茁壯的真相。但在轉向此主題前，我們有必要再談一下當代的瓦哈比派。對此，凱佩爾（Gilles

Kepel）的分析非常有啟發性。[44]

當伊本・紹德在第一次世界大戰後，征服泰半的阿拉伯地區時，其王國是個許多部落和各種版本伊斯蘭教的異質組合。在西方人眼中，這種多元性可能是始料未及甚至驚人的。但這也顯示，一直到現代，不同社會群體詮釋的伊斯蘭教極其多變。沙烏地阿拉伯的伊斯蘭教，有漢志（Hijaz）地區（紅海沿岸和聖城麥加與麥地那）較開放、具世界性和寬容者；內志（Najd）地區（阿拉伯的中心、沙烏地王國的根據地）的嚴格正統派；東北的什葉派（瓦哈比派視其為異端）；最後，還有較不嚴格者，尤其是許多貝都因（Bedouin）部落所奉行，尊重女性且限制較少的伊斯蘭教。為了國家統一，沙烏地在王國各處強制推行他們的嚴格正統信仰，給予瓦哈比派的烏拉瑪一定程度的自由。伊本・紹德確實必須鎮壓某些極端瓦哈比派的暴動。他們不滿伊本・紹德與英國的關係（英國資助其征服行動），但伊本・紹德重新取得支持：他讓烏拉瑪控制王國的教育和高校，並強制施行這些人堅持的許多拘謹和極端的教條。二次世界大戰後，美國與美國石油公司取代了英國的影響，開闢了大量沙烏地油田。當石油財富開始湧入，皇室便給予烏拉瑪更多資助，以維持合法性；當時，其合法性已經因為揮霍的生活型態和依賴美國支持而不斷受損。沙烏地鼓勵瓦哈比派在穆斯林世界傳教，一來讓其最活躍的伊斯蘭主義者忙於王國以外的事，二來可以支持伊斯蘭世界各處更為保守的宗教傾向。沙烏地阿拉伯也讓逃離世俗化阿拉伯國家迫害的薩拉菲穆斯林學者進入國內，尤其是在

---

42. Hodgson 1974, vol. 2, 269–71, vol. 3, 93–98.
43. Hourani 2002, 349.
44. Kepel 2004, 152–96.

埃及的納瑟和復興主義統治下的那些學者。其中包括穆罕默德・庫特卜（Muhammad Qutb）。他是薩義德・庫特卜的兄弟，在薩義德於一九六六年被埃及的納瑟處決後，成為受人尊敬且有影響力的伊斯蘭神學教授。這也符合沙烏地統治者的需求，因為從一九五〇年代到一九七〇年代末，他們最恐懼的，是自己的君主制可能會被第三世界主義的革命者推翻，而這些人在其他阿拉伯國家已然取得權力。為嚴格的伊斯蘭教犧牲奉獻，被視為最好的反制策略，尤其因為在沙烏地阿拉伯內部，國家已極為仰賴西方科技和移居的專家，讓其經濟現代化以及管理石油生產。但正如托比・瓊斯（Toby Jones）所論，[45]這創造了一個永久的緊張關係。一邊是瓦哈比派的烏拉瑪和沙烏地家族內部的若干保守聲浪，另一邊是希望使社會現代化，但害怕疏離其宗教基礎，不敢過分要求的領導圈子。這樣做的結果是，一種新的、更嚴格、更反動的瓦沙比派，得以在教育、社會和文化事務上欣欣向榮，以賡續經濟現代化的過程。但更基本教義派、更拘謹極端的瓦哈比派，也變得越來越反西方。

一九七九年，激進伊斯蘭主義者短暫地控制了麥加的禁寺（Grand Mosque），即信徒每年朝聖的主要地點，並殺害了許多禮拜者和維安部隊。直到為時兩週、長時間的血腥交鋒後，他們才被擊潰，最後倖存的六十三名好戰分子還被斬首。同樣在一九七九年，伊朗伊斯蘭革命（Iranian Islamic Revolution）爆發，直接挑戰了沙烏地的宗教合法性。這終於讓沙烏地醒悟他們所帶來的危險。但到了那時，情勢已和沙烏地王國早期不同。迅速成長的城市人口、青年失業、不斷增長的不平等，以及保守教士對沙烏地教育的控制，養成一批激進反動的伊斯蘭主義支持者。沙烏地的統治家族嘗試安撫極端烏拉瑪及其追隨者，又試著約束極端主義。但即便三十多年後，到了二〇一〇年代初，沙烏地菁英仍未與他們所扶植的力量達成協議，並持續收買他們。這讓統治家族的權力不甚穩定。但他們沒有辦法，只能看著自己當初首肯的東西，變成宗教反動和不安的一個根源。[46]但無論如何，許多傳教士、資助建立的清真寺，以及對世界各處皈依薩拉菲主義者的金援，包括有穆斯林移民的某些西方國家，已成功在大量穆斯林社群中樹立新瓦哈比派和反西方的綜合信仰。

當然，這些極端主義者是穆斯林中的少數，說多數信徒會支持那些最為暴力的穆斯林，也是不對的。[47]然而，獻身意識形態的少數人，可能會成為強大勢力（尤其是在年輕人之間）。它受到一系列融貫、智識上為人欽佩的文獻強烈影響，領袖們則可以用具廣泛吸引力的方式來詮釋這些文獻。所有取得一定程度政治權力的極端主義運動，從馬列主義到法西斯主義，到諸般形式的宗教基本教義派（現代和前現代皆然），它們取得重要性的方式，都是透過這樣一群人：他們是受到啟迪、堅定奉獻的少數，願意與較溫和的多數人進行鬥爭。正是因為這種重要性，我們必須檢視奠立這些運動基礎，鼓舞人心的知識分子們。

庫特卜的悲劇與暴力薩拉菲主義的興起

一九〇六年，薩義德・庫特卜出生於開羅南方的一個埃及鄉下村莊。他是個聰明、有野心的男孩，接受全然穆斯林但相對現代的良好教育，並成功讓自己躋身可敬的中小學教師行列。他成為一名有才華的作家，其文學評論讓他在知識界小有名氣。他一向有些神祕傾向，所以也寫詩。在絕大

45. Toby Jones 2010.
46. Jones 2010, 236–44; Jones 2011.
47. Kurzman 2011.

多數方面，他看起來是個虔誠的紳士，奉獻給其宗教。但他也接受改革者的現代化觀念，欲透過吸收西方的觀念、科學和社會變遷以復興伊斯蘭教。他是位埃及民族主義者，期盼自己的國家可以免於英國殖民。這幾乎是所有埃及人共同的想法。

到了一九四〇年代，庫特卜因埃及無法從形式上的獨立，轉變為從英國支配中獲得真正解放而失望，又因目睹埃及菁英的腐敗而益發反感，他開始倒向激進主義。庫特卜譴責西方的影響，說它在本質上具汙染性，因為歐洲已然背棄宗教，支持沒有靈魂的的物質主義和尋歡作樂。他開始認為，這些不道德行為的引入，是穆斯林社會無法脫離殖民、貧窮與不平等的根源。到了一九四〇年代末，他開始相信西方的非道德與腐敗已無藥可救，特別是其猖狂愛慾和商業主義，只能作為一個壞榜樣。他認為，必須有個衷心所感和真正的宗教，才能拯救民族免於那種墮落，且只有伊斯蘭教能擔當此角色。[48]

一九四八年，庫特卜被派遣至美國，學習其教育體系，為埃及改革累積一些經驗。他遊歷美國絕大多數地方，但花上最多時間的，是科羅拉多州虔誠、較為保守的城鎮格里利（Greeley），他還去了科羅拉多州立教育學院（Colorado State College of Education）。如同美國其他許多清教（和摩門教）傳統很強的地方，格里利在法律上禁酒。對美國人來說，一九四〇年代末也不是一個特別重愛慾或放蕩的時代。但對當時已四十二歲的庫特卜來說，他對西方和美國的看法早已確立。除了其母親、姊妹和少數非常虔誠的伊斯蘭主義崇拜者，對於女性，庫特卜從來不感到自在。他從未結婚，可能也從未與女性發生肉體關係。他在美國看到的是，男女互動相當開放，輕忽道德，過於強調性，教堂也傾向物質而非真正的宗教。有趣的是，這和基本教義派之基督教福音派觀點非常接近，但基本教義的福音派沒有那麼執迷懼怕女性愛慾。庫特卜認為美國文化是「原始」的。他雖不至於支持暴力的吉哈德（jihad），但開始往這個方向走去。他相信人們只能實踐原初、純潔的伊斯蘭教，而爭取穆斯林將會是一場奮鬥。[49]吉哈德字面上指的就是「奮鬥」（"struggle"），既可用於個人層次，求取更深刻的信仰，也具有庫特卜和其他穆斯林激進派越來越偏愛的「尚武好戰」之意。根據《古蘭經》的不同部分，這兩種用法都有可能。

庫特卜返回埃及後，他的著述變得更為強硬，也更廣泛流傳。他從毛杜迪那兒獲得賈西利亞（jahiliyya），也就是蒙昧的概念（毛杜迪的觀點在獨立前的印度和之後的巴基斯坦，對穆斯林的反殖民主義和反西方主義產生極大影響）。[50]這個詞在《古蘭經》中，指的是伊斯蘭教以前的阿拉伯，因為當時的阿拉伯還未得到先知穆罕默德的啟示。但在毛杜迪手中，這個詞被用以描述捨棄了真正純潔信仰的現代伊斯蘭社會，因此必須重拾真正的伊斯蘭教。[51]對庫特卜來說，這變成一個關鍵概念。賈西利亞盛行於世，必須加以抗爭，因為穆斯林國家的政治領袖和菁英已受其支配。何以如此？因為他們已屈服於西方觀念之下。庫特卜因而變成一種宗教性的第三世界先知，極力主張統一，不只對抗西方殖民主義與帝國主義，也抵擋以色列。他認為以色列是西方殖民支配的前哨。庫特卜開始痛批「十字軍」和「錫安主義者」（"Zionists"）：他指的是所有基督徒，以及根據他對《古蘭經》的解讀——所有猶太人。

48. 就本段和後續段落，見Calvert 2010; Toth 2013。
49. Calvert 2010, 139–55.
50. Jalal 2008, 242–73.
51. Euben and Zaman 2009, 79–85.

如我們所見，當時第三世界的反帝國主義和反西方主義是個不斷茁壯的運動，在後殖民時代的多數非洲、亞洲和部分拉丁美洲地區，成為民族主義和社會主義的根基，也常常是反猶情感的基礎。但庫特卜的版本是宗教性的，不是社會主義，也越來越反民族主義，因為他希望伊斯蘭世界可以統一，而非一批分立的主權國家。他加入穆斯林兄弟會（最初成立於一九二八年）。他們的觀念相近，但在庫特卜逐漸轉向伊斯蘭激進主義前，穆斯林兄弟會並未對他產生吸引力。

穆斯林兄弟會從建立初始便不斷成長，特別是第二次世界大戰後，在阿拉伯世界各地都建立了分支。其創建人哈桑・班納（Hassan Al-Bana）於一九四九年遭埃及政府特務殺害，但他利用伊斯蘭教作為統一的根源，以抵抗西方殖民主義的計畫仍持續流傳。庫特卜更進一步說，不單應該是穆斯林的埃及，所有現存的伊斯蘭社會都陷溺於賈西利亞（蒙昧）中，故必須改變、轉化。他的提議是，為了使穆斯林免於所有削弱人的缺陷，必須令大眾重新皈依原初的伊斯蘭教。當庫特卜成為兄弟會觀念的主要倡議者，他也越來越向兄弟會最激進的部分靠攏，而非偏好與當局妥協的較溫和一方。

自從在一九四八年戰勝阿拉伯聯軍，以色列便在庫特卜的思考中占據重要地位。為了正當化自己對猶太人益發強烈、發自肺腑的痛恨，庫特卜利用了《古蘭經》的一段故事。這段故事說，穆罕默德在潰逃至麥地那後，與當地顯赫的猶太部落結盟；當猶太部落背叛其信任，先知便轉而對抗他們。因此，這些猶太人成為偽君子和叛徒遭到譴責，其人民則必須被斬草除根。某些分析家說，這可謂庫特卜最「妄想偏執」的看法。[52]

在生命尾聲時所寫就、最廣為流傳的著作中，庫特卜堅持現代科學與科技是可容許的，即便其發明者是不純潔的西方。但嘗試用科學與科技解釋生命和宇宙的起源，是不能被接受的。當然，也不能把科學當作哲學，用來闡述道德和文化的意義。這麼做會否定上帝的角色，並在應該是伊斯蘭信仰的恰當領域，注入物質主義的思維。任何利用西方科學來妨礙宗教信仰和伊斯蘭文化的嘗試，都是意欲削弱伊斯蘭的欺瞞之舉。他如此寫道：

> 這個關於文化的陳述，是世界上所有猶太人玩弄的一貫伎倆。其目的在泯除所有限制，特別是信仰與宗教施加的限制，使猶太人可以滲透全世界國家人民，再得以自由地讓他們的邪惡陰謀長存不滅。在這些行為清單頂端的是放高利貸，其目標是使所有人類財富最終都落入照顧他們利益的猶太金融機構手中。[53]

這番話沒有什麼特異之處。《錫安長老會紀要》、阿根廷軍事獨裁政權，當然還有納粹，都會認同猶太人的這種邪惡角色，因為猶太人已成為現代資本主義所有不公正事物的旗手。

然而，對庫特卜來說，該受責難的不只是猶太人，而是所有的西方思維。在此，庫特卜對啟蒙思想核心內涵的不信任（尤其是容許自由思考生命和宇宙之起源與意義的文化自由主義，更不用說以懷疑論檢視宗教信條），也非特別獨一無二。保羅・柏曼（Paul Berman）考察現代世界的反自由主義，指出庫特卜的觀點，和二十世紀所有極權暴力運動若合符節（無論宗教性與否）。庫特卜的觀點特別具有宗教性和伊斯蘭色彩，所以他不但拒斥共產主義，也摒棄西方民主，因為「這將神的

---

52. Calvert 2010, 165–71.
53. Qutb 1964, 111.

領域侷限在天堂……在庫特卜看來，自由社會中的自由就是毫無自由。那種自由，不過是駭人的精神分裂之又一表述，是將物質世界置於此，將神置於彼的巨大錯誤」。[54]在那個意義上，庫特卜對自由派政教分離的不滿，和許多保守主義福音派並沒有太大不同。這些福音派認為政教分離有違聖典。庫特卜在其著述中，透過虔誠穆斯林的《古蘭經》語言，表達他對西方、猶太人和啟蒙運動自由主義的憎惡，因而能直接吸引心懷不滿的穆斯林。

這在一九六四年出版的《里程碑》中尤其如此。這部著作意欲更為廣泛的流傳——相較於其更為龐大、更為學術，對聖典做大量文本分析的《古蘭經的庇蔭》（*In the Shade of the Qur'an*）。在《里程碑》中，庫特卜以一種容易理解的方式表達其觀點。他將自己對西方思想的排斥，和對伊斯蘭失敗的反感，歸咎於不恰當或不夠仔細地閱讀《古蘭經》。是故，不只西方，現有的穆斯林國家組織，包括納瑟統治的埃及，也必須加以拚搏。整個世界充斥著蒙昧（賈西利亞）。穆斯林必須回到創教者及其最初追隨者的純潔信仰。他寫道，人們應有選擇恰當信仰的自由，然而又堅持，如果移除不合法的限制，全世界會自然地趨向伊斯蘭教。因此，摧毀擋路者是正確之舉，亦即摧毀與純潔伊斯蘭教意見相左的人。「自由」的說法極視情況而定。人們也不必利用伊斯蘭信仰數世紀以來的學術積累，特別是那些受到不純潔外在來源（如希臘或更近期的西方哲學）影響的部分。只有回歸基本文獻的必要，且不只受教育的菁英，所有穆斯林都可以理解這點。[55]沒有任何政治體系或物質力量可以阻撓這條宣揚伊斯蘭的路，任何攔路者都會被毀滅。對於伊斯蘭教的敵人，必須將他們殺害，或使其臣服、放棄任何種類的權力。庫特卜說，這是吉哈德的真正意涵，並非宣稱它僅是「防禦性戰爭」的軟弱版本，更非單純是個人欲獲致更高層次信仰與道德的奮鬥。[56]

這何以能吸引如此多人呢？因為對一名真正的信仰者來說，世界的正確秩序已經被顛覆了。

「十字軍」和「錫安主義者」已接管世界。《古蘭經》確實有反猶太和反基督教的段落，但也說應寬容那些歸順和繳交特殊稅金的猶太人和基督徒。庫特卜並未反對此點，也堅持伊斯蘭不應強迫其他宗教，只要他們有自由去改信，或同意歸順。伊斯蘭歷史上的絕大多數時候，各種穆斯林帝國和王國統治下的基督徒和猶太人確實得到寬容，但條件是他們維持順服。[57] 但從十九世紀開始，基督徒統治並支配了穆斯林。曾經卑躬屈膝的猶太人，則在阿拉伯世界的中間建立一個強大國家。這本不應發生，這侵害了《古蘭經》所號召的事物。庫特卜從自身越來越激進的信仰中找尋解釋，他只能如此假定：出問題的，是某個巨大世界陰謀的一環；神之所以讓其上演，是因為祂的真信徒已迷失方向。

直到第三世界革命觀念在伊斯蘭國家取得權力，又戲劇性地失敗，無法實現其承諾時，庫特卜才步入其最為極端的立場（他今日便是以此聞名，並得到其追隨者尊敬）。這是場悲劇，促成廣泛流傳的薩拉菲主義激進運動興起，因而為庫特卜和其他類似的人提供了現成聽眾。若納瑟和復興主義更世俗化的第三世界主義能行得通，薩拉菲主義仍會持續存在，但不會變成這麼普遍的現象。

一九五二年，當時身為上校的納瑟發動軍事政變，推翻埃及君主制，但要再過兩年，他才會即總統位。一開始，穆斯林兄弟會（庫特卜於一九五三年正式加入）是支持納瑟的。但兄弟會逐

---

54. Berman 2004, 80–81.
55. Milestones 40–41.
56. Milestones 57.
57. Cohen 1994.

漸反對納瑟，因為掌權的軍官們所念茲在茲者，顯然是一個世俗化、現代化，而非宗教性的埃及。一九五四年，一名兄弟會成員嘗試刺殺納瑟，但沒有成功。庫特卜和運動的主要領導班子與此無關，但納瑟利用此機會，逮捕了數千名成員，並搗毀組織。庫特卜被逮捕、拷打，並於一九五五年因捏造的指控，遭判監禁十五年。他當時已然脆弱、身體不佳，多餘的野蠻對待和對其他折磨的觀察，加速了他的全面激進化。奇怪的是（或許也沒那麼奇怪），他的妄想變本加厲，以至於後來會說，刺殺納瑟的策畫，其實是個「錫安主義—十字軍」的陰謀，欲使兄弟會喪失名譽並摧毀之。[58]

在那個時候，納瑟似乎節節勝利。他國有化蘇伊士運河，熬過一九五六年試圖推翻他的英—法—以色列聯軍，看來是遊戲的贏家。穆斯林兄弟會被邊緣化；納瑟通過土地國有化改革，創建新的社會主義官僚以發展經濟，與蘇聯結盟，並打造一支強大武裝部隊來對付以色列。直到一九六七年，納瑟以絞刑處決庫特卜的隔年，當埃及在六日戰爭中被以色列擊潰，這一切幻想才暴露無遺。一九七〇年，納瑟死得潦倒絕望，留下的遺產是腐敗、缺乏效率和經濟停滯，全然無法帶給迅速崛興的年輕人口一個未來。正是納瑟主義和其他相近之阿拉伯意識形態的無能與遺產，包括敘利亞和伊拉克的復興主義，阿爾及利亞的軍事版本，和利比亞的格達費版本，最終讓第三世界主義在中東信譽掃地，為伊斯蘭極端主義的復興開路。庫特卜的獄中著述，則成為一個燦爛的鼓舞。[59]

從一九五五年至一九六四年，庫特卜都待在監獄，但情況未到極其嚴苛，讓他得以繼續寫作和出版著作。他完成重要著作《古蘭經的庇蔭》，最終也完成了《里程碑》（其中包含取自《古蘭經的庇蔭》的關鍵篇章）。這兩部書成為二十世紀晚期和二十一世紀初伊斯蘭思想的主要成分。它們爭議性高，激起大量辯論，有人欽佩也有人厭惡，被廣泛徵引並翻譯為許多語言。

庫特卜曾短暫獲釋，但很快又於一九六五年，因知曉另一個反納瑟陰謀而遭逮捕。到了那時，

《里程碑》已廣泛為人閱讀，意欲推翻納瑟的激進伊斯蘭主義者也有該書。正因如此，庫特卜被判處死刑。庫特卜於一九六六年被絞死，這使他成為一名殉教者，其聲名自那時起便持續流傳（在YouTube上有一支特別的影片，可以見到沉著的薩義德・庫特卜，在處決前看起來平靜、幾乎神聖的面容）。他個頭小，安靜，虛弱多病，穿戴西裝和領帶，有著贏得大量追隨者的宏大觀念。對那些深信庫特卜給納瑟貼上賈西利（jahili）標籤乃正確之舉的人來說，埃及軍隊在一年後被以色列徹底擊敗，並不教人吃驚。賈西利是腐敗、蒙昧和不真實的穆斯林，更像《聖經》中〈出埃及記〉描繪的邪惡法老，而非伊斯蘭民族的正當領袖。[60]

庫特卜被處決時，這個消息深深地影響了一位虔誠的十五歲埃及中產階級男孩查瓦希里（Ayman al-Zawahiri）。他後來成為一位醫師，也是一個非常激進的埃及伊斯蘭主義團體的一名領袖，致力於以暴力推翻在位的世俗政權。納瑟死後，總統一職由沙達特（Anwar Sadat）接任。沙達特本人雖然相當虔誠，卻犯了一個在伊斯蘭主義者眼中無法饒恕的罪，也就是與以色列談和。他們在一九八一年刺殺沙達特。那時的查瓦希里，已經在阿富汗協助對抗蘇聯占領部隊及其當地的共產同盟。查瓦希里沒有參與刺殺的陰謀，但他知曉此事，並因同謀名義遭到逮捕。在獄中，他因為環境嚴苛和受虐，變得更激進。被釋放後，他移居沙烏地阿拉伯，在那兒與另一位更加著名、更為富有的阿富汗老兵賓拉登（Osama bin Laden）建立關係。最終，他們一起建立了基地組織（al-

58. Calvert 2010, 191–95.
59. Ajami 1981.
60. Kepel 1993.

Qaeda, “the base”），並在一連串炸彈攻擊和死傷後，策畫、組織了以紐約和華盛頓為目標、戲劇性的九一一攻擊（二〇〇一年九月十一日）。二人之中，查瓦希里是比較有學問和思想的。在這些行動中，他持續受到庫特卜的鼓舞，但有一點不同：在埃及和沙烏地阿拉伯國內陰謀的屢屢失敗，讓查瓦希里堅信，須將戰爭帶到國外，以削弱那些保護腐敗穆斯林菁英的西方人。若能將美國逐出中東，庫特卜摧毀邪惡穆斯林政權的計畫，將變得更加可行。[61]

二〇一一年，賓拉登在他認為安全的巴基斯坦藏身處，死於美國的軍事行動。儘管美國大規模介入伊拉克與阿富汗戰爭，並持續追捕巴基斯坦、葉門、索馬利亞和其他地區的基地組織支持者，基地組織仍得以存活，並有技巧地在穆斯林世界多處散播其影響。他們尋求盟友，並為許多人提供教義和後勤方面的指引，包括西、北、東非和敘利亞內戰中的激進伊斯蘭主義者；和伊拉克、葉門、中東其他地區、巴基斯坦、阿富汗，以及程度較輕但仍然重要的東南亞遜尼派極端主義者。一支甚至更極端的薩拉菲主義團體，在二〇一一年和二〇一四年開始的敘利亞內戰中，從基地組織分裂出來，征服了敘利亞和伊拉克的大片土地。穆斯林兄弟會，特別是受基地組織啟發的較激進部分，也鼓舞了身在歐洲之疏離、激進化的穆斯林移民。[62]

我們當然不能假裝庫特卜全然卓爾獨立，凌駕二十世紀所有其他伊斯蘭思想家，或假裝他的觀念從未遭受挑戰。許多伊斯蘭主義者譴責他倡議的極端主義，在他之外也有其他許多有影響力的理論家。但多少因為《里程碑》的清晰和強而有力的簡明直率；因為其典範性、純潔的一生，沒有任何自我營求或詭詐政治算計的牽掛；也因為他被處死的主因出於其寫作和思想，而非任何實際犯行，庫特卜益發成為所有伊斯蘭主義者中，最廣為全世界激進薩拉菲主義者所引述的人。[63]

馬克思絕不是十九世紀唯一的社會主義理論家，但後來逐漸成為二十世紀社會主義一枝獨秀的明燈。與馬克思的情況相同，庫特卜也正在成為二十一世紀激進伊斯蘭教的主要理論家。他的理論能否有朝一日成為功能正常的社會（functioning society）之基礎，是另外的問題。但我們可以推測，無論何時何地，當其追隨者取得權力（如果可能），支配社會的將是對啟蒙運動的仇恨與拒斥，其社會不可能在現代世界取得成功。因為保守主義伊斯蘭教凌駕現代派的勝利，多數穆斯林社會已落後得更多，不僅落後西方，也被東亞拋開。然而，也許有點矛盾的是，對那些尋求以宗教途徑擺脫落後的人而言，他們落後得越多，庫特卜的觀念似乎就越有吸引力。

伊朗有所不同嗎？阿亞圖拉何梅尼的觀點

伊朗宗教極端主義的興起，是以什葉派而非遜尼派伊斯蘭教為基礎，但也有相似的目標。伊朗人因被西方控制，早就引以為恥，達數十年之久。起初是歐洲（俄國和英國），二次世界大戰後，美國的角色則益發重要。一九五〇年代初，一位改革派的首相嘗試從英伊石油公司（Anglo Iranian Oil Company），即現在的英國石油（British Petroleum）手中，奪得伊朗石油資源的控制權。但他在一九五三年，被美國中情局協助的陰謀策畫所推翻。權力回到伊朗大汗李查・巴勒維手中。他建立一個專制、傲慢的政權，踐踏其人民的宗教關懷，並在石油財富的助力下，領導一場由上發起，迅

61. Kepel 2004, 70–107.
62. Pargeter 2008; Pargeter 2013, 136–78.
63. Filiu 2011, 70, 136.

速但不平均的現代化。然而，大汗的現代化排除了多數人口，助長不平等，並疏遠那些期望民主和減少祕密警察的中產階級。最糟的是，大汗容許異端的伊斯蘭教，如巴哈伊（Bahai）信仰，並與以色列友好。[64]

大汗於一九七九年被推翻，取而代之的統治者是阿亞圖拉何梅尼。阿亞圖拉是什葉派的宗教領袖。在教士和虔信者眼中，阿亞圖拉的淵博學識，讓他們有資格成為靈性和有政治影響力的領袖。何梅尼是位思想深刻的神學家，發展出一套獨特理論，說明一流的什葉派伊斯蘭學者何以應指引社會，使其變成更徹頭徹尾的穆斯林社會。但和薩義德・庫特卜不同，何梅尼是個精明的政治領袖，取得權力並建立一個共和國，由追隨其觀念的教士所統治。他的意識形態比庫特卜更菁英主義也更實際，不大可能會吸引非什葉派的穆斯林，或更具體地說，無法吸引那些不支持伊朗政治野心的人。何梅尼證明自己是個熱切的民族主義者。他不提倡穆斯林國家應被統一的哈里發所取代，而致力於強化國家，並欲利用其宗教影響力，將伊朗拉拔成中東最強大的強權。

什葉派在七世紀時，從占多數的遜尼派中分裂出來。當時，穆罕默德的女兒法蒂瑪（Fatimah）及女婿阿里（Ali，他也是穆罕默德的堂弟）的後裔，無法取得其他人認可，去領導不斷茁壯的穆斯林帝國。阿里最終成為第四位哈里發，但只統治了五年，便在禮拜過程中遭人刺殺。自此以降，阿里的黨羽（Partisans，即什葉派）便一直駁斥遜尼派政治領導權的合法性。特別是從中世紀開始，他們都在等待一位消失的伊瑪目（imam）或領袖，可以重生並領導他們。伊斯蘭教什葉派有很多不同型態，但最重要的人口中心是伊朗、伊拉克和巴林（Bahrain），因為在這些地方，什葉派是多數。在黎巴嫩、沙烏地阿拉伯、巴基斯坦，也有雖為少數派，但人數可觀的什葉派；在土耳其、敘利亞和葉門，則有不同種類的什葉派。近幾個世紀中，在伊朗之外的什葉派穆斯林，多為受鄙視的少數派。但在何梅尼於一九七九年掌權，並利用其宗教資歷使伊朗成為所有什葉派的保護者，因而在中東創建強大的同盟關係後，情況有了戲劇性的變化。[65]我們不會細論他們在神學上的差異。但我們可以說，隨時間流逝，什葉派和遜尼派社群已變得近似不同族群（ethnic groups），於彼此共存的中東現代國家中，競逐資源的控制權。然而，他們的共同之處相當多，如同一切有信仰的穆斯林，他們最重要的信仰是相信《古蘭經》乃一部神聖典籍。許多什葉派也對西方殖民主義深惡痛絕，且不知怎地，以色列的興起，是西方帝國主義入侵的延續中，尤其讓人蒙羞的。因此，對這些什葉派而言，持續的衰弱、腐敗和穆斯林社會的貧窮，必須透過強化伊斯蘭教來克服，而非捨棄伊斯蘭教。

然而，何梅尼並不能說是位基本教義派。就伊斯蘭極端主義的思想影響而言，他也和庫特卜非常不同。首先，他相信只有學識淵博的知識菁英可以妥善詮釋《古蘭經》，庫特卜則認為所有人都可無須妥協、沒有障礙地求得真正信仰。第二，如前所述，何梅尼是位民族主義者，其主要目的是強化伊朗，使其成為伊斯蘭教的中心，而非如庫特卜及其追隨者所希望的，廢除現代民族國家、支持一個普世性的哈里發。在這層意義上，何梅尼顯然是位現代主義者，期待伊朗能步入強國之林，並願意從事西方國家所運用的權力策略和詭計。何梅尼統治下的伊朗確實參與國際事務，並增進伊斯蘭的統一，但這更像是史達林的共產黨工人黨情報局（Cominform），欲使各地共產黨服從蘇聯的支配與利益。何梅尼建立的政權，主要利用什葉派盟友來促成伊朗的目標。最後，何梅尼的哲學創建了一個全新的什葉派國家，透過宗教權威加以管理，並由何梅尼自己和他欽點的接班人阿亞圖

64. Keddie and Richard 2006.
65. Ajami 1986; Nasr 2007.

拉哈米尼（Ali Khamenei）所領導。這個國家是要在什葉派伊斯蘭教等待的期間進行統治，直到阿里消失的後裔重新出現。這個後裔是第十二任伊瑪目，在九世紀時消失，但終將回歸以拯救世界。與此同時，政府管理的是一個傳統的專制國家，有非常清楚的現代強權國際野心，欲成為中東什葉派社群的保護者和對抗西方與以色列的領袖。何梅尼的創新之處，是譴責所有世俗政治領導腐敗不公（這在伊朗歷史上相當具原創性），並宣稱唯一有價值的替代品，是由博學的宗教法官所引導的政權。何梅尼稱這個概念為宗教學者的政治管理（Velayat-e Faqih），即對信徒的管轄，而首席法官（一開始是何梅尼本人）擔當的是最高指引。何梅尼很清楚這個想法有多麼嶄新，並「警告聽眾，這個『真正的伊斯蘭教』可能聽起來『挺奇怪』。說到底，猶太人、帝國主義者和保王黨陰謀在過去數世紀散播的假觀念，已產生極負面的影響」。只有他提倡之恰當而新穎的詮釋，才能改正問題。[66] 何梅尼堅持這個關於《古蘭經》和聖訓的特定觀點，並非要說任何穆斯林都能回歸原初文本。他要說的是，必須靠學識淵博的分析，才能揭露這個未被察覺的真理——在他的指引下，這個真理才於近期浮現。

在某種意義上，何梅尼成功了。他於一九七九年建立的伊朗國持續存在，仍為其繼任者所統治。伊朗以恐怖主義為實現其野心的工具，並在中東政治圈扮演一個重要角色。其總統的權力遠不如最高宗教領袖，歷任者也隨時間更迭變化，其中一位是馬哈茂德・阿赫瑪迪內賈德（Mahmoud Ahmadinejad，二〇〇五至二〇一三年在位）。他似乎真的相信，第十二任伊瑪目很快就會到來。這可能是他失去教士體制信任的一個原因。大體而言，教士實際得多，且致力於保存其積累的權力與財富。其他總統沒有堅持第十二任伊瑪目回歸的這個學說；相反的，教士政權讓新成立、越來越腐敗的菁英，能夠擁有自己的經濟利益。因此，和庫特卜提出、難以達成的烏托邦美夢相比，伊朗的做法現實得多。

除了其涉入的複雜國際情勢，伊朗所面對的問題，和庫特卜及成群拒斥西方的伊斯蘭主義者（無論是不是基本教義派）一樣：伊朗讓自己與西方啟蒙運動隔絕。伊朗想要擁有現代經濟、最進步的武器（看來也包括核武）、所有現代性的配備；但他們不要思想自由，也不認為某種形式的政教分離，是維持創新思維和進步所不可或缺的。在此意義上，這和美國基本教義福音派所期望的沒有相差太多。這也很像二十世紀的某種嘗試，也就是反宗教，卻希望將現代科學和科技，與壓抑思想自由、意識形態上僵化的政府相融合。

區隔啟蒙運動的兩個部分能否行得通，尚有待觀察。長期而論，一面維持現代科技與物質進步，一面又捨棄其政治與道德面向、個人自由之提升、對專制主義學說的懷疑，可能會過度抑制進步，以至無法完全可行。但也可能並非如此。這是二十世紀的關鍵問題和最戲劇性的觀念交鋒，在二十一世紀仍將如此。這不只與伊斯蘭教有關，也適用於全世界。

反啟蒙宗教極端主義的未來

一個烏托邦、純潔、統一所有信徒的薩拉菲主義伊斯蘭教美夢，和何梅尼提出、由復興的伊朗領導之穆斯林世界，絕非二十一世紀初流傳於穆斯林間的唯二極端觀念。如費流（Jean-Pierre Filiu）

66. Abrahamian 1993, 25 and more generally 13–38.

所指出的，越來越多人覺得〈啟示錄〉（Apocalypse）的末日已然接近。許多現象滋養了這個幻想，包括若干穆斯林社會中權威的崩壞；伊拉克、阿富汗、巴基斯坦和敘利亞等地的戰爭；穆斯林社會內部興起的恐怖主義；穆斯林與基督徒和猶太人間，看起來無止境且持續惡化的緊張關係；穆斯林社會中，各種伊斯蘭教的傾向之間，以及伊斯蘭主義者和較世俗的現代化人士之間的分化；還有世界上普遍的貧窮、腐敗和不公。如我們在前一章所見，基督教也有一個相同發展，它與穆斯林的版本有極多共同點，我們也不會對此感到驚訝。確實，和基督教一樣，耶穌基督的回歸，在穆斯林末日啟示中也扮演重要角色。但對穆斯林來說，他們認可的基督是一位重要先知（而非神之子）。但他的合理宣教，卻被後來的基督徒、當然還有猶太人，所扭曲腐化了。教人擔憂的是，許多穆斯林對「世界末日」的預測過度痴迷於反猶主義。他們將重點擺在以色列的存在，以及以色列得到可恨的美國所支持的這個事實。[67]在穆斯林的故事中，以色列不是基督教〈啟示錄〉中的聖址；完全相反，它是將被覆滅的終極邪惡。

庫特卜確實並未多談世界末日。但他強調今日世界的邪惡，強調對抗基督徒與猶太人的必要性，強調推翻既有穆斯林政權的革命義務，強調穆斯林在世界上面臨日益增長的問題，這些都和千禧年觀念若合符節。無論如何教人不安，這些現實反映了深深困擾穆斯林世界的許多真相。先是外國強加的殖民主義，然後是緊接其後、被認為是解放的政權，太多的穆斯林社會先後被這些勢力不當治理。極大量的年輕人怒氣填膺，因無法開創一個體面的未來而感到挫折。美國的介入和以色列的興盛，讓舊恥之後又有新辱。正確的秩序，也就是由真正的伊斯蘭教來統治大半部分的塵世，在過去兩個世紀已遭顛覆，也沒有將發生變化的跡象。因此，即便各地的大多數穆斯林，在持續期待一個更好世界的同時，可能不會變成薩拉菲主義者或具暴力傾向；但可以肯定的是，種種極端學說仍會找到接納它們的地方。在這些學說中，薩義德・庫特卜的著述和敦囑仍將迴響於世，或許會以簡化和更通俗的方式出現。

說到底，馬克思與鼓舞法西斯主義的反動思想家們的複雜觀念，正是如此發展的。有政治頭腦的信徒簡化、接收這些觀念，欲獲得權力，並戲劇性地威脅自由主義啟蒙運動的存續。這也正是成功的革命性宗教運動在過去確立自身的方式。

我們在上一章總結道，美國的基督教基本教義派不太可能取得多大成功，因為和多數穆斯林社會相比，美國絕不是一個悲哀殘破的國家，亦非滿腹怨憎絕望。另一個原因是，在美國，自由啟蒙的傳統已然建立起強大的制度根源，無法輕易抹滅。但穆斯林社會並沒有這些根，狀況肯定不同。

67. Filiu 2011.

結論

觀念的力量和人文學的重要性

嘗試理解歷史的偉大目標，無論對象是政治、宗教、文學還是科學，在於解釋人類和把握觀念。觀念會發光發熱、步步發展……人類在其間扮演的，更多的是教父、教母，而非婚生父母。

———艾克頓勳爵（Lord Acton）的信札

在很大程度上，二十世紀的世界構築在亞當・斯密、馬克思、達爾文的觀念，以及美國民主創建者之上，也建立在對啟蒙進步觀的反動上。當然，還有其他許多涉入這些辯論的優秀思想家，不限於本書所分析的人與觀念。但本書聚焦的人與觀念至關重要、具有革新性，值得我們特別注意。

亞當・斯密和達爾文的觀念，仍會深深地影響二十一世紀，傑佛遜和漢彌爾頓關於民主的辯論亦然，特別是在世界首要強權美國。和數十年前相比，馬克思的重要性似乎降低了，但我們還無法快速簡單地排除馬克思和恩格斯的影響。各種社會主義觀念論仍有力量，可以挑動那些不滿甚或憎惡資本主義秩序現況的人。不同版本的馬克思主義觀念，肯定也會在世界某些角落重拾希望。

與此同時，也沒有跡象顯示，針對這些思想家的反動回應會開始消失。亞當・斯密認為市場資本主義，是一個更自由、進步社會的最佳希望所在。美國開國元勛則以自由主義精神擁護民主。但它們不是放諸四海都能被接受。即使在自詡為民主的國家中，能遂行基本自由的情況也相當（甚且令人失望地）不同。達爾文的進化論持續遭受尖刻的排拒，與它剛問世時不遑多讓。啟蒙運動的信仰，即科學和自由思想可以找到人類種種問題的解答，也受到挑戰。馬克思堅信好的社會科學可以改變世界，但他若見到這個信念被糟糕地誤用，若知道某些政權如何宣稱受其理論啟發而濫用此信念，他肯定會驚愕莫名。二十世紀前期所見的法西斯主義型態已煙消雲散，但許多主要元素，包括極端民族主義、鄙棄民主和個人權利、獨裁和血腥鎮壓、崇尚武力和排外，到今天仍有很強的影響力。確實，法西斯主義於二〇一〇年代再次興起。環繞這些議題的觀念戰爭尚未結束，應可確定的是，此鬥爭在新世紀也不會有終結的一天。

本書的分析旨在說明，回到原典，出於不同考慮而研究重要知識分子的實際思想，並考察他們後來何時、如何為人接受（或奴役），有極高的價值。唯有如此，才能闡明他們在歷史上巨大豐沛的活力，距離窮盡其全貌，我們還有許多路要走。我們認為，這類研究對更全面理解現代自由的創造、散布及落實，對認識保護它的種種制度，對了解何以一直出現排斥這些自由的不同回應及其內涵，都是不可或缺的。

本書討論的觀念中，我們顯然對某一些青眼有加。但我們也知道，即便在所謂啟蒙運動自由主義的大標籤下，也有眾多可能的詮釋和嚴肅論點（如傑佛遜和漢彌爾頓間的差異），可以包羅今天所謂的社會民主、自由主義、保守主義和自由至上主義。啟蒙運動不是關於任何一組觀念或詮釋；任何一組詮釋，都難以窮盡在建立新理解型態和形塑人類社會上，做出貢獻的所有著述。因此，我們的堅持是，至少就某些針對這些觀念的反動回應，吾人需要帶著敬意進行分析。即便那些我們認為可鄙者，我們仍要嚴肅以對，並保持一種分析的距離（analytic distance），以求更好地理解它們從何而來、緣何興起。因此，我們不是要在意識形態間搖擺，而是想請讀者認真看待觀念，去研究它們，並理解其起源、意義和結果。

強大觀念的複雜性及持久重要性

三位奠基性思想家亞當・斯密、馬克思和達爾文離世時留下的現代世界，和他們誕生時已有所不同。其觀念足以激勵後來的知識分子、政治領袖和制度創建者，提出多樣、有時甚至互相衝突的詮釋。確實，本書所凸顯的思想家們，並未給後世一組固定概念和明顯立場。大大相反！諸如《國富論》、《資本論》和《物種起源》這些書，內部有極多樣的觀點（明示和暗示皆然），並非所有觀點都能完全相容。他們呈現了重要、原創、極具開路之功的觀念，但也保留足夠的微妙和複雜性，直至今日都能引發激辯，在崇拜者間亦然。這也是為什麼強烈反對這些著作倡議之觀念的人，不管直接或至少透過間接推論，仍須面對這些著述。要攻擊自由市場的概念，或基因變異的現實，就要與《國富論》或《物種起源》交火（我們常說「與亞當・斯密或達爾文辯駁」，但實際上爭論的是其著述）。任何人若想挑戰現代性的進步要素，這些都是必須加以對抗的重要敵人。

強大的觀念無所謂版權。過去兩個世紀見證了範圍甚廣的個人和群體，攫住諸如「看不見的手」、「辯證唯物主義」、「天擇」等概念，鼓舞新的思想學派、新的社會改良觀點、新政策、新形式的文化表現，以及在一個迷人、複雜的社會和自然環境中，關於我們作為人類的新穎理解方式。這些詮釋者緊密依附原始觀念，但又總是馳騁其自身理解，是長期以來變化的更直接動因。如本書各章所見，從深刻助益到滔天破壞，其衝擊有極大差異。將這些衝擊的原因單單歸諸原始文獻、一小批後世評論者，甚或特定歷史時空中的接受情況，都太過簡單。但幾種主要文獻是一切的開端，也仍是重要的泉源。文獻、其後世詮釋者、影響領袖和政策的方式、歷史趨勢與事件如何影響相關理解，以及它們如何影響公眾意見……帶來決定性力量的，正是這種種要素的互動。

我們無法在幾段或幾頁內加以解釋，達爾文的劃時代著作（以及其大名）何以為生物學、自由放任經濟、優生學「領域」（"field"）、民族主義式沙文主義所用。達爾文在今天被更廣泛利用的情況亦然。確實，這些都無損原創性觀念本身無可估量的影響。同樣的道理，也適用於馬克思和亞當・斯密，或傑佛遜與漢彌爾頓。他們的著述和想法，從問世那天起，也被人以眾多不同方式加以利用。

亞當・斯密

對於資本主義的內在價值（作為一種進步、有效率並具解放性，組織現代社會的方式），兩派信徒有著怒氣勃勃的爭辯。仔細閱讀可知，亞當・斯密對兩造雙方的基礎都表贊同。從一方面說，他清楚支持自由市場是創造、流通財富的最重要關鍵。另一方面，他卻在同意此點之餘，認為政府的角色極其重要，因為自由市場並不足以為一個強健和良善的社會，提供所有必要的成分。

斯密可能不常使用「看不見的手」的意象，但他確實反對任何限制市場力量的企圖。他相信芸芸眾生的自利，會以最公平且最具生產力的方式分配商品，投資其資本。個人的自利和任其自由運作而生的自發秩序，肯定好過政府為控制經濟而採取的經常性作為。斯密尤其厭惡僅為狹隘小利服務的規定，無論對象是同業公會、有特權的社會階層、尋求壟斷的商人，或可能阻礙自由貿易的政府。但與此同時，他也希望幫助貧困的人，改善工人階級，提振教育，並使政府投資必要的公共財（public goods）。

亞當・斯密是現代經濟學的創始者。他深刻理解公共與私人利益的複雜互動，和需要以什麼鬆動妨礙進步的特權和傳統束縛。他分享了十八世紀啟蒙運動的樂觀主義，並在自己的著述中綜合、體系化其價值。

揚棄斯密思想之某些內容以凸顯其他部分，對其記憶、著述，以及我們的社會來說，都會產生危害。自利在自由市場中運作，為經濟成長提供適當誘因，是極其關鍵的。僅因不受拘束的資本主義創造出一整套問題而否認此點，可謂不得要領。現代世界所有過度抑制市場力量的嘗試（共產主義經濟是最顯著且極端者），都導致經濟停滯、墮落和失敗收場。

然而，如近期經濟分析所示，忽略斯密觀念的另一層面同樣不對。全然自由的市場將導致資本集中，因為最有力和無情的人會獲取越來越多的利潤，並學習如何將其經濟力量轉變為政治力量，以保護其財富。說到底，不平等確實持續增加，直到引發足以威脅穩定、來自右翼與左派的政治回應。政府舉措可以對抗不平等增加的趨勢，如二十世紀中期主要的進步資本主義經濟體所為。缺乏此種干涉，不平等將持續增長，最顯著的例子見於一九七〇年代以來的美國，以至世界幾乎所有地方。[1]亞當・斯密未能確實預測現代經濟如何運作；在工業革命萌芽之初，他焉得如此？但他知道（某些後世追隨者未能了解這點），不平等過甚和強勢經濟利益擁有過大影響力，對繁榮或自由都不是好事。

馬克思

十九世紀中期，工業化和最進步的歐洲地區所見的不公義，讓馬克思怒氣填膺。他絕非唯一一人。許多改革者提出不同解決方案，英國和法國最著名的小說家狄更斯（Charles Dickens）和雨果也同樣憤慨。

馬克思在其摯友、編輯和支持者恩格斯的協助下，提出了一個系統性的歷史和經濟學分析，以解釋西歐所形成的世界。他說對了不少事，但也弄錯許多。資本主義確實會走向更大程度的不平等，除非民主勢力介入，限制資本的力量。它也的確在一個又一個的過度投機和生產過剩中蹣跚搖擺。二十世紀早期，進步社會中的工業勞動勢力確實把自己組織起來，但多是為了透過改革以改善處境，而非宣揚革命。另一方面，資本主義並未自我毀滅，也看不出這類跡象。它推進科技的能力相當驚人，但若沒有啟蒙運動帶來的思想自由，這很可能難以發生或持續。市場資本主義已證明自己的彈性和適應變化的能力，遠甚於其批評者（包括馬克思）所相信的程度。作為一種政治意識形態，馬克思主義在進步社會中，從未透過革命來取得權力。這類革命僅發生在相對落後、貧窮的地方。在那些地方，其觀念被列寧及後來的毛澤東，和其他一些共產主義領袖所調整、修改，為教人痛心的民族主義勢力服務。這會讓馬克思非常失望。無論如何，在馬克思主義（多半是列寧或毛澤東的版本）確實握有權力的地方，它催生出曇花一現的成功，但隨即失敗並帶來大災難的經濟體系。它也造就殘酷的獨裁統治，為了遂行馬克思主義而殺害數千萬人。這讓馬克思的觀念名譽掃地。

但名譽掃地無法改變一個真相（雖則是一黑暗的真相），即馬克思的觀念著實對二十世紀產生巨大影響。在毛澤東和中國人的採行與修正下，馬列主義一度似乎真要征服世界（至少是大部分地區）。這件事雖沒有發生，卻無法抹煞馬克思著述曾擁有的力量。

儘管有缺陷，馬克思主義的分析仍提供洞見，警醒我們留心資本主義的本質。對資本主義帶來的不平等，馬克思感到憤怒（時至今日，怒意主要表現在反全球化勢力與強烈的反自由主義回應上），許多人也是如此。但在各種形式的不滿中，罕有人提供比馬克思更好的系統性、分析性解釋（除了宗教性回應；它們否定了馬克思仍相信的現代性、科學，以及整個啟蒙運動傳統）。因此，一種以新型態復興、顧盼其創始人的馬克思主義肯定會出現，並再次對世界產生直接影響。

1. Piketty 2014.

達爾文

達爾文創造現代生物學的貢獻毋庸置疑。但其演化理論的社會、政治和哲學影響又是如何？

無法否認的是，對於十九世紀末和二十世紀初出現之優生學，和種族主義詮釋的醜陋結果，其中若干要素的確來自達爾文著述的某些面向（無論達爾文可能多麼討厭它們）。在其後期著作中，達爾文也往那個方向傾斜，不甚明瞭它通向何處。在許多方面，社會達爾文主義（斯賓塞和達爾文觀念的混合體）更多地是斯賓塞而非達爾文的創造（但時常錯誤地全歸諸達爾文本人），至今仍有活力。一些知識分子和政策制定者仍相信，給予弱者和窮人太多幫助和物質安慰，只會讓他們更難適應與拯救自己。主張人類分為優越和低劣種族，為了資源彼此對抗的各種理論，從中國到美國仍廣泛流行。甚至有某些理論，認為支配與生存的較量存在於彼此競爭的文化間，而非基因所決定的種族之間。它們都是從社會達爾文主義的角度詮釋世界。

在眾多不同領域也有種種新嘗試，利用天擇作為解釋方案，從個人罪行到資本主義，解釋所有類別的人類行為和情緒。正如人們所稱的達爾文基本教義派：它並非嶄新的事物，但今日的焦點已不在演化本身，而是其主要機制，也就是天擇。我們再次成了這個信念（在一定程度上，達爾文本人也同意）的見證人：生物學有力量贏得所有與人類相關的事物，並當之無愧地將此領域從非科學的知識領域中奪去，包括人文學科。

這絕不是說我們應該拒斥達爾文。但和其他幾位重要思想家一樣，我們應謹記的是，這些偉大觀念，本身便含有矛盾與潛在危險，以及具解放力量的洞見。這讓我們有更多理由，去充分了解達爾文究竟寫下什麼、意思為何。

毫無疑問，一些對達爾文的批評，建立在純然反科學的宗教虔信上。而如我們所指出的，其著作的一個結果，是將上帝從生命的歷史中抹除，其中也包含人類的歷史。這很大程度上是十七世紀初到十八世紀啟蒙遺產的一部分，但達爾文提出了一個不容忽略或遺忘的最終說法。因此，演化理論持續教人感到深深不安，特別是對數十億相信世界乃上帝的神聖創作，歷史本身為一神聖敘事之開展，並從這種觀念中找到意義和指引的人。如果一切都僅是隨機選擇壓力、偶然變異、基因漂變和行星撞擊，萬事萬物還有什麼目的可言？在此意義上，達爾文主義的世界體系只可能表現得悲觀黯淡。如一些極端的當代達爾文主義者那般，宣稱相信上帝只是一種愚蠢、恣意的無知幻想，完全忽視了這個更大的現實。他們顯露的輕蔑，只不過指明了，在過去一百五十年間洶湧風行的競爭仍將激烈地持續下去。

將達爾文和整個啟蒙運動的科學客觀性和理性主義，與賦予人類生活更廣闊意義的人道哲學相結合，仍是項進行中的工作，距完成還遙遙無期。在這個持續追尋答案的過程中，回到達爾文本人，是必不可少的一步。

民主和美國在世界上的地位

美國將啟蒙運動的自由主義制度化，並於二十世紀面對強勁對手時，使其得以存續。它扮演的這個角色，讓我們有十足理由去仔細觀察這個不凡且異乎尋常強大的國家如何成立。對於如何詮釋啟蒙思想，傑佛遜和漢彌爾頓既有志同道合之處，也有深刻歧見。一人支持無力的中央政府和更大程度的個人自由，另一人卻相信更強大的聯邦權威，可以讓自由主義的經濟和政治理想真正付諸實現。美國和民主世界的其他多數地方，仍持續進行這個辯論，經久不衰。

但尤其重要的是，這二位思想家代表了同一個啟蒙思想的兩面（這也是亞當・斯密著作的特性）。傑佛遜和漢彌爾頓都接受許多原則的重要性，如自由思想、個人自由，以及在經濟政策中賦予自由市場決定性的角色。傑佛遜面對奴隸制的偽善（傑佛遜知道這不對，但在經濟上他仰賴奴隸。他的南方同儕亦是如此，包括麥迪遜和華盛頓），和美國在一開始沒能妥切應付此議題，減弱我們對其自由主義的信心。然而，他和漢彌爾頓的諸般觀念，形塑了美國的終極目標與理想主義，至今仍飽富活力，未來也將持續如此。

奴隸問題導致駭人的美國內戰，內戰之後又有長達百年的種族隔離，並否定非歐洲後裔之美國人的基本公民權。但為革命世代添柴加火，最終又幫助終結奴隸制的民主自由主義觀念，從來沒有完全消失（儘管它們肯定經歷過其他衰退時期）。確實，在持續改善美國本身的不懈努力中，它們仍居於核心位置，也一直是世界其他地方的潛在鼓舞力量。這些觀念見證國家歷經兩次世界大戰、災難性的大蕭條，以及法西斯主義、反動民族主義和侵略性派系政治的誘惑；如果這些觀念不夠強大，它們老早就消失不見了。

無論好壞（有人主張後者），在二十一世紀初，美國仍將是地球上最強大的國家。即便如一些人所相信的，中國正出現一種資本主義但威權、不民主的替代模式，美國仍將站在啟蒙運動歐洲哲學家的理想最前線，並因此繼續作為一個模範。二十世紀時，法西斯和共產政權都以生機勃勃的另類樣板之姿登場，但都駭人且悲慘地失敗了。在新的世紀，出現了受宗教啟發而生的其他樣板，以及國家資本主義或「中國」路線。[2]我們不打算大膽預測，其中哪些模式到了二十一世紀末仍會充滿活力，也不可能否認美國時常在國際上辜負自身理想，進入二十一世紀後，仍在世界各地（或近或遠）追求帝國式的目標。這些舉措可能會鏽蝕美國所表現的民主自由主義模範，但不會使其銷熔殆盡。在某種意義上，美國自身的長程目標，仍和南北戰爭前一樣，也就是更好地在現實上趨近自己心中的理想。作為美國民主根基的自由觀念（至今仍能反映歐洲啟蒙運動色彩），不大可能輕易消失。

就美國本身來說，在二〇一〇年代這個苦澀分裂的時刻回首傑佛遜和漢彌爾頓的辯論，是相當有益的。他們即便憤怒、嚴苛，卻都熱愛自由，都理解無論相信的是主動積極，或相對沒有活力的中央政府，權力過度集中乃一種伴隨殘暴結果的惡。這讓妥協成為可能。相較於當時歐洲多數地方關於政府的思考，傑佛遜和漢彌爾頓其實沒有那麼不同，他們都相信許多事物，如沒有任何宗教應被強加於國家之上；關於權力，人們應謹慎以對，並採取制度性障礙以防止可能的濫權；科學進展是促成進步的關鍵；應讓市場去調節經濟的絕大多數層面；以及教育所有國民，帶他們進入公眾事務，是至關重要的。換言之，他們兩人都相信民主。了解他們有多少共識，和他們何以如此怒氣勃勃地意見相左，我們將可望以更穩健的方式，表述今日的政治爭議，並更容易取得妥協。

反啟蒙

面對西方啟蒙運動的重大勝利，反啟蒙一直是、也持續會是一個無可避免的反動。法國大革

2. Callahan 2013.

命的過激（從暴民統治和恐怖統治，到拿破崙的軍事獨裁並向全歐洲開戰），鼓動了支持政治和道德傳統的宗教與君主制反動。但隨著十九世紀的開展，因為所有的經濟和社會變遷，事態變得越來越清楚：呼籲要回到過去，已經不夠了。欲動員意見想法，提出的回應不能只是希冀恢復革命以前的時光。在十九世紀後半，許多不同的思想線索匯合在一起，為以群眾為基礎的反自由主義提供了哲學根基。在美國，南方的奴隸制、後來的吉姆‧克勞法，以及持續往西部的擴張，為「優越」和「劣等」種族的理論，建立起意識形態正當性。某種非常相似的東西，也為侵略性衝動提供合法性，讓極度擴張的歐洲帝國主義在非洲和亞洲建立殖民地，特別是國內較傾向自由主義的英國和法國。最後，許多十九世紀晚期的歐洲知識分子，無論左派還右派，都有一個日益增強的想法，即自由資本主義的民主制度，是異化、腐敗，無可救藥的虛偽，且非英雄、愚鈍，又循例呆板。這個想法促成許多有影響力的哲學陳述，呼籲一個新的、更有活力、反民主，甚至反啟蒙運動的回應，以清洗積累各種機能障礙的社會。

歐洲國家不斷茁壯的民族主義和殖民侵略性，導致第一次世界大戰的浩劫，也讓上述傾向在一九二〇和一九三〇年代轉化為災難性的政治反動。法西斯主義不只崛興於歐洲，也出現在最能理解西方進步的亞洲社會，主要是日本。到了一九四〇年，在英語世界之外（最強大的美國，及其最後的盟友英國），啟蒙運動似乎已死。歐洲大陸上，只有瑞士和瑞典仍維持自由民主。歐陸其他地區不是被希特勒及其盟友占領，就是被史達林統治。在拉丁美洲，法西斯觀念和各種不同的獨裁政權大行其道；在亞洲，日本帝國主義猖獗一時；非洲和中東則和之前一樣，主要是殖民屬地。

我們知道，法西斯主義最終被擊敗了，但代價極高。而法西斯主義背後的各種觀念並未消失。理解較自由的觀念源自何處非常重要，知道法西斯觀念為何及如何發展、增生，也同樣關鍵。新版本的法西斯主義已經存在，而且很可能會繼續壯大，而非萎縮過時。

最後，我們感到有必要處理兩種宗教極端主義。它們也否定許多（如果不是所有）啟蒙運動的解放和進步觀念。我們顯然不同意它們，但堅持要嚴肅看待其背後的觀念並加以理解。它們不是未加思慮、非理性情緒和迷信的簡單產物，這是它們有吸引力的原因。就像面對我們支持的那些嚴肅觀念，對可能有反感的觀念，我們也必須去理解、視其為真地加以關心。

法西斯主義

法西斯主義成功地動員群眾支持，對啟蒙道德做出反動。毫無疑問，在義大利和稍後的德國，法西斯主義回應的是自由秩序真正失敗之處。首先是第一次世界大戰，繼之以一九二〇年代的經濟不確定性，當然還有一九三〇年代的經濟大恐慌。新蘇聯實踐的馬克思—列寧共產主義，以及墨索里尼和後來希特勒與日本軍方的法西斯主義，都允諾要解決這些問題。如此一來，在這些主要國家，在其拉丁美洲和較小型歐洲國家的旁支，以及在左翼的史達林蘇聯，自由思想、自由市場和尊重個人權利等啟蒙運動的基本原則，都被視為軟弱、腐敗和沒有效率而遭到摒棄。

在二次大戰及法西斯強權被擊敗後，右翼的反動看來好像已經告終，但事情並非如此。廣泛流行的反猶主義和其他形式的種族主義仍然存在；極端民族主義並未消失；而在世界許多地方，對西方（已經是以美國為主，而非英、法）自由主義的批評仍具說服力。到了二十世紀後期，共產主義和受馬克思啟發的左翼第三世界意識形態，都無法解決前殖民地地區的問題。這為更右傾的轉向打開一扇門，再次引發若干和二十世紀前期如出一轍，摒棄啟蒙運動的傾向。

在俄國和中國，獨裁、侵略性的民族主義是個強大的思想力量。結合市場經濟、國家干預，和偏袒特定腐敗、有政治關係的大企業，則重建了某種東西，與納粹德國和法西斯義大利管理其社會的方式驚人的相似。當然，無論是後共產的俄國，或仍宣稱是共產主義的中國，都不會承認自己是法西斯。但他們拒斥民主和西方，政治上不寬容，卻又同時嘗試扶植科學與科技創新，這和歐洲法西斯主義的思想先行者並無太大不同。這在較小的強國也是如此，特別是在中東。從厄多安（Recep Tayyip Erdoğan）的土耳其，到教權支配的伊朗，以至軍事統治的埃及，至少在二〇一〇年代中，和前述相似的元素似乎普遍流行，或是正朝此方向發展。所有這些例子的結果，都不是預先注定的。但驚人的是，許多相同的反民主、反啟蒙運動的市場與個人自由論點，都重新變得流行，猶如它們在二十世紀前半那樣。

回到這些較早的辯論，可能會令人震驚。只要改動一丁點用語和參照，它們看來就跟以往一樣具現實意義。

基督教基本教義派

在美國，許多自由派的知識分子和科學家，都為這件事感到十分吃驚：在過去數十年，針對啟蒙運動自由主義和現代科學的宗教敵意，事實上有所增長。這來自相當高比例的福音派基督徒及其眾多組織。從一九七〇年代開始，他們便在較高層級上，投入反動的政治和社會行動。這群虔誠的美國人，強烈拒斥以達爾文演化論為主（但不為此限）的現代科學。他們認為，將權利擴及性別弱勢族群，和賦予女性合法的墮胎權，是在散播不道德、不信神的腐敗，否定《聖經》教誨，並威脅到整個國家。因為在上帝眼中，國家的地位將因此降低。尤有甚者，這種宗教性得到數十年來傳教工作的推展，在世界較貧窮的地區取得驚人成就，尤其是在拉丁美洲和非洲。

就眼界而言，美洲新教福音主義的起源和早期發展是相當不同的。福音派擁抱美洲啟蒙運動的重要觀念，包括個人自由、宗教自由和政教分離。他們是美國革命的一個重要支持，並在十九世紀時成為一股主要的進步力量，努力幫助窮人、提升工人與婦女的權利，並終結奴隸制。他們傾向將美國工業主義的發展和現代性，視為上帝之國在應許之地的面向。人們必須接受這些面向，即便它們帶來的問題需要採取若干有益的介入。但就如南北戰爭在許多其他領域所帶來的影響，福音派也因為戰爭產生深刻分裂。在南方，福音派清教徒遠離現代性。他們在白人教會中聯合，持續憎恨北方，帶有種族主義，支持吉姆•克勞法的隔離，也不信任現代的進步。在國內的其他地方，特別是東北，福音主義的進步傳統在十九世紀末，於社會福音運動中得到復興。

基本教義派始於對兩個現象的直接回應，就是社會福音，以及拒斥《聖經》無誤論的強力新證據。它要求回歸超自然基督教的「基本」（"fundamentals"），和作為上帝原汁原味話語的聖典。到了一九二〇年代，這個回應已滲透進南方多處和部分的中西部地區，是個尋釁啟戰的運動，冀求禁止講授演化論的新法律。到了二十世紀中期，也就是著名的猴子審判的一個世代後，這種宗教特質看來似乎注定被淘汰。但在二十世紀最後幾十年，當美國變得越來越保守，它便作為一股政治力量捲土重來。到了二十一世紀初，基本教義派的福音人士，在某種程度上與宗教右派的天主教結盟，並開始了解疏離的美國白人的許多不滿。他們因少數族裔崛起、移民，和受高等教育且更富裕的菁英而感到邊緣化。這些基本教義派福音人士聚焦於共和黨，在政治影響力上，歷經一段羽翼飽滿的復興過程。

如果這個現象背後的諸般觀念，在政府中上層取得影響，會發生什麼事呢？美國將變成其開國元勛永遠無法接受的模樣。拒斥如生物學、地質學、氣候研究等科學，會讓傑佛遜、漢彌爾頓，以至於麥迪遜、富蘭克林、華盛頓、亞當斯、傑伊和一大批人心生厭憎。提高一個基督教派別的地位以凌駕其他宗教，甚而在聯邦和州的層級上具有支配性影響力，是否定深嵌於憲法和《獨立宣言》中的啟蒙原則。諷刺的是，這也牴觸福音派自己在革命時代所提倡的東西。雖然在理論上，大政府將被擱棄，但干涉家庭生活等個人權利的舉動，和帶種族色彩、對抗「外國」影響和移民的做法，也將損害長久以來的美國價值。

基本教義派勝利的趨勢能否在美國進一步擴散，頗值得懷疑。基本教義派對許多問題的僵固解答，對某些年輕福音派來說顯得無濟於事。年輕福音派人士認為，美國社會正處於變遷之中，要求擴大形式的社會正義與同情。啟蒙運動關於思想自由和接受多元觀點的理想仍有力量，基本教義派勢必會與這些理想產生衝突，而衝突必然將削減基本教義派的不寬容程度。但無可否認的是，作為一股世界勢力，這種宗教性格背後的觀念也有其吸引力，必須嚴肅以對。他們已透過特定方式證明其活力（即便看起來似乎一直固定不變）。也就是說，在基本教義派的例子中，觀念的力量，和理解其根源、力量及何以能說服這麼多人的必要性，也顯示我們必須閱讀、分析那些奠基性的文本及評注。

激進伊斯蘭教

在當代世界，很少有像極端穆斯林薩拉菲主義的興起和綿延這樣的關鍵問題，可以如此清楚地反映觀念的力量。美國的「反恐戰爭」已殺害很多暴力的極端主義者，並與他們在阿富汗、巴基斯坦和中東等地交戰。非常多的穆斯林政府和俄國都攻擊、鎮壓這些人。但在非洲、中東、南亞與中亞的許多地方，他們仍持續如腫瘤般轉移，並一直以新的型態重新出現。在美國和歐洲（尤其是後者），他們也被視為威脅，因為這些地方有大量的穆斯林移民少數族裔。

這就回到本書一開始徵引的雨果名言：「軍隊來犯尚可對抗，觀念來襲萬難抵擋。」這不是說薩拉菲主義會在多數穆斯林國家取得勝利，更不用說在全世界。長期來看，它可能無法在任何地方取得成功。但「阿拉要求之聖戰」這樣的觀念，在活躍的少數派之間已根深柢固。僅將其當作某種非理性，或能夠透過野蠻武力加以根除的病理現象，則犯了歷史上某一類人所犯的相同錯誤：這些人都想藉由暴力鎮壓，來消滅其他種種強大的觀念。

關於薩拉菲主義的興起和存續，固然有不少經濟和社會政治方面的理由。但同樣甚至更重要的是，它背後有著一個觀念，關乎伊斯蘭教的恰當角色，伊斯蘭教在世界的地位及命運，和其真正敵人是誰。將這點表述得最好的是薩義德．庫特卜。在被處決的半個世紀後，他仍持續鼓舞數百萬人；影響力幾乎等量齊觀的印度—巴基斯坦教士毛杜迪亦是如此（他還為庫特卜的若干觀念提供基礎）。欲理解這個意識形態的根源，需要對其歷史背景和形塑其思想基礎的關鍵文本有所認識。若只是加以簡化並流傳於世，它們仍會在很長一段時間內，鼓舞更多的薩拉菲主義者。和基督教基本教義派一樣，在這個多頭運動的中心存在一個思想體系，旨在回應其虔誠信徒的真正需求與期待。事實上，在這背後的正是許多穆斯林社會中世俗、溫和改革主義的衰弱與失敗。只要沒有成功的改革，薩拉菲主義仍將持續下去。

基督徒和穆斯林對現代性的排拒，特別是對啟蒙自由主義核心的否定，在許多方面驚人的相似，包括二者基本教義派接近妄想的部分，覺得自己被決心根絕整個信仰的邪惡勢力所包圍。但兩造陣營肯定都極其厭惡這種比較，因為他們視彼此為死敵，他們絕不可能成為盟友。即便二者都偽裝有個共同的「亞伯拉罕」上帝，都吸納某些猶太教的共同元素，關於哪個是正確的聖典、耶穌基督的本質、穆罕默德究竟是何許人等問題，他們卻有極為分歧的不同意見。對伊斯蘭主義者（但也包括許多其他人）來說，基督教乃歐洲殖民剝削者的宗教，且一直是可恨的西方的一部分。在非洲許多地方，基督教和伊斯蘭教也是水火不容的對手，二者的極端版本都不斷在此取得進展。但我們可以將二者視為一種可理解，在某些方面甚至合法的回應：即面對割裂、弱化和捨棄許多傳統與傳統理解的現代化力量時所做出的回應。

這便是所有反啟蒙觀念的基礎：現代自由主義讓世界變得更糟，腐壞又衰敗。因此，人們必須駁斥、更替啟蒙運動背後的諸般原初觀念。十八世紀啟蒙哲學家提倡一個普世性、和平、開明世界的美夢，但這是個虛假的夢，是必須摧毀的危險幻想。抹殺它的唯一法子，是透過可以帶來反視野（counter-visions）的反觀念（counter-ideas），包括那些暴力、極端的觀念。

人文學的重要性

這些考慮帶出一個結論（亦見於全書各處）。討論了若干對現代社會最具力量和爭議性的觀念，很清楚的一點是，人文學科對任何高等教育體系而言，都是不可或缺的。何以如此？因為沒有任何旨在讓學生認識世界、為了成為世界公民做準備的學習規畫，可以不對觀念進行研究、分析和批判性評估（當然還有本書迄今為止所努力說明的許多理由）。這是人文學科的老本與行當，有時也適用於社會科學，即歷史、哲學、文學、藝術、語言、古典學等領域。它們教授種種技能，以俾深究思想如何產生、表述，如何加以評價和產生影響。要理解觀念的力量，這些技能無可取代。近年的政治領袖，在這方面仍須加強。

這也帶出第二個結論。人文學科最重要的面向之一，應該是聚焦觀念史和鼓舞大規模社會、經濟、文化和政治趨勢的哲學潮流。如果我們想恰如其分地教育身處充滿挑戰的新世紀的年輕人，批判性閱讀並理解奠基性文獻，分析信仰體系，覺察催生不同運動、戰爭、制度、國家認同等現象的複雜論點，都是必備的能力。這不僅因為受良好教育的人是「更好的公民」（"better citizen"），也因為若非如此，吾人仍會對世界上發生的許多事和周遭種種感到霧裡看花或困惑。我們的世界以空前密集、迅速的方式連結在一起（特別是透過各種通訊媒介）。太多重要的東西過眼，藉以解釋它們的卻是膚淺、簡化的概括，或狹隘、偏頗的意見。

我們在此談的不是受後現代思潮影響，在過去數十年間廣泛見於人文學科系所的那類研究。眾所周知，它們支配了其他研究，得為人文學科教育和學習的衰頹負責。我們在此所努力的，和它只有部分關係。我們沒有要埋葬或拯救文學理論、文化研究、或諸如此類的研究。我們反對後現代的教育理念和研究，主要在於它把啟蒙運動（特別是對理性的熱愛）視為邪惡的根源，並因此否認其釋放的巨大正面力量和複雜遺產。釐清此問題有賴全面的歷史分析，在此無法細論。但從本書的討論可知，擁抱非理性主義（irrationalism）讓許多傑出的後現代思想家典範離反啟蒙只有幾步之遙，最著者如海德格、卡爾・施密特、保羅・德曼（Paul de Man）和布朗修（Maurice Blanchot）。這絕非偶然。[3] 他們早年都曾與法西斯主義合作——儘管布朗修和其他人不同，他對法西斯主義的看法有明顯改變。[4]

3. Wolin 2004.
4. 有一份精彩地分析後現代主義、非理性主義和啟蒙運動之關係的著作，見Baker and Reill 2001。

本書想強調，我們需要可以幫助吾人更好地闡明現代社會人類經驗現實的研究。批判性閱讀、討論那些對創造現代世界有無可估量重要性的文獻，應成為高等教育不可或缺的內容。大家都會同意，我們認為必不可少的人文學取徑（如我們在字裡行間所提示、追尋的），並非孤明先發，因為本書所倡議的東西，很多曾在西方世界的學院和大學中被視為理所當然。但我們指的並不侷限於啟蒙運動。閱讀反對啟蒙運動的觀念，和理解由它所生的觀念一樣重要。這些反啟蒙的觀念，也必須透過一種淵博有見地的方式加以理解、批評。許多在過去三百年有強大影響力的思想家，在本書中僅稍稍提及甚或沒有出現，有些（遠過於我們能力所能處理）還不是歐洲或美國人。但大體而言，來自其他地方的人，也對西方觀念做出或迎或拒的回應。

我們相信，人文學理應擴展其主題，含括所有領域的主要思想家，亦即去分析經濟學家、科學家甚至數學家的哲學、政治和社會觀念，而不僅限於哲學家、作家、藝術家和社會理論家。毋庸多言，這將囊括世界各地的思想家，不為歐洲和美國所限，也不侷限於十八、十九世紀。

各類知識分子在現代史上擁有龐大、多面向的力量。他們的觀念，在掌握政治權力者的理想、政策和行動中，居於中心位置，也對政治、藝術、科學和所有制度產生巨大影響。若不知道他們希冀成就什麼，不知他們帶來什麼新觀念，不知他們何以既有影響力又充滿爭議，吾人很難理解我們所打造，並居於其中的世界。這可能不是人文學唯一能夠且應該做的事，但這麼做可望再次賦予此領域意義，並在近來的衰頹勢頭下，說明我們何以須珍視人文學。

到最後，我們仍面對這個問題：即便世界已不再由少數西方強權所主導，啟蒙運動的自由主義面，是否可如此前那般，在未來數十年復振？另一個提問的方式（艾克頓勛爵可能就會這麼做），是追問在多大程度上，今日的知識分子、領袖和公眾，可以成為觀念的守護者甚或工具（雖然他們不願深入考察和精明地改良這些觀念）。他們若這麼做，我們不是都會過得更好嗎？這是有所承諾、投入且全球性思想史的工作。這樣的思想史，是要深刻說明此課題，把握牽涉其中的種種現實，並彰顯觀念可以如何幫助吾人，理解我們所打造的世界。

致謝

感謝我們的同儕吉姆・威爾曼（Jim Wellman），他仔細地閱讀並對原稿的若干部分做出評論。另外三位同事沙賓・朗（Sabine Lang）、喬爾・米達爾（Joel Migdal）和蘇妮拉・凱爾（Sunila Kale），給了我們很有幫助的建議。對於普林斯頓大學出版社邀的兩位匿名審查人，和提供珍貴建議的普林斯頓大學出版社委員會成員，我們也心存感激。一位友人馬沙里・巴格寧（Mashary Balghonaim）仔細地通讀整部作品，並提供有益的建議。我們也大大受惠於其他許多朋友、同事、過去的學生，和我們自己的老師。我們尤其感謝諾克斯學院（Knox College）的史蒂夫・貝利（Steve Bailey），他的觀念史課程，給我們其中一位作者留下經久不衰的印象。

在我們任教的華盛頓大學（University of Washington），我們都得到傑克遜國際研究學院（Jackson School of International Studies）柯薩柏（Reşat Kasaba）院長的慷慨支持與建議。我們其中一位的赫伯特・艾利森（Herbert J. Ellison）講座教授職，給了我們物質上的幫助。已故的艾利森教授，是我們最尊敬的同儕之一。我們的研究助理尼古拉・卡索鮑爾（Nicola Castle-Bauer），在本作品的後期階段扮演極為可貴的角色。我們也深深感激普林斯頓大學出版社的職員，他們熱衷奉獻，透過其專業和對傑出的承諾，建立了一個模範標準。

最後，我們也要感謝各自的家人，他們有耐性地在各個方面幫助我們。這本書也是為他們而作。

Wilson, E. O. 1975. *Sociobiology: The New Synthesis*. Cambridge, MA: Harvard University Press.

———. 1998. *Consilience: The Unity of Knowledge*. New York: Vintage Books.

Winch, D. 1978. *Adam Smith's Politics: An Essay in Historiographic Revision*. Cambridge: Cambridge University Press.

Wolin, R. 2004. *The Seduction of Unreason: The Intellectual Romance with Fascism. From Nietzsche to Postmodernism*. Princeton: Princeton University Press.

Wood, E. M. 2012. *Liberty and Property: A Social History of Western Political Thought from Renaissance to Enlightenment*. London: Verso.

Wood, G. S. 1992. *The Radicalism of the American Revolution*. New York: Knopf.

———. 1998. *The Creation of the American Republic, 1776–1787*. Chapel Hill: University of North Carolina Press.

———. 2007. *Revolutionary Characters: What Made the Founders Different. New York: Penguin.*

———. 2009. *Empire of Liberty: A History of the Early Republic, 1789–1815*. Oxford: Oxford University Press.

Woodside, A. 1976. *Community and Revolution in Modern Vietnam*. Boston: Houghton Mifflin.

Wootton, D. 2010. *Galileo: Watcher of the Skies*. New Haven: Yale University Press.

Xiao, X. 1995. "China Encounters Darwinism: A Case of Intercultural Rhetoric." *Quarterly Journal of Speech* 81(1): 83– 99.

Yang, J. 2012. *Tombstone: The Great Chinese Famine, 1958–1962*. Introduction by E. Friedman and R. MacFarquhar. Trans. S. Mosher and J. Guo. New York: Farrar, Straus and Giroux.

Young, R. M. 1985. *Darwin's Metaphor: Nature's Place in Victorian Culture*. Cambridge: Cambridge University Press.

Ziadat, A. A. 1986. *Western Science in the Arab World: The Impact of Darwinism, 1860– 1930*. New York: Macmillan.

Wakeman, F. E. 1975. *The Fall of Imperial China*. New York: Free Press.

Walker, D. A. 2006. *Walrasian Economics*. New York: Cambridge University Press.

Wallace, A.R. 1871. *Contributions to the Theory of Natural Selection: A Series of Essays*. London: Head, Hole and Co.

Wallerstein, I. M., R. Collins, M. Mann, G. M. Derlugian, and C. J. Calhoun. 2013. *Does Capitalism Have a Future?* New York: Oxford University Press.

Wallis, J. 1995. *The Soul of Politics: Beyond "Religious Right" and "Secular Left."* New York: Harcourt Brace.

Washington, G. 1892. *The Collected Writings of George Washington*. Vols. 1– 14. New York: G. P. Putnam's Sons.

———. 1997. *Writings*. Ed. J. H. Rhodehamel. New York: Library of America.

Watanabe, M., and O. T. Benfrey. 1990. *The Japanese and Western Science*. Philadelphia: University of Pennsylvania Press.

Weber, E. J. 1966. "Romania." In H. Rogger and E. J. Weber, eds.,*The European Right: A Historical Profile*, 501– 74. Berkeley: University of California Press.

Weiner, A. 2001. *Making Sense of War: The Second World War and the Fate of the Bolshevik Revolution*. Princeton: Princeton University Press.

Weiner, D. R. 2000. *Models of Nature: Ecology, Conservation, and Cultural Revolution in Soviet Russia*. Bloomington: Indiana University Press.

Werth, B. 2009. *Banquet at Delmonico's: Great Minds, the Gilded Age, and the Triumph of Evolution in America*. New York: Random House.

Westad, O. A. 2003. *Decisive Encounters: The Chinese Civil War, 1946–1950*. Stanford: Stanford University Press.

Whitaker, N. 1770. *A Funeral Sermon, on the Death of the Reverend George Whitefield: Who Died Suddenly at Newbury-Port, in Massachusetts-Bay, . . . September 30, 1770*. Boston: Samuel Hall.

White, G. 1989. *Developmental States in East Asia*. New York: St. Martin's Press.

White, J. B. 2013. *Muslim Nationalism and the New Turks*. Princeton: Princeton University Press.

Wien, P. 2006. *Iraqi Arab Nationalism: Authoritarian, Totalitarian, and Profascist Inclinations, 1932– 1941*. London: Routledge.

Williams, D. K. 2010. *God's Own Party: The Making of the Christian Right*. Oxford: Oxford University Press.

Wills, G. 1992. Lincoln at Gettysburg: *The Words That Remade America*. New York: Simon and Schuster.

Thilly, F. 1909. "Friedrich Paulsen's Ethical Work and Influence." *Ethics* 19(2): 141– 55.

Tilly, C. 1992. *Coercion, Capital, and European States: AD 990–1992*. Cambridge, MA: Blackwell.

———. 2007. *Democracy*. Cambridge: Cambridge University Press.

Timerman, J. 1982. *Prisoner without a Name, Cell without a Number*. New York: Vintage.

Tismaneanu, V. 2012. *The Devil in History: Communism, Fascism, and Some Lessons of the Twentieth Century*. Berkeley: University of California Press.

Todes, D. 2009. "Global Darwin: Contempt for Competition." *Nature* 462(5): 36– 37.

Tocqueville, A. 2004. *Democracy in America*. Ed. A. Goldhammer. New York: Library of America.

Toth, J. 2013. *Sayyid Qutb: The Life and Legacy of a Radical Islamic Intellectual*. Oxford: Oxford University Press.

Treitschke, H. G. von. 1879. "Unsere Aussichten." *Preußische Jahrbücher* 44(5): 559– 76.

Trenchard, J., and T. Gordon. 1737. *Cato's Letters; or, Essays on Liberty, Civil and Religious, and Other Important Subjects*. Vols. 1– 4. London: Printed for W. Wilkins, T. Woodward, J. Walthoe, and J. Peele.

Trotsky, L. 1937. *Stalinism and Bolshevism: Concerning the Historical and Theoretical Roots of the Fourth International*. New York: Pioneer.

Tucker, R. C. 1977. *Stalinism: Essays in Historical Interpretation*. New York: Norton.

Turner, H. A. 1996. *Hitler's Thirty Days to Power: January 1933*. Reading, MA: Addison-Wesley.

U.S. Census Bureau. 2014. "History." http://www.census.gov/history/.

Van Maarseveen, H., and G. Van der Tang. 1978. *Written Constitutions: A Computerized Comparative Study*. Dobbs Ferry, NY: Oceana Publications.

Verdery, K. 1991. *National Ideology under Socialism: Identity and Cultural Politics in Ceau escu's Romania*. Berkeley: University of California Press.

Vidal, F., M. Buscaglia, and J. J. Vonèche. 1983. "Darwinism and Developmental Psychology." *Journal of the History of the Behavioral Sciences* 19(1): 81– 94.

Vincent, M. 2009. "Spain." In R. J. Bosworth, eds., *The Oxford Handbook of Fascism*, 362– 79. Oxford: Oxford University Press.

Vogel, E. F. 1989. *One Step ahead in China: Guangdong under Reform*. Cambridge, MA: Harvard University Press.

Von Hagen, M. 2006. "World War I, 1914– 1918." In M. Perrie, D. C. Lieven, and R. G. Suny, eds., *The Cambridge History of Russia*. Vol. 3. Cambridge: Cambridge University Press.

Vucinich, A. 1988. *Darwin in Russian Thought*. Berkeley: University of California Press.

Spener, P. J. 1964. *Pia desideria*. Trans. T. G. Tappert. Minneapolis: Fortress Press.

Stalin, J. V. 1939. *History of the Communist Party of the Soviet Union (Bolsheviks): Short Course*. New York: International Publishers.

Stebbens, R. E. 1988. "France." In T. F. Glick, ed., *The Comparative Reception of Darwinism*, 117– 64. Chicago: University of Chicago Press.

Steinberg, J. 1996. *Why Switzerland?* Cambridge: Cambridge University Press.

Stern, A. 2005. *Eugenic Nation: Faults and Frontiers of Better Breeding in Modern America*. Berkeley: University of California Press.

Sternhell, Z. 1986. *Neither Right nor Left: Fascist Ideology in France*. Trans. D. Maisel. Berkeley: University of California Press.

Sternhell, Z., M. Sznajder, and M. Ashéri. 1994. *The Birth of Fascist Ideology: From Cultural Rebellion to Political Revolution*. Trans. D. Maisel. Princeton: Princeton University Press.

Stewart, D. 1858. "Account of the Life and Writings of Adam Smith." In W. Hamilton, ed., *The Collected Works of Dugald Stewart*. Vol. 10. Edinburgh: Thomas Constable.

———. 1980. "Dugald Stewart's Account of Adam Smith." In I. S. Ross, D. D. Raphael, and A. S. Skinner, eds., *Adam Smith: Essays on Philosophical Subject*. Oxford: Oxford University Press.

Stoeffler, F. E. 1965. *The Rise of Evangelical Pietism*. Leiden: E. J. Brill.

Storing, H. J., ed. 1981. *The Complete Anti-Federalist*. Vol. 1. Chicago: University of Chicago Press.

Streeck, W., and K. Yamamura. 2001. *The Origins of Nonliberal Capitalism: Germany and Japan in Comparison*. Ithaca: Cornell University Press.

Swartz, D. 2012. "Embodying the Global Soul: Internationalism and the American Evangelical Left." *Religions* 3(4): 887– 901.

Talbot, I. 2012. *Pakistan: A New History*. New York: Columbia University Press.

Taylor, C. 2007. *A Secular Age*. Cambridge, MA: Belknap Press of Harvard University Press.

Taylor, J. 2009. *The Generalissimo: Chiang Kai- shek and the Struggle for Modern China*. Cambridge, MA: Belknap Press of Harvard University Press.

Taylor, M. W. 1992. *Men versus the State: Herbert Spencer and Late Victorian Liberalism*. Oxford: Oxford University Press.

Teichgraeber, R. F., III. 1987. " 'Less Abused than I Had Reason to Expect': The Reception of *The Wealth of Nations* in Britain." *Historical Journal* 30(2): 337– 66.

Thaxton, R. 2008. *Catastrophe and Contention in Rural China: Mao's Great Leap Forward Famine and the Origins of Righteous Resistance in Da Fo Village*. Cambridge: Cambridge University Press.

Skya, W. 2009. *Japan's Holy War: The Ideology of Radical Shintō Ultranationalism*. Durham: Duke University Press.

Sloman, L., and P. Gilbert. 2000. *Subordination and Defeat: An Evolutionary Approach to Mood Disorders and Their Therapy*. Mahwah, NJ: Lawrence Erlbaum.

Slotkin, J. S. 1965. *Readings in Early Anthropology*. Chicago: Aldine.

Sluga, G. 2009. "The Aftermath of War." In R. J. Bosworth, ed., *The Oxford Handbook of Fascism*, 70– 87. Oxford: Oxford University Press.

Smith, A. 1776. *An Inquiry into the Nature and Causes of the Wealth of Nations*. London: Strahan and T. Cadell.

———. 1904. *An Inquiry into the Nature and Causes of the Wealth of Nations*. Ed. E. Cannan. Library of Economics and Liberty. London: Methuen. http://www.econlib.org/library/Smith/smWN.html.

———. 1976– 87. *The Glasgow Edition of the Works and Correspondence of Adam Smith*. Vols. 1–7. Indianapolis: Oxford University Press.

———. 1984. *The Theory of Moral Sentiments*. Ed. D. D. Raphael and A. L. Macfie. Indianapolis: Liberty Fund.

Smith, C. 2006. *Adam Smith's Political Philosophy: The Invisible Hand and Spontaneous Order*. London: Routledge.

Smith, S. A. 2006. "The Revolutions of 1917– 1918." In M. Perrie, D. C. Lieven, and R. G. Suny, eds., *The Cambridge History of Russia*. Cambridge: Cambridge University Press.

Snow, E. 1961. *Red Star over China*. New York: Grove Press.

Snyder, T. 2010. *Bloodlands: Europe between Hitler and Stalin*. New York: Basic Books.

Solonari, V. 2010. *Purifying the Nation: Population Exchange and Ethnic Cleansing in Nazi-Allied Romania*. Washington, DC: Woodrow Wilson Center Press.

Somit, A., and S. A. Peterson. 1997. *Darwinism, Dominance, and Democracy: The Biological Bases of Authoritarianism*. Westport, CT: Praeger.

Sorel, G., and J. Jennings. 1999. *Reflections on Violence*. Cambridge: Cambridge University Press.

Souaïdia, H. 2001. *La sale guerre: Le témoignage d'un ancien officier des forces de l'armée algérienne*. Paris: Découverte.

Spence, J. D. 1990. *The Search for Modern China*. New York: Norton.

———. 1997. God's Chinese Son: *The Taiping Heavenly Kingdom of Hong Xiuquan*. New York: Norton.

Spencer, H. 1851. *Social Statics: Or the Conditions Essential to Human Happiness*. London: John Chapman.

Spencer, H. 1885. *The Man versus the State*. London: Williams and Norgate.

Samuelson, P. A., and W. D. Nordhaus. 1944/2009. *Economics*. 19th ed. New York: McGraw- Hill.

Sassoon, D. 2007. *Mussolini and the Rise of Fascism*. London: HarperPress.

Schmitt, C. 1933. "Public Law in a New Context." In G. L. Mosse, ed., *Nazi Culture: Intellectual, Cultural, and Social Life in the Third Reich*, 323– 26. New York: Grosset & Dunlap, 1966.

Schram, S. R. 1969. *Marxism and Asia*. New York: Allen Lane.

Schwarcz, V. 1986. *The Chinese Enlightenment: Intellectuals and the Legacy of the May Fourth Movement of 1919*. Berkeley: University of California Press.

Schwartz, B. I. 1989. *The Secret Speeches of Chairman Mao: From the Hundred Flowers to the Great Leap Forward*. Cambridge, MA: Council on East Asian Studies, Harvard University.

Scofield, C. I. 1917. *The Scofield Reference Bible*. New York: Oxford University Press.

Secord, J. A. 2003. *Victorian Sensation: The Extraordinary Publication, Reception, and Secret Authorship of Vestiges of the Natural History of Creation*. Chicago: University of Chicago Press.

Segev, T. 2000. *One Palestine, Complete: Jews and Arabs under the British Mandate*. London: Little, Brown.

Sernett, M. C. 1975. *Black Religion and American Evangelicalism: White Protestants, Plantation Missions, and the Flowering of Negro Christianity, 1787–1865*. Metuchen, NJ: Scarecrow Press.

Shanin, T. 1972. *The Awkward Class: Political Sociology of Peasantry in a Developing Society: Russia, 1910– 1925*. Oxford: Clarendon.

Shapin, S. 1996. *The Scientific Revolution*. Chicago: University of Chicago Press.

Shapiro, F. R. 2006. *The Yale Book of Quotations*. New Haven: Yale University Press.

Shapiro, J. 2001. *Mao's War against Nature: Politics and the Environment in Revolutionary China*. Cambridge: Cambridge University Press.

Sher, R. B. 2004. "New Light on the Publication and Reception of the Wealth of Nations." *Adam Smith Review* 1:3– 29.

Sheridan, E. R. 2002. *Jefferson and Religion*. Chapel Hill: University of North Carolina Press.

Shirk, S. L. 2007. *China: Fragile Superpower*. New York: Oxford University Press.

Skidelski, R. 1994. *John Maynard Keynes*. Vol. 2, *The Economist as Savior*. New York: Penguin.

———. 2010. *Keynes: The Return of the Master*. New York: Public Affairs.

Skinner, A. S. 2003. "Economic Theory." In A. Broadie, ed., *The Cambridge Companion to the Scottish Enlightenment*, 178– 204. Cambridge: Cambridge University Press.

Skoble, A. J., and T. R. Machan. 1999. *Political Philosophy: Essential Selections*. Upper Saddle River, NJ: Prentice Hall.

Renan, E. 1883. *L'islam et la science*. Montpellier: L'Archange minotaure.

Richards, R. J. 2008. *The Tragic Sense of Life: Ernst Haeckel and the Struggle over Evolutionary Thought*. Chicago: University of Chicago Press.

Riley, D. J. 2010. *The Civic Foundations of Fascism in Europe: Italy, Spain, and Romania, 1870–1945*. Baltimore: Johns Hopkins University Press.

Ritvo, L. B. 1990. *Darwin's Influence on Freud: A Tale of Two Sciences*. New Haven: Yale University Press.

Robbins, C. 1959. *The Eighteenth-Century Commonwealthman*. Cambridge, MA: Harvard University Press.

Robinson, F. 1982. *Atlas of the Islamic World since 1500*. New York: Facts on File.

Rock, D. 1993. *Authoritarian Argentina: The Nationalist Movement, Its History, and Its Impact*. Berkeley: University of California Press.

Rodogno, D. 2009. "Fascism and War." In R. J. Bosworth, eds., *The Oxford Handbook of Fascism*, 239–58. Oxford: Oxford University Press.

Rogers, J. A. 1988. "Russia: Social Sciences." In T. F. Glick, ed., *The Comparative Reception of Darwinism*, 256–68. Chicago: University of Chicago Press.

Rogger, H., and E. J. Weber, eds., 1966. *The European Right: A Historical Profile*. Berkeley: University of California Press.

Rosenblatt, H. 2009. *The Cambridge Companion to Constant*. Cambridge: Cambridge University Press.

Ross, I. S. 1998. *On the Wealth of Nations: Contemporary Responses to Adam Smith*. London: St. Augustine's Press.

Rossiter, C. 1953. *Seedtime of the Republic: The Origin of the American Tradition of Political Liberty*. New York: Harcourt, Brace.

Rothschild, E. 2001. *Economic Sentiments: Adam Smith, Condorcet, and the Enlightenment*. Cambridge, MA: Harvard University Press.

Rousseau, J-J. 2005. *The Plan for Perpetual Peace, On the Government of Poland, and Other Writings on History and Politics*. Trans. C. Kelly. Hanover, NH: Dartmouth College Press.

Rudwick, M. 2007. *Bursting the Limits of Time: The Reconstruction of Geohistory in the Age of Revolution*. Chicago: University of Chicago Press.

Ruse, M. 1999. *The Darwinian Revolution: Science Red in Tooth and Claw*. 2nd ed. Chicago: University of Chicago Press.

Saint- Hilaire, É. G. 1835. *Études progressives d'un naturaliste, pendant les années 1834– 1835*. Paris: Roret.

Samuelson, P. 1948/1967 and 1948/1973. *Economics: An Introductory Analysis*. 7th and 9th eds. New York: McGraw- Hill.

Pew Forum on Religion and Public Life, Pew-Templeton Global Religious Futures Project. 2011. *Global Christianity: A Report on the Size and Distribution of the World's Christian Population*. Washington, DC: Pew Research Center.

Phillipson, N. 2010. *Adam Smith: An Enlightened Life*. New Haven: Yale University Press.

Piketty, T. 2014. *Capital in the Twenty-First Century*. Cambridge, MA: Harvard University Press.

Pincus, L. 1996. *Authenticating Culture in Imperial Japan: Kuki Sh z and the Rise of National Aesthetics*. Berkeley: University of California Press.

Pincus, S. 2009. *1688: The First Modern Revolution*. New Haven: Yale University Press.

Pipes, R. 1990. *The Russian Revolution*. New York: Knopf.

Pitts, J. 2005. *A Turn to Empire: The Rise of Imperial Liberalism in Britain and France*. Princeton: Princeton University Press.

Polanyi, K. 1944/2001. *The Great Transformation*. Boston: Beacon Press.

Pope, A. 1734. *An Essay on Man*. Epistle I. www.poetryfoundation.org/poem/174165.

Porter, R. 1978. "Gentlemen and Geology: The Emergence of a Scientific Career, 1660–1920." *Historical Journal* 21:809–36.

Poulantzas, N. A. 1974. *Fascism and Dictatorship: The Third International and the Problem of Fascism*. London: NLB Books.

Proctor, R. 1988. *Racial Hygiene: Medicine under the Nazis*. Cambridge, MA: Harvard University Press.

Prothero, S. 2003. *Jesus as Icon: How the Son of God Became an Icon in America*. New York: Farrar, Straus and Giroux.

Pusey, J. R. 1983. *China and Charles Darwin*. Cambridge, MA: Council on East Asian Studies, Harvard University.

———. 2009. "Global Darwin: Revolutionary Road." *Nature* 462(984): 162–63.

Qutb, S. 1964/n.d. *Milestones*. Cedar Rapids, IA: The Mother Mosque Foundation.

Rable, G. C. 2010. *God's Almost Chosen Peoples: A Religious History of the American Civil War*. Chapel Hill: University of North Carolina Press.

Rae, J. 1895/1990. *Life of Adam Smith*. 2nd ed. London: Macmillan.

Raleigh, D. J. 2006. "The Russian Civil War, 1917–1922." In M. Perrie, D. C. Lieven, and R. G. Suny, eds., *The Cambridge History of Russia*. Cambridge: Cambridge University Press.

Rauschenbusch, W. 1917. *A Theology for the Social Gospel*. New York: Abingdon Press.

Raymond, J. 2003. *Pamphlets and Pamphleteering in Early Modern Britain*. Cambridge: Cambridge University Press.

Reagan, L. J. 1997. *When Abortion Was a Crime: Women, Medicine, and Law in the United States, 1867–1973*. Berkeley: University of California Press.

Owen, R. 2012. *The Rise and Fall of Arab Presidents for Life*. Cambridge, MA: Harvard University Press.

Oz- Salzberger, F. 2003. "The Political Theory of the Scottish Enlightenment." In A. Broadie, ed., *The Cambridge Companion to the Scottish Enlightenment*, 157– 77. Cambridge: Cambridge University Press.

Packenham, R. A. 1992. *The Dependency Movement: Scholarship and Politics in Development Studies*. Cambridge, MA: Harvard University Press.

Paley, W. 1809. *Natural Theology; or, Evidences of the Existence and Attributes of the Deity Collected from the Appearances of Nature*. 12th ed. London: J. Faulter.

Pangle, T. L. 1990. *The Spirit of Modern Republicanism: The Moral Vision of the American Founders and the Philosophy of Locke*. Chicago: University of Chicago Press.

Pargeter, A. 2008. *The New Frontiers of Jihad: Radical Islam in Europe*. Philadelphia: University of Pennsylvania Press.

———. 2013. *The Muslim Brotherhood: From Opposition to Power*. London: Saqi Books.

Passmore, K. 2009. "The Ideological Origins of Fascism before 1914." In R. J. Bosworth, ed., *The Oxford Handbook of Fascism*, 11– 31. Oxford: Oxford University Press.

Patterson, D. 2011. *A Genealogy of Evil: Anti- Semitism from Nazism to Islamic Jihad*. Cambridge: Cambridge University Press.

Paul, D. B. 1995. *Controlling Human Heredity: 1865 to the Present*. Atlantic Highlands, NJ: Humanities Press International.

Paxton, R. O. 2009. "Comparisons and Definitions." In R. J. Bosworth, ed.,*The Oxford Handbook of Fascism*, 547–65. Oxford: Oxford University Press.

Payne, S. G. 1966. "Spain." In H. Rogger and E. J. Weber, eds., *The European Right: A Historical Profile*, 168–207. Berkeley: University of California Press.

———. 1999. *Fascism in Spain, 1923– 1977*. Madison: University of Wisconsin Press.

———. 2008. *Franco and Hitler: Spain, Germany, and World War II*. New Haven: Yale University Press.

Perliger, A. 2012. *Challengers from the Sidelines: Understanding America's Violent Far-Right*. West Point, NY: The Combating Terrorism Center.

Perry, E. J. 1980. *Rebels and Revolutionaries in North China, 1845– 1945*. Stanford: Stanford University Press.

Peterson, M. D. 1975. *Thomas Jefferson and the New Nation: A Biography*. New York: Oxford University Press.

Peukert, D. 1987. *Inside Nazi Germany: Conformity, Opposition, and Racism in Everyday Life*. New Haven: Yale University Press.

Nekola, J. C. 2013. "The Malthusian-Darwinian Dynamic and the Trajectory of Civilization." *Trends in Ecology & Evolution* 28(3): 127–30.

Nelson, R. R., and S. G. Winter. 1985. *An Evolutionary Theory of Economic Change*. Cambridge, MA: Belknap Press of Harvard University Press.

Neumann, F. L. 1944/1963. *Behemoth: The Structure and Practice of National Socialism*. New York: Octagon Books.

Newport, F., and J. Carroll. 2005. "Another Look at Evangelicals in America Today." December 2. http://www.gallup.com/poll/20242/Another-Look-Evangelicals-America-Today.aspx.

Newport, K.G.C. 2000. *Apocalypse and Millennium: Studies in Biblical Exegesis*. Cambridge: Cambridge University Press.

Niekerk, C. 2004. "Man and Orangutan in Eighteenth- Century Thinking: Retracing the Early History of Dutch and German Anthropology." *Monatshefte* 96(4): 477–502.

Nietzsche, F. W. 1954. *The Philosophy of Nietzsche: Thus Spake Zarathustra, Beyond Good and Evil, The Genealogy of Morals, Ecce Homo, The Birth of Tragedy*. New York: Modern Library.

Nisbet, R. 1980. *History of the Idea of Progress*. New York: Basic Books.

Noll, M. A. 1992. *A History of Christianity in the United States and Canada*. Grand Rapids, MI: W. B. Eerdmans.

———. 2005. *America's God: From Jonathan Edwards to Abraham Lincoln*. New York: Oxford University Press.

———. 2010. *The Rise of Evangelicalism: The Age of Edwards, Whitefield, and the Wesleys*. New York: InterVarsity Press.

Nolte, E. 1965. *Three Faces of Fascism: Action Française, Italian Fascism, National Socialism*. New York: Holt, Rinehart and Winston.

Nord, D. P. 2007. *Faith in Reading: Religious Publishing and the Birth of Mass Media in America*. New York: Oxford University Press.

Noueihed, L., and A. Warren. 2012. *The Battle for the Arab Spring: Revolution, Counter-revolution and the Making of a New Era*. New Haven: Yale University Press.

Numbers, R. L. 2006. *The Creationists: From Scientific Creationism to Intelligent Design*. Cambridge, MA: Harvard University Press.

Nunca Más: *The Report of the Argentine National Committee on the Disappeared*. 1986. New York: Farrar, Straus and Giroux.

Otsubo, S., and J. R. Bartholomew. 1998. "Eugenics in Japan: Some Ironies of Modernity, 1883–1945." *Science in Context* 11(3–4): 545–65.

Mitter, R. 2013. *China's War with Japan, 1937– 1945: The Struggle for Survival*. New York: Allen Lane.

Mokyr, J. 2010. *The Enlightened Economy: An Economic History of Britain, 1700–1850*. New Haven: Yale University Press.

Montgomery, W. 1988. "Germany." In T. F. Glick, ed., *The Comparative Reception of Darwinism*, 81– 115. Chicago: University of Chicago Press.

Montefiore, S. S. 2004. *Stalin: The Court of the Red Tsar*. New York: Knopf.

Montesquieu, baron de, C. 1748/1989. *The Spirit of the Laws*. Cambridge: Cambridge University Press.

Moore, B. 1966. *Social Origins of Dictatorship and Democracy: Lord and Peasant in the Making of the Modern World*. Boston: Beacon Press.

Moreno, P. D. 2013. *The American State from the Civil War to the New Deal: The Twilight of Constitutionalism and the Triumph of Progressivism*. Cambridge: Cambridge University Press.

Morgan, P. 2009. "Corporatism and the Economic Order." In R. J. Bosworth, *The Oxford Handbook of Fascism*, 150– 65. Oxford: Oxford University Press.

Morris, E. 2001. *The Rise of Theodore Roosevelt*. New York: Modern Library/Random House.

Mosca, G. 1939. *The Ruling Class*. Edited and revised by A. Livingston. New York: McGraw- Hill.

Mosse, G. L. 1966. *Nazi Culture: Intellectual, Cultural, and Social Life in the Third Reich*. New York: Grosset and Dunlap.

Mossner, E. C. 2001. *The Life of David Hume*. 2nd ed. Oxford: Oxford University Press.

Mossner, E. C., and S. Ross, eds. 1987. *The Correspondence of Adam Smith*. Oxford: Clarendon Press.

Muller, J. Z., ed. 1997. *Conservatism: An Anthology of Social and Political Thought from David Hume to the Present*. Princeton: Princeton University Press.

———. 2010. *Capitalism and the Jews*. Princeton: Princeton University Press.

Muller-Wille, S., and H. Rheinberger. 2007. *Heredity Produced: At the Crossroads of Biology, Politics, and Culture, 1500– 1870*. Cambridge, MA: MIT Press.

Murray, G. 1997. *Vietnam: Dawn of a New Market*. New York: St. Martin's Press.

Nash, G. B. 1979. *The Urban Crucible: Social Change, Political Consciousness, and the Origins of the American Revolution*. Cambridge, MA: Harvard University Press.

Nasr, S. V. 2007. *The Shia Revival: How Conflicts within Islam Will Shape the Future*. New York: Norton.

National Abortion Federation. 2010. "Clinic Violence: Violence Statistics." http://www.prochoice.org/about_abortion/violence/violence_statistics.html.

McCusker, J. J., and R. R. Menard. 1991. *The Economy of British America, 1607–1789*. Chapel Hill: University of North Carolina Press.

McDaniel, T. 1988. *Autocracy, Capitalism, and Revolution in Russia*. Berkeley: University of California Press.

———. 1996. *The Agony of the Russian Idea*. Princeton: Princeton University Press.

McDonald, F. 1978. "Founding Father's Library: A Bibliographical Essay." *Literature of Liberty: A Review of Contemporary Liberal Thought* 1(1): 4– 15.

McLellan, D. 1859/1977. Preface to K. Marx, *Capital: A Critique of Political Economy*, 389. New York: Vintage Books.

———. 1995. *The Thought of Karl Marx: An Introduction*. London: Papermac.

McLoughlin, W. T. 1980. *Revivals, Awakenings, and Reform*. Chicago: University of Chicago Press.

McNally, D. 1988. *Political Economy and the Rise of Capitalism: A Reinterpretation*. Berkeley: University of California Press.

McNeill, W. H. 1963. *The Rise of the West: A History of the Human Community*. Chicago: University of Chicago Press.

Melamed, Y. Y., and M. A. Rosenthal. 2010. *Spinoza's "Theological-Political Treatise": A Critical Guide*. Cambridge: Cambridge University Press.

Menand, L. 2002. *The Metaphysical Club: A Story of Ideas in America*. New York: Farrar, Straus and Giroux.

Mencken, H. L. 2006. *A Religious Orgy in Tennessee: A Reporter's Account of the Scopes Monkey Trial*. New York: Melville House.

Merikoski, I. A. 2002. "The Challenge of Material Progress: The Scottish Enlightenment and Christian Stoicism." *Journal of the Historical Society* 11(1): 55– 76.

Michels, R. 1915. Political Parties: *A Sociological Study of the Oligarchical Tendencies of Modern Democracy*. New York: Hearst's International Library.

Milgate, M., and S. C. Stimson. 2009. *After Adam Smith: A Century of Transformation in Politics and Political Economy*. Princeton: Princeton University Press.

Mill, J. S. 1956. *On Liberty*. Indianapolis: Bobbs- Merrill.

Miller v. California, 413 U.S. 15 (1973).

Miller, P. 1953. *The New England Mind: From Colony to Province*. Cambridge, MA: Belknap Press.

Milner, R. 2009. *Darwin's Universe: Evolution from A to Z*. Berkeley: University of California Press.

Mirabeau, comte de, H. 1764. *Philosophie rurale, ou Économie génerale et politique de l'agriculture*. Vols. 1– 2. Amsterdam: Les Libraires Associés.

Mitchell, S. 1996. *Daily Life in Victorian England*. Westport, CT: Greenwood Press.

Manent, P. 1995. *An Intellectual History of Liberalism*. Princeton: Princeton University Press.

Mannheim, K., L. Wirth, and E. Shils. 1936. *Ideology and Utopia: An Introduction to the Sociology of Knowledge*. London: K. Paul, Trench, Trubner & Co.

Manuel, F. E. 1995. *A Requiem for Karl Marx*. Cambridge, MA: Harvard University Press.

Marsden, G. M. 1991. *Understanding Fundamentalism and Evangelicalism*. Grand Rapids, MI: W. B. Eerdmans.

———. 2006. *Fundamentalism and American Culture*. New York: Oxford University Press.

Marty, M. E. 1989. *Religion and Republic: The American Circumstance*. Boston: Beacon Press.

Marty, M. E., and R. S. Appleby. 1992. *The Glory and the Power: The Fundamentalist Challenge to the Modern World*. Boston: Beacon Press.

Maruyama, M., and I. I. Morris. 1969. *Thought and Behavior in Modern Japanese Politics*. London: Oxford University Press.

Marx, A. W. 1998. *Making Race and Nation: A Comparison of South Africa, the United States, and Brazil*. Cambridge: Cambridge University Press.

Marx, K. 1835. "Reflections of a Young Man on the Choice of a Profession." http://www.marxists.org/archive/marx/works/1837-pre/index.htm.

———. 1871/1940. *The Civil War in France*. New York: International Publishers.

———. 1967. *The Eighteenth Brumaire of Louis Bonaparte*. New York: International Publishers.

———. 1977. *Karl Marx: Selected Writings*. Ed. D. McLellan. Oxford: Oxford University Press.

———. 1995. *Capital: A New Abridgement*. Ed. D. McLellan. Oxford: Oxford University Press.

Marx, K., and E. J. Hobsbawm. 1965. *Pre-capitalist Economic Formations*. New York: International Publishers.

Mattar, P. 1988. *The Mufti of Jerusalem: Al- Hajj Amin al-Husayni and the Palestinian National Movement*. New York: Columbia University Press.

Maxson, C. H. 2006. *The Great Awakening in the Middle Colonies*. Whitefish, MT: Kessinger.

Mayr, E. 1985. *The Growth of Biological Thought: Diversity, Evolution, and Inheritance*. Cambridge, MA: Belknap Press.

———. 1993. *One Long Argument: Charles Darwin and the Genesis of Modern Evolutionary Thought*. Cambridge, MA: Harvard University Press.

McCraw, T. K. 2012. *The Founders and Finance: How Hamilton, Gallatin, and Other Immigrants Forged a New Economy*. Cambridge, MA: Belknap Press of Harvard University Press.

McCulloch, J. R. 1856. *A Select Collection of Early English Tracts on Commerce*. London: Political Economy Club.

Locke, J. 1690/1988. *Two Treatises of Government*. Ed. P. Laslett. Cambridge: Cambridge University Press.

———. 1764. *The Two Treatises of Civil Government*. Ed. T. Hollis. London: A. Millar.

———. 1824. *The Works of John Locke in Nine Volumes*. 12th ed. Vols. 1– 9. London: Rivington.

Logevall, F. 2000. *The Origins of the Vietnam War*. Harlow: Longman.

Love, J. L. 1996. *Crafting the Third World: Theorizing Underdevelopment in Rumania and Brazil*. Stanford: Stanford University Press.

Lovejoy, A. O. 1936. *The Great Chain of Being: A Study of the History of an Idea*. New York: Harper.

Lucas, R. E. 1995. *Studies in Business- Cycle Theory*. Cambridge, MA: MIT Press.

———. 2002. *Lectures on Economic Growth*. Cambridge, MA: Harvard University Press.

Luong, P. J., and E. Weinthal. 2010. *Oil Is Not a Curse: Ownership Structure and Institutions in Soviet Successor States*. New York: Cambridge University Press.

Lutz, D. S. 1992. "European Works Read and Cited by the American Founding Generation." In *A Preface to American Political Theory*, 159– 64. Lawrence: University Press of Kansas.

Luxemburg, R. 2003. *The Accumulation of Capital*. London: Routledge.

Lyell, C. 1830/1990. *Principles of Geology*. Vols. 1– 3. Chicago: University of Chicago Press.

MacFarquhar, R., and M. Schoenhals. 2006. *Mao's Last Revolution*. Cambridge, MA: Belknap Press of Harvard University Press.

Macpherson, W. J. 1995. *The Economic Development of Japan, 1868– 1941*. Cambridge: Cambridge University Press.

Magnuson, N. A. 1977. *Salvation in the Slums: Evangelical Social Work, 1865– 1920*. Metuchen, NJ: Scarecrow Press.

Maier, P. 1997. *American Scripture: Making the Declaration of Independence*. New York: Knopf.

———. 2010. *Ratification: The People Debate the Constitution, 1787– 1788*. New York: Simon and Schuster.

Makiya, K. [Samir al- Khalil]. 1989. *Republic of Fear: The Inside Story of Saddam's Iraq*. New York: Pantheon Books.

Malley, R. 1996. *The Call from Algeria: Third Worldism, Revolution, and the Turn to Islam*. Berkeley: University of California Press.

Malone, D. 1974. *Jefferson and His Time*. Vols. 1– 6. Boston: Little, Brown.

Malthus, T. R. 1807. *An Essay on the Principle of Population*. Vols. 1– 2. London: T. Bensley.

Mandeville, B., and F. B. Kaye. 1924. *The Fable of the Bees; or, Private Vices, Publick Benefits*. Vols. 1– 2. Oxford: Clarendon.

Larson, E. J. 1997. *Summer for the Gods: The Scopes Trial and America's Continuing Debate Over Science and Religion*. New York: Basic Books.

———. 2007. *A Magnificent Catastrophe: The Tumultuous Election of 1800, America's First Presidential Campaign*. New York: Free Press.

Lary, D., and S. R. MacKinnon. 2001. *The Scars of War: The Impact of Warfare on Modern China*. Vancouver: University of British Columbia Press.

Lawrence, M. A., and F. Logevall, eds. 2007. *The First Vietnam War: Colonial Conflict and Cold War Crisis*. Cambridge, MA: Harvard University Press.

Lazitch, B., and M. M. Drachkovitch. 1972. *Lenin and the Comintern*. Stanford: Hoover Institution Press.

Leffler, M. P. 2007. *For the Soul of Mankind: The United States, the Soviet Union, and the Cold War*. New York: Macmillan.

Lemon v. Kurtzman, 403 U.S. 602 (1971).

Lenin, V. I. 1902. *What Is to Be Done?* http://www.marxists.org/archive/lenin/works/1901/witbd/i.htm.

———. 1939. *Imperialism, the Highest Stage of Capitalism: A Popular Outline*. New York: International Publishers.

Levine, G. L. 1988. *Darwin and the Novelists: Patterns of Science in Victorian Fiction*. Cambridge, MA: Harvard University Press.

Lewis, B. 1982/2001. *The Muslim Discovery of Europe*. New York: Norton.

———. 2002. *What Went Wrong? The Clash between Islam and Modernity in the Middle East*. New York: Oxford University Press.

Lewontin, R. C., S. P. Rose, and L. J. Kamin. 1984. *Not in Our Genes: Biology, Ideology, and Human Nature*. New York: Pantheon Books.

Licht, W. 1995. *Industrializing America: The Nineteenth Century*. Baltimore: Johns Hopkins University Press.

Lifton, R. J. 1986. *The Nazi Doctors: Medical Killing and the Psychology of Genocide*. New York: Basic Books.

Lightman, B. V. 1997. *Victorian Science in Context*. Chicago: University of Chicago Press.

Lincoln, A. 1858. "House Divided Speech." http://www.abrahamlincolnonline.org/lincoln/speeches/house.htm.

Lindgren, J. R. 1973. *The Social Philosophy of Adam Smith*. The Hague: Martinus Nijhoff.

Lipset, S. M., and G. Marks. 2000. *It Didn't Happen Here: Why Socialism Failed in the United States*. New York: Norton.

Kropotkin, P. A. 1910. *Mutual Aid: A Factor of Evolution*. London: Heinemann.
Kukathas, C. 2006. "Hayek and Liberalism." In E. Feser, ed., *The Cambridge Companion to Hayek*, 182– 207. Cambridge: Cambridge University Press.
Kuran, T. 2004. *Islam and Mammon: The Economic Predicaments of Islamism*. Princeton: Princeton University Press.
Kurzman, C., ed. 2002. *Liberal Islam: A Source Book*. New York: Oxford University Press.
———. 2011. *The Missing Martyrs: Why There Are So Few Muslim Terrorists*. Oxford: Oxford University Press.
Kydland, F. E. 1995. *Business Cycle Theory*. Brookfield, VT: E. Elgar.
Laats, A. 2010. *Fundamentalism and Education in the Scopes Era: God, Darwin, and the Roots of America's Culture Wars*. New York: Palgrave Macmillan.
Lamarck, J. B. 1914. *Zoological Philosophy: An Exposition with Regard to the Natural History of Animals*. New York: Macmillan.
Lambert, F. 2008. *Religion in American Politics: A Short History*. Princeton: Princeton University Press.
Lankov, A. N. 2013. *The Real North Korea: Life and Politics in the Failed Stalinist Utopia*. New York: Oxford University Press.
Laqueur, W. 1996. Fascism: *Past, Present, and Future*. New York: Oxford University Press.
———. 2006. *The Changing Face of Anti- Semitism: From Ancient Times to the Present Day*. New York: Oxford University Press.
Lardy, N. R. 1983. *Agriculture in China's Modern Economic Development*. Cambridge: Cambridge University Press.
———. 2002. *Integrating China into the Global Economy. Washington, DC: Brookings Institution Press.*
———. 2006. *China: The Balance Sheet: What the World Needs to Know Now about the Emerging Superpower*. New York: Public Affairs.
———. 2008. *Debating China's Exchange Rate Policy*. Washington, DC: Peterson Institute for International Economics.
———. 2009. *China's Rise: Challenges and Opportunities*. Washington, DC: Peterson Institute for International Economics.
Larsen, S. U. 2001. *Fascism outside Europe: The European Impulse against Domestic Conditions in the Diffusion of Global Fascism*. Boulder, CO: Social Science Monographs.
Larson, B., and F. Brauer. 2009. *The Art of Evolution: Darwin, Darwinisms, and Visual Culture*. Hanover, NH: Dartmouth College Press.

Kennedy, P. M. 1980. *The Rise of the Anglo- German Antagonism, 1860–1914*. London: Allen and Unwin.

———. 1987. *Rise and Fall of the Great Powers: Economic Change and Military Conflict from 1500 to 2000*. New York: Random House.

Kepel, G. 1993. *Muslim Extremism in Egypt: The Prophet and Pharaoh*. Berkeley: University of California Press.

———. 2004. *The War for Muslim Minds: Islam and the West*. Cambridge, MA: Belknap Press of Harvard University Press.

Kern, S. 2010. *The Jeffersons at Shadwell*. New Haven: Yale University Press.

Kershaw, I. 1999. *Hitler*. New York: Norton.

Kersten, R. 2009. "Japan." In R. J. Bosworth, ed., *The Oxford Handbook of Fascism, 526–44*. Oxford: Oxford University Press.

Kevles, D. J. 1985. *In the Name of Eugenics: Genetics and the Uses of Human Heredity*. Berkeley: University of California Press.

Keynes, J. M. 1936/2009. *The General Theory of Employment, Interest and Money*. New York: Classic Books America.

———. 1963. *Essays in Persuasion*. New York: Norton.

Kiernan, B. 2008. *The Pol Pot Regime: Race, Power, and Genocide in Cambodia under the Khmer Rouge, 1975– 79*. 3rd ed. New Haven: Yale University Press.

Kindleberger, C. P. 1973. *The World in Depression, 1929– 1939*. London: Penguin.

Kinealy, C. 1997. *A Death-Dealing Famine: The Great Hunger in Ireland*. Chicago: Pluto Press.

Kirby, J. 2001. *The Josh Kirby Discworld Portfolio*. London: Paper Tiger.

Kirby, W. C. 1984. *Germany and Republican China*. Stanford: Stanford University Press.

Knight, A. W. 1993. *Beria: Stalin's First Lieutenant*. Princeton: Princeton University Press.

Knott, S. F. 2002. *Alexander Hamilton and the Persistence of Myth*. Lawrence: University Press of Kansas.

Kohn, H. 1944. *The Idea of Nationalism: A Study in Its Origins and Background*. New York: Macmillan.

———. 1955. *Nationalism: Its Meaning and History*. Princeton, NJ: Van Nostrand.

Kokutai No Hongi. 1937/1949. Cambridge, MA: Harvard University Press. Originally published by Japan's Ministry of Education (Monbush).

Kornai, J. 1992. *The Socialist System: The Political Economy of Communism*. Princeton: Princeton University Press.

Kramer, A. 2009. "The First World War as Cultural Trauma." In R. J. Bosworth, ed., *The Oxford Handbook of Fascism*, 32– 51. Oxford: Oxford University Press.

Johnson, S. 1913. *The Works of Samuel Johnson*. Vols. 1–16. Troy, NY: Pafraets Book.

Jones, A. H. 1980. *Wealth of a Nation to Be: The American Colonies on the Eve of the Revolution*. New York: Columbia University Press.

Jones, G. 1980. *Social Darwinism and English Thought: The Interaction between Biological and Social Theory*. Brighton: Humanities Press.

Jones, P., and A. S. Skinner, eds. 1992. *Adam Smith Reviewed*. Edinburgh: Edinburgh University Press.

Jones, T. C. 2010. *Desert Kingdom: How Oil and Water Forged Modern Saudi Arabia*. Cambridge, MA: Harvard University Press.

———. 2011. *Counterrevolution in the Gulf*. Washington, DC: United States Institute of Peace.

Jordan, D. S. 1903. *The Blood of the Nation: A Study of the Decay of Races through Survival of the Unfit*. Boston: American Unitarian Association.

Judt, T. 1986. *Marxism and the French Left: Studies in Labour and Politics in France, 1830–1981*. Oxford: Clarendon Press.

Judt, T. 1992. *Past Imperfect: French Intellectuals, 1944–1956*. Berkeley: University of California Press.

———. 2005. *Postwar: A History of Europe since 1945*. New York: Penguin Press.

Kant, I. 1784/2006. *Toward Perpetual Peace and Other Writings on Politics, Peace, and History (Rethinking the Western Tradition)*. 2nd ed. Ed. P. Kleingeld. Trans. D. Colclasure. New Haven: Yale University Press.

Karier, T. M. 2010. *Intellectual Capital: Forty Years of the Nobel Prize in Economics*. New York: Cambridge University Press.

Kasaba, R. 2009. *A Moveable Empire: Ottoman Nomads, Migrants, and Refugees*. Seattle: University of Washington Press.

Katznelson, I. 2013. *Fear Itself: The New Deal and the Origins of Our Time*. New York: Liveright.

Kautsky, J. H. 1967. *Political Change in Underdeveloped Countries: Nationalism and Communism*. New York: Wiley.

Keddie, N. R. 1968. *An Islamic Response to Western Imperialism*. Berkeley: University of California Press.

Keddie, N. R., and Y. Richard. 2006. *Modern Iran: Roots and Results of Revolution*. New Haven: Yale University Press.

Kennan, G. F. 1960. *Soviet Foreign Policy, 1917–1941*. Princeton: Van Nostrand.

———. 1979. *The Decline of Bismarck's European Order: Franco-Russian Relations, 1875–1890*. Princeton: Princeton University Press.

Ioanid, R. 2000. *The Holocaust in Romania: The Destruction of Jews and Gypsies under the Antonescu Regime, 1940– 1944*. Chicago: Ivan R. Dee.

Irwin, D. A. 1996. *Against the Tide: An Intellectual History of Free Trade*. Princeton: Princeton University Press.

Israel, J. 2001. *Radical Enlightenment: Philosophy and the Making of Modernity, 1650– 1750*. Oxford: Oxford University Press.

———. 2006. *Enlightenment Contested: Philosophy, Modernity, and the Emancipation of Man, 1670– 1752*. Oxford: Oxford University Press.

———. 2011. *A Revolution of the Mind: Radical Enlightenment and the Intellectual Origins of Modern Democracy*. Princeton: Princeton University Press.

Jacob, F. 1993. *The Logic of Life: A History of Heredity*. Trans. B. E. Spillmann. Princeton: Princeton University Press.

Jacobson, D. L. 1965. *The English Libertarian Heritage*. Indianapolis: Bobbs- Merrill.

Jacques, M. 2009. *When China Rules the World: The End of the Western World and the Birth of a New Global Order*. New York: Penguin.

Jalal, A. 2008. *Partisans of Allah: Jihad in South Asia*. Cambridge, MA: Harvard University Press.

James, W. 1880. "Great Men and Their Environment." *Atlantic Monthly* (October): 441– 59.

Janos, A. C. 2000. *East Central Europe in the Modern World: The Politics of the Borderlands from Pre-to Postcommunism*. Stanford: Stanford University Press.

Jay, M. 1986. *Marxism and Totality: The Adventures of a Concept from Lukács to Habermas*. Berkeley: University of California Press.

Jefferson, T. 1904. *The Works of Thomas Jefferson*. Vols. 1– 12. Ed. P. L. Ford. New York: G. P. Putnam's Sons.

———. 1984. *Writings*. Ed. M. D. Peterson. New York: Literary Classics of the U.S.

———. 2013. *The Best of the Online Library of Liberty No. 40: Thomas Jefferson, "The Declaration of Independence" (1776)*. Indianapolis: Liberty Fund.

Jefferson, T., and T. J. Randolph. 1829. *Memoirs, Correspondence, and Private Papers of Thomas Jefferson: Late President of the United States*. Vols. 1–4. London: H. Colburn and R. Bentley.

Jenkins, P. 2002. *The Next Christendom: The Coming of Global Christianity*. New York: Oxford University Press.

Johnson, C. 1962. *Peasant Nationalism and Communist Power: The Emergence of Revolutionary China*. Stanford: Stanford University Press.

———. 1982. *MITI and the Japanese Miracle: The Growth of Industrial Policy, 1925– 1975*. Stanford: Stanford University Press.

Hont, I., and M. Ignatieff, eds. 1985. *Wealth and Virtue: The Shaping of Political Economy in the Scottish Enlightenment*. Cambridge: Cambridge University Press.

Hoppen, K. T. 1998. *The Mid-Victorian Generation, 1946–1886*. Oxford: Oxford University Press.

Horn, P. L. 1989. *Marquis de Lafayette*. New York: Chelsea House.

Hosking, G. A. 1997. *Russia: People and Empire, 1552–1917*. Cambridge, MA:

Harvard University Press.

Hourani, A. 1983. *Arabic Thought in the Liberal Age, 1789–1939*. Cambridge: Cambridge University Press.

———. 2002. *A History of the Arab Peoples*. Cambridge, MA: Belknap Press of Harvard University Press.

Howe, D. W. 1991. "The Evangelical Movement and Political Culture in the North During the Second Party System." *Journal of American History* 77(4): 1216–39.

———. 2007. *What Hath God Wrought: The Transformation of America, 1815–1848*. New York: Oxford University Press.

Howland, D. 2000. "Society Reified: Herbert Spencer and Political Theory in Early Meiji Japan." *Comparative Study of Society and History* 42:67–83.

Huang, K. 2008. *The Meaning of Freedom: Yan Fu and the Origins of Chinese Liberalism*. Hong Kong: Chinese University Press.

Huff, T. E. 1993. *The Rise of Early Modern Science: Islam, China, and the West*. Cambridge: Cambridge University Press.

Hughes, H. S. 1961. *Consciousness and Society: The Reorientation of European Social Thought, 1890–1930*. New York: Vintage Books.

Hume, D. 1739. *A Treatise of Human Nature*. Vol. 1. London: John Noon.

———. 1826. *The Philosophical Works of David Hume*. Vols. 1–4. Online Library of Liberty. Edinburgh: Adam Black and William Tait.

Hunt, T. 2009. *Marx's General: The Revolutionary Life of Friedrich Engels*. New York: Metropolitan Books.

Hutcheson, F. 1726. *An Inquiry into the Original of Our Ideas of Beauty and Virtue*. London: J. Darby.

———. 1755/1968. *A System of Moral Philosophy*. New York: A. M. Kelley.

Ibn Khaldūn. 1967. *The Muqaddimah: An Introduction to History*. Ed. F. Rosenthal. New York: Pantheon Books.

Institute for the Study of American Evangelicals. 2012. "How Many Evangelicals Are There?" http://isae.wheaton.edu/defining-evangelicalism/how-many-evangelicals-are-there/.

———. 1960/2011. *The Constitution of Liberty: The Definitive Edition*. Chicago: University of Chicago Press.

Heckscher, E. F. 1934. *Mercantilism*. London: Allen and Unwin.

Hefner, R. W. 2000. *Civil Islam: Muslims and Democratization in Indonesia*. Princeton: Princeton University Press.

———. 2005. *Remaking Muslim Politics: Pluralism, Contestation, Democratization*. Princeton: Princeton University Press.

Heller, A. C. 2009. *Ayn Rand and the World She Made*. New York: Nan A. Talese/Doubleday.

Heng, L., and J. Shapiro. 1984. *Son of the Revolution*. New York: Vintage.

Henretta, J. A. 1996. *The Origins of American Capitalism: Collected Essays*. Lebanon, NH: Northeastern University Press.

Herschel, J. F. 1987. *A Preliminary Discourse on the Study of Natural Philosophy: A Facsimile of the 1830 Edition*. Chicago: Chicago University Press.

Himmelfarb, G. 1959. *Darwin and the Darwinian Revolution*. Garden City, NY: Doubleday.

Hirschman, A. O. 1977. *The Passions and the Interests: Political Arguments for Capitalism before Its Triumph*. New Haven: Yale University Press.

———. 1991. *The Rhetoric of Reaction: Perversity, Futility, Jeopardy*. Cambridge, MA: Belknap Press of Harvard University Press.

Hitler, A. 2003. *Hitler's Second Book*. Ed. G. L. Weinberg. Trans. K. Smith. New York: Enigma Books.

Hobsbawm, E. J. 1962. *The Age of Revolution: Europe, 1789– 1848*. London: Weidenfeld and Nicolson.

———. 1987. *The Age of Empire, 1875– 1914*. New York: Pantheon Books.

———. 1996. *The Age of Capital: 1848– 1875*. London: Weidenfeld and Nicolson.

———. 2002. *Age of Extremes: The Short Twentieth Century, 1914– 1991*. London: Michael Joseph.

Hobson, J. A. 1902. *Imperialism: A Study*. London: G. Allen and Unwin.

Hodge, C. 2005. *Systematic Theology*. Vol. 1. http://www.ccel.org/ccel/hodge/theology1.html.

Hodge, M.J.S. 2008. *Before and After Darwin*. Farnham: Ashgate.

Hodgson, M. G. 1974. *The Venture of Islam: Conscience and History in a World Civilization*. Vols. 1– 3. Chicago: University of Chicago Press.

Hofstadter, R. 1955. *Social Darwinism in American Thought*. New York: Knopf.

Holborn, M. 1981. *Sociology: Themes and Perspectives*. London: Collins.

Holmes, S. 1993. *The Anatomy of Antiliberalism*. Cambridge, MA: Harvard University Press.

Haakonssen, K. 1996. *Natural Law and Moral Philosophy: From Grotius to the Scottish Enlightenment*. Cambridge: Cambridge University Press.

Hacker, J. D. 2011. "A Census- Based Count of the Civil War Dead." *Civil War History* 57(4): 307– 48.

Hadley, J. 1996. *Abortion: Between Freedom and Necessity*. Philadelphia: Temple University Press.

Hall, D. D. 1990. *Worlds of Wonder, Days of Judgment: Popular Religious Belief in Early New England*. Cambridge, MA: Harvard University Press.

Halsall, P. 1997. "Modern History Sourcebook: Vietnamese Declaration of Independence, 1945." http://www.fordham.edu/halsall/mod/1945vietnam.html.

———.1998. "Modern History Sourcebook— Karl Pearson: National Life from the Standpoint of Science, 1900." http://www.fordham.edu/halsall/mod/1900pearsonl.asp.

Hamilton, A. 1791. "Report on Manufactures." www.constitution.org/ah/rpt_manufactures.pdf.

———. 2001. *Writings*. Ed. J. B. Freeman. New York: Literary Classics of the United States.

Hamilton, A., J. Jay, and J. Madison. 2001. *The Federalist: A Collection*. Ed. G. W. Carey. Indianapolis: Liberty Fund.

Hanafi, H. 2002. "Alternative Conceptions of Civil Society: A Reflective Islamic Approach." In H. S. Hasmi, ed., *Islamic Political Ethics: Civil Society, Pluralism, and Conflict*, 56– 75. Princeton: Princeton University Press.

Hannaford, I. 1996. Race: *The History of an Idea in the West*. Washington, DC: Woodrow Wilson Center Press.

Hartz, L. 1955. *The Liberal Tradition in America: An Interpretation of American Political Thought since the Revolution*. New York: Harcourt, Brace.

Harvey, D. 1990. *The Condition of Postmodernity: An Enquiry into the Origins of Cultural Change*. Oxford: Blackwell.

Hashmi, S. H. 2012. *Just Wars, Holy Wars, and Jihads: Christian, Jewish, and Muslim Encounters and Exchanges*. New York: Oxford University Press.

Hatch, N. O. 1991. *The Democratization of American Christianity*. New Haven: Yale University Press.

Hawkins, M. 1997. *Social Darwinism in European and American Thought, 1860–1945: Nature as Model and Nature as Threat*. Cambridge: Cambridge University Press.

Hayek, F. A. 1944/2007. *The Road to Serfdom: Text and Documents: The Definitive Edition*. Ed. B. Caldwell. Chicago: University of Chicago Press.

Gellner, E. 1981. *Muslim Society*. Cambridge: Cambridge University Press.
———. 1983. *Nations and Nationalism*. Ithaca: Cornell University Press.
———. 1992. *Postmodernism, Reason and Religion*. London: Routledge.
Gibbard, A. 1992. *Wise Choices, Apt Feelings: A Theory of Normative Judgment*. Cambridge, MA: Harvard University Press.
Glenny, M. 1996. *The Fall of Yugoslavia: The Third Balkan War*. 3rd rev. ed. New York: Penguin.
———. 2000. *The Balkans: Nationalism, War, and the Great Powers, 1804–1999*. New York: Viking.
Gliboff, S. 2008. H. G. *Bronn, Ernst Haeckel, and the Origins of German Darwinism: A Study in Translation and Transformation*. Cambridge, MA: MIT Press.
Glick, T. F., ed. 1988. *The Comparative Reception of Darwinism: With a New Preface*. Chicago: University of Chicago Press.
Glick, T. F., M. Puig- Samper, and R. Ruiz. 2001. *The Reception of Darwinism in the Iberian World: Spain, Spanish America, and Brazil*. New York: Spring.
Gobineau, J. 1853– 55. "Essai sur l'inégalité des races humaines." http://classiques.uqac.ca/classiques/gobineau/essai_inegalite_races/essai_inegalite_races.html.
Goldfield, D. R. 2012. *America Aflame: How the Civil War Created a Nation*. New York: Bloomsbury Press.
Gordon, L. P. 1976. *Woman's Body, Woman's Right: Birth Control in America*. New York: Viking.
Gossett, T. F. 1997. *Race: The History of an Idea in America*. New York: Oxford University Press.
Gottschall, J., and D. S. Wilson. 2005. *The Literary Animal: Evolution and the Nature of Narrative*. Evanston, IL: Northwestern University Press.
Gould, S. J. 1981. *The Mismeasure of Man*. New York: Norton.
———. 1997. "Darwinian Fundamentalism." *New York Review of Books* 44:34– 37.
Gray, J. 1996. *Isaiah Berlin*. Princeton: Princeton University Press.
Grant, M. 1916. *The Passing of the Great Race*. New York: Scribner's.
Greenfeld, L. 1993. *Nationalism: Five Roads to Modernity*. Cambridge, MA: Harvard University Press.
Gregor, A. J. 1969. *The Ideology of Fascism: The Rationale of Totalitarianism*. New York: Free Press.
Griswold, C. L., Jr. 1999. *Adam Smith and the Virtues of Enlightenment*. Cambridge: Cambridge University Press.

Engel v. Vitale, 370 U.S. 421 (1962).

Euben, R. L., and M. Q. Zaman, eds. 2009. *Princeton Readings in Islamist Thought: Texts and Contexts from al-Banna to Bin Laden*. Princeton: Princeton University Press.

Faroqhi, S., D. Quataert, B. McGowan, and S. Pamuk. 1994. *An Economic and Social History of the Ottoman Empire*. Cambridge: Cambridge University Press.

Faye, E. 2009. Heidegger: *The Introduction of Nazism into Philosophy in Light of the Unpublished Seminars of 1933– 1935*. New Haven: Yale University Press.

Ferling, J. E. 2013. *Jefferson and Hamilton: The Rivalry That Forged a Nation*. New York: Bloomsbury Press.

Ferro, M. 1993. *Nicholas II: Last of the Tsars*. New York: Oxford University Press.

Feser, E., ed. 2006. *The Cambridge Companion to Hayek*. Cambridge: Cambridge University Press.

Fieldhouse, D. K. 1972. "Imperialism: An Historiographic Revision." In K. E. Boulding and T. Mukerjee, *Economic Imperialism: A Book of Readings*. Ann Arbor: University of Michigan Press.

Filiu, J. 2011. *Apocalypse in Islam*. Trans. M. B. DeBevoise. Berkeley: University of California Press.

Fink, C., P. Gassert, and D. Junker. 1998. *1968: The World Transformed*. Cambridge: Cambridge University Press.

Fitzhugh, G. 1857/1960. *Cannibals All! or, Slaves without Masters*. Cambridge, MA: Belknap Press of Harvard University Press.

Fitzpatrick, S. 2008. *The Russian Revolution*. Oxford: Oxford University Press.

Foster, S. 2014. *British North America in the Seventeenth and Eighteenth Centuries*. Oxford: Oxford University Press.

Freedom House. 2014. "Freedom in the World 2014." http://www.freedomhouse.org/report/freedom-world/freedom-world-2014#.UxzP_lxLr1o.

Freud, S. 1952. *An Autobiographical Study*. Ed. J. Strachey. New York: Norton.

Friedman, M. 1962/2002. *Capitalism and Freedom*. Chicago: University of Chicago Press.

Friedman, M., and A. J. Schwartz. 1963. *A Monetary History of the United States, 1867– 1960*. Princeton: Princeton University Press.

Fukuyama, F. 1992. *The End of History and the Last Man*. New York: Free Press. Galbraith, J. K. 1955/1980. *Economics and the Art of Controversy*. New Brunswick, NJ: Rutgers University Press.

Galton, F. 1869. *Hereditary Genius: An Inquiry into Its Laws and Consequences*. London: Macmillan. "A Game of Catch- up." 2011. *The Economist*. September 24. http://www.economist.com/node/21528979.

Dittmer, L. 1974. Liu *Shao- ch'i and the Chinese Cultural Revolution: The Politics of Mass Criticism*. Berkeley: University of California Press.

Dixon, A. C., ed. 1910. *The Fundamentals: A Testimony to the Truth*. 12 vols. Chicago: Testimony Publishing Company.

Dobzhansky, T. 1937. *Genetics and the Origins of Species*. New York: Columbia University Press.

Domke, D. and S. Coe. 2010. *The God Strategy: How Religion Became a Political Weapon in America*. New York: Oxford University Press.

Dreisbach, D. L. 1997. " 'Sowing Useful Truths and Principles': The Danbury Baptists, Thomas Jefferson, and the 'Wall of Separation.' " *Journal of Church and State* 39(3): 455–501.

Drumont, É. 1886. *La France juive: Essai d'histoire contemporaine*. Paris: C. Marpon and E. Flammarion.

Duke, B. 2013. "Remembering Forty Years of Abortion." Ethics and Religious Liberty Commission of the Southern Baptist Convention. http://erlc.com/article/remembering-forty-years-of-abortion.

Dwyer, J. A. 1998. *The Age of the Passions: An Interpretation of Adam Smith and Scottish Enlightenment Culture*. East Linton: Tuckwell Press.

Eckes, A. E. 1995. *Opening America's Market: U.S. Foreign Trade Policy since 1776*. Chapel Hill: University of North Carolina Press.

Edwards, J. 1737. *A Faithful Narrative of the Surprising Work of God in the Conversion of Many Hundred Souls in Northhampton*. Christian Classics Ethereal Library.

Edwards, J. 1839. *The Works of Jonathan Edwards, A.M.* Ed. E. Hickman. Vols. 1– 2. London: William Ball.

Eisenhower Presidential Library and Museum. N.d. "Civil Rights: The Little Rock School Integration Crisis." http://eisenhower.archives.gov/research/online_documents/civil_rights_little_rock.html.

Ellis, J. J. 1998. *American Sphinx: The Character of Thomas Jefferson*. New York: Knopf.

———. 2002. *Founding Brothers: The Revolutionary Generation*. New York: Knopf.

Elshakry, M. 2009. "Global Darwin: Eastern Enchantment." *Nature* 461(29): 1200– 1201.

———. 2013. *Reading Darwin in Arabic*. Chicago: University of Chicago Press.

Emden, C. J. 2008. "Carl Schmitt, Hannah Arendt, and the Limits of Liberalism." *Telos* 142:110– 34.

———. 2010. *Friedrich Nietzsche and the Politics of History*. Cambridge: Cambridge University Press.

Darwin, C. and N. Barlow. 1958. *Autobiography: With Original Omissions Restored*. London: Collins.

Davenport, C. B. 1911. *Heredity in Relation to Eugenics*. New York: Henry Holt.

Davies, S., and J. R. Harris. 2005. *Stalin: A New History*. Cambridge: Cambridge University Press.

Davis, D. B. 1975. *The Problem of Slavery in the Age of Revolution, 1770– 1823*. Ithaca: Cornell University Press.

Dawisha, A. I. 2003. *Arab Nationalism in the Twentieth Century: From Triumph to Despair*. Princeton: Princeton University Press.

———. 2009. *Iraq: A Political History from Independence to Occupation*. Princeton: Princeton University Press.

Dawkins, R. 1976. *The Selfish Gene*. Oxford: Oxford University Press.

———. 2006. *The God Delusion*. Boston: Houghton Mifflin.

Dawood, N. J. 1967. Introduction to I. Khald n and F. Rosenthal, ed., *The Muqaddimah: An Introduction to History*. New York: Pantheon Books.

Dawson, G. 2010. *Darwin, Literature and Victorian Respectability*. Cambridge: Cambridge University Press.

de Maistre, J. 1814. "Essay on the Generative Principle of Political Constitution and of Other Human Institutions." In J. Z. Muller, *Conservatism: An Anthology of Social and Political Thought from David Hume to the Present*, 136– 45. Princeton: Princeton University Press.

De Wever, B. 2009. "Belgium." In R. J. Bosworth, ed.,*The Oxford Handbook of Fascism*, 470– 88. Oxford: Oxford University Press.

DeLong- Bas, N. J. 2004. *Wahhabi Islam: From Revival and Reform to Global Jihad*. Oxford: Oxford University Press.

Dennett, D. C. 1995. *Darwin's Dangerous Idea: Evolution and the Meaning of Life*. New York: Simon and Schuster.

Destutt de Tracy, A. 1817. *A Treatise on Political Economy; to which is prefixed a supplement to a preceding work on the understanding, or Elements of Ideology; with an analytical table, and an introduction on the faculty of the will . . . Translated from the unpublished French original*. Trans. T. Jefferson. Georgetown, DC: Joseph Milligan.

Deutscher, I. 1963. *The Prophet Outcast: Trotsky*. Vols. 1– 3. London: Verso.

Dewey, J. 1910. *The Influence of Darwin on Philosophy, and Other Essays in Contemporary Thought*. New York: Henry Holt.

Dikötter, F. 2010. *Mao's Great Famine: The History of China's Most Devastating Catastrophe, 1958– 62*. London: Bloomsbury.

Cobb, M. 2006. "Heredity before Genetics: A History." *Nature Reviews Genetics* 7(12): 953–58.
Cohen, M. R. 1994. *Under Crescent and Cross: The Jews in the Middle Ages*. Princeton: Princeton University Press.
Cohen, M., and N. Fermon, eds. 1996. *Princeton Readings in Political Thought: Essential Texts since Plato*. Princeton: Princeton University Press.
Cohen, S. F. 1973. *Bukharin and the Bolshevik Revolution: A Political Biography, 1888–1938*. New York: Knopf.
Colp, R. 1974. "The Contacts between Karl Marx and Charles Darwin." *Journal of the History of Ideas* 35(2): 329–38.
Cook, M. 2000. *The Koran: A Very Short Introduction*. Oxford: Oxford University Press.
Cosmides, L., and J. Tooby. 1997. "Evolutionary Psychology: A Primer." http://www.psych.ucsb.edu/research/cep/primer.html.
Courtois, S., and M. Kramer. 1999. *The Black Book of Communism: Crimes, Terror, Repression*. Cambridge, MA: Harvard University Press.
Crackel, T. J. 1989. *Mr. Jefferson's Army: Political and Social Reform of the Military Establishment, 1801–1809*. New York: New York University Press.
Cumings, B. 1982. "Corporatism in North Korea." *Journal of Korean Studies* 4(1): 269–94.
———. 2010. *The Korean War: A History*. New York: Modern Library.
Cunningham, N. E. 2000. *Jefferson vs. Hamilton: Confrontations That Shaped a Nation*. Boston: Bedford/St. Martin's.
Cuvier, G. 1998. *Georges Cuvier, Fossil Bones, and Geological Catastrophes: New Translations and Interpretations of the Primary Texts*. Ed. M. J. Rudwick. Chicago: University of Chicago Press.
Dahl, R. A. 2000. *On Democracy*. New Haven: Yale University Press.
Darwin, C. 1846. *Geological Observations on South America*. London: Smith, Elder, & Co.
———. 1859. *On the Origin of Species by Means of Natural Selection, or the Preservation of Favoured Races in the Struggle for Life*. London: John Murray.
———. 1871. *The Descent of Man*. Vols. 1–2. London: John Murray.
———. 1872. *The Expression of Emotions in Man and Animals*. London: John Murray.
———. 1887. *The Life and Letters of Charles Darwin, Including an Autobiographical Chapter: In Three Volumes*. Vols. 1–3. Ed. F. Darwin. London: John Murray.
———. 2002. *The Complete Work of Charles Darwin Online*. Ed. J. Van Wyhe. http://darwin-online.org.uk/EditorialIntroductions/vanWyhe_notebooks.html.
Darwin, C. 1845. *Journal of Researches into the Natural History and Geology of the Countries Visited during the Voyage of H.M.S. Beagle*. 2nd ed. London: John Murray.

Burke, E. 1997. "Reflections on the Revolution in France." In J. Z. Muller, ed., *Conservatism: An Anthology of Social and Political Thought from David Hume to the Present*, 83– 122. Princeton: Princeton University Press.

Butler, D., and G. Butler. 2000. *Twentieth- Century British Political Facts*. New York: St. Martin's Press.

Caldwell, B. J., C. Menger, and M. Barnett. 1990. *Carl Menger and His Legacy in Economics*. Durham: Duke University Press.

Callahan, W. A. 2013. *China Dreams: 20 Visions of the Future*. New York: Oxford University Press.

Calvert, J. 2010. *Sayyid Qutb and the Origins of Radical Islamism*. New York: Columbia University Press.

Carlyle, A. 1860. *The Autobiography of the Rev. Dr. Alexander Carlyle*. 2nd ed. London: William Blackwood and Sons.

Carnegie, A. 1889. "Wealth." *North American Review* 148(391): 653– 57.

Caron, F. 1985. *La France des patriotes de 1851 à 1918*. Paris: Fayard.

Carsten, F. L. 1967. *The Rise of Fascism*. Berkeley: University of California Press.

Chan, A. L. 2001. *Mao's Crusade: Politics and Policy Implementation in China's Great Leap Forward*. Oxford: Oxford University Press.

Cheng, N. 1987. *Life and Death in Shanghai*. New York: Grove Press.

Chernow, R. 2005. *Alexander Hamilton*. New York: Penguin.

Cherry, C., ed. 1998. *The New Israel: Religious Interpretations of American Destiny*.

Chapel Hill: University of North Carolina Press.

Chirot, D. 1980. "The Corporatist Model and Socialism." *Theory and Society* 9(2): 363– 81.

———. 1985. "The Rise of the West." *American Sociological Review* 50(2): 181– 95.

———. 1986. *Social Change in the Modern Era. San* Diego: Harcourt Brace Jovanovich.

———. 1995. "Modernism without Liberalism: The Ideological Roots of Modern Tyranny." *Contention* 5(1): 141– 66.

———. 1996. *Modern Tyrants: The Power and Prevalence of Evil in Our Age*. Prince ton: Princeton University Press.

Chirot, D., and A. Reid, eds. 1997. *Essential Outsiders: Chinese and Jews in the Modern Transformation of Southeast Asia and Central Europe*. Seattle: University of Washington Press.

Clarke, P. F. 2009. Keynes: *The Rise, Fall, and Return of the 20th Century's Most Influential Economist*. New York: Bloomsbury Press.

Blaug, M. 1986. *Great Economists before Keynes: An Introduction to the Lives & Works of 100 Great Economists of the Past*. Brighton, Sussex: Wheatsheaf Books.

Blouet, B. W. 1987. *Halford Mackinder: A Biography*. College Station: Texas A&M University Press.

Bob Jones *Univ. v. Simon*, 416 U.S. 725 (1974).

Bonnell, V. E. 1986. *The Russian Worker: Life and Labor under the Tsarist Regime*. Berkeley: University of California Press.

Boothroyd, P., and P. X. Pham. 2000. *Socioeconomic Renovation in Viet Nam: The Origin, Evolution, and Impact of Doi Moi*. Singapore: Institute of Southeast Asian Studies.

Boswell, J. 1769. *An Account of Corsica: The Journal of a Tour to That Island and Memoirs of Pascal Paoli*. 3rd ed. London: Edward and Charles Dilly.

Bosworth, R. J., ed. 2009. *The Oxford Handbook of Fascism*. Oxford: Oxford University Press.

Bottomore, T. B. 2002. *The Frankfurt School and Its Critics*. London: Routledge.

Bowler, P. J. 2009. *Evolution: The History of an Idea*. 3rd ed. Berkeley: University of California Press.

Bracher, K. D. 1995. *Turning Points in Modern Times: Essays on German and European History*. Cambridge, MA: Harvard University Press.

British Petroleum. 2014. "Energy Outlook." http://www.bp.com/en/global/corporate/about-bp/energy-economics/energy-outlook.html.

Broadie, A. 2001. *The Scottish Enlightenment: The Historical Age of the Historical Nation*. Edinburgh: Birlinn.

———, ed. 2003. *The Cambridge Companion to the Scottish Enlightenment*. Cambridge: Cambridge University Press.

Browne, J. 1996. *Charles Darwin: A Biography*. Vol. 1, *Voyaging*. Princeton: Princeton University Press.

———. 2002. Charles Darwin: *A Biography*. Vol. 2, *The Power of Place*. Princeton: Princeton University Press.

———. 2006. *Darwin's Origin of Species: A Biography*. London: Atlantic Books.

Buchan, J. 2006. *The Authentic Adam Smith: His Life and Ideas*. New York: Norton.Bulhof, Ilse N. 1988. "The Netherlands." In Thomas F. Glick, ed., *The Comparative Reception of Darwinism*, 269– 306. Chicago: University of Chicago Press.

Bulmer, Michael. 2003. *Francis Galton: Pioneer of Heredity and Biometry*. Baltimore: Johns Hopkins University Press.

Burbank, J., and F. Cooper. 2010. *Empires in World History: Power and the Politics of Difference*. Princeton: Princeton University Press.

Becker, G. S. 1992. *The Economic Approach to Human Behavior*. Chicago: University of Chicago Press.

Beecher, H. W. 1871. *The Life of Jesus, the Christ*. New York: J. B. Ford.

Beer, G. 2000. *Darwin's Plots: Evolutionary Narrative in Darwin, George Eliot, and Nineteenth-Century Fiction*. 2nd ed. Cambridge: Cambridge University Press.

Begley, L. 2009. *Why the Dreyfus Affair Matters*. New Haven: Yale University Press.

Bell, D. 1960. *The End of Ideology; on the Exhaustion of Political Ideas in the Fifties*. Glencoe, IL: Free Press.

———. 2001. *The Radical Right*. 3rd ed. New Brunswick, NJ: Transaction.

Beller, S. 1989. *Vienna and the Jews: 1867–1938: A Cultural History*. Cambridge: Cambridge University Press.

Benario, H. W. 1976. "Gordon's Tacitus." *Classical Journal* 72(2): 107–21.

Berend, T. I. 1998. *Decades of Crisis: Central and Eastern Europe before World War II*. Berkeley: University of California Press.

———. 2013. *An Economic History of Nineteenth- Century Europe: Diversity and Industrialization*. Cambridge: Cambridge University Press.

Bergère, M. 2000. *Sun Yat-sen*. Trans. J. Lloyd. Stanford: Stanford University Press.

Berlin, I. 1963. *Karl Marx: His Life and Environment*. London: Oxford University Press.

———. 2002. *Liberty: Incorporating Four Essays on Liberty*. Ed. H. Hardy, with an added essay by I. Harris. Oxford: Oxford University Press.

———. 2013. *The Power of Ideas*. Ed. H. Hardy. Princeton: Princeton University Press.

Berman, P. 2004. *Terror and Liberalism*. New York: Norton.

Bernasconi, R., and T. L. Lott. 2000. *The Idea of Race*. Indianapolis: Hackett.

Bernstein, E. 1993. *The Preconditions of Socialism*. Ed. and trans. H. Tudor. Cambridge: Cambridge University Press.

Berry, C. J. 1997. *Social Theory of the Scottish Enlightenment*. Edinburgh: Edinburgh University Press.

Bezirgan N. A. 1988. "The Islamic World." In T. F. Glick, ed., *The Comparative Reception of Darwinism, 375–87*. Chicago: University of Chicago Press.

Bessel, R. 2009. "The First World War as Totality." In R. J. Bosworth, ed., *The Oxford Handbook of Fascism, 52–69*. Oxford: Oxford University Press.

Bix, H. P. 2000. *Hirohito and the Making of Modern Japan*. New York: HarperCollins.

Black, E. 2008. *War against the Weak: Eugenics and America's Campaign to Create a Master Race*. New York: Dialog Press.

Blackstone, W. E. 1878. *Jesus Is Coming*. New York: Fleming H. Revell.

Armitage, D. 2000. *The Ideological Origins of the British Empire*. Cambridge: Cambridge University Press.

———. 2007. *The Declaration of Independence: A Global History*. Cambridge, MA: Harvard University Press.

Armstrong, K. 2000. *The Battle for God*. New York: Knopf.

Aron, R. 1962. *The Opium of the Intellectuals*. New York: Norton.

———. 2002. *Le marxisme de Marx*. Paris: Librairie générale française.

Auerbach, J. A. 1999. *The Great Exhibition of 1851: A Nation on Display*. New Haven: Yale University Press.

Avrich, P. 1970. *Kronstadt, 1921*. Princeton: Princeton University Press.

———. 1972. *Russian Rebels, 1600–1800*. New York: Schocken Books.

Ayalon, D., and M. Sharon, eds. 1986. *Studies in Islamic History and Civilization: In Honour of Professor David Ayalon*. Jerusalem: Cana.

Bailyn, B. 1967/1992. *The Ideological Origins of the American Revolution*. Cambridge, MA: Belknap Press of Harvard University Press.

———. 2003. *To Begin the World Anew: The Genius and Ambiguities of the American Founders*. New York: Knopf.

———. 2013. *The Barbarous Years: The Peopling of British North America, Conflict of Civilizations, 1600–1675*. New York: Knopf.

Baker, K. M. 1975. *Condorcet: From Natural Philosophy to Social Mathematics*. Chicago: University of Chicago Press.

Baker, K. M., and P. H. Reill, eds. 2001. *What's Left of Enlightenment? A Postmodern Question*. Stanford: Stanford University Press.

Balmer, R. H. 2007. *Thy Kingdom Come: How the Religious Right Distorts the Faith and Threatens America, an Evangelical's Lament*. New York: Basic Books.

Barber, J., and M. Harrison. 2006. "Patriotic War, 1941 to 1945." In M. Perrie, D. C. Lieven, and R. G. Suny, eds., *The Cambridge History of Russia*. Cambridge: Cambridge University Press.

Bartholomew, J. R. 1989. *The Formation of Science in Japan: Building a Research Tradition*. New Haven: Yale University Press.

Baum, R. 1994. *Burying Mao*. Princeton: Princeton University Press.

Bayly, C. A. 2003. *The Birth of the Modern World, 1780–1914: Global Connections and Comparisons*. Malden, MA: Blackwell.

Becker, C. L. 1922. *The Declaration of Independence: A Study in the History of Political Ideas*. New York: Knopf.

參考書目

Abrahamian, E. 1993. *Khomeinism: Essays on the Islamic Republic*. Berkeley: University of California Press.

Adams, H. 1918. *The Education of Henry Adams*. New York: Houghton Mifflin.

Adanır, F. 2001. "Kemalist Authoritarianism and Fascist Trends in Turkey during the Interwar Period." In S. U. Larsen, ed., *Fascism outside Europe: The European Impulse against Domestic Conditions in the Diffusion of Global Fascism*. Boulder, CO: Social Science Monographs.

Agulhon, M. 1990. *La République*. Paris: Hachette.

———. 1995. *The French Republic, 1879–1992*. Oxford: Blackwell.

Ahamed, L. 2009. *Lords of Finance: The Bankers Who Broke the World*. New York: Penguin.

Ahmida, A. A. 2005. *Forgotten Voices: Power and Agency in Colonial and Postcolonial Libya*. New York: Routledge.

Ajami, F. 1981. *The Arab Predicament: Arab Political Thought and Practice since 1967*. Cambridge: Cambridge University Press.

———. 1986. *The Vanished Imam: Musa al Sadr and the Shia of Lebanon*. Ithaca: Cornell University Press.

———. 1998. *The Dream Palace of the Arabs: A Generation's Odyssey*. New York: Pantheon Books.

Akerlof, G. A., and R. J. Shiller. 2009. *Animal Spirits: How Human Psychology Drives the Economy, and Why It Matters for Global Capitalism*. Princeton: Princeton University Press.

Alexander, D., and R. L. Numbers, eds. 2010. *Biology and Ideology from Descartes to Dawkins*. Chicago: University of Chicago Press.

Allan, D. 1993. *Virtue, Learning, and the Scottish Enlightenment: Ideas of Scholarship in Early Modern History*. Edinburgh: Edinburgh University Press.

Amsden, A. H. 1989. *Asia's Next Giant: South Korea and Late Industrialization*. New York: Oxford University Press.

Anderson, B. R. 1983. *Imagined Communities: Reflections on the Origin and Spread of Nationalism*. London: Verso.

Applebaum, A. 2013. *Iron Curtain: The Crushing of Eastern Europe, 1944–1956*. New York: Doubleday.

Aristotle. 350 b.c.e. *Politics*. Vol. 4. Trans. B. Jowett. http://classics.mit.edu/Aristotle/politics.6.six.html.

Big Ideas 20

創造現代世界的四大觀念：五位思想巨人，用自由、平等、演化、民主改變人類世界

2019年3月初版
定價：新臺幣560元
有著作權・翻印必究
Printed in Taiwan.

著者 Scott L. Montgomery
Daniel Chirot
譯者 傅揚
叢書編輯 王盈婷
校對 胡蕙萱
內文排版 林燕慧
封面設計 兒日
編輯主任 陳逸華

出版者 聯經出版事業股份有限公司
地址 新北市汐止區大同路一段369號1樓
編輯部地址 新北市汐止區大同路一段369號1樓
叢書主編電話 (02)86925588轉5316
台北聯經書房 台北市新生南路三段94號
電話 (02)23620308
台中分公司 台中市北區崇德路一段198號
暨門市電話 (04)22312023
台中電子信箱 e-mail：linking2@ms42.hinet.net
郵政劃撥帳戶第0100559-3號
郵撥電話 (02)23620308
印刷者 文聯彩色製版印刷有限公司
總經銷 聯合發行股份有限公司
發行所 新北市新店區寶橋路235巷6弄6號2樓
電話 (02)29178022

總編輯 胡金倫
總經理 陳芝宇
社長 羅國俊
發行人 林載爵

行政院新聞局出版事業登記證局版臺業字第0130號

本書如有缺頁，破損，倒裝請寄回台北聯經書房更換。 ISBN 978-957-08-5271-4 (平裝)
聯經網址： www.linkingbooks.com.tw
電子信箱：linking@udngroup.com

國家圖書館出版品預行編目資料

創造現代世界的四大觀念：五位思想巨人，用自由、平等、
演化、民主改變人類世界/Scott L. Montgomery、Daniel Chirot著．傅揚譯．
初版．新北市．聯經．2019年3月（民108年）．552面．17×23公分
（Big Ideas 20）
譯自：The shape of the new: four big ideas and how they made the modern world
ISBN 978-957-08-5271-4（平裝）

1.世界史 2.文明史

713 108001719